ŒUVRES
COMPLÈTES
DE MOLIÈRE

COLLATIONNÉES SUR LES TEXTES ORIGINAUX ET COMMENTÉES

PAR

M. LOUIS MOLAND

DEUXIÈME ÉDITION

SOIGNEUSEMENT REVUE ET CONSIDÉRABLEMENT AUGMENTÉE

Une composition de Staal, gravée sur acier, accompagne chaque pièce

TOME SIXIÈME

PARIS
GARNIER FRÈRES, LIBRAIRES-ÉDITEURS
6, RUE DES SAINTS-PÈRES

AVIS AUX SOUSCRIPTEURS. — Le premier volume, consacré entièrement à la Vie de Molière et aux documents biographiques, paraîtra en dernier lieu.
Cet ouvrage est sous presse depuis deux ans, comme on le peut voir par la date de ce volume. Nous avons voulu que la moitié en fût imprimée avant de le mettre en vente, pour être certains que la publication n'éprouvera aucun retard et qu'un nouveau volume pourra être envoyé régulièrement tous les deux mois aux souscripteurs.

CHEFS-D'ŒUVRE

DE LA

LITTÉRATURE

FRANÇAISE

6

PARIS. — IMPRIMERIE A. QUANTIN
7, RUE SAINT-BENOIT

ŒUVRES

COMPLÈTES

DE MOLIÈRE

TOME SIXIÈME

TARTUFFE.

ACTE III SCÈNE III

ŒUVRES
COMPLÈTES
DE MOLIÈRE

COLLATIONNÉES SUR LES TEXTES ORIGINAUX ET COMMENTÉES

PAR

M. LOUIS MOLAND

DEUXIÈME ÉDITION

SOIGNEUSEMENT REVUE ET CONSIDÉRABLEMENT AUGMENTÉE

Une composition de Staal, gravée sur acier, accompagne chaque pièce

TOME SIXIÈME

PARIS

GARNIER FRÈRES, LIBRAIRES-ÉDITEURS

6, RUE DES SAINTS-PÈRES, 6

LE TARTUFFE

ou

L'IMPOSTEUR

COMÉDIE EN CINQ ACTES

12 mai 1664[1]

---

[1]. Nous avons, dans notre première édition, placé le Tartuffe à la date de sa première représentation publique (5 août 1667), c'est-à-dire après Don Juan et l'Amour médecin, après le Misanthrope, le Médecin malgré lui, et les trois petites pièces composées pour le Ballet des Muses. MM. E. Despois et P. Mesnard ont fait observer que, pour l'étude du développement du génie de Molière, il est préférable de mettre ce chef-d'œuvre à l'époque où il fut conçu, écrit, lu, et même joué à plusieurs reprises, bien que devant des spectateurs privilégiés. L'observation nous a paru juste. C'est pourquoi nous donnons cette fois le Tartuffe avant Don Juan.

NOTICE PRÉLIMINAIRE.

L'hypocrite de religion a de tout temps exercé parmi nous la raillerie et la satire. C'est un type original pris au cœur du monde moderne. L'antiquité ne paraît pas l'avoir connu : ce caractère ne devait se développer en effet qu'au sein d'une religion embrassant la société et la vie plus étroitement que ne faisaient les religions polythéistes de la Grèce et de Rome. Mais dès nos origines, dès les premiers monuments de notre langue et de notre littérature, l'hypocrite apparaît, et, du fond du moyen âge jusqu'à nos jours, on pourrait en tracer la longue et scandaleuse histoire. Il joue le principal rôle dans les fabliaux : ermite incontinent, chapelain séducteur, moine intrigant, confesseur criminel, il y est traité avec une verve brutale et hardie, bafoué avec un rire amer dont on ne retrouve qu'un écho affaibli dans le *Décaméron* de Boccace. Il a de bonne heure ses poèmes allégoriques et symboliques; c'est contre lui qu'est dirigée toute la dernière partie de l'épopée satirique de Renart, où Renart fait ses méchants tours sous la chape des Jacobins et des *Frères menus*. Baptisé du nom de Faulx-Semblant dans le *Roman de la Rose,* il y démasque librement ses secrètes pratiques, il y dénonce tous les vices, toute la sensualité, qu'il cache sous une mine austère et contrite. On a cité souvent les premiers mots de l'interrogatoire que lui fait subir le dieu d'amour :

LE DIEU D'AMOUR.
Tu sembles estre uns sains hermites.
FAULX-SEMBLANT.
C'est voirs, mais ge sui hypocrites.
LE DIEU D'AMOUR.
Tu vas préeschant astenance.
FAULX-SEMBLANT.
Voire voir, mais g'emple ma panse
De bons morciaux et de bons vins,
Tiex comme il affiert à devins [1].
LE DIEU D'AMOUR.
Tu vas préeschant povreté.
FAULX-SEMBLANT.
Voir, mais riche sui à plenté, etc. [2]

Faulx-Semblant, avec son impudence naïve, vit et règne pendant toute la fin du moyen âge. L'Italien Machiavel trace, au XVIe siècle, la physionomie dramatique de Frate Timoteo, le religieux proxénète de *la Mandragore*. « Pour en revenir à ce que je vous disais, dit frère Timothée à Lucrèce, il y a dans les choses de conscience une règle générale : c'est que là où vous voyez un bien certain et un mal incertain, il ne faut jamais laisser échapper ce bien dans la peur de ce mal... Quant à l'action en elle-même, c'est un conte de s'imaginer que ce soit un péché. Qui est-ce qui fait le péché? C'est la volonté, ce n'est pas le corps... D'ailleurs, le but est ce qu'il faut considérer en toutes choses. La Bible dit que les filles de Loth, croyant être restées seules au monde, eurent commerce avec leur père, et pourtant elles n'ont pas péché. Pourquoi? C'est que leur intention était bonne, etc. » Machiavel ne faisait du reste qu'emprunter à Boccace les formules de ce langage corrupteur. *La Mandragore* divertissait, en 1515, le pape Jules II et sa cour de cardinaux et de prélats. Un peu plus tard, l'Arétin, dans sa comédie de *l'Hypocrite*, dessinait vivement la physionomie extérieure du personnage.

A la même époque, notre théâtre populaire n'était ni plus respectueux ni plus timide; et dans la *Farce des Brus*, frère Ancelot et frère Anselme se montraient encore plus dévotement cyniques que Frate Timoteo :

1. Tels qu'il convient aux ministres de Dieu.
2. Cet épisode de Faux-Semblant est un des plus étendus du *Roman de la Rose*; il n'a pas moins de quinze cents vers.

> FRÈRE ANSELME.
> Vous avez le viaire angélique!
> Quel embrasser telle relique!
> Beau regard gratieux et doulx!
> LA VIEILLE BRU.
> Allez, il n'y a rien pour vous!...
> FRÈRE ANCELOT.
> Dieu nous a mis dessus la terre,
> Hommes roides, fors et puissans,
> De tous les membres jouissans,
> Comme d'autres, en vérité.

L'hypocrite de religion joue également un rôle dans la *Satyre Ménippée,* mais un rôle tout à part, séditieux et belliqueux. Vient ensuite la Macette de Régnier, qui descend de frère Timothée en droite ligne; écoutons son style :

> C'est pourquoi déguisant les bouillons de mon âme,
> D'un long habit de cendre enveloppant ma flamme,
> Je cache mon dessein aux plaisirs adonné.
> Le péché que l'on cache est demi pardonné.
> La faute seulement ne gît en la défense.
> Le scandale, l'opprobre est cause de l'offense.
> Pourvu qu'on ne le sache, il n'importe comment.
> Qui peut dire que non ne pèche nullement.
> Puis, la bonté du ciel nos offenses surpasse.
> Pourvu qu'on se confesse, on a toujours sa grâce.

Après Macette, après certains casuistes que Pascal a mis en scène dans les *Provinciales,* et qui représentent bien aussi la fausse dévotion, paraît enfin le grand homme de la race, Tartuffe, dont le nom devient le nom de famille de tous les hypocrites de religion, passés, présents, et à venir.

Loin d'être une création isolée, l'œuvre de Molière résume, dans son sens général, une littérature plusieurs fois séculaire. Aussi haut qu'on remonte dans notre histoire, on rencontre les ancêtres du funeste personnage. Il est donc vrai de répéter de la comédie du *Tartuffe* ce qu'on peut dire de presque tous les chefs-d'œuvre : qu'ils sont l'expression dernière et la mieux réussie d'une pensée qui auparavant avait eu un grand nombre de manifestations moins heureuses ou moins complètes. Mais,

NOTICE PRÉLIMINAIRE.

après avoir indiqué sommairement la féconde tradition à laquelle appartient *le Tartuffe*, il nous faut rechercher les sources d'où il est plus directement sorti. Nous avons à examiner les matériaux qu'a mis en œuvre l'imagination du poète, et à recueillir, soit les passages d'auteurs plus anciens dont il s'est inspiré, soit les traits de l'histoire contemporaine qui ont pu lui être utiles. Rassemblons ici ce qu'on a découvert de plus remarquable et de plus certain.

Une production assez originale, que Molière a évidemment consultée, c'est la nouvelle tragi-comique de Scarron, intitulée *les Hypocrites*. Dans cette nouvelle, l'auteur raconte comment un aventurier nommé Montufar, et deux aventurières, l'une jeune, nommée Hélène, et l'autre vieille, nommée Mendez, entreprirent de prélever, à l'aide de grimaces de dévotion, un tribut sur la crédulité des habitants de Séville. Extrayons la partie du récit dont s'est servi Molière :

« Ils mirent pied à terre à une lieue de la ville, et, après avoir contenté leur muletier, y entrèrent au commencement de la nuit et s'allèrent loger dans la première hôtellerie qu'ils trouvèrent. Montufar loua une maison, la meubla de meubles fort simples, et se fit faire un habit noir, une soutane et un long manteau. Hélène s'habilla en dévote, et emprisonna ses cheveux dans une coiffure de vieille ; et Mendez, vêtue en béate, fit gloire d'en faire voir de blancs et de se charger d'un gros chapelet dont les grains pouvoient en un besoin servir à charger des fauconneaux. Aux premiers jours d'après leur arrivée, Montufar se fit voir dans les rues habillé comme je vous ai déjà dit, marchant les bras croisés et baissant les yeux à la rencontre des femmes. Il crioit d'une voix à fendre les pierres : « Béni soit le saint-sacre-
« ment de l'autel et la bienheureuse conception de la Vierge im-
« maculée, » et plusieurs autres dévotes exclamations de la même force. Il faisoit répéter les mêmes choses aux enfants qu'il trouvoit dans les rues, et les assembloit quelquefois pour leur faire chanter des hymnes, des chansons de dévotion, et leur apprendre le catéchisme. Il ne bougeoit des prisons, il prêchoit devant les prisonniers, consoloit les uns et servoit les autres, leur allant querir à manger et faisant bien souvent le chemin du marché à la prison, une hotte pesante sur le dos.

« O détestable filou ! il ne te manquoit donc plus qu'à faire l'hypocrite pour être le plus accompli scélérat du monde Ces actions de vertu, du moins vertueux de tous les hommes, lui donnèrent en peu de temps la réputation d'un saint. Hélène et Mendez, de leur côté, travailloient à leur canonisation. L'une se disoit la mère et l'autre la sœur du bienheureux frère Martin. Elles alloient tous les jours dans les hôpitaux, y servoient les malades, faisoient leurs lits, blanchissoient leur linge et leur en faisoient à leurs dépens. Voilà les trois plus vicieuses personnes d'Espagne l'admiration de Séville. Il s'y rencontra en ce temps-là un gentilhomme de Madrid qui y étoit venu pour ses affaires particulières. Il avoit été des amants d'Hélène, car les publiques n'en ont pas pour un seul : il connoissoit Mendez pour ce qu'elle étoit, et Montufar pour un dangereux fripon. Un jour qu'ils sortoient d'une église ensemble, environnés d'un grand nombre de personnes qui baisoient leurs vêtements et les conjuroient de se souvenir d'eux dans leurs bonnes prières, ils furent reconnus de ce gentilhomme dont je viens de parler, qui, s'échauffant d'un zèle chrétien et ne pouvant souffrir que trois si méchantes personnes abusassent de la crédulité de toute une ville, fendit la presse, et, donnant un coup de poing à Montufar : « Malheu-
« reux fourbes, leur cria-t-il ; ne craignez-vous ni Dieu ni les
« hommes ? »

« Il en voulut dire davantage, mais sa bonne intention à dire la vérité, un peu trop précipitée, n'eut pas tout le succès qu'elle méritoit. Tout le peuple se jeta sur lui, qu'ils croyoient avoir fait un sacrilège en outrageant ainsi leur saint. Il fut porté par terre, roué de coups, et y auroit perdu la vie si Montufar, par une présence d'esprit admirable, n'eût pris sa protection, le couvrant de son corps, écartant les plus échauffés à le battre, et s'exposant même à leurs coups. « Mes frères, s'écrioit-il de toute
« sa force, laissez-le en paix pour l'amour du Seigneur, apaisez-
« vous pour l'amour de la sainte Vierge. »

« Ce peu de paroles apaisa cette grande tempête, et le peuple fit place à frère Martin, qui s'approcha du malheureux gentilhomme, bien aise en son âme de le voir si maltraité, mais faisant paroître sur son visage qu'il en avoit un extrême déplaisir : il le releva de terre où on l'avoit jeté, l'embrassa et le baisa tout plein qu'il étoit de sang et de boue, et fit une rude réprimande au peuple. « Je suis le méchant, disoit-il à ceux qui le voulurent « entendre; je suis le pécheur, je suis celui qui n'ai jamais rien « fait d'agréable aux yeux de Dieu. Pensez-vous, continuoit-il, « parce que vous me voyez vêtu en homme de bien, que je n'aie « pas été toute ma vie un larron, le scandale des autres et la perdi- « tion de moi-même? Vous êtes trompés, mes frères, faites-moi le « but de vos injures et de vos pierres, et tirez sur moi vos épées. »

« Après avoir dit ces paroles avec une fausse douceur, il s'alla jeter avec un zèle encore plus faux aux pieds de son ennemi, et, les lui baisant, non-seulement il lui demanda pardon, mais aussi il alla ramasser son épée, son manteau et son chapeau, qui s'é- toient perdus dans la confusion. Il les rajusta sur lui, et, l'ayant ramené par la main jusqu'au bout de la rue, se sépara de lui après lui avoir donné plusieurs embrassements et autant de bé- nédictions. Le pauvre homme étoit comme enchanté, et de ce qu'il avoit vu, et de ce qu'on lui avoit fait, et si plein de confu- sion qu'on ne le vit pas paroître dans les rues tant que ses affaires le retinrent à Séville.

« Montufar, cependant, y avoit gagné les cœurs de tout le monde par cet acte d'humilité contrefaite. Le peuple le regar- doit avec admiration, et les enfants crioient après lui : *Au saint! au saint!* comme ils eussent crié : *Au renard!* après son ennemi, s'ils l'eussent trouvé dans les rues. Dès ce temps-là, il commença de mener la vie du monde la plus heureuse. Le grand seigneur, le cavalier, le magistrat, et le prélat, l'avoient tous les jours à manger, à l'envi les uns des autres. Si on lui demandoit son nom, il répondoit qu'il étoit l'animal, la bête de charge, le cloaque d'ordures, le vaisseau d'iniquités, et autres pareils attributs que lui dictoit sa dévotion étudiée. Il passoit les jours sur les estrades avec les dames de la ville, se plaignant incessamment à elles de sa tiédeur, qu'il n'étoit pas bien dans son néant, qu'il n'avoit jamais assez de concentration de cœur ni de recueillement d'esprit, et enfin ne leur parlant jamais qu'en ce magnifique jargon de la cagoterie. Il ne se faisoit plus d'aumônes dans Séville qui ne passassent par ses mains ou par celles d'Hélène et de Mendez, qui, de leur côté, ne jouoient pas moins bien leurs personnages, et dont les noms n'alloient pas moins droit prendre place dans le calendrier que celui de Montufar. Une veuve, dame de condition, et dévote à vingt-quatre carats, leur envoyoit chaque jour deux plats pour leur dîner et autant pour leur souper, et ces plats étoient assaisonnés par le meilleur cuisinier de la ville. La maison étoit trop petite pour le grand nombre de présents qui y entroient et de dames qui les visitoient. La femme qui avoit envie d'être grosse leur mettoit entre les mains sa requête, afin qu'ils la présentassent devant le tribunal de Dieu en diligence et la fissent répondre de même. Celle qui avoit un fils aux Indes n'en faisoit pas moins, non plus que celle dont le frère étoit prisonnier en Alger. Et la pauvre veuve qui plaidoit devant un juge ignorant, contre un homme puissant, ne doutoit plus du gain de sa cause depuis qu'elle leur avoit fait un présent selon ses forces. Les unes leur donnoient des confitures, les autres des tableaux et des ornements pour leur oratoire. Quelquefois on leur donnoit du linge et des hardes pour les pauvres honteux, et souvent des sommes d'argent considérables pour les distribuer selon qu'ils jugeroient à propos. Personne ne les venoit voir les mains vides, et personne ne doutoit plus de leur canonisation future. On en vint jusqu'à les consulter sur les choses douteuses et sur l'avenir. Hélène, qui avoit de l'esprit comme un démon, avoit soin des réponses, et rendoit tous ses oracles en peu de paroles et en termes qui pouvoient avoir diverses interprétations. Leurs lits, fort simples, n'étoient le jour couverts que de nattes, et la nuit, de tout ce qu'il falloit pour dormir délicieusement ; leur maison étant bien garnie de matelas de laine, de bons lits de plume, de couvertures fines et de toutes sortes de meubles qui servent à la commodité de la vie, ou pour donner à la veuve dont les meubles avoient été exécutés, ou pour meubler la jeune fille qui se marioit sans bien. Leur porte, en hiver, se fermoit à cinq heures, et en été à sept, avec autant de ponctualité qu'en un couvent bien réglé ; et alors les broches tournoient, cassolette s'allumoit, le gibier se rôtissoit, le couvert se mettoit bien propre, et l'hypocrite triumvirat mangeoit de grande force et buvoit valeureusement à leur propre santé et à celle de leurs dupes.

« Montufar et Hélène couchoient ensemble de peur des esprits, et leur valet et leur servante, qui étoient de même complexion, les imitoient en leur façon de passer la nuit. Pour la bonne femme Mendez, elle couchoit toujours seule, et étoit bien plus contemplative qu'active depuis qu'elle s'étoit adonnée aux sciences noires. Voilà ce qu'ils faisoient au lieu de l'oraison mentale ou de se donner la discipline. Il ne faut pas demander s'ils avoient de l'embonpoint, menant une si bonne vie : chacun en bénissoit le Seigneur, et ne pouvoit trop s'étonner de ce que des gens qui vivoient si austèrement avoient meilleur visage que ceux qui vivoient dans le luxe et dans l'abondance. En trois ans qu'ils trompèrent les yeux de tout le peuple de Séville, recevant des présents de tout le monde et s'appropriant la plupart des aumônes qui passoient par leurs mains, ils amassèrent une si grande quantité de pistoles qu'il n'est pas croyable. Tous les bons succès étoient attribués à l'effet de leurs prières. Ils étoient parrains de tous les enfants, les entremetteurs de toutes les noces, les arbitres de tous les différends.

« Enfin Dieu se lassa de souffrir leur mauvaise vie. Montufar, qui étoit colère, battoit souvent son valet, qui ne le pouvoit souffrir, et qui l'eût cent fois quitté si Hélène, qui étoit plus politique que son galant, ne l'eût apaisé par des caresses et des présents. Il le battit un jour beaucoup pour peu de sujet. Le garçon gagna la porte, et, aveuglé de sa passion, alla donner avis aux magistrats de Séville de l'hypocrisie des trois bienheureuses personnes. L'esprit diabolique d'Hélène s'en douta. Elle conseilla à Montufar de prendre tout l'or qu'ils avoient en grande quantité et de se mettre quelque part à couvert de la furieuse tempête qu'elle craignoit. Aussitôt dit, aussitôt fait : ils se chargèrent de tout ce qu'ils avoient de plus précieux, et, faisant bonne mine dans les rues, sortirent par une des portes de la ville. »

On a surtout reconnu dans ce récit le mouvement si heureux de Tartuffe lorsqu'il est dénoncé par Damis. Tel est, du reste, le seul emprunt un peu considérable qu'on ait à signaler dans *le Tartuffe*. Voyons maintenant si Molière a eu des modèles d'une autre sorte, et si quelques originaux de son temps ont posé pour son tableau.

On prétend que Molière, en traçant son principal rôle, eut en vue l'abbé de Roquette, qui fut nommé plus tard évêque d'Autun. Il est contre toute vraisemblance que Tartuffe soit un portrait. Mais on peut constater l'application qu'on fit vulgairement d'un personnage à l'autre. Si l'on en croit ce que l'abbé de Choisy raconte dans ses Mémoires, M. de Guilleragues, qui s'était amusé à recueillir tous les traits de cafardise échappés à l'abbé de Roquette, son commensal dans la maison du prince de Conti, les avait communiqués à Molière, qui en composa sa comédie. Ce ne sont là que de simples conjectures ; mais quelques mots de madame de Sévigné les fortifient beaucoup, en prouvant deux choses, d'abord qu'on se rappelait naturellement Tartuffe en parlant de Roquette. Il arriva que cet abbé, devenu évêque, fut chargé de faire l'oraison funèbre de madame de Longueville. L'orateur s'en tira fort bien. Madame de Sévigné, qui était présente, lui décerne cette louange, où l'on trouvera peut-être que la satire domine : « Ce n'étoit point Tartuffe, ce n'étoit point un Patelin ; c'étoit un prélat de conséquence, etc. » Un autre jour elle écrivait à sa fille : « Il a fallu aller dîner chez M. d'Autun. Le pauvre homme ! » On trouve encore dans une variante d'une lettre de la marquise à Bussy-Rabutin : « M. l'évêque d'Autun ayant fait le panégyrique de M*** aux jésuites, qui avoient toute la musique de l'opéra, on dit à Paris que les jésuites avoient donné deux comédies en un jour : l'opéra et le Tartuffe. »

Une anecdote qui présente moins de garanties encore attribue à Louis XIV la célèbre exclamation : « Le pauvre homme ! » Un soir, pendant la campagne de 1662, Louis XIV, au moment où il se mettait à table, conseilla à Péréfixe, évêque de Rhodez, qui avait été son précepteur, d'en aller faire autant. C'était jour de vigile et jeûne. Le prélat, en se retirant, dit qu'il n'avait qu'une légère collation à faire. Quelqu'un sourit de la réponse. Louis XIV, qui s'en aperçut, voulut savoir pourquoi. Le rieur lui dit que Sa Majesté pouvait être tranquille sur le compte de M. de Rhodez ; et puis il lui fit un détail exact du dîner de l'évêque, dont il avait été témoin. A chaque plat recherché qu'il nommait, le roi s'écriait : « Le pauvre homme ! » en variant, chaque fois, l'inflexion de sa voix d'une manière fort plaisante. Molière, qui était présent à cette scène, en aurait fait son profit, et aurait rappelé au roi cette circonstance lorsqu'il lui fit la lecture des trois premiers actes du *Tartuffe*.

En résumé, Molière emprunta peu de choses pour la composition de sa grande comédie. Tartuffe a été créé d'un seul jet, et brusqué sur l'heure comme la figure principale d'une fresque puissante et hardie. « Jamais, dit M. G. Guizot, sur aucun théâtre, aucun personnage n'a paru qui fût lui-même et lui seul plus que Tartuffe. Il est à la fois rusé et maladroit, sagace et aveugle : à l'église, il a vu du premier coup qu'Orgon est une proie faite pour lui ; après une longue habitude de vivre auprès d'Elmire, il n'a pas vu qu'elle le méprise. Il sait de longs détours pour capter ou retenir la tendresse d'Orgon : à peine se trouve-t-il seul avec Elmire qu'il pose le masque et agit en effronté. Tout à l'heure il commandait au son de sa voix et combinait la moindre de ses attitudes ; mais il est l'esclave irréfléchi de ses désirs brutaux, qu'il raconte maintenant dans le plus étrange langage, en même temps mystique et sensuel. C'est tantôt un fourbe consommé qui se cache, tantôt un aventurier imprudent qui se perd en voulant pousser à bout sa fortune, et qui va s'offrir de lui-même à la justice, dont il rencontre la vengeance quand il réclame son appui. Personnage plein de contrastes, mais dont les contrastes mêmes s'accordent et s'expliquent l'un l'autre. Molière ne craint pas, en effet, d'accuser les contrastes dans le cœur de ses héros et de multiplier, parfois en les opposant, les mobiles qui les font agir. Ce talent n'appartient qu'aux grands poètes. Il est beaucoup d'officiers capables de marcher à la tête d'une compagnie ; mais il en est fort peu qui sachent faire manœuvrer avec ensemble tous les corps d'une nombreuse armée : de même il n'est pas très rare de rencontrer des artistes assez habiles pour exprimer avec bonheur un sentiment ou une idée ; mais il est beaucoup moins commun d'en trouver qui soient de force à donner la vie à des créations plus complexes et plus riches. Molière est de ces derniers. »

On a coutume de comparer le personnage de Tartuffe à celui d'Onuphre, que La Bruyère traça plus tard dans le but, au moins apparent, de critiquer Molière :

« Onuphre n'a pour tout lit qu'une housse de serge grise, mais il couche sur le coton et sur le duvet ; de même il est habillé simplement, mais commodément, je veux dire d'une étoffe fort légère en été, et d'une autre fort moelleuse pendant l'hiver ; il porte des chemises très déliées, qu'il a un très grand soin de bien cacher. Il ne dit point *ma haire et ma discipline*, au contraire : il passeroit pour ce qu'il est, pour un hypocrite, et il veut passer pour ce qu'il n'est pas, pour un homme dévot; il est vrai qu'il fait en sorte que l'on croit, sans qu'il le dise, qu'il porte une haire, et qu'il se donne la discipline. Il y a quelques livres répandus dans sa chambre indifféremment ; ouvrez-les : c'est *le Combat spirituel, le Chrétien intérieur,* et *l'Année sainte;* d'autres livres sont sous la clef. S'il marche par la ville, et qu'il découvre de loin un homme devant qui il est nécessaire qu'il soit dévot, les yeux baissés, la démarche lente et modeste, l'air recueilli, lui sont familiers; il joue son rôle. S'il entre dans une église, il observe d'abord de qui il peut être vu ; et, selon la découverte qu'il vient de faire, il se met à genoux et prie, ou il ne songe ni à se mettre à genoux, ni à prier. Arrive-t-il vers lui un homme de bien et d'autorité qui le verra et qui peut l'entendre, non-seulement il prie, mais il médite, il pousse des élans et des soupirs; si l'homme de bien se retire, celui-ci, qui le voit partir, s'apaise et ne souffle pas.

« Il entre une autre fois dans un lieu saint, perce la foule, choisit un endroit pour se recueillir, et où tout le monde voit qu'il s'humilie : s'il entend des courtisans qui parlent, qui rient, et qui sont à la chapelle avec moins de silence que dans l'antichambre, il fait plus de bruit qu'eux pour les faire taire ; il reprend sa méditation, qui est toujours la comparaison qu'il fait de ces personnes avec lui-même, et où il trouve son compte. Il évite une église déserte et solitaire, où il pourroit entendre deux messes de suite, le sermon, vêpres et complies, tout cela entre Dieu et lui, et sans que personne lui en sût gré. Il aime la paroisse, il fréquente les temples où se fait un grand concours, on n'y manque point son coup : on y est vu. Il choisit deux ou trois jours dans toute l'année où, à propos de rien, il jeûne ou fait abstinence ; mais à la fin de l'hiver il tousse, il a une mauvaise poitrine, il a des vapeurs, il a eu la fièvre ; il se fait prier, presser, quereller, pour rompre le carême dès son commencement; et il en vient là par complaisance.

« Si Onuphre est nommé arbitre dans une querelle de parents ou dans un procès de famille, il est pour les plus forts, je veux dire pour les plus riches, et il ne se persuade point que celui ou celle qui a beaucoup de bien puisse avoir tort. S'il se trouve bien d'un homme opulent à qui il a su imposer, dont il est le parasite, et dont il peut tirer de grands secours, il ne cajole point sa femme, il ne lui fait du moins ni avance, ni déclaration; il s'enfuira, il lui laissera son manteau, s'il n'est aussi sûr d'elle que de lui-même ; il est encore plus éloigné d'employer pour la flatter et pour la séduire le jargon de la dévotion ; ce n'est point par habitude qu'il le parle, mais avec dessein, et selon qu'il lui est utile, et jamais quand il ne serviroit qu'à le rendre très ridicule. Il sait où se trouvent des femmes plus sociables et plus dociles que celle de son ami ; il ne les abandonne pas pour longtemps, quand ce ne seroit que pour faire dire de soi dans le public qu'il fait des retraites. Qui en effet pourroit en douter, quand on le revoit paroître avec un visage exténué, et d'un homme qui ne se ménage point?

« Les femmes d'ailleurs qui fleurissent et qui prospèrent à l'ombre de la dévotion lui conviennent, seulement avec cette petite différence qu'il néglige celles qui ont vieilli, et qu'il cultive les jeunes, et entre celles-ci les plus belles et les mieux faites ; c'est son attrait : elles vont, et il va ; elles reviennent, et il revient ; elles demeurent, et il demeure : c'est en tous lieux et à toutes les heures qu'il a la consolation de les voir ; qui pourroit n'en être pas édifié ? elles sont dévotes, et il est dévot.

« Il n'oublie pas de tirer avantage de l'aveuglement de son ami, et de la prévention où il l'a jeté en sa faveur : tantôt il lui emprunte de l'argent, tantôt il fait si bien que cet ami lui en offre ; il se fait reprocher de n'avoir pas recours à ses amis dans ses besoins. Quelquefois il ne veut pas recevoir une obole sans donner un billet, qu'il est bien sûr de ne jamais retirer. Il dit une autre fois, et d'une certaine manière, que rien ne lui manque, et c'est lorsqu'il ne lui faut qu'une petite somme ; il vante quelque autre fois publiquement la générosité de cet homme, pour le piquer d'honneur et le conduire à lui faire une grande largesse ; il ne pense point à profiter de toute sa succession, ni à s'attirer une donation générale de tous ses biens, s'il s'agit surtout de les enlever à un fils, le légitime héritier. Un homme dévot n'est ni avare, ni violent, ni injuste, ni même intéressé. Onuphre n'est pas dévot, mais il veut être cru tel, et, par une parfaite, quoique fausse imitation de la piété, ménager sourdement ses intérêts ; aussi ne se joue-t-il pas à la ligne directe, et il ne s'insinue jamais dans une famille où se trouvent tout à la fois une fille à pourvoir et un fils à établir : il y a là des droits trop forts et trop inviolables ; on ne les traverse point sans faire de l'éclat, et il l'appréhende ; sans qu'une pareille entreprise vienne aux oreilles du prince, à qui il dérobe sa marche, par la crainte qu'il a d'être découvert, et de paroître ce qu'il est.

« Il en veut à la ligne collatérale : on l'attaque plus impunément ; il est la terreur des cousins et des cousines, du neveu et de la nièce, le flatteur et l'ami déclaré de tous les oncles qui ont fait fortune. Il se donne pour l'héritier légitime de tout vieillard qui meurt riche et sans enfants, et il faut que celui-ci le déshérite s'il veut que ses parents recueillent sa succession ; si Onuphre ne trouve pas jour à les en frustrer à fond, il leur en ôte du moins une bonne partie ; une petite calomnie, moins que cela, une légère médisance lui suffit pour ce pieux dessein, et c'est le talent qu'il possède à un plus haut degré de perfection ; il se fait même souvent un point de conduite de ne pas le laisser inutile ; il y a des gens, selon lui, qu'on est obligé en conscience de décrier, et ces gens sont ceux qu'il n'aime point, à qui il veut nuire, et dont il désire la dépouille. Il vient à ses fins sans se donner même la peine d'ouvrir la bouche ; on lui parle d'Eudoxe, il sourit ou il soupire ; on l'interroge, on insiste, il ne répond rien : et il a raison, il en a assez dit. »

Ainsi, aux yeux de La Bruyère, Tartuffe est un hypocrite de théâtre, et non pas un hypocrite observé d'après la réalité. M. Sainte-Beuve, au chapitre XVI de son *Histoire de Port-Royal*, a fait ressortir parfaitement la différence qu'il y a entre le procédé du poète comique et celui de l'auteur des *Caractères :* « La Bruyère, dit-il, a repris sous main ce portrait du faux dévot ; mais je dirai de son Onuphre comme du casuiste sans nom des *Provinciales :* il est trop particulier pour avoir pu devenir populaire. Ce sont des portraits frappants à être vus de près, et éternellement chers aux connaisseurs ; ce ne sont pas des êtres une fois créés pour tout et destinés à courir le monde à front découvert. »

D'autre part, si Molière ne craint pas de faire le trait gros, accusé plus fortement pour la scène, il faut bien prendre garde que l'interprétation dramatique ne l'exagère encore. Le type de Tartuffe, par la haine que soulevait le personnage et l'horreur qu'il inspirait au public, a été successivement chargé, défiguré et enlaidi, jusqu'à n'être plus vraisemblable.

« Quelle apparence, dit M. Th. Gautier, que ce maraud sinistre et ténébreux, avec ses roulements d'yeux, ses mines béates, son encolure de cuistre et son hypocrisie si grossièrement visible, ait jamais pu tromper personne, même ce brave bourgeois d'Orgon? Avec le physique, les manières et le costume que lui ont donnés la plupart des comédiens, loin de s'introniser au cœur de la famille, il n'eût jamais dépassé le seuil de l'antichambre. On l'eût fait balayer par les laquais, après lui avoir jeté quelque aumône.

« Tartuffe devait être, au contraire, agréable de sa personne: le teint frais, l'oreille rouge, — Molière indique ce détail, — les mains belles et grasses, avec un petit commencement d'embonpoint dévot. Il était, nous en sommes sûr, fort propre sur soi, vêtu d'étoffes fines et chaudes, mais de nuances peu voyantes, noires probablement, pour rappeler la gravité du directeur; le linge uni, mais très blanc; une calotte de maroquin sur le haut de la tête, comme en portaient les personnages austères du temps. Ses façons étaient polies, obséquieuses, mesurées; il avait l'air d'un homme du monde qui se retire du siècle et donne dans la dévotion, et non la mine de bedeau sournois et libidineux qu'on lui prête. Son rôle n'est pas du tout un rôle comique. Il serait aisément terrible, et il l'est un moment, malgré les efforts de Molière pour modérer la situation, lorsque, armé du secret qu'il a découvert et des donations qu'il a obtenues, il jette résolument le masque et montre le scélérat caché sous le faux dévot. Comme Don Juan, qui, lui aussi, joue sa scène d'hypocrisie, Tartuffe ne craint ni Dieu ni diable, il est l'athée en rabat noir comme l'autre est l'athée en satin blanc. Seulement, comme il n'est pas grand seigneur et ne possède point de fortune, il rampe dans les sapes jusqu'à ce qu'il ait atteint son but. Le monstre a besoin d'un déguisement pour dérober ses noirs projets. Il faut qu'il soit séduisant et bien fait de sa personne, capable d'inspirer une de ces tendresses mystico-sensuelles dont s'accommodent si bien les prudes ; sans quoi la scène avec Elmire serait purement impossible. Comment supposer, en effet, qu'un homme si fin, si habile, si prudent, si sur ses gardes, et que sa propre hypocrisie doit avoir habitué à ne pas se fier aux apparences, se laisse prendre à ce piège mal tendu, qu'il soit dupe un instant de ces coquetteries et de ces avances invraisemblables, s'il eût été le cuistre immonde à teint huileux et à sourcils charbonnés qu'on se plaît à représenter? Ce n'était pas sans doute la première fois qu'il se trouvait en semblable posture, et cette bonne fortune qui se présentait n'avait rien dont il eût lieu de se méfier et de s'étonner beaucoup. »

C'est l'histoire qui doit aider à comprendre ce type. Il ne faut pas se laisser tromper par l'état actuel des choses : l'hypocrite de religion ne se rencontre guère aujourd'hui que dans les rangs infimes. Quel est l'homme du monde qui, à notre époque, a quelque intérêt à affecter la dévotion ? Mais il n'en était pas de même au xviie siècle ; et, pour lui garder son caractère primitif, les acteurs qui représentent ce personnage auraient tort d'outrer son humilité et sa bassesse.

Avant d'aller plus loin, disons quelques mots de ce nom de Tartuffe, dont la fortune a été si extraordinaire. On a beaucoup discuté sur l'origine de ce nom. Nous ne rapporterons pas toutes les étymologies plus ou moins ingénieuses qui ont été proposées. Voici une explication qui paraît assez vraisemblable. « *Tartuffe,* dit M. P. Chasles, est simplement le *truffactor* de la basse latinité, le « trompeur » ; mot qui se rapporte à l'italien et à l'espagnol « truffa » combiné avec la syllabe augmentative « tra » indiquant une qualité superlative et l'excès d'une qualité ou d'un défaut. *Truffer,* c'est tromper[1] ; « tra-truffar, » tromper excessivement et avec hardiesse. L'euphonie a donné ensuite « tartuffar », puis *Tartuffe.* Il est curieux de retrouver cette dernière désignation appliquée aux « truffes » ou « tartuffes », qui deviennent ainsi les *trompeuses.* Platina, dans son traité *de Honesta Voluptate,* indique cette étymologie relevée par Le Duchat et Ménage[2]. *Truffaldin,* le fourbe vénitien, se rapporte à la même origine.

---

1. *Truffa,* dans le Ruzzante, est un valet rusé. (L. M.)
2. « Sai tu che effetti fa amore?... quelli del tartufo, che a' giovanni fa rizzar la ventura, et a' vecchi tirar correge. » (*La Calandra,* atto I, scena ii, *in fine.*) (L. M.)

Tartuffe, truffactor, le truffeur, est donc le roi des fourbes sérieux, comme Mascarille est le roi des fourbes comiques. »

Les mots *truffe* et *trufer* étaient en effet d'un fréquent emploi dans notre vieille langue. Nous avons par exemple un poème du xiiie siècle intitulé : « Li romans de Witasse le moine avec de grans truffes, » c'est-à-dire avec de grandes fourberies. Mais on ne voit pas où Molière aurait pris chez nous ce mot, inusité depuis longtemps, et il fut sans doute obligé de l'aller chercher dans l'italien ou l'espagnol, qui en avaient conservé l'usage. Quoi qu'il en soit, relevons à ce sujet l'observation de M. Sainte-Beuve, qui est encore ce qu'il y a de plus certain : « Tartuffe, Onuphre, Panulphe, ou encore Montufar chez Scarron, tous ces noms nous présentent la même idée dans une onomatopée confuse, quelque chose en dessous et de fourré. »

Ce qui est tout à fait remarquable, c'est que ce mot passa immédiatement de l'état de nom propre à celui de nom générique. Molière l'emploie comme tel dans son premier placet : « Les tartuffes, sous main, ont eu l'adresse de trouver grâce auprès de Votre Majesté. » Or, ce placet est antérieur à toute représentation publique, et remonte à l'année 1664. Les écrivains qui répliquèrent, en 1665, aux Observations du sieur de Rochemont sur *le Festin de Pierre,* se servent couramment du même mot comme synonyme d'hypocrite. Robinet fait de même. Enfin ce nom était déjà si bien passé dans le commun langage quand Molière imprima sa pièce que le titre donné par toutes les éditions originales est non pas *Tartuffe, ou l'Imposteur,* mais *le Tartuffe, ou l'Imposteur.* L'ouvrage inédit avait enrichi la langue d'un terme nouveau, et, en venant au jour, il n'eut qu'à consacrer l'antonomase (qu'on nous passe ce terme de l'ancienne rhétorique) dont lui-même était le principe et la source.

En 1664, *le Tartuffe,* suivant ce que nous avons précédemment raconté[1], avait fait sa première apparition au milieu des fêtes brillantes célébrées à Versailles. Les trois premiers actes avaient été joués le 12 mai. Avant de quitter Versailles le 14 mai pour se rendre à Fontainebleau, le roi, cédant aux réclamations qui s'élevaient de tous côtés, défendit la représentation de cette

---

1. Voyez tome V, page 507.

pièce pour le public. On lit dans la *Gazette* du 17 mai : « Ce grand monarque est soigneux de retrancher toutes les semences de division dans l'Église, et aucun de ses prédécesseurs n'en porta jamais plus glorieusement le titre de Fils aîné, qu'il soutient par cette délicatesse qu'il témoigne pour tout ce qui la regarde, comme il le fit encore voir naguère par ses défenses de représenter une pièce de théâtre intitulée *l'Hypocrite,* que Sa Majesté, pieusement éclairée en toutes choses, juga absolument injurieuse à la religion et capable de produire de très dangereux effets. »

Pendant le séjour du roi à Fontainebleau, du 16 mai au 13 août de cette année 1664, la pièce nouvelle fut l'objet d'une lutte très vive dont nous pouvons retracer les principaux incidents. L'attaque la plus ouverte qui fut dirigée contre elle eut pour auteur le curé de Saint-Barthélemy, Pierre Roullé, docteur en Sorbonne. Ce curé publia à cette époque un panégyrique de Louis XIV, qu'il intitula : « Le Roi glorieux au monde, ou Louis XIV le plus glorieux de tous les rois du monde. » On remarque dans cet opuscule un passage dirigé contre Molière, à propos du *Tartuffe,* et le reste de l'ouvrage se traîne tellement dans les flatteries banales qu'on dirait qu'il a été composé uniquement pour servir de prétexte à cette diatribe, qui y tient pourtant peu de place. *Le Roi glorieux au monde,* œuvre d'un curé de paroisse, doit nous aider à comprendre les excès de flatterie presque idolâtrique auxquels s'abandonnaient parfois les poètes courtisans, et Molière parmi eux. Qu'il nous soit permis, afin de donner une idée du ton sur lequel l'a pris l'auteur, de transcrire le début de ce panégyrique avant d'arriver au passage qui concerne *le Tartuffe.* Voici comment Pierre Roullé s'exprime en commençant :

« La gloire a l'avantage et le dessus partout; ses desseins ne peuvent être que grands; ses entreprises sont hardies, ses conquêtes illustres, et ses victoires éclatantes. Elle triomphe heureusement de tout. Qui n'en a point n'est rien.....

« Or, si jamais roi a eu de la gloire sur la terre, et si au monde il y a eu monarque illustre et glorieux, c'est sans flatterie Louis XIV, dont la réputation est si universelle, la gloire si généralement étendue qu'elle n'a de toutes parts ni bornes ni limites qui l'arrêtent. Elle est aucunement semblable en ce point à celle de Dieu, qui est plus haute que les cieux en son élévation, et plus profonde que les abîmes les plus creuses en son abaissement... Il y a certes dans l'étendue de toute la terre qu'on habite assez de rois, mais peu qui soient et qui puissent être qualifiés et véritablement nommés rois glorieux. Mais entre tous, quand ils seroient sans nombre, Louis XIV, qui règne en France, a le bonheur et la gloire de l'être. Et pour connoître qu'il est en cette posture et être convaincu de l'honorer avec respect en cette suprême et royale qualité et dignité, que faut-il autre chose qu'envisager sa grandeur et sa gloire, le lustre et le brillant éclat de ses vertus, la haute élévation de sa puissance, et le dernier point de ses mérites et de l'estime qu'on en fait, ou bien au plus le mesurer à la figure, mais je me trompe, à la plus éminente perfection de tous les autres rois de tout le monde? Je n'ignore pas que toute comparaison est odieuse, que ce n'est point un titre considérable, ni une gloire avantageuse, que d'être grand et éminent par le rabais et déchet des autres. Aussi ne veux-je pas relever la hauteur et l'éminence de la gloire de Louis XIV par le mépris et par l'abaissement d'aucun, mais par le propre caractère de l'honneur qu'il a d'être le maître et souverain de toutes les choses que, sans être idolâtre, on adore et révère publiquement en sa royale majesté, parce qu'il est un dieu terrestre et un homme divin, sans exemple et sans pair, n'ayant rien à combattre ni disputer qu'avec lui-même.

« Laissons là son bas âge, quoiqu'il ait un extraordinaire et merveilleux avantage de gloire. Il a été enfant par la nature ainsi que tous les autres, sans toutefois qu'il l'ait été d'actions et de mœurs. Il n'a jamais rien fait puéril et d'enfant; et c'est en quoi il a passé glorieusement tous les autres. En bégayant il raisonnoit; avant le temps et l'âge il étoit homme, et politique capable alors de faire le roi s'il l'eût voulu. Il ne savoit que trop qu'il étoit roi; il avoit bien la suffisance d'en faire la fonction et l'exercice; et sans dire mot, ou en dissimulant l'intelligence et la sagesse qu'il avoit, il paraissoit seulement faire comme un secret apprentissage de ce qu'il fait présentement en maître... »

C'est assez pour qu'on puisse apprécier l'esprit général de cet opuscule. Bornons-nous à reproduire maintenant ce qui a trait à l'œuvre de Molière, et à Molière lui-même. On lit, à la page 47, ce qui suit :

« Sa Majesté est maintenant en son château royal de Fontainebleau[1], qu'elle a pris très grand soin elle-même qu'il fût fait beau, délicieux, agréable, parfait et accompli de toutes parts, sans que rien n'y manque pour sa gloire; mais il n'y est allé qu'après une action héroïque et royale, véritablement digne de la grandeur de son cœur et de sa piété, et du respect qu'il a pour Dieu et pour l'Église, et qu'il rend volontiers aux ministres employés de leur part pour conférer les grâces nécessaires au salut. Un homme, ou plutôt un démon vêtu de chair et habillé en homme, et le plus signalé impie et libertin qui fût jamais dans les siècles passés, avoit eu assez d'impiété et d'abomination pour faire sortir de son esprit diabolique une pièce toute prête d'être rendue publique, en la faisant monter sur le théâtre, à la dérision de toute l'Église, et au mépris du caractère le plus sacré et de la fonction la plus divine, et au mépris de ce qu'il y a de plus saint dans l'Église, ordonné du Sauveur pour la sanctification des âmes, à dessein d'en rendre l'usage ridicule, contemptible, odieux. Il méritoit par cet attentat sacrilège et impie un dernier supplice exemplaire et public, et le feu même, avant-coureur de celui de l'enfer, pour expier un crime si grief de lèse-majesté divine, qui va à ruiner la religion catholique, en blâmant et jouant sa plus religieuse et sainte pratique, qui est la conduite et la direction des âmes et des familles par de sages guides et conducteurs pieux. Mais Sa Majesté, après lui avoir fait un sévère reproche, animé d'une juste colère, par un trait de sa clémence ordinaire, en laquelle il imite la douceur essentielle à Dieu, lui a, par abolition, remis son insolence et pardonné sa hardiesse démoniaque, pour lui donner le temps d'en faire pénitence publique et solennelle toute sa vie. Et afin d'arrêter avec succès la vue et le débit de sa production impie et irréligieuse et de sa poésie licencieuse et libertine, elle lui a ordonné, sur peine de la vie, d'en supprimer et déchirer, étouffer et

---

1. Ces mots fixent entre le 16 mai et le 13 août 1664 la date de cet ouvrage.

brûler tout ce qui en étoit fait, et de ne plus rien faire à l'avenir de si indigne et infamant, ni rien produire au jour de si injurieux à Dieu et outrageant l'Église, la religion, les sacrements, et les officiers les plus nécessaires au salut; lui déclarant publiquement, et à toute la terre, qu'on ne sauroit rien faire ni dire qui lui soit plus désagréable et odieux, et qui le touche plus au cœur, que ce qui fait atteinte à l'honneur de Dieu, au respect de l'Église, au bien de la religion, à la révérence due aux sacrements, qui sont les canaux de la grâce que Jésus-Christ a méritée aux hommes par sa mort en la croix; à la faveur desquels elle est transfuse et répandue dans les âmes des fidèles qui sont saintement dirigés et conduits. Sa Majesté pouvoit-elle mieux faire contre l'impiété et cet impie, que de lui témoigner un zèle si sage et si pieux et une exécration d'un crime si infernal? »

Le curé de Saint-Barthélemy obtint de présenter son livre à Louis XIV, et il n'est pas douteux que le passage qu'on vient de lire ne fût recommandé particulièrement à l'attention du monarque. Molière, de son côté, ne demeura pas un seul instant inactif. Loret, dans sa lettre du 24 mai, constate qu'il était déjà bruit des sollicitations, des plaintes, des démarches du poëte-comédien; le rédacteur de la *Muse historique* dit avec sa prudence ordinaire :

> . . . . . Un quidam m'écrit,
> Et ce quidam a bon esprit,
> Que le comédien Molière,
> Dont la muse n'est point ânière,
> Avoit fait quelque plainte au roi,
> Sans m'expliquer trop bien pourquoi,
> Sinon que sur son *Hypocrite*
> (Pièce, dit-on, de grand mérite
> Et très fort au gré de la cour)
> Maint censeur daube nuit et jour.
> Afin de repousser l'outrage,
> Il a fait coup sur coup voyage,
> Et le bon droit représenté
> De son travail persécuté;
> Mais de cette plainte susdite
> N'ayant pas su la réussite,
> Je veux encore être en ce cas
> Disciple de Pythagoras,

Et sur un tel sujet me taire,
Ne sachant le fond de l'affaire.

Nous savons, par le registre de La Grange, que la troupe du Palais-Royal fut appelée à Fontainebleau pour contribuer aux divertissements offerts à monseigneur Chigi, légat du saint-père. Elle y séjourna du 21 juillet au 13 août. (Voyez tome V, p. 394.) Il paraît que Molière, pendant ce séjour, trouva moyen de faire entendre au cardinal romain une lecture de la pièce proscrite, et qu'il eut quelque droit de se vanter d'avoir obtenu son approbation. C'est à la suite de ces circonstances qu'il présenta au roi le premier placet qu'on lira plus loin. Dans ce placet, il prend occasion des violences du curé de Saint-Barthélemy pour réclamer l'autorisation de jouer sa pièce et de mettre le public à même de prononcer sur l'innocence de l'ouvrage incriminé : « Votre Majesté a beau dire et M. le légat et MM. les prélats ont beau donner leur jugement, ma comédie, sans l'avoir vue, est diabolique, et diabolique mon cerveau ; je suis un démon vêtu de chair et habillé en homme... Les rois éclairés comme vous n'ont pas besoin qu'on leur marque ce qu'on souhaite ; ils voient comme Dieu ce qu'il nous faut, et savent mieux que nous ce qu'ils nous doivent accorder. » Ce dernier trait a paru choquant ; mais Molière ne faisait, comme on vient de le voir, qu'employer le langage de son accusateur. Quoi qu'il en soit, ce que Sa Majesté jugea à propos d'ordonner ne fut pas conforme aux vœux du poète, car le public fut privé encore d'admirer *le Tartuffe*.

Si, d'autre part, comme le prétendait Pierre Roullé, ordre avait été donné à Molière d'anéantir son œuvre, cet ordre ne recevait qu'une exécution fort imparfaite. Molière faisait partout des lectures de sa pièce, lui cherchant des protecteurs jusque dans les salons jansénistes. Bien mieux, deux nouvelles représentations eurent lieu dans l'automne de cette année 1664, devant des personnes royales. « Les trois premiers actes de cette comédie, dit La Grange dans l'édition de 1682, ont été représentés la deuxième fois à Villers-Cotterets, pour Son Altesse royale Monsieur, frère unique du roi, qui régaloit Leurs Majestés et toute la cour, le 25 septembre de la même année 1664 [1]. Cette comédie parfaite, entière et achevée en cinq actes, a été représentée la première et la seconde fois au château du Raincy près Paris, pour S. A. S. Monseigneur le Prince, le 29 novembre 1664 [2], et le 8 novembre de l'année 1665 [3]. »

Boileau, toujours courageux pour défendre ses admirations littéraires, se plaint en 1665, dans son *Discours au roi,* de ceux qui *font le procès à quiconque ose rire.* Ce sont eux, ajoute-t-il :

> Ce sont eux que l'on voit d'un discours insensé
> Publier dans Paris que tout est renversé,
> Au moindre bruit qui court qu'un auteur les menace
> De jouer des bigots la trompeuse grimace.
> Pour eux un tel ouvrage est un monstre odieux :
> C'est offenser les lois, c'est s'attaquer aux cieux.
> Mais bien que d'un faux zèle ils masquent leur foiblesse,
> Chacun voit qu'en effet la vérité les blesse.
> En vain d'un lâche orgueil leur esprit revêtu
> Se couvre du manteau d'une austère vertu :
> Leur cœur, qui se connoît et qui fuit la lumière,
> S'il se moque de Dieu, craint *Tartuffe* et Molière.

La renommée du poète comique continua de s'étendre. Il mit au jour *le Misanthrope.* Son crédit à la cour s'affermit : l'activité avec laquelle il contribua, dans l'hiver de 1666-1667, aux divertissements prolongés du Ballet des Muses, lui donna de nouveaux droits à la faveur royale. Aussi, l'été venu, pendant que Louis XIV était occupé à conquérir les Flandres, Molière, se faisant fort d'une espèce d'autorisation verbale qu'il avait obtenue, fit jouer *le Tartuffe* en le déguisant un peu; la comédie fut intitulée simplement *l'Imposteur;* M. Tartuffe devint M. Panulphe; on eut grand soin de mieux marquer le costume laïque

---

1. On lit en effet sur le registre de la troupe tenu par le même La Grange : « La troupe est partie pour Villers-Cotterets le samedi vingtième septembre, et est revenue le vingt-septième dudit mois ; (elle) a été pendant huit jours au voyage. Par ordre de Monsieur. On y a joué *Sertorius* et *le Cocu imaginaire, l'École des Maris* et *l'Impromptu, la Thébaïde, les Fâcheux,* et les trois premiers actes de *Tartuffe.* La troupe a été nourrie. Reçu 2,000 livres. »

2. Cette première représentation est constatée sur le registre par la mention suivante : « Le samedi, 29 novembre (1664), la troupe est allée au Raincy, maison de plaisance de madame la princesse Palatine, près Paris, par ordre de monseigneur le prince de Condé, pour y jouer *Tartuffe* en cinq actes. Reçu 1,100 livres. »

3. Mention sur le registre : « Dimanche, 8º novembre (1665), la troupe est allée au château du Raincy, chez madame la princesse Palatine, par ordre de monsieur le Prince. On y a joué *Tartuffe* et les *Médecins (l'Amour médecin).* On a reçu 1,100 livres. »

du personnage : un petit chapeau, de grands cheveux, un grand collet, une épée et des dentelles sur tout l'habit. Quelques passages enfin furent supprimés ou adoucis. La représentation eut lieu le vendredi 5 août, dans ce Paris que la guerre et les chaleurs de l'été faisaient paraître désert. Il y eut une recette de 1,890 livres. Le lendemain, la pièce fut défendue par ordre du premier président du parlement.

Une anecdote sur certaine équivoque que Molière se serait permise, en annonçant au public la défense de jouer *le Tartuffe* faite par le président Lamoignon : « M. le président ne veut pas qu'on le joue, » a eu cours de bonne heure, puisqu'elle est dans une lettre de la princesse Palatine (Élisabeth-Charlotte, deuxième femme de Monsieur) à la date du 6 juin 1700 : « Les dévots sont maintenant trop puissants en France ; ils ne souffriroient pas qu'on imprimât un livre où ils seroient tournés en ridicule. Cela me rappelle ce que fit Molière. Comme on avoit, dans le principe, défendu *le Tartuffe,* et que M. de Lamoignon, alors premier président de Paris, avoit la réputation d'être très hypocrite, Molière vint sur le théâtre et dit : « M. le premier président a défendu « *le Tartuffe ;* il ne veut plus qu'on le joue. » Cette équivoque fit rire tout le monde, car on vit bien que c'étoit par malice que Molière avoit ainsi tourné son discours. Mais par le fait les dévots sont sans quartier : jamais de leur vie ils ne pardonnent ; aussi personne ne les attaque, etc.[1]. »

Que l'anecdote fût plus ancienne que *le Tartuffe* et d'origine espagnole, cela ne prouverait rien encore, car Molière aurait pu la reprendre à son compte pour la circonstance ; mais une plaisanterie aussi téméraire est fort invraisemblable. Elle est démentie catégoriquement par Boileau dans l'entretien qu'il eut avec Brossette (note de Brossette rédigée en 1702, et publiée par M. Laverdet à la suite de la *Correspondance,* en 1858) : « J'ai demandé à M. Despréaux, dit Brossette, s'il étoit vrai, comme on le disoit, que Molière, voyant les défenses de M. le premier président, avoit dit dans le compliment qu'il fit au public qui étoit venu pour voir sa pièce : « Messieurs, nous aurions eu l'honneur de

---

1. *Lettres nouvelles et inédites de la princesse Palatine,* publiées par A.-A. Rolland, chez Firmin-Didot ; in-12. Lettre CVI.

« vous donner une représentation de la comédie de *Tartuffe*, sans
« les défenses qui nous ont été faites ; mais M. le premier pré-
« sident ne veut pas qu'on le joue. » M. Despréaux m'a dit que
cela n'étoit point véritable, et qu'il savoit le contraire par lui-
même ; et voici ce qu'il m'a raconté (et Brossette fait parler
ainsi Boileau) :

« ... Toutes choses seroient demeurées dans l'état que je viens
de vous dire, si Molière n'avoit pas eu une forte envie de jouer
sa pièce. Il me pria, m'a dit M. Despréaux, d'en parler à M. le
premier président. Je lui conseillai de lui en parler lui-même, et
je m'offris de le présenter. Un matin, nous allâmes trouver M. de
Lamoignon, à qui Molière expliqua le sujet de sa visite. M. le premier président lui répondit en ces termes : *Monsieur, je fais
beaucoup de cas de votre mérite ; je sais que vous êtes non seulement un acteur excellent, mais encore un très habile homme qui
faites honneur à votre profession et à la France. Cependant, avec
toute la bonne volonté que j'ai pour vous, je ne saurois vous permettre de jouer votre comédie. Je suis persuadé qu'elle est fort
belle et fort instructive ; mais il ne convient pas à des comédiens
d'instruire les hommes sur les matières de la morale chrétienne et
de la religion : ce n'est pas au théâtre de se mêler de prêcher l'É-
vangile. Quand le roi sera de retour, il vous permettra, s'il le
trouve à propos, de représenter* le Tartuffe ; *mais pour moi, je
croirois abuser de l'autorité que le roi m'a fait l'honneur de me
confier pendant son absence, si je vous accordois la permission
que vous me demandez.*

« Molière, qui ne s'attendoit pas à ce discours, demeura entièrement déconcerté, de sorte qu'il lui fut impossible de répondre à M. le premier président. Il essaya pourtant de prouver à
ce magistrat que sa comédie étoit très innocente, et qu'il l'avoit
traitée avec toutes les précautions que demandoit la délicatesse
de la matière ; mais quelques efforts que put faire Molière, il ne
fit que bégayer et ne put point surmonter le trouble où l'avoit
jeté M. le premier président. Ce sage magistrat, l'ayant écouté
quelques moments, lui fit entendre, par un refus gracieux, qu'il
ne vouloit pas révoquer les ordres qu'il avoit donnés, et le quitta
en lui disant : *Monsieur, vous voyez qu'il est près de midi : je
manquerois la messe si je m'arrêtois plus longtemps.* Molière se

retira, peu satisfait de lui-même, sans se plaindre pourtant de M. de Lamoignon, car il se rendit justice. Mais toute la mauvaise humeur de Molière retomba sur M. l'archevêque (Hardouin de Péréfixe), qu'il regardoit comme le chef de la cabale des dévots qui lui étoit contraire. »

M. Paul Mesnard fait remarquer que cet entretien, qui certes n'a pas été inventé par Boileau, aurait été impossible si Molière s'était permis la plaisanterie outrageante qui lui a été attribuée. Il faut donc laisser au public l'honneur de ce trait satirique, qui n'était d'ailleurs, comme nous l'avons dit, qu'une application d'un mot déjà connu.

La dernière phrase du premier président : « *Vous voyez qu'il est près de midi,* etc. », a frappé par sa ressemblance avec celle qui sert à Tartuffe à se dérober aux instances de Cléante (acte IV, scène I) :

> Il est, monsieur, trois heures et demie :
> Certain devoir pieux me demande là-haut,
> Et vous m'excuserez de vous quitter si tôt.

On serait tenté de supposer que Molière, pour se venger du premier président, utilisa ses dernières paroles dans le rôle de Tartuffe, mais il est certain que ces vers existaient dans la comédie telle qu'elle avait été représentée au mois d'août 1667 ; la *Lettre sur la comédie de l'Imposteur* le constate. Il n'y a donc là qu'une rencontre fortuite, mais singulière.

Le 8 août, La Grange et La Thorillière partirent en poste pour aller présenter au roi, sous les murs de Lille, le second placet qu'on lira plus loin. Cette démarche ne fut point couronnée de succès.

A la suite de la représentation du 5 août, l'archevêque de Paris publia une ordonnance toute spéciale contre la comédie de *l'Imposteur*. Le 20 du même mois, parut une lettre qui est une des pièces les plus importantes de ce long procès. L'auteur de cette lettre est inconnu ; quelques écrivains, MM. Grosley, Simonin, Taschereau, ont pensé que cet auteur n'était autre que Molière lui-même. « Pourquoi M. Bret, disait Grosley dans le *Journal encyclopédique* de février 1771, n'a-t-il pas inséré dans son édition de Molière la « Lettre sur la comédie de *l'Im-*

posteur », qui parut sous la date du 20 août 1667 ? Le ton de cette lettre, l'extrait du *Tartuffe* non encore imprimé, le point de vue sous lequel il est présenté, les aperçus sur la source du ridicule, la promptitude avec laquelle cette apologie fut composée, tout annonce la main et la plume de Molière. »

D'autres critiques, sentant bien qu'il n'y a aucune analogie entre le style de cette lettre et le style si personnel des préfaces de Molière, et que cette différence ne saurait être, comme on l'a parfois supposé, l'effet d'une dissimulation volontaire, ont cherché parmi les amis de Molière l'auteur de cette remarquable apologie, et ont soupçonné Chapelle. Rien de ce que l'on connaît de Chapelle ne permet de lui attribuer ce morceau.

Tout ce qu'on peut dire avec vraisemblance, c'est que cette lettre, à en juger par les détails et les explications qu'elle donne, dut partir de l'entourage très prochain de Molière ; peut-être même ne se tromperait-on pas en reconnaissant en quelques endroits l'inspiration de celui-ci : les passages sur l'emploi des termes de dévotion, sur l'efficacité de la raillerie scénique, sont d'un homme qui a médité profondément l'art théâtral. Molière eût certainement formulé moins lourdement ces réflexions ; mais l'auteur de la Lettre a pu lui devoir plusieurs de ces arguments où respire une philosophie toute particulière, dont fort peu des contemporains étaient capables.

La lettre sur *l'Imposteur* a nécessairement sa place marquée dans une édition de Molière. Elle offre, par l'analyse minutieuse qu'elle contient, le moyen de vérifier exactement ce qu'était le *Tartuffe* à la date de cette première représentation publique, et de juger des modifications qu'a pu subir la fameuse comédie avant d'être livrée à l'impression. Elle éclaircit plus d'un point difficile ; elle a, sur la valeur des situations dramatiques, sur l'intention des moindres paroles, sur les nuances de chaque caractère, telles observations qu'on dirait avoir été recueillies de la bouche du poète ; elle est enfin la source d'interprétation la plus sûre, la plus directe et la plus précieuse. On la trouvera à la suite du *Tartuffe,* et nous engageons le lecteur à en prendre connaissance.

A la suite de cette échauffourée de 1667, l'histoire du *Tartuffe* n'offre aucun incident nouveau pendant près de deux années. Il n'y a à signaler qu'une représentation chez le grand Condé, au château de Chantilly, le 20 septembre 1668, en présence de Monsieur et de Madame d'Orléans; peut-être aussi à Paris le 4 mars[1]. Molière avait donné, dans le cours de cette année 1668, *Amphitryon*, *George Dandin* et *l'Avare*. Il gagnait sans cesse dans l'esprit du monarque. D'autre part, Louis XIV, ayant ses trente ans accomplis, « déjà glorieux et encore prudent, » comme dit M. Sainte-Beuve, était au plus beau moment de son règne. La paix d'Aix-la-Chapelle était signée depuis mai 1668; la paix de l'Église fut accordée en octobre. C'est à cette époque favorable que *le Tartuffe* obtint son libre essor. Le mardi 5 février 1669, il parut, avec permission, sur la scène du Palais-Royal, et sous son vrai nom de guerre, aux yeux des Parisiens, qui s'étaient battus aux portes du théâtre pour voir cet excommunié et ce proscrit. Écoutons le successeur de Loret, à la date du 9 février 1669 :

> A propos de surprise ici,
> La mienne fut très grande aussi,
> Quand mardi je sus qu'en lumière
> Le beau *Tartuffe* de Molière[2]
> Alloit paroître, et qu'en effet,
> Selon mon très ardent souhait,
> Je le vis, non sans quelque peine,
> Ce même jour-là sur la scène.
> Car je vous jure en vérité
> Qu'alors la curiosité
> Abhorrant, comme la nature,
> Le vide, en cette conjoncture
> Elle n'en laissa nulle part;
> Et que maints coururent hasard
> D'être étouffés dedans la presse
> Où l'on oyoit crier sans cesse :
> « Je suffoque, je n'en puis plus;
> Hélas! monsieur Tartuffius,
> Faut-il que de vous voir l'envie
> Me coûte peut-être la vie! »
> Nul néanmoins n'y suffoqua,
> Et seulement on disloqua

---

1. La mention de La Grange sur son registre est très embrouillée : « Le jeudi 20ᵉ septembre 1668, une visite à Chantilly, et pr une à Paris, qui a été jouée le 4ᵉ mars, du *Tartuffe*, pour monsgr le Prince, reçu 1,100 livres. »

2. Autrement *l'Imposteur*. (Note de l'auteur.)

A quelques-uns manteaux et côtes.
A cela près, qui fut leur faute,
Car à la presse vont les fous,
On vit, en riant à tous coups,
Ce Tartuffe, cet hypocrite,
Lequel faisant la chattemite,
Sous un masque de piété
Déguise sa malignité,
Et trompe ainsi, séduit, abuse
Le simple, la dupe, la buse.
Ce Molière, par son pinceau,
En a fait le parlant tableau
Avec tant d'art, tant de justesse,
Et, bref, tant de délicatesse,
Qu'il charme tous les vrais dévots,
Comme il fait enrager les faux.
Et les caractères au reste,
C'est une chose manifeste,
Sont tous si bien distribués
Et naturellement joués
Que jamais nulle comédie
Ne fut aussi tant applaudie.

La vogue fut en effet extraordinaire. Les dix premières chambrées s'élevèrent aux chiffres suivants :

Mardi 5	2,860 [1]
Vendredi 8	2,045
Dimanche 10	1,895
Mardi 12.	2,074
Vendredi 15.	2,310
Dimanche 17	2,271
Mardi 19.	1,978
Vendredi 22.	2,278
Dimanche 24	1,657
Mardi 26	1,805 [1]

Du 5 février au 9 avril, jour de la clôture, on donna uniquement le *Tartuffe*, et, outre les représentations publiques, au nombre de 28, on alla le jouer cinq fois en visite. Vingt autres

---

1. Les dernières représentations du *Tartuffe* qu'on trouve inscrites sur le registre de La Grange sont bien loin de ces chiffres brillants, et révèlent peut-être un changement dans les esprits. Le 2 avril 1685, *le Tartuffe* produit 206 livres; le 3 mai, 182 livres; et le 16 juin, 170 livres.

représentations suivirent, de la rentrée au 13 septembre, plus une représentation à la cour, et une en visite au Luxembourg chez Mademoiselle : en tout quarante-huit représentations, et sept visites la première année. Dix-huit en 1670, neuf en 1671, cinq en 1672.

Le jour même de la résurrection de *Tartuffe,* Molière adressa à Louis XIV son troisième placet, où il demande un canonicat pour un fort honnête médecin dont il a l'honneur d'être le malade ; et l'on a remarqué avec raison le sentiment de contentement profond et de profonde gratitude qui perce à travers ce badinage, bien fait aussi pour surprendre de la part du comédien parlant au roi.

Le *Tartuffe* ne fut point, comme l'avait été *l'École des Femmes,* attaqué sur son propre terrain, sur les scènes rivales. On connaît seulement une petite pièce en un acte en vers intitulée la *Critique du Tartuffe,* imprimée à la fin de l'année 1669. Il est douteux que cette pièce ait été jouée, ou, si elle le fut, elle n'eut probablement, comme il est dit dans le *Journal du Théâtre françois* par de Mouhy[1], « qu'un théâtre particulier, dans le faubourg Saint-Honoré, chez un seigneur dont on n'a pas retenu le nom ». On la trouvera ci-après.

Une épître en vers, adressée à l'auteur de la *Critique du Tartuffe,* est en tête de cette satire ; on a cru y reconnaître la main de Pradon. L'auteur de *Phèdre et Hippolyte,* depuis Bret, qui a le premier lancé cette conjecture, passe pour être l'auteur de ces vers.

Les orages que souleva le *Tartuffe* dans la société religieuse du xviie siècle furent d'une extrême violence ; des esprits conciliants essayèrent bien de prendre l'ouvrage par le bon côté : Saint-Évremond, par exemple, écrivait à un ami : « Je viens de lire le *Tartuffe,* c'est le chef-d'œuvre de Molière. Je ne sais pas comment on a pu en empêcher si longtemps la représentation. Si je me sauve, je lui devrai mon salut. La dévotion est si raisonnable dans la bouche de Cléante qu'elle me fait renoncer à toute ma philosophie ; et les faux dévots sont si bien dépeints que la honte de leur peinture les fera renoncer à l'hypocrisie.

---

1. Manuscrit de la Bibliothèque nationale. (Citation de M. Ed. Fournier dans le *Roman de Molière.*)

Sainte piété, que vous allez apporter de bien au monde ! » Mais ce sentiment optimiste ne prévalut pas. Des protestations nombreuses s'élevèrent. Le P. Bourdaloue s'attaqua, dans un de ses sermons, à l'œuvre de Molière dans sa nouveauté. Comme on l'a fort bien remarqué du reste, Bourdaloue, tout en censurant Molière, reprend son œuvre. Il met *le Tartuffe* en prose. Il transporte dans la chaire chrétienne la satire que les « libertins » applaudissent au théâtre ; il l'y transporte tout entière. La dévotion sincère, mais aveugle, inconséquente ou mal entendue, est clouée par lui au même pilori que la fausse dévotion. Dans ce carnage de dévots, on ne reconnaît pas seulement Tartuffe ; il y a des traits qui s'en vont droit au bonhomme Orgon, à la prude Arsinoé, à la très exacte madame Pernelle. Les voici tous démasqués de main de maître.

D'abord la dévote :

« Une femme est la première à toutes les saintes assemblées ; elle a l'usage de la méditation, et elle aspire à l'oraison la plus relevée : elle ne se pardonneroit pas de s'être dérangée seulement une fois d'une certaine méthode qu'elle suit et dont elle se fait une règle invariable. Mais venez à la contrarier dans une rencontre, vous la trouverez fière, hautaine, impatiente et aigre, se prévalant de sa vie régulière et de son exacte vertu, pour vouloir être, d'ailleurs, en liberté de faire tout ce qu'il lui plaît et selon qu'il lui plaît. Mais tâchez à pénétrer dans l'intérieur de son ménage et sachez comment elle s'y comporte : elle n'a ni complaisance pour son mari, ni affection pour ses enfants, ni vigilance sur ses domestiques. Il faut que chacun souffre de ses caprices, et tour à tour essuie ses chagrins. Pourvu qu'elle ait passé devant les autels une partie de la journée, qu'elle ait assisté à certaines cérémonies, tout seroit renversé dans une maison qu'à peine elle y prendroit garde et y donneroit quelque soin. »

Ensuite les différentes variétés de dévots :

« Un homme a ses heures et ses temps marqués pour la prière, pour la lecture des bons livres, pour la fréquentation des sacrements : c'est un ordre de vie qu'il s'est tracé ou qu'il a reçu d'un directeur ; il y est attaché, et toutes les affaires du monde ne lui feroient pas omettre un point de ce qu'on lui a prescrit ou de ce qu'il s'est prescrit lui-même. Mais, du reste, entendez-le parler dans une conversation, il tiendra les discours les plus satiriques et les plus médisants; d'un ton pieux et dévot, il condamnera l'un, il révélera ce qu'il y a de plus secret dans la conduite de l'autre; il n'épargnera personne; et, comme s'il étoit envoyé du ciel pour la réformation des mœurs, il fera impunément le procès à tout le genre humain. Mais voyez-le agir dans un différend où il se croit offensé, il n'y aura point de satisfaction qu'il ne demande, ni peut-être même point de réparation qui le puisse contenter; il regardera sa propre cause comme la cause de Dieu, ou du moins jamais ne lui mettrez-vous dans l'esprit qu'il ait quelque tort et que toute la justice ne soit pas pour lui : principe spécieux dont il s'autorisera pour nourrir dans son cœur les plus vifs ressentiments et pour justifier dans la pratique les plus injustes et les plus malignes vengeances.

. . . .

« De là encore fausse piété, non seulement criminelle devant Dieu, mais odieuse aux hommes. On la hait dès qu'on l'aperçoit et partout où on l'aperçoit; et je ne m'en étonne pas, puisqu'il n'est rien de plus dangereux ni de plus à craindre que l'intérêt mêlé dans la dévotion, ou que la dévotion gouvernée par l'intérêt. Un dévot de ce caractère, permettez-moi cette expression, un dévot intéressé est capable de tout. Prenez garde, capable de tout : premièrement, parce qu'il donne à tout et quelquefois aux plus grandes iniquités une apparence de piété qui le trompe lui-même et dont il n'aimeroit pas qu'on entreprît de le détromper; mais, en second lieu, capable de tout parce que, quelque dessein que la passion lui suggère, sa piété, ou plutôt l'estime où cette piété fastueuse l'établit, le met en état de réussir. Veut-il pousser une vengeance, rien ne lui résiste; veut-il supplanter un adversaire, il est tout-puissant; veut-il flétrir la réputation du prochain et le décrier, son témoignage feroit procès à l'innocence même.

. . . .

« Aussi quelle idée encore aujourd'hui ont de la piété les gens du monde; qu'en pensent-ils et comment en parlent-ils? Prévenus des préjugés que tant d'épreuves ont établis dans le monde comme des principes incontestables contre le parti de la dévotion, ils se persuadent que toutes les personnes dévotes tendent à leurs fins; que l'un veut s'insinuer dans l'esprit d'un grand; que l'autre ménage un appui dont il a besoin; que celui-là s'est mis en tête de faire un tribunal et de diriger; que celui-ci a d'autres attaches encore plus criminelles : c'est ainsi qu'on s'en explique, et vous savez avec quel mépris; jusque-là que ce qui devroit être un éloge est devenu, par la plus triste décadence, un reproche, et que le terme d'homme dévot, de femme dévote, qui, dans sa propre signification, exprime ce qu'il y a dans le christianisme de plus respectable, porte présentement avec soi comme une tache qui en obscurcit tout l'éclat et le ternit [1]. »

Comme l'avait dit le président de Lamoignon, c'était surtout un reproche d'usurpation que l'on faisait à Molière : on prétendait réserver à la chaire et à l'Église la critique de l'hypocrisie religieuse.

Depuis l'époque où parut l'œuvre de Molière, il s'est livré autour d'elle un combat qui n'a jamais été interrompu que par intervalles. Nous trouvons dans une récente publication les réflexions suivantes où Gœthe caractérise, à son point de vue, mais très simplement, ce qui s'est passé à l'égard de cette comédie [2] :

« Le Tartuffe de Molière excite notre haine; c'est un criminel qui feint hypocritement la piété et la moralité pour porter dans une famille bourgeoise toute espèce de ruine; le dénoûment par la police est donc très naturel et très bien accueilli. Dans les derniers temps, cette pièce a été reprise et remise en honneur, parce qu'elle servait à révéler les menées secrètes d'une certaine classe d'hommes qui menaçait de pervertir le gouvernement. Ce n'était pas du tout la beauté et le génie de cette œuvre que l'on apercevait et que l'on applaudissait : la pièce n'était qu'une arme hostile; les partis étaient en lutte, l'un voulait se défendre contre les maux que l'autre cherchait à répandre. Ce qui paraissait saillant dans la pièce, c'était le sujet, qui est toujours vivant, et qui, grâce à l'art avec lequel il est traité, conserve toujours son effet. »

Nous ne reproduirons pas les jugements divers et opposés qui

---

1. Ces citations sont données par M. J.-J. Weiss, dans son étude sur la *Politique chrétienne*.

2. *Conversations de Gœthe* recueillies par Eckermann, traduites par E. Délerot, 1863; tome II, page 364.

ont été prononcés sur la portée morale et sociale de cette comédie. Il peut être intéressant toutefois de rappeler, ne serait-ce que pour expliquer les hésitations de Louis XIV, l'opinion exprimée par Napoléon Ier :

« Après dîner, dit l'auteur du *Mémorial de Sainte-Hélène*, l'empereur nous a lu *le Tartuffe;* mais il n'a pu l'achever, il se sentait trop fatigué ; il a posé le livre, et, après le juste tribut d'éloges donné à Molière, il a terminé d'une manière à laquelle nous ne nous attendions pas : « Certainement, a-t-il dit, l'en-
« semble du *Tartuffe* est de main de maître, c'est un des chefs-
« d'œuvre d'un homme inimitable ; toutefois cette pièce porte
« un tel caractère que je ne suis nullement étonné que son ap-
« parition ait été l'objet de fortes négociations à Versailles, et
« de beaucoup d'hésitation dans Louis XIV. Si j'ai droit de m'é-
« tonner de quelque chose, c'est qu'il l'ait laissé jouer ; elle pré-
« sente, à mon avis, la dévotion sous des couleurs si odieuses;
« une certaine scène offre une situation si décisive, si complé-
« tement indécente, que, pour mon propre compte, je n'hésite
« pas à dire que, si la pièce eût été faite de mon temps, je n'en
« aurois pas permis la représentation. »

Ce qui est constant, c'est que *le Tartuffe* a été surtout un événement considérable, un fait historique dont le développement, après deux siècles, est à peine épuisé. Il a, de ce rôle et de cette influence, tiré une valeur à part et toujours discutée. Mais tous les esprits, ceux mêmes dont le jugement est le moins libre et le plus combattu sous d'autres rapports, se sont toujours ralliés dans une juste admiration pour le chef-d'œuvre littéraire.

Les noms des acteurs et actrices qui jouèrent *le Tartuffe* d'original sont expressément mentionnés par Robinet dans sa *Lettre à Madame* du 23 février 1669 :

> A propos d'éclat théâtral,

dit-il,

> Toujours dans le Palais-Royal,
> Aussi *le Tartuffe* se joue :
> Où son auteur[1], je vous l'avoue,

---

1. Le sieur Molière.

> Sous le nom de monsieur Orgon,
> Amasse et pécune et renom.
> Mais pas moins encor je n'admire
> Son épouse[1], la jeune Elmire;
> Car on ne sauroit, constamment,
> Jouer plus naturellement.
> Leur mère, madame Prenelle (*sic*)[2],
> Est une plaisante femelle,
> Et s'acquitte, ma foi! des mieux
> De son rôle facétieux.
> Dorine[3], maîtresse servante,
> Est encor bien divertissante.
> Céliante[4] (*sic*) enchante et ravit
> Dans les excellents vers qu'il dit.
> Ces deux autres[5], ou Dieu me damne,
> Damis et sa sœur Mariane,
> Qui sont les deux enfants d'Orgon,
> Y font merveilles tout de bon.
> Valère[6], amant de cette belle,
> Des galants y semble un modèle,
> Et le bon Tartuffe[7] en un mot
> Charme en son rôle de bigot.

Le même Robinet, dans sa lettre du 16 janvier 1672, fait une allusion au talent déployé par Armande Béjart dans le rôle d'Elmire :

> Elle, faisant la chattemite,

dit-il, en parlant d'une coquette quelconque,

> En cet endroit des mieux imite
> Le rôle si divertissant,
> Si plaisant et si ravissant
> Que mademoiselle Molière
> Fait de façon si singulière,
> Amusant Tartuffe, qui croit
> Sur ses discours compter à droit.

Debrie, d'après Mlle Poisson, fille de Du Croisy, faisait le rôle de M. Loyal.

1. Mlle Molière.
2. Représentée par le sieur Béjart.
3. Mlle Béjart.
4. Le sieur de La Thorillière.
5. Mlle Debrie et le sieur Hubert.
6. Le sieur de La Grange.
7. Le sieur du Croisy.

NOTICE PRÉLIMINAIRE.

Au commencement de l'année 1685, la distribution du *Tartuffe* était celle-ci :

MADAME PERNELLE.	MM. HUBERT ou BRÉCOURT.
ORGON.	ROSIMONT.
ELMIRE.	Mlle GUÉRIN (la veuve remariée de Molière).
DAMIS.	M. DAUVILLIERS.
MARIANE	Mlle DEBRIE.
VALÈRE	MM. DE LA GRANGE.
CLÉANTE	GUÉRIN.
TARTUFFE.	DU CROISY.
DORINE	Mlle BEAUVAL ou GUIOT.
M. LOYAL	MM. BEAUVAL.
L'EXEMPT.	LA THUILLERIE.

Depuis lors cette pièce, toujours représentée à la Comédie française, a servi à faire briller les plus grands talents comiques, et même quelques talents tragiques.

Les principaux interprètes du rôle de Tartuffe ont été Auger, Fleury, Damas, Baptiste aîné, Michelot, Firmin, Geffroy ; et de notre temps, deux tragédiens, Ligier et Beauvallet, s'y sont essayés.

Les principaux interprètes du rôle d'Orgon ont été Duchemin, Bonneval, Desessarts, Grandménil, Devigny, Grandville, Duparai et Provost.

Dans le rôle d'Elmire ont brillé Mme Préville, Mlle Contat, Mlle Mars surtout, Mlle Leverd, Mme Plessy-Arnould.

Parmi les Dorine les plus remarquables il faut citer : Mlle Dangeville, Mme Bellecour, Mlle Joly, Mlle Devienne, Mlle Demerson, Mlle Augustine Brohan. Deux tragédiennes célèbres, Mlle Clairon et Mlle Rachel, ont paru dans ce rôle, Mlle Clairon à ses débuts, et Mlle Rachel par une fantaisie qui ne lui réussit qu'à moitié le 30 avril 1839.

La distribution actuelle (25 octobre 1880) est la suivante :

MADAME PERNELLE	Mme JOUASSAIN.
ORGON.	M. BARRÉ.
ELMIRE.	Mlle LLOYD.
DAMIS.	M. BOUCHET.

MARIANE...................	Mlle REICHEMBERG.
VALÈRE...................	MM. DELAUNAY.
CLÉANTE..................	MAUBANT.
TARTUFFE.................	FEBVRE.
DORINE...................	Mme DINAH FÉLIX.
M. LOYAL.................	M. JOLIET.

Passons maintenant aux renseignements que nous devons fournir au lecteur sur la publication du *Tartuffe*. Molière livra presque immédiatement sa pièce à l'impression. Voici le titre de la première édition, qui parut au mois de mars :

« *Le Tartuffe, ou l'Imposteur*, comédie par J.-B. P. de Molière. Imprimé aux despens de l'autheur, et se vend à Paris, chez Jean Ribou, au Palais, vis-à-vis de l'église de la Sainte-Chapelle, à l'image S. Louis. 1669. Avec privilège du roi. » Extrait du privilège : « Par grâce et privilège du roi, donné à Paris le 15e jour de mars 1669.... il est permis à J.-B. P. de Molière de faire imprimer, vendre et débiter une pièce de théâtre de sa composition intitulée *l'Imposteur*, pendant le temps et espace de dix années. » Achevé d'imprimer pour la première fois le 23 mars 1669.

Cette première édition contient la préface, excellent morceau de polémique, que M. Sainte-Beuve a comparé, pour le fond et pour la forme, à certaines pages des *Provinciales*. Robinet, le 6 avril, annonçait la mise en vente dans les termes suivants :

> Monsieur *Tartuffe* ou le pauvre homme !
> Ce qui les faux dévots assomme,
> Devient public plus que jamais.
> Comme au théâtre désormais
> Il se montre chez le libraire,
> Qui vend l'écu chaque exemplaire ;
> Et de sa boutique, en un mot,
> En doive crever tout cagot,
> Il va produire leur peinture,
> En belle et fine miniature,
> Par tous les lieux de l'univers.
> O, pour eux, l'étrange revers !

Qu'aurait dit le timide Loret, s'il avait pu entendre son successeur s'exprimer avec une telle rudesse ?

Le frontispice de l'édition nous apprend que Molière avait

fait les frais d'impression; il n'en faudrait nullement conclure, comme on l'a fait avec une indignation inopportune, que pas un libraire ne voulut s'en charger. Il y a tout lieu de croire, au contraire, que l'arrangement que prit l'auteur était favorable à ses intérêts. Plusieurs de nos écrivains modernes n'ont-ils pas suivi cet exemple ?

Moins d'un mois après la publication de cette première édition, Molière poursuivit des contrefacteurs. Ceux-ci étaient les nommés Hénault père et fils, libraires. Molière, comme il l'avait fait pour *Sganarelle,* fit dresser le 18 avril 1669, par un commissaire au Châtelet, procès-verbal contre lesdits délinquants, et porta l'affaire devant le conseil privé, qui rendit l'arrêt suivant :

« Sur la requête présentée au roi en son conseil, par maître Jean-Baptiste Poquelin de Molière, contenant que bien qu'aux termes du privilège à lui accordé par Sa Majesté d'imprimer et faire imprimer le livre ou pièce de théâtre faite et composée par ledit suppliant, intitulée *l'Imposteur,* nul autre que lui n'ait pu entreprendre de faire imprimer, vendre et débiter ledit livre à son insu, sans son exprès consentement, néanmoins ledit suppliant ayant été averti que Jean-François et Jacques Hénault père et fils, marchands libraires à Paris, avoient contrefait ou fait contrefaire l'impression dudit livre et le vendoient publiquement avec autant de hardiesse que s'ils eussent pu ignorer les défenses qui leur en ont été faites par les lettres du 15 mars dernier, dûment enregistrées dans le livre de la communauté des libraires de ladite ville : il a été obligé de faire, le 18 du présent mois d'avril, transporter chez lesdits Hénault, Me Dominique Manchon, l'un des commissaires au Châtelet de ladite ville, par qui il a fait dresser son procès-verbal de l'exposition, vente et débit que faisaient lesdits Hénault de ce livre ainsi par eux contrefait; en sorte que bien que eux et Jacques Hénault, aussi fils dudit Jean, ne pussent éviter de demeurer convaincus de cette formelle contravention audit privilège, par la représentation qui leur fut faite à l'instant de six exemplaires dudit livre non encore reliés, et ce par le nommé Lespinette, à qui ledit Jacques Hénault venoit de les vendre et livrer dans son arrière-boutique moyennant le prix et somme de sept livres dix sols, néanmoins ledit Jacques

Hénault n'en soutint pas moins audit commissaire qu'il ne savoit ce que c'étoit et qu'il n'avoit jamais vu, ni vendu ledit livre, prétendant et s'imaginant pouvoir par cette hardie dénégation de la vérité éluder le châtiment et la peine que mérite cette entreprise et punissable contravention ainsi par eux faite non seulement à ce privilège particulier dudit suppliant, mais encore aux arrêts dudit conseil, en forme de règlements des 27 février et 11 septembre 1665, en vertu desquels ledit suppliant a fait assigner lesdits Hénault audit conseil pour procéder sur cette saisie desdits exemplaires contrefaits et se voir condamner aux peines contre eux indictes tant par ledit privilège que par lesdits règlements : à laquelle assignation les parties sont depuis respectivement comparues; mais comme il importe audit suppliant d'ajouter à ce procès-verbal dudit commissaire toutes les preuves par lesquelles il lui est aisé de convaincre les parties adverses de cette contravention et de cet attentat, et toujours mieux établir leur condamnation en cette instance, il est obligé de recourir à Sa Majesté : A ces causes requéroit le suppliant qu'il plût à Sa Majesté permettre audit suppliant d'informer de ladite contravention tant par titres que témoins, pour ce fait et rapporté audit conseil être ordonné ce que de raison.

« Vu ladite requête signée Caboud, avocat audit conseil, lesdites lettres dudit jour 15 mars et le procès-verbal du 18 avril suivant; ouï le rapport du sieur Ribeyre, commissaire à ce député, et tout considéré :

« Le roi en son conseil, ayant égard à ladite requête, a ordonné et ordonne que par-devant le premier des sieurs maîtres des requêtes ordinaires de son hôtel sur ce requis, il sera informé de ladite contravention, pour, ce fait et rapporté audit conseil et joint à ladite instance, être ordonné ce que de raison, sans retardation néanmoins de l'instruction et jugement de ladite instance.

« *Signé :* SÉGUIER; RIBEYRE [1].

« Du 28 septembre 1669, à Paris. »

La deuxième édition parut moins de trois mois après la pre-

---

1. *Nouvelles Pièces sur Molière*, etc., publiées par Émile Campardon. Paris, Berger-Levrault et Cie, éditeurs, 1876.

mière : « *Le Tartuffe, ou l'Imposteur*, comédie par J.-B. de P. Molière. A Paris, chez Jean Ribou, au Palais, vis-à-vis la porte de l'église de la Sainte-Chapelle, à l'image S. Louis. 1669. Avec privilège du roi. » Achevé d'imprimer le 6 juin 1669.

La mention « imprimé aux dépens de l'auteur » a disparu, et l'extrait du privilège est suivi de cette déclaration : « Ledit sieur Molière a cédé son droit de privilège à Jean Ribou, marchand libraire à Paris, pour en jouir suivant l'accord fait entre eux. » C'est probablement pour cette seconde édition que Molière reçut la somme de deux cents pistoles (deux mille livres), somme que, suivant Gabriel Guéret, dans sa *Promenade de Saint-Cloud*, le libraire trouvait trop forte et « commençait à regretter ». Cette deuxième édition contenait de plus que la première les trois placets au roi, précédés du court avis du libraire au lecteur qu'on lira plus loin.

La troisième édition est à la date de 1673 : « *Le Tartuffe, ou l'Imposteur*, comédie par J.-B. P. Molière. A Paris, chez Claude Barbin, au Palais, sur le second perron de la S. Chapelle. 1673. Avec privilège du roi. » Achevé d'imprimer le 15 mai 1673. L'extrait du privilège est suivi de cette nouvelle déclaration : « Le privilège ci-dessus a été cédé à Claude Barbin, suivant les actes passés par-devant notaires. » Cette troisième édition comprend tout ce que contenait la précédente. Des exemplaires de l'une et de l'autre sont ornés d'une gravure qui représente Orgon sortant de dessous la table.

Le texte qui vient ensuite est celui de 1682. La Grange et Vinot ont, au-dessous du faux titre, retracé avec beaucoup de précision l'historique de la représentation de cette pièce. L'exemplaire ayant appartenu à La Reynie témoigne qu'aucun carton ne fut alors exigé par la censure.

Nous reproduisons le texte de la première édition ; nous donnons les variantes des trois autres. Ces variantes sont, du reste, fort peu considérables. *Le Tartuffe* fut mis au jour par Molière avec un soin qu'il n'apporta pas, comme nous avons eu l'occasion de le remarquer, à la publication de toutes ses pièces. La leçon primitive du *Tartuffe* ayant été fort correctement établie, on n'y toucha plus, et l'on verra que les différences que présentent entre elles les éditions successives sont, pour le sens, presque insignifiantes. L'œuvre où il eût été le plus intéressant de saisir quelques hésitations de l'expression ou de la pensée est celle où l'on en trouve le moins de traces : imprimée tardivement, elle nous apparaît plus qu'aucune autre dans un état de perfection immédiate et définitive.

L. M.

PRÉFACE[1]

Voici une comédie dont on a fait beaucoup de bruit, qui a été longtemps persécutée ; et les gens qu'elle joue ont bien fait voir qu'ils étoient plus puissants en France que tous ceux que j'ai joués jusqu'ici. Les marquis, les précieuses, les cocus et les médecins, ont souffert doucement qu'on les ait représentés, et ils ont fait semblant de se divertir, avec tout le monde, des peintures que l'on a faites d'eux ; mais les hypocrites n'ont point entendu raillerie : ils se sont effarouchés d'abord, et ont trouvé étrange que j'eusse la hardiesse de jouer leurs grimaces, et de vouloir décrier un métier dont tant d'honnêtes gens se

---

1. Cette préface a été composée pour la première édition de 1669 ; elle a donc été écrite postérieurement aux placets qu'on lira tout à l'heure. On s'accorde à en admirer l'habileté et la modération, ainsi que la force du raisonnement, la concision et la vigueur du style. En passant de ces pages si fermes et si lumineuses aux pages de la Lettre sur *l'Imposteur*, qui traitent exactement le même sujet, on s'apercevra que, malgré la ressemblance des arguments développés de part et d'autre, malgré des doctrines philosophiques communes, malgré, enfin, quelques réminiscences qu'il est facile de saisir chez Molière, la lettre de 1667 et cette préface n'ont pu être tracées par la même plume.

mêlent. C'est un crime qu'ils ne sauroient me pardonner ; et ils se sont tous armés contre ma comédie avec une fureur épouvantable. Ils n'ont eu garde de l'attaquer par le côté qui les a blessés : ils sont trop politiques pour cela, et savent trop bien vivre pour découvrir le fond de leur âme. Suivant leur louable coutume, ils ont couvert leurs intérêts de la cause de Dieu ; et *le Tartuffe*, dans leur bouche[1], est une pièce qui offense la piété. Elle est, d'un bout à l'autre, pleine d'abominations, et l'on n'y trouve rien qui ne mérite le feu. Toutes les syllabes en sont impies ; les gestes mêmes y sont criminels ; et le moindre coup d'œil, le moindre branlement de tête, le moindre pas à droit ou à gauche, y cache des mystères qu'ils trouvent moyen d'expliquer à mon désavantage. J'ai eu beau la soumettre aux lumières de mes amis, et à la censure de tout le monde; les corrections que j'y ai pu faire;* le jugement du roi et de la reine, qui l'ont vue; l'approbation des grands princes et de messieurs les ministres, qui l'ont honorée publiquement de leur présence ; le témoignage des gens de bien, qui l'ont trouvée profitable, tout cela n'a de rien servi. Ils n'en veulent point démordre ; et, tous les jours encore, ils font crier en public des zélés indiscrets, qui me disent des injures pieusement, et me damnent par charité.

Je me soucierois fort peu de tout ce qu'ils peuvent

---

* VAR. *Les corrections que j'ai pu faire;* (1682).

1. « *Le Tartuffe*, dans leur bouche, » pourrait être entendu : *le Tartuffe*, quand ils le récitent, quand ils le déclament; et Molière veut dire : suivant eux, à les en croire. On a rencontré une expression à peu près semblable, acte II, scène I du *Dépit amoureux*.

PRÉFACE.

dire, n'étoit l'artifice qu'ils ont de me faire des ennemis que je respecte, et de jeter dans leur parti de véritables gens de bien, dont ils préviennent la bonne foi, et qui, par la chaleur qu'ils ont pour les intérêts du ciel, sont faciles à recevoir les impressions qu'on veut leur donner. Voilà ce qui m'oblige à me défendre. C'est aux vrais dévots que je veux partout me justifier sur la conduite de ma comédie; et je les conjure, de tout mon cœur, de ne point condamner les choses avant que de les voir, de se défaire de toute prévention, et de ne point servir la passion de ceux dont les grimaces les déshonorent.

Si l'on prend la peine d'examiner de bonne foi ma comédie, on verra sans doute que mes intentions y sont partout innocentes, et qu'elle ne tend nullement à jouer les choses que l'on doit révérer; que je l'ai traitée avec toutes les précautions que me demandoit la délicatesse de la matière;* et que j'ai mis tout l'art et tous les soins qu'il m'a été possible pour bien distinguer le personnage de l'hypocrite d'avec celui du vrai dévot. J'ai employé pour cela deux actes entiers à préparer la venue de mon scélérat. Il ne tient pas un seul moment l'auditeur en balance; on le connoît d'abord aux marques que je lui donne; et, d'un bout à l'autre, il ne dit pas un mot, il ne fait pas une action, qui ne peigne aux spectateurs le caractère d'un méchant homme, et ne fasse éclater celui du véritable homme de bien que je lui oppose.

Je sais bien que, pour réponse, ces messieurs tâchent d'insinuer que ce n'est point au théâtre à parler de ces

---

* Var. *Que demandoit la délicatesse de la matière;* (1682).

PRÉFACE.

matières ; mais je leur demande, avec leur permission, sur quoi ils fondent cette belle maxime. C'est une proposition qu'ils ne font que supposer, et qu'ils ne prouvent en aucune façon ; et, sans doute, il ne seroit pas difficile de leur faire voir que la comédie, chez les anciens, a pris son origine de la religion, et faisoit partie de leurs mystères ; que les Espagnols, nos voisins, ne célèbrent guère de fête où la comédie ne soit mêlée ; et que, même parmi nous, elle doit sa naissance aux soins d'une confrérie à qui appartient encore aujourd'hui l'hôtel de Bourgogne ; que c'est un lieu qui fut donné pour y représenter les plus importants mystères de notre foi ; qu'on en voit encore des comédies imprimées en lettres gothiques, sous le nom d'un docteur de Sorbonne[1] ; et, sans aller chercher si loin, que l'on a joué, de notre temps, des pièces saintes de M. de Corneille[2], qui ont été l'admiration de toute la France.

Si l'emploi de la comédie est de corriger les vices des hommes, je ne vois pas par quelle raison il y en aura de privilégiés.* Celui-ci est, dans l'État, d'une conséquence bien plus dangereuse que tous les autres ; et nous avons vu que le théâtre a une grande vertu pour la correction. Les plus beaux traits d'une sérieuse morale sont moins puissants, le plus souvent, que ceux de la satire ; et rien ne reprend mieux la plupart des hommes que la peinture de leurs défauts. C'est une grande atteinte aux vices que de les exposer à la risée de tout le monde. On souffre aisé-

---

* Var. *Il y aura des privilégiés* (1682).

1. Le docteur Jehan Michel, qui a revu et corrigé d'anciens Mystères.
2. *Polyeucte* et *Théodore, vierge et martyre.*

ment des répréhensions ; mais on ne souffre point la raillerie. On veut bien être méchant ; mais on ne veut point être ridicule.

On me reproche d'avoir mis des termes de piété dans la bouche de mon imposteur. Et pouvois-je m'en empêcher, pour bien représenter le caractère d'un hypocrite ? Il suffit, ce me semble, que je fasse connoître les motifs criminels qui lui font dire les choses, et que j'en aie retranché les termes consacrés, dont on auroit eu peine à lui entendre faire un mauvais usage [1]. — Mais il débite au quatrième acte une morale pernicieuse. — Mais cette morale est-elle quelque chose dont tout le monde n'eût les oreilles rebattues [2] ? Dit-elle rien de nouveau dans ma comédie ? Et peut-on craindre que des choses si généralement détestées fassent quelque impression dans les esprits ; que je les rende dangereuses en les faisant monter sur le théâtre ; qu'elles reçoivent quelque autorité de la bouche d'un scélérat ? Il n'y a nulle apparence à cela ; et l'on doit approuver la comédie du *Tartuffe*, ou condamner généralement toutes les comédies.

C'est à quoi l'on s'attache furieusement depuis un temps ; et jamais on ne s'étoit si fort déchaîné contre le théâtre. Je ne puis pas nier qu'il n'y ait eu des Pères de

---

1. Molière fait ici allusion au vers qu'il avait mis dans la bouche de Tartuffe (acte III, scène VII) :

O ciel ! pardonne-lui comme je lui pardonne !

ou plutôt *pardonne-moi*, selon Voltaire ; vers qu'il modifia comme l'on verra plus loin. Il y avait eu peut-être plus d'un retranchement ou d'une correction opérés dans le but d'apaiser les scrupules, et dont la tradition n'a pas gardé le souvenir.

2. Il s'agit ici de la fausse morale casuistique que Pascal avait tant raillée, notamment dans la septième *Provinciale*.

l'Église qui ont condamné la comédie; mais on ne peut pas me nier aussi qu'il n'y en ait eu quelques-uns qui l'ont traitée un peu plus doucement. Ainsi l'autorité dont on prétend appuyer la censure est détruite par ce partage : et toute la conséquence qu'on peut tirer de cette diversité d'opinions en des esprits éclairés des mêmes lumières, c'est qu'ils ont pris la comédie différemment, et que les uns l'ont considérée dans sa pureté, lorsque les autres l'ont regardée dans sa corruption, et confondue avec tous ces vilains spectacles qu'on a eu raison de nommer des spectacles de turpitude.

Et en effet, puisqu'on doit discourir des choses et non pas des mots, et que la plupart des contrariétés viennent de ne se pas entendre, et d'envelopper dans un même mot des choses opposées, il ne faut qu'ôter le voile de l'équivoque, et regarder ce qu'est la comédie en soi, pour voir si elle est condamnable. On connoîtra, sans doute, que, n'étant autre chose qu'un poème ingénieux, qui, par des leçons agréables, reprend les défauts des hommes, on ne sauroit la censurer sans injustice; et, si nous voulons ouïr là-dessus le témoignage de l'antiquité, elle nous dira que ses plus célèbres philosophes ont donné des louanges à la comédie, eux qui faisoient profession d'une sagesse si austère, et qui crioient sans cesse après les vices de leur siècle. Elle nous fera voir qu'Aristote a consacré des veilles au théâtre, et s'est donné le soin de réduire en préceptes l'art de faire des comédies. Elle nous apprendra que de ses plus grands hommes, et des premiers en dignité, ont fait gloire d'en composer eux-mêmes; qu'il y en a eu d'autres qui n'ont pas dédaigné de réciter en public celles qu'ils avoient composées; que la Grèce a fait pour cet art éclater son estime, par les prix glorieux et par les superbes théâtres dont elle a voulu l'honorer; et que, dans Rome enfin, ce même art a reçu aussi des honneurs extraordinaires : je ne dis pas dans Rome débauchée, et sous la licence des empereurs, mais dans Rome disciplinée, sous la sagesse des consuls, et dans le temps de la vigueur de la vertu romaine.

J'avoue qu'il y a eu des temps où la comédie s'est corrompue. Et qu'est-ce que dans le monde on ne corrompt point tous les jours? Il n'y a chose si innocente où les hommes ne puissent porter du crime; point d'art si salutaire dont ils ne soient capables de renverser les intentions; rien de si bon en soi qu'ils ne puissent tourner à de mauvais usages. La médecine est un art profitable, et chacun la révère comme une des plus excellentes choses que nous ayons; et cependant il y a eu des temps où elle s'est rendue odieuse, et souvent on en a fait un art d'empoisonner les hommes. La philosophie est un présent du ciel; elle nous a été donnée pour porter nos esprits à la connoissance d'un Dieu, par la contemplation des merveilles de la nature; et pourtant on n'ignore pas que souvent on l'a détournée de son emploi, et qu'on l'a occupée publiquement à soutenir l'impiété. Les choses même les plus saintes ne sont point à couvert de la corruption des hommes; et nous voyons des scélérats qui, tous les jours, abusent de la piété, et la font servir méchamment aux crimes les plus grands. Mais on ne laisse pas pour cela de faire les distinctions qu'il est besoin de faire. On n'enveloppe point dans une fausse conséquence la bonté des choses que l'on corrompt, avec la malice des corrupteurs. On sépare toujours le mauvais usage d'avec l'intention de l'art; et, comme on ne s'avise point de défendre la médecine pour avoir été bannie de Rome, ni la philosophie pour avoir été condamnée publiquement dans Athènes, on ne doit point aussi vouloir interdire la comédie pour avoir été censurée en de certains temps. Cette censure a eu ses raisons, qui ne subsistent point ici. Elle s'est renfermée dans ce qu'elle a pu voir; et nous ne devons point la tirer des bornes qu'elle s'est données, l'étendre plus loin qu'il ne faut, et lui faire embrasser l'innocent avec le coupable. La comédie qu'elle a eu dessein d'attaquer n'est point du tout la comédie que nous voulons défendre. Il se faut bien garder de confondre celle-là avec celle-ci. Ce sont deux personnes de qui les mœurs sont tout à fait opposées. Elles n'ont aucun rapport l'une avec l'autre, que la ressemblance du nom; et ce seroit une injustice épouvantable que de vouloir condamner Olympe, qui est femme de bien, parce qu'il y a une Olympe qui a été une débauchée[1]. De semblables arrêts, sans doute, feroient un grand désordre dans le monde. Il n'y auroit rien par là qui ne fût condamné; et, puisque l'on ne garde point cette rigueur à tant de choses dont on abuse tous les jours, on doit bien faire la même grâce à la comédie, et approuver les pièces de théâtre où l'on verra régner l'instruction et l'honnêteté.

1. On soupçonne Molière d'avoir eu en vue, en prenant ce nom d'Olympe comme au hasard, dona Olympia Maldachini, belle-sœur du pape Innocent X, mort en 1655, et auteur de la bulle contre les cinq propositions de Jansénius. La vie de cette Olympe, qui n'aurait pas été citée ici à titre de femme de bien, venait d'être traduite de l'italien en français et recherchée avec un grand empressement.

PRÉFACE.

Je sais qu'il y a des esprits dont la délicatesse ne peut souffrir aucune comédie ; qui disent que les plus honnêtes sont les plus dangereuses ; que les passions que l'on y dépeint sont d'autant plus touchantes qu'elles sont pleines de vertu, et que les âmes sont attendries par ces sortes de représentations. Je ne vois pas quel grand crime c'est que de s'attendrir à la vue d'une passion honnête ; et c'est un haut étage de vertu que cette pleine insensibilité où ils veulent faire monter notre âme. Je doute qu'une si grande perfection soit dans les forces de la nature humaine ; et je ne sais s'il n'est pas mieux de travailler à rectifier et adoucir les passions des hommes que de vouloir les retrancher entièrement. J'avoue qu'il y a des lieux qu'il vaut mieux fréquenter que le théâtre ; et si l'on veut blâmer toutes les choses qui ne regardent pas directement Dieu et notre salut, il est certain que la comédie en doit être, et je ne trouve point mauvais qu'elle soit condamnée avec le reste ; mais supposé, comme il est vrai, que les exercices de la piété souffrent des intervalles, et que les hommes aient besoin de divertissement, je soutiens qu'on ne leur en peut trouver un qui soit plus innocent que la comédie. Je me suis étendu trop loin. Finissons par un mot d'un grand prince[1] sur la comédie du *Tartuffe*.

Huit jours après qu'elle eut été défendue, on représenta devant la cour une pièce intitulée *Scaramouche hermite*[2], et le roi, en sortant, dit au grand prince que je veux

---

1. Le grand Condé.
2. La farce de *Scaramouche hermite* présentait entre autres situations indécentes celle d'un moine escaladant le balcon d'une femme mariée, et y reparaissant de temps en temps en disant que c'était ainsi qu'il fallait mortifier la chair : *Questo e per mortificar la carne.*

dire : « Je voudrois bien savoir pourquoi les gens qui se
« scandalisent si fort de la comédie de Molière ne disent
« mot de celle de *Scaramouche*; » à quoi le prince répondit : « La raison de cela, c'est que la comédie de *Scara-*
« *mouche* joue le ciel et la religion, dont ces messieurs-là
« ne se soucient point; mais celle de Molière les joue eux-
« mêmes : c'est ce qu'ils ne peuvent souffrir. »

PLACETS AU ROI

SUR LA COMÉDIE DU *TARTUFFE*.

LE LIBRAIRE AU LECTEUR.

Comme les moindres choses qui partent de la plume de monsieur de Molière ont des beautés que les plus délicats ne se peuvent lasser d'admirer, j'ai cru ne devoir pas négliger l'occasion de vous faire part de ces placets, et qu'il étoit à propos de les joindre à *Tartuffe,* puisque partout il y est parlé de cette incomparable pièce[1].

---

1. Cet avis du libraire ainsi que les trois placets qui le suivent, sont donnés pour la première fois dans la deuxième édition du *Tartuffe* qui fut faite par le libraire Ribou au mois de juin 1669. Le tout a été reproduit dans les éditions de 1673 et de 1682.

PREMIER PLACET

PRÉSENTÉ AU ROI

SUR LA COMÉDIE DU TARTUFFE[1], [QUI N'AVAIT PAS ENCORE ÉTÉ REPRÉSENTÉE EN PUBLIC][*].

Sire,

Le devoir de la comédie étant de corriger les hommes en les divertissant, j'ai cru que, dans l'emploi où je me trouve[2], je n'avois rien de mieux à faire que d'attaquer par des peintures ridicules les vices de mon siècle ; et comme l'hypocrisie, sans doute, en est un des plus en usage, des plus incommodes et des plus dangereux, j'avois eu, Sire, la pensée que je ne rendrois pas un petit service à tous les honnêtes gens de votre royaume si je faisois une comédie qui décriât les hypocrites, et mît en vue, comme il faut, toutes les grimaces étudiées de ces gens de bien à outrance, toutes les friponneries couvertes de ces faux-

---

[*] Dans ce titre et dans ceux qui viendront après, nous plaçons entre crochets ce qui appartient seulement à l'édition de 1682.

1. Ce placet date du mois d'août ou septembre 1664. Il réplique au livre du curé de Saint-Barthélemy, composé pendant le séjour du roi à Fontainebleau aux mois de juillet et d'août 1664, et il est cité fréquemment par le sieur de Rochemont dans ses Observations imprimées au mois d'avril 1665.

2. Cet emploi est celui de poète comique ou de chef d'une troupe de comédiens.

monnoyeurs en dévotion, qui veulent attraper les hommes avec un zèle contrefait et une charité sophistique.*

Je l'ai faite, Sire, cette comédie, avec tout le soin, comme je crois, et toutes les circonspections que pouvoit demander la délicatesse de la matière ; et pour mieux conserver l'estime et le respect qu'on doit aux vrais dévots, j'en ai distingué le plus que j'ai pu le caractère que j'avois à toucher. Je n'ai point laissé d'équivoque, j'ai ôté ce qui pouvoit confondre le bien avec le mal, et ne me suis servi dans cette peinture que des couleurs expresses et des traits essentiels qui font reconnoître d'abord un véritable et franc hypocrite.

Cependant toutes mes précautions ont été inutiles. On a profité, Sire, de la délicatesse de votre âme sur les matières de religion, et l'on a su vous prendre par l'endroit seul que vous êtes prenable, je veux dire par le respect des choses saintes. Les tartuffes, sous main, ont eu l'adresse de trouver grâce auprès de Votre Majesté ; et les originaux enfin ont fait supprimer la copie, quelque innocente qu'elle fût, et quelque ressemblante qu'on la trouvât.

Bien que ce m'eût été un coup sensible que la suppression de cet ouvrage, mon malheur pourtant étoit adouci par la manière dont Votre Majesté s'étoit expliquée sur ce sujet[1] ; et j'ai cru, Sire, qu'elle m'ôtoit tout lieu de

* Var. *Sophistiquée* (1682).

1. On se souvient que la relation des *Plaisirs de l'Ile enchantée* s'exprime relativement au *Tartuffe* dans les termes suivants : « Quoique la pièce eût été trouvée fort divertissante... et quoiqu'on ne doutât point des bonnes intentions de l'auteur, le roi la défendit pourtant en public, et se priva soi-même de ce plaisir, pour n'en pas laisser abuser à d'autres, moins capables d'en faire un juste discernement. »

me plaindre, ayant eu la bonté de déclarer qu'elle ne trouvoit rien à dire dans cette comédie qu'elle me défendoit de produire en public.

Mais, malgré cette glorieuse déclaration du plus grand roi du monde et du plus éclairé, malgré l'approbation encore de M. le légat[1], et de la plus grande partie de nos prélats*, qui tous, dans les lectures particulières que je leur ai faites de mon ouvrage, se sont trouvés d'accord avec les sentiments de Votre Majesté ; malgré tout cela, dis-je, on voit un livre composé par le curé de… qui donne hautement un démenti à tous ces augustes témoignages[2]. Votre Majesté a beau dire, et M. le légat et MM. les prélats ont beau donner leur jugement, ma comédie, sans l'avoir vue, est diabolique, et diabolique mon cerveau ; je suis un démon vêtu de chair et habillé en homme, un libertin, un impie digne d'un supplice exemplaire. Ce n'est pas assez que le feu expie en public mon offense, j'en serois quitte à trop bon marché : le zèle charitable de ce galant homme de bien n'a garde de demeurer là ; il ne veut point que j'aie de miséricorde au-

---

* Var. *De Mess. les prélats* (copie conservée à la Bibliothèque de l'Arsenal dans les papiers de Trallage). Selon cette variante, qui donne peut-être la véritable leçon de ce texte, Molière entendait parler des prélats romains qui accompagnaient le légat, et non des évêques français.

1. Le portrait du légat, avec ceux de quelques-uns de ses prélats, dit M. P. Mesnard, se peut voir dans une curieuse tapisserie historique représentant l'audience solennelle où le jeune cardinal, s'acquittant de sa mission, donne lecture au roi des lettres de réparation du pape; cette tapisserie a été exécutée d'après un tableau ou des cartons de Lebrun; elle est exposée aux Gobelins.
2. C'est *le Roi glorieux au monde* que nous avons fait connaître, et dont nous avons donné un extrait dans la Notice préliminaire.

près de Dieu, il veut absolument que je sois damné, c'est une affaire résolue.

Ce livre, Sire, a été présenté à Votre Majesté ; et, sans doute, elle juge bien elle-même combien il m'est fâcheux de me voir exposé tous les jours aux insultes de ces messieurs ; quel tort me feront dans le monde de telles calomnies,* s'il faut qu'elles soient tolérées ; et quel intérêt j'ai enfin à me purger de son imposture, et à faire voir au public que ma comédie n'est rien moins que ce qu'on veut qu'elle soit. Je ne dirai point, Sire, ce que j'aurois à demander pour ma réputation, et pour justifier à tout le monde l'innocence de mon ouvrage : les rois éclairés, comme vous, n'ont pas besoin qu'on leur marque ce qu'on souhaite ; ils voient, comme Dieu, ce qu'il nous faut, et savent mieux que nous ce qu'ils nous doivent accorder. Il me suffit de mettre mes intérêts entre les mains de Votre Majesté ; et j'attends d'elle, avec respect, tout ce qu'il lui plaira d'ordonner là-dessus.

* Var. *Dans le monde telles calomnies* (1682).

DEUXIÈME PLACET

PRÉSENTÉ AU ROI

DANS SON CAMP DEVANT LA VILLE DE LILLE EN FLANDRE,
[PAR LES NOMMÉS DE LA THORILLIÈRE ET DE LA GRANGE, COMÉDIENS DE SA MAJESTÉ,
ET COMPAGNONS DU SIEUR MOLIÈRE, SUR LA DÉFENSE QUI FUT FAITE,
LE 6 AOUT 1667, DE REPRÉSENTER LE TARTUFFE JUSQUES
A NOUVEL ORDRE DE SA MAJESTÉ].

SIRE,

C'est une chose bien téméraire à moi que de venir importuner un grand monarque au milieu de ses glorieuses conquêtes ; mais, dans l'état où je me vois, où trouver, SIRE, une protection qu'au lieu où je la viens chercher ? Et qui puis-je solliciter contre l'autorité de la puissance qui m'accable, que la source de la puissance et de l'autorité, que le juste dispensateur des ordres absolus, que le souverain juge et le maître de toutes choses ?

Ma comédie, SIRE, n'a pu jouir ici des bontés de VOTRE MAJESTÉ. En vain je l'ai produite sous le titre de *l'Imposteur*, et déguisé le personnage sous l'ajustement d'un homme du monde ; j'ai eu beau lui donner un petit chapeau, de grands cheveux, un grand collet, une épée, et des dentelles sur tout l'habit, mettre en plusieurs endroits des adoucissements, et retrancher avec soin tout ce que j'ai jugé capable de fournir l'ombre d'un prétexte aux célèbres originaux du portrait que je voulois faire : tout cela n'a de rien servi. La cabale s'est réveillée aux simples conjectures qu'ils ont pu avoir de la chose. Ils ont trouvé moyen de surprendre des esprits qui, dans toute autre matière, font une haute profession de ne se point laisser surprendre[1]. Ma comédie n'a pas plus tôt paru qu'elle s'est vue foudroyée par le coup d'un pouvoir qui doit imposer du respect; et tout ce que j'ai pu faire en cette rencontre pour me sauver moi-même de l'éclat de cette tempête, c'est de dire que Votre Majesté avoit eu la bonté de m'en permettre la représentation, et que je n'avois pas cru qu'il fût besoin de demander cette permission à d'autres, puisqu'il n'y avoit qu'elle seule qui me l'eût défendue.

Je ne doute point, Sire, que les gens que je peins dans ma comédie ne remuent bien des ressorts auprès de Votre Majesté, et ne jettent dans leur parti, comme ils l'ont déjà fait, de véritables gens de bien, qui sont d'autant plus prompts à se laisser tromper qu'ils jugent d'autrui par eux-mêmes. Ils ont l'art de donner de belles couleurs à toutes leurs intentions. Quelque mine qu'ils fassent, ce n'est point du tout l'intérêt de Dieu qui les peut émouvoir : ils l'ont assez montré dans les comédies qu'ils ont souffert qu'on ait jouées tant de fois en public

---

1. Molière désigne, par cette phrase et par la suivante, M. de Lamoignon, premier président du parlement de Paris, de qui était venue la défense de continuer les représentations du *Tartuffe*. C'est le même président de Lamoignon qui fut le protecteur de Boileau et l'inspirateur du *Lutrin*.

sans en dire le moindre mot. Celles-là n'attaquoient que la piété et la religion, dont ils se soucient fort peu ; mais celle-ci les attaque et les joue eux-mêmes ; et c'est ce qu'ils ne peuvent souffrir [1]. Ils ne sauroient me pardonner de dévoiler leur imposture aux yeux de tout le monde ; et, sans doute, on ne manquera pas de dire à Votre Majesté que chacun s'est scandalisé de ma comédie. Mais la vérité pure, Sire, c'est que tout Paris ne s'est scandalisé que de la défense qu'on en a faite, que les plus scrupuleux en ont trouvé la représentation profitable, et qu'on s'est étonné que des personnes d'une probité si connue aient eu une si grande déférence pour des gens qui devroient être l'horreur de tout le monde, et sont si opposés à a véritable piété, dont elles font profession.

J'attends avec respect l'arrêt que Votre Majesté daignera prononcer sur cette matière ; mais il est très-assuré, Sire, qu'il ne faut plus que je songe à faire de comédie,* si les tartuffes ont l'avantage ; qu'ils prendront droit par là de me persécuter plus que jamais, et voudront trouver à redire aux choses les plus innocentes qui pourront sortir de ma plume.

Daignent vos bontés, Sire, me donner une protection contre leur rage envenimée ! et puissé-je, au retour d'une

---

* Var. *Des comédies* (1682).

1. Cette phrase est presque mot pour mot la réponse que le grand Condé avait faite au roi relativement à *Scaramouche hermite*, et que Molière a rapportée à la fin de la préface du *Tartuffe*. Dans ce placet, qui est antérieur de deux années à la préface, il a la discrétion de ne pas citer le prince ; il fait seulement usage de ses paroles, persuadé sans doute que le monarque se rappellera suffisamment par qui et à quelle occasion elles ont été dites. (Auger.)

campagne si glorieuse, délasser VOTRE MAJESTÉ des fatigues de ses conquêtes, lui donner d'innocents plaisirs après de si nobles travaux, et faire rire le monarque qui fait trembler toute l'Europe!

TROISIÈME PLACET

PRÉSENTÉ AU ROI

[LE 5 FÉVRIER 1669.]

SIRE,

Un fort honnête médecin[1], dont j'ai l'honneur d'être le malade, me promet et veut s'obliger par-devant notaires de me faire vivre encore trente années si je puis lui ob-

---

1. On cite, parmi les amis de Molière, le docteur Jean-Armand de Mauvillain, élu doyen de la très salubre Faculté en 1666. Après avoir raconté les luttes de ce novateur avec les demeurants de la saignée et des vieux principes, notamment avec le doyen Blondel, M. Maurice Raynaud (*les Médecins au temps de Molière*, pages 423 à 437) ajoute ce qui suit : « Mauvillain avait de nombreux amis dans la Faculté. Il y exerça avec talent les fonctions de professeur de botanique, et plus tard collabora avec Fagon à la rédaction de l'*Hortus regius*. Les thèses soutenues sous sa présidence, et dues à son inspiration, ont la plupart un double caractère. Ou bien il s'agit des louanges de la chimie, et là nous retrouvons l'ancien élève de Montpellier, tout dévoué à la polypharmacie, vantant les vertus singulières de la corne de rhinocéros, du saphir, de l'émeraude, du bézoard, de l'antimoine surtout, et raillant vigoureusement les partisans attardés du séné et du sirop de roses pâles; ou bien c'est quelque sujet facétieux comme celui-ci : *An pallidis virginum coloribus Venus?* prêtant à toute espèce d'équivoques et de plaisanteries gauloises, dites en beau latin. — Tout cela semble nous révéler un homme d'humeur fort indépendante, fort joviale, fort irascible, naturellement porté à l'opposition, et jouant, dans les luttes de l'École, le rôle d'un chef de parti. » C'est pour le fils de ce docteur que Molière sollicitait un canonicat de la chapelle de Vincennes, qui fut accordé à sa demande.

tenir une grâce de Votre Majesté. Je lui ai dit, sur sa promesse, que je ne lui demandois pas tant, et que je serois satisfait de lui pourvu qu'il s'obligeât de ne me point tuer. Cette grâce, Sire, est un canonicat de votre chapelle royale de Vincennes, vacant par la mort de...[1]

Oserois-je demander encore cette grâce à Votre Majesté le propre jour de la grande résurrection de Tartuffe, ressuscité par vos bontés? Je suis, par cette première faveur, réconcilié avec les dévots; et je le serois, par cette seconde, avec les médecins. C'est pour moi, sans doute, trop de grâces à la fois; mais peut-être n'en est-ce pas trop pour Votre Majesté; et j'attends, avec un peu d'espérance respectueuse, la réponse de mon placet.

---

1. Le comédien Molière, donnant un canonicat, fait penser à Voltaire demandant pour un de ses protégés une cure à Mlle Clairon. Voyez *OEuvres complètes de Voltaire,* édition Garnier frères, tome XLIV, page 253.

LE TARTUFFE

PERSONNAGES.	ACTEURS.
MADAME PERNELLE, mère d'Orgon	Louis Béjart.
ORGON, mari d'Elmire	Molière [1].
ELMIRE, femme d'Orgon	Mlle Molière.
DAMIS, fils d'Orgon	Hubert.
MARIANE, fille d'Orgon et amante de Valère	Mlle Debrie.
VALÈRE, amant de Mariane	La Grange.
CLÉANTE, beau-frère d'Orgon	La Thorillière.
TARTUFFE, faux dévot	Du Croisy.
DORINE, suivante de Mariane	Madel. Béjart.
M. LOYAL, sergent[2]	Debrie.
Un Exempt.	
FLIPOTE, servante de Mme Pernelle[3].	

La scène est à Paris [4].

1. L'inventaire après décès mentionne : « L'habit de la représentation du *Tartuffe* (c'est-à-dire l'habit d'Orgon), consistant en pourpoint, chausse et manteau de vénitienne noire, le manteau doublé de tabis et garni de dentelle d'Angleterre, les jarretières et ronds de souliers et souliers pareillement garnis : prisé soixante livres. »

2. On lit sur le registre de La Grange à la date du 14 décembre 1679 : « Payé à M. Loyal, pour une signification, 1 livre 10 sous. » L'huissier de la troupe s'appelait donc Loyal.

3. On lit sur le livre de La Thorillière au 8 juin : « A *Phlipote*, 1 livre 10 sous. » La gagiste qui faisait ce personnage muet s'appelait-elle *Phlipote*, réellement? ou La Thorillière la désignait-il par le nom de son rôle? On a remarqué aussi qu'il y avait un *Laurent* parmi les valets attachés au théâtre. Molière tirait parti de tout son personnel.

4. Le manuscrit de Laurent Mahelot porte : « Le théâtre est une chambre. Il faut deux fauteuils, une table, un tapis dessus, deux flambeaux, une batte. » Les deux flambeaux sont sur la table sous laquelle Orgon est caché. Quant à la batte, est-ce le bâton que réclame Orgon, acte III, scène vi? ou celui dont Damis menace M. Loyal, acte V, scène iv?

LE TARTUFFE

COMÉDIE

ACTE PREMIER.

SCÈNE PREMIÈRE.

MADAME PERNELLE et FLIPOTE, sa servante;
ELMIRE, MARIANE, CLÉANTE,
DAMIS, DORINE.

MADAME PERNELLE.
Allons, Flipote, allons; que d'eux je me délivre.
ELMIRE.
Vous marchez d'un tel pas qu'on a peine à vous suivre.
MADAME PERNELLE.
Laissez, ma bru, laissez; ne venez pas plus loin :
Ce sont toutes façons dont je n'ai pas besoin.
ELMIRE.
De ce que l'on vous doit envers vous on s'acquitte.
Mais, ma mère, d'où vient que vous sortez si vite?
MADAME PERNELLE.
C'est que je ne puis voir tout ce ménage-ci,

Et que de me complaire on ne prend nul souci.
Oui, je sors de chez vous fort mal édifiée :
Dans toutes mes leçons j'y suis contrariée ;
On n'y respecte rien, chacun y parle haut,
Et c'est tout justement la cour du roi Pétaud[1].

DORINE.

Si...

MADAME PERNELLE.

Vous êtes, ma mie, une fille suivante
Un peu trop forte en gueule, et fort impertinente ;
Vous vous mêlez sur tout de dire votre avis.

DAMIS.

Mais...

MADAME PERNELLE.

Vous êtes un sot en trois lettres, mon fils.
C'est moi qui vous le dis, qui suis votre grand'mère ;
Et j'ai prédit cent fois à mon fils, votre père,
Que vous preniez tout l'air d'un méchant garnement,
Et ne lui donneriez jamais que du tourment.

MARIANE.

Je crois...

MADAME PERNELLE.

Mon Dieu ! sa sœur, vous faites la discrète,
Et vous n'y touchez pas, tant vous semblez doucette ;
Mais il n'est, comme on dit, pire eau que l'eau qui dort,

---

1. La cour du roi Pétaud, c'est, pour autrement parler, la cour du roi de bohême : « Le roi Pétaud, dit Bret, est le chef que se choisissoient autrefois les mendiants réunis en corporation. Son nom vient du latin *peto*, je demande. Ce roi n'ayant pas plus de pouvoir que ses sujets, ou, plutôt, ayant des sujets fort peu soumis et fort peu gouvernables, on a donné par extension le nom de cour du roi Pétaud à une maison où tout le monde commande. »

ACTE I, SCÈNE I.

Et vous menez, sous chape¹, un train que je hais fort.
ELMIRE.
Mais, ma mère...
MADAME PERNELLE.
        Ma bru, qu'il ne vous en déplaise,
Votre conduite, en tout, est tout à fait mauvaise;
Vous devriez leur mettre un bon exemple aux yeux;
Et leur défunte mère en usoit beaucoup mieux.
Vous êtes dépensière; et cet état me blesse,
Que vous alliez vêtue ainsi qu'une princesse ².
Quiconque à son mari veut plaire seulement,
Ma bru, n'a pas besoin de tant d'ajustement.
CLÉANTE.
Mais, madame, après tout...
MADAME PERNELLE.
           Pour vous, monsieur son frère,

---

1. Sous chape ou sous cape, c'est-à-dire en secret. La cape ou chape, le *bardocucullus* des Gaulois, était un manteau à capuchon. On rabattait ce capuchon pour se couvrir le visage, lorsqu'on vouloit n'être point reconnu; et métaphoriquement on vivait sous cape quand on prenait soin de cacher ses actions.

2. « L'inquiétude de Molière sur tout ce qui pouvoit contribuer au succès de ses pièces, dit Grimarest, causa de la mortification à sa femme à la première représentation du *Tartuffe*. Comme cette pièce promettoit beaucoup, elle voulut y briller par l'ajustement; elle se fit faire un habit magnifique sans en rien dire à son mari, et du temps à l'avance elle étoit occupée du plaisir de le mettre. Molière alla dans sa loge une demi-heure avant qu'on commençât la pièce. « Comment donc, mademoiselle! dit-il en la « voyant si parée, que voulez-vous dire avec cet ajustement? Ne savez-vous « pas que vous êtes incommodée dans la pièce? et vous voilà éveillée et « ornée comme si vous alliez à une fête! Déshabillez-vous vite, et prenez « un habit convenable à la situation où vous devez être. » Peu s'en fallut que la Molière ne voulût pas jouer, tant elle étoit désolée de ne pouvoir faire parade d'un habit qui lui tenoit plus au cœur que la pièce. » Cette anecdote n'a pour elle d'autre autorité que celle de Grimarest, qui, comme on le sait, n'est pas grande. Elle a, du moins, l'avantage de modérer le trop beau zèle de parure que le reproche de madame Pernelle pourrait faire naître.

Je vous estime fort, vous aime, et vous révère ;
Mais enfin si j'étois de mon fils, son époux,
Je vous prierois bien fort de n'entrer point chez nous.
Sans cesse vous prêchez des maximes de vivre
Qui par d'honnêtes gens ne se doivent point suivre.
Je vous parle un peu franc ; mais c'est là mon humeur,
Et je ne mâche point ce que j'ai sur le cœur.

DAMIS.
Votre monsieur Tartuffe est bien heureux, sans doute...

MADAME PERNELLE.
C'est un homme de bien, qu'il faut que l'on écoute ;
Et je ne puis souffrir, sans me mettre en courroux,
De le voir querellé par un fou comme vous.

DAMIS.
Quoi ! je souffrirai, moi, qu'un cagot de critique
Vienne usurper céans un pouvoir tyrannique ;
Et que nous ne puissions à rien nous divertir,
Si ce beau monsieur-là n'y daigne consentir ?

DORINE.
S'il le faut écouter, et croire à ses maximes,
On ne peut faire rien qu'on ne fasse des crimes :
Car il contrôle tout, ce critique zélé.

MADAME PERNELLE.
Et tout ce qu'il contrôle est fort bien contrôlé.
C'est au chemin du ciel qu'il prétend vous conduire :
Et mon fils à l'aimer vous devroit tous induire.

DAMIS.
Non, voyez-vous, ma mère, il n'est père, ni rien,
Qui me puisse obliger à lui vouloir du bien :
Je trahirois mon cœur de parler d'autre sorte.
Sur ses façons de faire à tous coups je m'emporte :
J'en prévois une suite, et qu'avec ce pied-plat

Il faudra que j'en vienne à quelque grand éclat.
DORINE.
Certes, c'est une chose aussi qui scandalise
De voir qu'un inconnu céans s'impatronise;
Qu'un gueux, qui, quand il vint, n'avoit pas de souliers,
Et dont l'habit entier valoit bien six deniers,
En vienne jusque-là que de se méconnoître,
De contrarier tout, et de faire le maître.
MADAME PERNELLE.
Eh! merci de ma vie, il en iroit bien mieux
Si tout se gouvernoit par ses ordres pieux.
DORINE.
Il passe pour un saint dans votre fantaisie :
Tout son fait, croyez-moi, n'est rien qu'hypocrisie.
MADAME PERNELLE.
Voyez la langue!
DORINE.
          A lui, non plus qu'à son Laurent,
Je ne me fierois, moi, que sur un bon garant.
MADAME PERNELLE.
J'ignore ce qu'au fond le serviteur peut être;
Mais pour homme de bien je garantis le maître.
Vous ne lui voulez mal et ne le rebutez
Qu'à cause qu'il vous dit à tous vos vérités.
C'est contre le péché que son cœur se courrouce,
Et l'intérêt du ciel est tout ce qui le pousse.
DORINE.
Oui; mais pourquoi, surtout depuis un certain temps,
Ne sauroit-il souffrir qu'aucun hante céans?
En quoi blesse le ciel une visite honnête,
Pour en faire un vacarme à nous rompre la tête?
Veut-on que là-dessus je m'explique entre nous?

(Montrant Elmire.)
Je crois que de madame il est, ma foi, jaloux.*
MADAME PERNELLE.
Taisez-vous, et songez aux choses que vous dites.
Ce n'est pas lui tout seul qui blâme ces visites :
Tout ce tracas qui suit les gens que vous hantez,
Ces carrosses sans cesse à la porte plantés,
Et de tant de laquais le bruyant assemblage,
Font un éclat fâcheux dans tout le voisinage.
Je veux croire qu'au fond il ne se passe rien ;
Mais enfin on en parle, et cela n'est pas bien.
CLÉANTE.
Hé! voulez-vous, madame, empêcher qu'on ne cause ?
Ce seroit dans la vie une fâcheuse chose
Si, pour les sots discours où l'on peut être mis,
Il falloit renoncer à ses meilleurs amis.
Et quand même on pourroit se résoudre à le faire,
Croiriez-vous obliger tout le monde à se taire ?
Contre la médisance il n'est point de rempart.
A tous les sots caquets n'ayons donc nul égard ;
Efforçons-nous de vivre avec toute innocence,
Et laissons aux causeurs une pleine licence.
DORINE.
Daphné, notre voisine, et son petit époux,
Ne seroient-ils point ceux qui parlent mal de nous ?
Ceux de qui la conduite offre le plus à rire
Sont toujours sur autrui les premiers à médire :

* VAR. *Veut-on que là-dessus je m'explique? Entre nous,*
   Je crois que de madame il est, ma foi, jaloux.

On entend parfois au théâtre réciter ainsi ces deux vers; mais les éditions originales condamnent toutes ce changement de ponctuation, qui d'ailleurs s'accorde mal avec les habitudes régulières de la prosodie du temps.

Ils ne manquent jamais de saisir promptement
L'apparente lueur du moindre attachement,
D'en semer la nouvelle avec beaucoup de joie,
Et d'y donner le tour qu'ils veulent qu'on y croie;
Des actions d'autrui, teintes de leurs couleurs,
Ils pensent dans le monde autoriser les leurs,
Et, sous le faux espoir de quelque ressemblance,
Aux intrigues qu'ils ont donner de l'innocence,
Ou faire ailleurs tomber quelques traits partagés
De ce blâme public dont ils sont trop chargés.

MADAME PERNELLE.

Tous ces raisonnements ne font rien à l'affaire.
On sait qu'Orante mène une vie exemplaire;
Tous ses soins vont au ciel; et j'ai su par des gens
Qu'elle condamne fort le train qui vient céans.

DORINE.

L'exemple est admirable, et cette dame est bonne :
Il est vrai qu'elle vit en austère personne;
Mais l'âge, dans son âme, a mis ce zèle ardent,
Et l'on sait qu'elle est prude, à son corps défendant.
Tant qu'elle a pu des cœurs attirer les hommages,
Elle a fort bien joui de tous ses avantages;
Mais, voyant de ses yeux tous les brillants baisser,
Au monde qui la quitte elle veut renoncer,
Et du voile pompeux d'une haute sagesse
De ses attraits usés déguiser la foiblesse.
Ce sont là les retours des coquettes du temps :
Il leur est dur de voir déserter les galants.
Dans un tel abandon, leur sombre inquiétude
Ne voit d'autre recours que le métier de prude;
Et la sévérité de ces femmes de bien
Censure toute chose, et ne pardonne à rien.

Hautement d'un chacun elles blâment la vie,
Non point par charité, mais par un trait d'envie
Qui ne sauroit souffrir qu'une autre ait les plaisirs
Dont le penchant de l'âge a sevré leurs désirs[1].

MADAME PERNELLE, à Elmire.

Voilà les contes bleus qu'il vous faut, pour vous plaire.
Ma bru, l'on est chez vous contrainte de se taire :
Car, madame, à jaser, tient le dé tout le jour ;
Mais enfin je prétends discourir à mon tour.
Je vous dis que mon fils n'a rien fait de plus sage
Qu'en recueillant chez soi ce dévot personnage ;
Que le ciel au besoin l'a céans envoyé
Pour redresser à tous votre esprit fourvoyé ;
Que, pour votre salut, vous le devez entendre,
Et qu'il ne reprend rien qui ne soit à reprendre.
Ces visites, ces bals, ces conversations,
Sont du malin esprit toutes inventions.
Là, jamais on n'entend de pieuses paroles :
Ce sont propos oisifs, chansons, et fariboles :
Bien souvent le prochain en a sa bonne part,
Et l'on y sait médire et du tiers et du quart.
Enfin les gens sensés ont leurs têtes troublées
De la confusion de telles assemblées :
Mille caquets divers s'y font en moins de rien ;
Et, comme l'autre jour un docteur dit fort bien,

---

1. On doit conclure de la Lettre sur *l'Imposteur* que la dernière partie au moins de ce couplet aurait été d'abord récitée par Cléante. Molière, en mettant le tout au compte de Dorine, a eu sans doute pour but de conserver à son moraliste une irréprochable gravité. Mais on sent très bien aussi que la tirade, principalement à partir de ces mots : « Tant qu'elle a pu des cœurs, etc., » n'est plus du style de la soubrette.

La même Lettre indique que, dans l'œuvre primitive, la discussion entre madame Pernelle et Cléante se prolongeait un peu davantage.

C'est véritablement la tour de Babylone[1],
Car chacun y babille, et tout du long de l'aune;
Et, pour conter l'histoire où ce point l'engagea...

(Montrant Cléante.)

Voilà-t-il pas monsieur qui ricane déjà?
Allez chercher vos fous qui vous donnent à rire.

(A Elmire.)

Et sans... Adieu, ma bru; je ne veux plus rien dire.
Sachez que pour céans j'en rabats de moitié,*
Et qu'il fera beau temps quand j'y mettrai le pied.

(Donnant un soufflet à Flipote.)

Allons, vous; vous rêvez et bayez aux corneilles.
Jour de Dieu! je saurai vous frotter les oreilles.
Marchons, gaupe, marchons[2].

* Var. *Sachez que pour céans j'en rabats la moitié* (1669, 2ᵉ éd.; 1673).

1. Madame Pernelle dit *la tour de Babylone*, pour *la tour de Babel*, cette tour que, suivant l'Écriture, Dieu empêcha les hommes d'élever en introduisant parmi eux la confusion des langues, et dont le nom est employé proverbialement pour désigner une assemblée où, tout le monde parlant à la fois, il est impossible de s'entendre.

Le Père Caussin, jésuite, dit, dans sa *Cour sainte*, que « les hommes ont bâti la tour de Babel, et les femmes la tour de Babil ». Le quolibet du jésuite n'aurait-il pas donné l'idée de celui que Molière met dans la bouche de madame Pernelle? (AUGER.)

2. « Pour qu'une pièce soit théâtrale, disait Gœthe, il faut que chaque situation soit importante par elle-même et, en même temps, ouvre une perspective sur une situation plus importante. *Le Tartuffe* de Molière est, à ce point de vue, un grand modèle. Pensez seulement à la première scène, quelle exposition! Tout est intéressant dès le commencement, et fait pressentir des événements plus graves. L'exposition de *Minna de Barnhelm* de Lessing est aussi excellente, mais celle du *Tartuffe* est unique dans le monde: c'est ce qui existe de plus grand et de meilleur en ce genre. » (*Conversations de Gœthe* recueillies par Eckermann, traduites par E. Delerot, tome I, page 243.)

SCÈNE II.

CLÉANTE, DORINE[1].

CLÉANTE.

Je n'y veux point aller,
De peur qu'elle ne vînt encor me quereller;
Que cette bonne femme...

DORINE.

Ah! certes, c'est dommage
Qu'elle ne vous ouît tenir un tel langage :
Elle vous diroit bien qu'elle vous trouve bon,
Et qu'elle n'est point d'âge à lui donner ce nom!

CLÉANTE.

Comme elle s'est pour rien contre nous échauffée!
Et que de son Tartuffe elle paroît coiffée!

DORINE.

Oh! vraiment, tout cela n'est rien au prix du fils :
Et, si vous l'aviez vu, vous diriez : C'est bien pis!
Nos troubles l'avoient mis sur le pied d'homme sage,
Et, pour servir son prince, il montra du courage;
Mais il est devenu comme un homme hébété,
Depuis que de Tartuffe on le voit entêté.
Il l'appelle son frère, et l'aime, dans son âme,
Cent fois plus qu'il ne fait mère, fils, fille et femme.
C'est de tous ses secrets l'unique confident,
Et de ses actions le directeur prudent.
Il le choie, il l'embrasse; et pour une maîtresse
On ne sauroit, je pense, avoir plus de tendresse :
A table, au plus haut bout il veut qu'il soit assis;

---

1. La Lettre sur *l'Imposteur* nous révèle qu'en cet endroit la marche de la pièce était un peu différente à l'origine.

Avec joie il l'y voit manger autant que six ;
Les bons morceaux de tout, il fait qu'on les lui cède ;*
Et, s'il vient à roter, il lui dit : Dieu vous aide[1] !
Enfin il en est fou ; c'est son tout, son héros ;
Il l'admire à tous coups, le cite à tous propos ;
Ses moindres actions lui semblent des miracles,
Et tous les mots qu'il dit sont pour lui des oracles.
Lui, qui connoît sa dupe, et qui veut en jouir,
Par cent dehors fardés a l'art de l'éblouir ;
Son cagotisme en tire à toute heure des sommes,
Et prend droit de gloser sur tous tant que nous sommes.
Il n'est pas jusqu'au fat qui lui sert de garçon,
Qui ne se mêle aussi de nous faire leçon ;
Il vient nous sermonner avec des yeux farouches,
Et jeter nos rubans, notre rouge, et nos mouches.
Le traître, l'autre jour, nous rompit de ses mains
Un mouchoir qu'il trouva dans une *Fleur des Saints*[2],
Disant que nous mêlions, par un crime effroyable,
Avec la sainteté les parures du diable.

* Var. *Les bons morceaux de tout, il faut qu'on les lui cède* (1673, 1682).

1. C'est une servante qui parle. (Note de toutes les éditions originales, et qu'il faut probablement attribuer à Molière.)
L'édition de 1682 indique d'autre part que ce vers et les trois qui précèdent étaient omis à la représentation. Il en fut ainsi jusque dans ces derniers temps ; on ne craint plus de les dire aujourd'hui.
Notons que ce trait est imité de Juvénal :

. . . . Laudare paratus
Si bene ructavit, si rectum minxit amicus.

2. *La Fleur des Saints*, ou plutôt *les Fleurs des vies des Saints* sont un ouvrage de Pierre Ribadeneira, jésuite espagnol, mort en 1611. Il a été traduit en français, et il forme deux volumes in-folio.

SCÈNE III.
ELMIRE, MARIANE, DAMIS, CLÉANTE, DORINE.

ELMIRE, à Cléante.

Vous êtes bien heureux de n'être point venu
Au discours qu'à la porte elle nous a tenu.
Mais j'ai vu mon mari; comme il ne m'a point vue,
Je veux aller là-haut attendre sa venue.

CLÉANTE.

Moi, je l'attends ici pour moins d'amusement[1];
Et je vais lui donner le bonjour seulement.

SCÈNE IV.
CLÉANTE, DAMIS, DORINE.

DAMIS.

De l'hymen de ma sœur touchez-lui quelque chose :
J'ai soupçon que Tartuffe à son effet s'oppose,
Qu'il oblige mon père à des détours si grands ;
Et vous n'ignorez pas quel intérêt j'y prends.
Si même ardeur enflamme et ma sœur et Valère,
La sœur de cet ami, vous le savez, m'est chère;
Et s'il falloit...

DORINE.

Il entre.

SCÈNE V.
ORGON, CLÉANTE, DORINE.

ORGON.

Ah! mon frère, bonjour.

---

1. Pour avoir plus vite fait.

ACTE I, SCÈNE V.

CLÉANTE.

Je sortois, et j'ai joie à vous voir de retour.
La campagne à présent n'est pas beaucoup fleurie.

ORGON.
(A Cléante.)

Dorine... Mon beau-frère, attendez, je vous prie.
Vous voulez bien souffrir, pour m'ôter de souci,
Que je m'informe un peu des nouvelles d'ici.
(A Dorine.)
Tout s'est-il, ces deux jours, passé de bonne sorte?
Qu'est-ce qu'on fait céans, comme est-ce qu'on s'y porte?

DORINE.

Madame eut avant-hier la fièvre jusqu'au soir,
Avec un mal de tête étrange à concevoir.

ORGON.

Et Tartuffe?

DORINE.

Tartuffe? il se porte à merveille,
Gros et gras, le teint frais, et la bouche vermeille.

ORGON.

Le pauvre homme!

DORINE.

Le soir elle eut un grand dégoût,
Et ne put, au souper, toucher à rien du tout,
Tant sa douleur de tête étoit encor cruelle!

ORGON.

Et Tartuffe?

DORINE.

Il soupa, lui tout seul, devant elle;
Et fort dévotement il mangea deux perdrix,
Avec une moitié de gigot en hachis.

ORGON.

Le pauvre homme!

DORINE.

La nuit se passa tout entière
Sans qu'elle pût fermer un moment la paupière ;
Des chaleurs l'empêchoient de pouvoir sommeiller,
Et jusqu'au jour, près d'elle, il nous fallut veiller.

ORGON.

Et Tartuffe ?

DORINE.

Pressé d'un sommeil agréable,
Il passa dans sa chambre au sortir de la table ;
Et dans son lit bien chaud il se mit tout soudain,
Où, sans trouble, il dormit jusques au lendemain.

ORGON.

Le pauvre homme !

DORINE.

A la fin, par nos raisons gagnée,
Elle se résolut à souffrir la saignée ;
Et le soulagement suivit tout aussitôt.

ORGON.

Et Tartuffe ?

DORINE.

Il reprit courage comme il faut ;
Et, contre tous les maux fortifiant son âme,
Pour réparer le sang qu'avoit perdu madame,
But, à son déjeuner, quatre grands coups de vin.

ORGON.

Le pauvre homme !

DORINE.

Tous deux se portent bien enfin ;
Et je vais à madame annoncer par avance
La part que vous prenez à sa convalescence.

SCÈNE VI.

ORGON, CLÉANTE.

CLÉANTE.

A votre nez, mon frère, elle se rit de vous :
Et, sans avoir dessein de vous mettre en courroux,
Je vous dirai tout franc que c'est avec justice.
A-t-on jamais parlé d'un semblable caprice?
Et se peut-il qu'un homme ait un charme aujourd'hui
A vous faire oublier toutes choses pour lui?
Qu'après avoir chez vous réparé sa misère,
Vous en veniez au point...?

ORGON.

     Halte-là, mon beau-frère,
Vous ne connoissez pas celui dont vous parlez.

CLÉANTE.

Je ne le connois pas, puisque vous le voulez :
Mais enfin, pour savoir quel homme ce peut être...

ORGON.

Mon frère, vous seriez charmé de le connoître;
Et vos ravissements ne prendroient point de fin.
C'est un homme... qui... ah !... un homme... un homme enfin[1].

---

1. L'interprétation de ce vers a donné lieu à beaucoup de contestations. Les uns ont cru qu'Orgon attachait à ce mot *homme* une idée d'excellence et de supériorité, et qu'il fallait le prononcer avec emphase. Les autres ont prétendu qu'il ne devait pas y avoir de point après *enfin*, mais seulement une suspension, de sorte que ce vers se lieroit étroitement à la phrase qui suit; quelques-uns placent cette suspension après l'interjection *ah!* et font enjamber un vers sur l'autre : *Un homme enfin qui suit bien ses leçons*, etc. L'interprétation véritable est donnée par la Lettre sur *l'Imposteur* : « Vous remarquerez, s'il vous plaît, que d'abord l'autre, voulant exalter son Panulphe, commence à dire que *c'est un homme*, de sorte qu'il semble qu'il aille faire un long dénombrement de ses rares qualités,

Qui suit bien ses leçons goûte une paix profonde,
Et comme du fumier regarde tout le monde.
Oui, je deviens tout autre avec son entretien ;
Il m'enseigne à n'avoir affection pour rien ;
De toutes amitiés il détache mon âme ;
Et je verrois mourir frère, enfants, mère, et femme,
Que je m'en soucierois autant que de cela[1].

CLÉANTE

Les sentiments humains, mon frère, que voilà !

ORGON.

Ah ! si vous aviez vu comme j'en fis rencontre,
Vous auriez pris pour lui l'amitié que je montre.
Chaque jour à l'église il venoit, d'un air doux,
Tout vis-à-vis de moi se mettre à deux genoux.
Il attiroit les yeux de l'assemblée entière
Par l'ardeur dont au ciel il poussoit sa prière ;
Il faisoit des soupirs, de grands élancements,
Et baisoit humblement la terre à tous moments :
Et, lorsque je sortois, il me devançoit vite
Pour m'aller, à la porte, offrir de l'eau bénite.
Instruit par son garçon, qui dans tout l'imitoit,
Et de son indigence, et de ce qu'il étoit,
Je lui faisois des dons ; mais, avec modestie,
Il me vouloit toujours en rendre une partie.
C'est trop, me disoit-il, *c'est trop de la moitié ;*
Je ne mérite pas de vous faire pitié.

---

et tout cela se réduit pourtant à dire une ou deux fois : *mais un homme,*
un homme ; et à conclure : *un homme enfin.* » Ainsi, il ne faut voir, dans
la phrase d'Orgon, que l'embarras d'un ridicule enthousiaste, qui ne sait
comment louer son héros, et qui répète trois fois le même mot, faute d'en
trouver d'autres pour rendre sa pensée.

1. *Cela*, c'est l'imperceptible bruit de l'ongle du pouce appuyé sous l'extrémité des dents d'en haut. Déjà employé, tome II, p. XVII, et page 67.

Et quand je refusois de le vouloir reprendre,
Aux pauvres, à mes yeux, il alloit le répandre.
Enfin le ciel chez moi me le fit retirer,
Et depuis ce temps-là tout semble y prospérer.
Je vois qu'il reprend tout, et qu'à ma femme même
Il prend, pour mon honneur, un intérêt extrême ;
Il m'avertit des gens qui lui font les yeux doux,
Et plus que moi six fois il s'en montre jaloux.
Mais vous ne croiriez point jusqu'où monte son zèle :
Il s'impute à péché la moindre bagatelle ;
Un rien presque suffit pour le scandaliser,
Jusque-là qu'il se vint l'autre jour accuser
D'avoir pris une puce en faisant sa prière,
Et de l'avoir tuée avec trop de colère[1].

CLÉANTE.

Parbleu, vous êtes fou, mon frère, que je croi.
Avec de tels discours, vous moquez-vous de moi?
Et que prétendez-vous que tout ce badinage...?

ORGON.

Mon frère, ce discours sent le libertinage.

1. Il n'y a pas un seul moment de doute sur l'hypocrisie du personnage, et Molière a soin de marquer ce caractère par les traits les plus frappants. Tout ce que dit Orgon à son beau-frère est précisément ce qu'il peut y avoir de plus propre à écarter cette confusion entre le faux dévot et le dévot sincère, qui était le danger de l'ouvrage. Molière en cela montrait une prudence que n'avaient pas toujours eue ses précurseurs; Machiavel, par exemple, peignant son frate Timoteo, ne prenait aucun soin de prévenir les spectateurs que c'était un mauvais religieux qu'il mettait en scène, et il faisait au contraire conclure par un de ses personnages : *Oh! fratri, conoscine uno e conoscili tutti.* « Oh! les moines, qui en connaît un les connaît tous! »

La dernière circonstance rapportée par Orgon figure bel et bien dans *la Légende dorée* de Jacques de Voragine, qui en fait honneur à saint Macaire : « Comme Macaire tua une puce qui le piquait, il en sortit beaucoup de sang. Et l'abbé se repentit d'avoir vengé sa propre injure, et il demeura six mois tout nu au désert. »

Vous en êtes un peu dans votre âme entiché;
Et, comme je vous l'ai plus de dix fois prêché,
Vous vous attirerez quelque méchante affaire.
CLÉANTE.
Voilà de vos pareils le discours ordinaire :
Ils veulent que chacun soit aveugle comme eux.
C'est être libertin[1] que d'avoir de bons yeux;
Et qui n'adore pas de vaines simagrées,
N'a ni respect, ni foi, pour les choses sacrées.
Allez, tous vos discours ne me font point de peur;
Je sais comme je parle, et le ciel voit mon cœur.
De tous vos façonniers on n'est point les esclaves.
Il est de faux dévots ainsi que de faux braves :
Et, comme on ne voit pas qu'où l'honneur les conduit
Les vrais braves soient ceux qui font beaucoup de bruit,
Les bons et vrais dévots, qu'on doit suivre à la trace,
Ne sont pas ceux aussi qui font tant de grimace.
Hé quoi! vous ne ferez nulle distinction
Entre l'hypocrisie et la dévotion?
Vous les voulez traiter d'un semblable langage,
Et rendre même honneur au masque qu'au visage;
Égaler l'artifice à la sincérité,
Confondre l'apparence avec la vérité,
Estimer le fantôme autant que la personne,
Et la fausse monnoie à l'égal de la bonne?
Les hommes, la plupart, sont étrangement faits:
Dans la juste nature on ne les voit jamais :
La raison a pour eux des bornes trop petites;
En chaque caractère ils passent ses limites;
Et la plus noble chose, ils la gâtent souvent

---

1. Au XVIIe siècle, *libertin* signifiait un esprit fort, un libre penseur.

ACTE I, SCÈNE VI.

Pour la vouloir outrer et pousser trop avant.
Que cela vous soit dit en passant, mon beau-frère.

ORGON.

Oui, vous êtes, sans doute, un docteur qu'on révère ;
Tout le savoir du monde est chez vous retiré.
Vous êtes le seul sage et le seul éclairé,
Un oracle, un Caton, dans le siècle où nous sommes ;
Et près de vous ce sont des sots que tous les hommes.

CLÉANTE.

Je ne suis point, mon frère, un docteur révéré,
Et le savoir, chez moi, n'est pas tout retiré.
Mais, en un mot, je sais, pour toute ma science,
Du faux avec le vrai faire la différence.
Et comme je ne vois nul genre de héros
Qui soient plus à priser que les parfaits dévots ;
Aucune chose au monde et plus noble et plus belle,
Que la sainte ferveur d'un véritable zèle ;
Aussi ne vois-je rien qui soit plus odieux
Que le dehors plâtré d'un zèle spécieux,
Que ces francs charlatans, que ces dévots de place[1],
De qui la sacrilège et trompeuse grimace
Abuse impunément, et se joue, à leur gré,
De ce qu'ont les mortels de plus saint et sacré ;
Ces gens qui, par une âme à l'intérêt soumise,
Font de dévotion métier et marchandise,
Et veulent acheter crédit et dignités
A prix de faux clins d'yeux et d'élans affectés ;
Ces gens, dis-je, qu'on voit d'une ardeur non commune,

---

1. Au moyen âge et dans le xviie siècle encore, les domestiques allaient sur les places publiques attendre qu'on vînt engager leurs services. Les dévots de place, comme les valets de place, sont donc ceux qui s'affichent à tous les regards. (LOUANDRE.)

86 LE TARTUFFE.

Par le chemin du ciel courir à leur fortune ;
Qui, brûlants et priants, demandent chaque jour,
Et prêchent la retraite au milieu de la cour ;
Qui savent ajuster leur zèle avec leurs vices,
Sont prompts, vindicatifs, sans foi, pleins d'artifices,
Et, pour perdre quelqu'un, couvrent insolemment
De l'intérêt du ciel leur fier ressentiment ;
D'autant plus dangereux dans leur âpre colère,
Qu'ils prennent contre nous des armes qu'on révère,
Et que leur passion, dont on leur sait bon gré,
Veut nous assassiner avec un fer sacré[1].
De ce faux caractère on en voit trop paroître.
Mais les dévots de cœur sont aisés à connoître.
Notre siècle, mon frère, en expose à nos yeux
Qui peuvent nous servir d'exemples glorieux.
Regardez Ariston, regardez Périandre,
Oronte, Alcidamas, Polydore, Clitandre[2] ;
Ce titre par aucun ne leur est débattu ;
Ce ne sont point du tout fanfarons de vertu ;
On ne voit point en eux ce faste insupportable,
Et leur dévotion est humaine, est traitable :
Ils ne censurent point toutes nos actions,
Ils trouvent trop d'orgueil dans ces corrections ;

1. La pensée que ces vers expriment si énergiquement se trouve développée dans la Lettre en réponse aux Observations du sieur de Rochemont. (Voyez ci-après, à la suite de *Don Juan*.)

2. Cette énumération de Cléante, qui avait lieu d'abord à la première scène, comme on le voit par la Lettre sur *l'Imposteur*, avait pour but, suivant l'auteur de cette lettre, « d'aller au-devant des jugements malicieux ou libertins qui voudroient induire, de l'aventure qui fait le sujet de cette pièce, qu'il n'y a point ou fort peu de véritables gens de bien, en témoignant par ce dénombrement que le nombre en est grand en soi, voire très-grand, si on le compare à celui des fieffés bigots qui ne réussiroient pas si bien dans le monde s'ils étoient en si grande quantité ».

Et, laissant la fierté des paroles aux autres,
C'est par leurs actions qu'ils reprennent les nôtres.
L'apparence du mal a chez eux peu d'appui[1],
Et leur âme est portée à juger bien d'autrui.
Point de cabale en eux, point d'intrigues à suivre ;
On les voit, pour tous soins, se mêler de bien vivre.
Jamais contre un pécheur ils n'ont d'acharnement,
Ils attachent leur haine au péché seulement,
Et ne veulent point prendre, avec un zèle extrême,
Les intérêts du ciel plus qu'il ne veut lui-même.
Voilà mes gens, voilà comme il en faut user,
Voilà l'exemple enfin qu'il se faut proposer.
Votre homme, à dire vrai, n'est pas de ce modèle :
C'est de fort bonne foi que vous vantez son zèle ;
Mais par un faux éclat je vous crois ébloui.

ORGON.

Monsieur mon cher beau-frère, avez-vous tout dit ?

CLÉANTE.

Oui.

ORGON.

Je suis votre valet.

(Il veut s'en aller.)

CLÉANTE.

De grâce, un mot, mon frère.
Laissons là ce discours. Vous savez que Valère,
Pour être votre gendre, a parole de vous ?

ORGON.

Oui.

CLÉANTE.

Vous aviez pris jour pour un lien si doux.

ORGON.

Il est vrai.

---

1. Ceux qui voient du mal partout ont peu de crédit chez eux.

CLÉANTE.
Pourquoi donc en différer la fête?

ORGON.

Je ne sais.

CLÉANTE.
Auriez-vous autre pensée en tête?

ORGON.

Peut-être.

CLÉANTE.
Vous voulez manquer à votre foi?

ORGON.

Je ne dis pas cela.

CLÉANTE.
Nul obstacle, je croi,
Ne vous peut empêcher d'accomplir vos promesses.

ORGON.

Selon.

CLÉANTE.
Pour dire un mot faut-il tant de finesses?
Valère, sur ce point, me fait vous visiter.

ORGON.

Le ciel en soit loué!

CLÉANTE.
Mais que lui reporter?

ORGON.

Tout ce qu'il vous plaira.

CLÉANTE.
Mais il est nécessaire
De savoir vos desseins. Quels sont-ils donc?

ORGON.

De faire
Ce que le ciel voudra.

ACTE I, SCÈNE VI.

CLÉANTE.

Mais parlons tout de bon.
Valère a votre foi ; la tiendrez-vous, ou non ?

ORGON.

Adieu.

CLÉANTE, seul.

Pour son amour je crains une disgrâce,
Et je dois l'avertir de tout ce qui se passe[1].

---

1. L'exposition vaut seule une pièce entière. L'ouverture de la scène vous transporte sur-le-champ dans l'intérieur d'un ménage où la mauvaise humeur et le babil grondeur d'une vieille femme, la contrariété des avis et la marche du dialogue font ressortir naturellement tous les personnages que le spectateur doit connaître sans que le poète ait l'air de les lui montrer. Le sot entêtement d'Orgon pour Tartuffe, les simagrées de dévotion et de zèle du faux dévot, le caractère tranquille et réservé d'Elmire, la fougue impétueuse de son fils Damis, la saine philosophie de son frère Cléante, la gaieté caustique de Dorine, et la liberté familière que lui donne une longue habitude de dire son avis sur tout, la douceur timide de Mariane, tout ce que la suite de la pièce doit développer, tout, jusqu'à l'amour de Tartuffe pour Elmire, est annoncé dans cette scène, qui est à la fois une exposition, un tableau, une situation. (LA HARPE.)

Le foyer domestique est envahi par un intrus. Tout y est troublé : les amusements innocents, l'honnête liberté des discours, les plaisirs et les projets de la famille, un mariage sortable et déjà fort avancé ; personne n'y est incommodé médiocrement. C'est d'ailleurs le propre du travers religieux d'endurcir, de dessécher, de passionner ceux qui en sont atteints, et d'exaspérer ceux qui en souffrent. Aussi quelle agitation dans cette maison désormais divisée en deux camps ! L'aïeule est devenue l'ennemie des petits-enfants ; le père se fait le tyran de sa fille. Mais, en revanche, dans l'autre camp on ne se défend pas de main molle. Le plus modéré, le sage de la pièce, Cléante, est toujours près de perdre patience ; Damis éclate dès le commencement ; Dorine, pour dire trop haut ce qu'elle a sur le cœur, risque à chaque instant de se faire chasser. Tout le monde est ému et presque hors de soi ; vous diriez l'agitation d'une maison où s'est introduite une bête dangereuse. Cette émotion qui anime toutes les scènes du *Tartuffe* était passée de l'âme de Molière dans celle de ses personnages. C'est la pièce où il a mis le plus de feu. (NISARD.)

ACTE DEUXIÈME.

SCÈNE PREMIÈRE.

ORGON, MARIANE.

ORGON.

Mariane !

MARIANE.

Mon père ?

ORGON.

Approchez ; j'ai de quoi
Vous parler en secret.

(Il regarde dans un petit cabinet.)

MARIANE.

Que cherchez-vous ?

ORGON.

Je voi
Si quelqu'un n'est point là qui pourroit nous entendre,
Car ce petit endroit est propre pour surprendre[1].
Or sus, nous voilà bien. J'ai, Mariane, en vous
Reconnu, de tout temps, un esprit assez doux,
Et de tout temps aussi vous m'avez été chère.

---

1. C'est de ce « petit endroit propre pour surprendre » qu'au troisième acte Damis entendra la déclaration de Tartuffe. Molière a toujours soin de lier par des préparations semblables toutes les parties de son sujet.

MARIANE.
Je suis fort redevable à cet amour de père.
ORGON.
C'est fort bien dit, ma fille ; et, pour le mériter,
Vous devez n'avoir soin que de me contenter.
MARIANE.
C'est où je mets aussi ma gloire la plus haute.
ORGON.
Fort bien. Que dites-vous de Tartuffe notre hôte ?
MARIANE.
Qui, moi ?
ORGON.
Vous. Voyez bien comme vous répondrez.
MARIANE.
Hélas ! j'en dirai, moi, tout ce que vous voudrez.

SCÈNE II.

ORGON, MARIANE, DORINE, entrant doucement,
et se tenant derrière Orgon, sans être vue.

ORGON.
C'est parler sagement... Dites-moi donc, ma fille,
Qu'en toute sa personne un haut mérite brille,
Qu'il touche votre cœur, et qu'il vous seroit doux
De le voir, par mon choix, devenir votre époux.
Eh ?

(Mariane se recule avec surprise.)
MARIANE.
Eh ?
ORGON.
Qu'est-ce ?

MARIANE.

Plaît-il?

ORGON.

Quoi?

MARIANE.

Me suis-je méprise?

ORGON.

Comment?

MARIANE.

Qui voulez-vous, mon père, que je dise
Qui me touche le cœur, et qu'il me seroit doux
De voir, par votre choix, devenir mon époux?

ORGON.

Tartuffe.

MARIANE.

Il n'en est rien, mon père, je vous jure.
Pourquoi me faire dire une telle imposture?

ORGON.

Mais je veux que cela soit une vérité;
Et c'est assez pour vous que je l'aie arrêté.

MARIANE.

Quoi! vous voulez, mon père?...

ORGON.

Oui, je prétends, ma fille,
Unir, par votre hymen, Tartuffe à ma famille.
Il sera votre époux, j'ai résolu cela;

(Apercevant Dorine.)

Et comme sur vos vœux je... Que faites-vous là?
La curiosité qui vous presse est bien forte,
Mamie, à nous venir écouter de la sorte.

DORINE.

Vraiment, je ne sais pas si c'est un bruit qui part

De quelque conjecture, ou d'un coup de hasard ;
Mais de ce mariage on m'a dit la nouvelle,
Et j'ai traité cela de pure bagatelle.

ORGON.

Quoi donc! la chose est-elle incroyable?

DORINE.

A tel point
Que vous-même, monsieur, je ne vous en crois point.

ORGON.

Je sais bien le moyen de vous le faire croire.

DORINE.

Oui! oui! vous nous contez une plaisante histoire!

ORGON.

Je conte justement ce qu'on verra dans peu.

DORINE.

Chansons!

ORGON.

Ce que je dis, ma fille, n'est point jeu.

DORINE.

Allez, ne croyez point à monsieur votre père ;
Il raille.

ORGON.

Je vous dis...

DORINE.

Non, vous avez beau faire,
On ne vous croira point.

ORGON.

A la fin, mon courroux...

DORINE.

Hé bien! on vous croit donc; et c'est tant pis pour vous.
Quoi! se peut-il, monsieur, qu'avec l'air d'homme sage,
Et cette large barbe au milieu du visage,

Vous soyez assez fou pour vouloir...?
ORGON.
Écoutez :
Vous avez pris céans certaines privautés
Qui ne me plaisent point ; je vous le dis, mamie.
DORINE.
Parlons sans nous fâcher, monsieur, je vous supplie.
Vous moquez-vous des gens d'avoir fait ce complot?
Votre fille n'est point l'affaire d'un bigot :
Il a d'autres emplois auxquels il faut qu'il pense.
Et puis, que vous apporte une telle alliance?
A quel sujet aller, avec tout votre bien,
Choisir un gendre gueux?...
ORGON.
Taisez-vous. S'il n'a rien,
Sachez que c'est par là qu'il faut qu'on le révère.
Sa misère est sans doute une honnête misère ;
Au-dessus des grandeurs elle doit l'élever,
Puisque enfin de son bien il s'est laissé priver
Par son trop peu de soin des choses temporelles,
Et sa puissante attache aux choses éternelles.
Mais mon secours pourra lui donner les moyens
De sortir d'embarras, et rentrer dans ses biens :
Ce sont fiefs qu'à bon titre au pays on renomme ;
Et, tel que l'on le voit, il est bien gentilhomme.
DORINE.
Oui, c'est lui qui le dit ; et cette vanité,
Monsieur, ne sied pas bien avec la piété.
Qui d'une sainte vie embrasse l'innocence
Ne doit point tant prôner son nom et sa naissance ;
Et l'humble procédé de la dévotion
Souffre mal les éclats de cette ambition.

A quoi bon cet orgueil?... Mais ce discours vous blesse :
Parlons de sa personne, et laissons sa noblesse.
Ferez-vous possesseur, sans quelque peu d'ennui,
D'une fille comme elle un homme comme lui?
Et ne devez-vous pas songer aux bienséances,
Et de cette union prévoir les conséquences?
Sachez que d'une fille on risque la vertu,
Lorsque dans son hymen son goût est combattu ;
Que le dessein d'y vivre en honnête personne
Dépend des qualités du mari qu'on lui donne,
Et que ceux dont partout on montre au doigt le front,
Font leurs femmes souvent ce qu'on voit qu'elles sont.
Il est bien difficile enfin d'être fidèle
A de certains maris faits d'un certain modèle[1] ;
Et qui donne à sa fille un homme qu'elle hait,
Est responsable au ciel des fautes qu'elle fait.
Songez à quels périls votre dessein vous livre.

ORGON.

Je vous dis qu'il me faut apprendre d'elle à vivre !

DORINE.

Vous n'en feriez que mieux de suivre mes leçons.

ORGON.

Ne nous amusons point, ma fille, à ces chansons ;
Je sais ce qu'il vous faut, et je suis votre père.
J'avois donné pour vous ma parole à Valère ;
Mais, outre qu'à jouer on dit qu'il est enclin,
Je le soupçonne encor d'être un peu libertin ;
Je ne remarque point qu'il hante les églises.

DORINE.

Voulez-vous qu'il y coure à vos heures précises,

---

1. Ce n'est pas à Orgon que Dorine applique ces vers. Un dédain aussi insultant pour son maître n'entre nullement dans l'esprit de son rôle.

Comme ceux qui n'y vont que pour être aperçus?
ORGON.
Je ne demande pas votre avis là-dessus.
Enfin, avec le ciel l'autre est le mieux du monde,
Et c'est une richesse à nulle autre seconde.
Cet hymen de tous biens comblera vos désirs ;
Il sera tout confit en douceurs et plaisirs.*
Ensemble vous vivrez, dans vos ardeurs fidèles,
Comme deux vrais enfants, comme deux tourterelles :
A nul fâcheux débat jamais vous n'en viendrez,
Et vous ferez de lui tout ce que vous voudrez.
DORINE.
Elle? Elle n'en fera qu'un sot, je vous assure[1].
ORGON.
Ouais! quels discours!
DORINE.
Je dis qu'il en a l'encolure,
Et que son ascendant, monsieur, l'emportera
Sur toute la vertu que votre fille aura.
ORGON.
Cessez de m'interrompre, et songez à vous taire,
Sans mettre votre nez où vous n'avez que faire.

---

*   Var. *Et sera tout confit en douceurs et plaisirs* (1682).

1. Le mot *sot* était employé fréquemment pour désigner un mari trompé. Nous avons déjà vu dans Molière :

Elles font la sottise, et nous sommes les sots.
(*Sganarelle*, scène xvii.)
Épouser une sotte est pour n'être point sot.
(*École des Maris*, acte I, scene I.)

La Fontaine dit de même :

Il veut à toute force être au nombre des sots.
(*La Coupe enchantée*.)

ACTE II, SCÈNE II.

DORINE. (Elle l'interrompt toujours au moment où il se retourne pour parler à sa fille.)

Je n'en parle, monsieur, que pour votre intérêt.

ORGON.

C'est prendre trop de soin; taisez-vous, s'il vous plaît.

DORINE.

Si l'on ne vous aimoit...

ORGON.

Je ne veux pas qu'on m'aime.

DORINE.

Et je veux vous aimer, monsieur, malgré vous-même.

ORGON.

Ah!

DORINE.

Votre honneur m'est cher, et je ne puis souffrir
Qu'aux brocards d'un chacun vous alliez vous offrir.

ORGON.

Vous ne vous tairez point?

DORINE.

C'est une conscience[1],
Que de vous laisser faire une telle alliance.

ORGON.

Te tairas-tu, serpent, dont les traits effrontés...?

DORINE.

Ah! vous êtes dévot, et vous vous emportez[2]?

---

1. Pour : c'est un cas de conscience.
2. Cailhava dit en parlant d'un acteur qui remplissait le rôle d'Orgon : « L'endroit dans lequel il s'est montré le plus comédien, c'est au moment où Dorine lui dit :

Ah! vous êtes dévot, et vous vous emportez!

Le reproche l'a vivement frappé; il s'est recueilli un instant, et, par là, il a motivé sa sortie précipitée, lorsque, poussé à bout par la soubrette, et craignant de s'emporter encore, il s'écrie :

Vous avez là, ma fille, une peste avec vous,
Avec qui, sans péché, je ne saurois plus vivre. »

ORGON.

Oui, ma bile s'échauffe à toutes ces fadaises.
Et tout résolûment je veux que tu te taises.

DORINE.

Soit. Mais, ne disant mot, je n'en pense pas moins.

ORGON.

Pense, si tu le veux ; mais applique tes soins

(Se retournant vers sa fille.)

A ne m'en point parler, ou... Suffit... Comme sage,
J'ai pesé mûrement toutes choses.

DORINE.

J'enrage
De ne pouvoir parler.

(Elle se tait lorsqu'il tourne la tête.)

ORGON.

Sans être damoiseau,
Tartuffe est fait de sorte...

DORINE.

Oui, c'est un beau museau!

ORGON.

Que, quand tu n'aurois même aucune sympathie
Pour tous les autres dons...

DORINE.

La voilà bien lotie!

(Orgon se tourne devant elle, et la regarde les bras croisés.)

Si j'étois en sa place, un homme assurément
Ne m'épouseroit pas de force impunément ;
Et je lui ferois voir, bientôt après la fête,
Qu'une femme a toujours une vengeance prête.

ORGON, à Dorine.

Donc de ce que je dis on ne fera nul cas?

DORINE.

De quoi vous plaignez-vous? Je ne vous parle pas.

ORGON.

Qu'est-ce que tu fais donc?

DORINE.

Je me parle à moi-même.

ORGON.

(A part.)

Fort bien. Pour châtier son insolence extrême,
Il faut que je lui donne un revers de ma main.

(Il se met en posture de lui donner un soufflet, et, à chaque mot qu'il dit à sa fille, il jette un coup d'œil vers Dorine, qui se tient droite sans parler.)

Ma fille, vous devez approuver mon dessein...
Croire que le mari... que j'ai su vous élire...

(A Dorine.)

Que ne te parles-tu?

DORINE.

Je n'ai rien à me dire.

ORGON.

Encore un petit mot.

DORINE.

Il ne me plaît pas, moi.

ORGON.

Certes, je t'y guettois.

DORINE.

Quelque sotte, ma foi!

ORGON.

Enfin, ma fille, il faut payer d'obéissance;
Et montrer pour mon choix entière déférence.

DORINE, en s'enfuyant.

Je me moquerois fort de prendre un tel époux.

ORGON. (Il lui veut donner un soufflet, et la manque[1].)
Vous avez là, ma fille, une peste avec vous,
Avec qui, sans péché, je ne saurois plus vivre.
Je me sens hors d'état maintenant de poursuivre ;
Ses discours insolents m'ont mis l'esprit en feu,
Et je vais prendre l'air pour me rasseoir un peu.

SCÈNE III.

MARIANE, DORINE.

DORINE.

Avez-vous donc perdu, dites-moi, la parole ?
Et faut-il qu'en ceci je fasse votre rôle ?
Souffrir qu'on vous propose un projet insensé,
Sans que du moindre mot vous l'ayez repoussé !

MARIANE.

Contre un père absolu que veux-tu que je fasse ?

DORINE.

Ce qu'il faut pour parer une telle menace.

MARIANE.

Quoi ?

DORINE.

Lui dire qu'un cœur n'aime point par autrui ;
Que vous vous mariez pour vous, non pas pour lui ;

---

1. Ce trait est critiqué ou plutôt parodié comme il suit dans la *Critique du Tartuffe*, scène III :

CLÉON.
Je te pourrai donner un soufflet effectif,
Et je saurai si bien ménager la mesure
Que ma main tout à point trouvera ta figure.
LISE.
Mais...
CLÉON.
Si tu m'étourdis encor par ton jargon,
Tu verras que je suis bien plus adroit qu'Orgon.

ACTE II, SCÈNE III.

Qu'étant celle pour qui se fait toute l'affaire,
C'est à vous, non à lui, que le mari doit plaire ;
Et que, si son Tartuffe est pour lui si charmant,
Il le peut épouser sans nul empêchement.

MARIANE.

Un père, je l'avoue, a sur nous tant d'empire
Que je n'ai jamais eu la force de rien dire.

DORINE.

Mais raisonnons. Valère a fait pour vous des pas :
L'aimez-vous, je vous prie, ou ne l'aimez-vous pas ?

MARIANE.

Ah ! qu'envers mon amour ton injustice est grande,
Dorine ! Me dois-tu faire cette demande ?
T'ai-je pas là-dessus ouvert cent fois mon cœur ?
Et sais-tu pas pour lui jusqu'où va mon ardeur ?

DORINE.

Que sais-je si le cœur a parlé par la bouche,
Et si c'est tout de bon que cet amant vous touche ?

MARIANE.

Tu me fais un grand tort, Dorine, d'en douter ;
Et mes vrais sentiments ont su trop éclater.

DORINE.

Enfin, vous l'aimez donc ?

MARIANE.

Oui, d'une ardeur extrême

DORINE.

Et, selon l'apparence, il vous aime de même ?

MARIANE.

Je le crois.

DORINE

Et tous deux brûlez également
De vous voir mariés ensemble ?

MARIANE.

Assurément.

DORINE.

Sur cette autre union quelle est donc votre attente?

MARIANE.

De me donner la mort si l'on me violente.

DORINE.

Fort bien. C'est un recours où je ne songeois pas;
Vous n'avez qu'à mourir pour sortir d'embarras.
Le remède, sans doute, est merveilleux. J'enrage,
Lorsque j'entends tenir ces sortes de langage.

MARIANE.

Mon Dieu! de quelle humeur, Dorine, tu te rends!
Tu ne compatis point aux déplaisirs des gens.

DORINE.

Je ne compatis point à qui dit des sornettes,
Et dans l'occasion mollit comme vous faites.

MARIANE.

Mais que veux-tu? Si j'ai de la timidité...

DORINE.

Mais l'amour dans un cœur veut de la fermeté.

MARIANE.

Mais n'en gardé-je pas pour les feux de Valère?
Et n'est-ce pas à lui de m'obtenir d'un père?

DORINE.

Mais quoi! Si votre père est un bourru fieffé,
Qui s'est de son Tartuffe entièrement coiffé,
Et manque à l'union qu'il avoit arrêtée,
La faute à votre amant doit-elle être imputée?

MARIANE.

Mais, par un haut refus et d'éclatants mépris,
Ferai-je, dans mon choix, voir un cœur trop épris?

Sortirai-je pour lui, quelque éclat dont il brille,
De la pudeur du sexe et du devoir de fille?
Et veux-tu que mes feux par le monde étalés...?

DORINE.

Non, non, je ne veux rien. Je vois que vous voulez
Être à monsieur Tartuffe ; et j'aurois, quand j'y pense,
Tort de vous détourner d'une telle alliance.
Quelle raison aurois-je à combattre vos vœux?
Le parti, de soi-même, est fort avantageux.
Monsieur Tartuffe! oh! oh! n'est-ce rien qu'on propose?
Certes, monsieur Tartuffe, à bien prendre la chose,
N'est pas un homme, non, qui se mouche du pied [1];
Et ce n'est pas peu d'heur que d'être sa moitié.
Tout le monde déjà de gloire le couronne ;
Il est noble chez lui [2], bien fait de sa personne ;
Il a l'oreille rouge et le teint bien fleuri :
Vous vivrez trop contente avec un tel mari.

MARIANE.

Mon Dieu!...

DORINE.

Quelle allégresse aurez-vous dans votre âme,
Quand d'un époux si beau vous vous verrez la femme!

MARIANE.

Ah! cesse, je te prie, un semblable discours ;
Et contre cet hymen ouvre-moi du secours.
C'en est fait, je me rends, et suis prête à tout faire.

---

1. On a diverses explications de cette façon de parler proverbiale, qui se trouve déjà dans la *Comédie des Proverbes,* d'Adrien de Montluc. Voici celle que donne M. Génin :

« Se moucher avec le pied était un tour d'agilité des saltimbanques. De là cette expression ironiquement familière en parlant d'un homme grave et considérable : « Il ne se mouche pas du pied! » ou, comme dit Mascarille : « Il tient son quant-à-moi ! »

2. Il se donne pour noble.

DORINE.

Non, il faut qu'une fille obéisse à son père,
Voulût-il lui donner un singe pour époux.
Votre sort est fort beau : de quoi vous plaignez-vous?
Vous irez par le coche en sa petite ville,
Qu'en oncles et cousins vous trouverez fertile,
Et vous vous plairez fort à les entretenir.
D'abord chez le beau monde on vous fera venir.
Vous irez visiter, pour votre bienvenue,
Madame la baillive et madame l'élue,
Qui d'un siège pliant vous feront honorer.
Là, dans le carnaval, vous pourrez espérer
Le bal et la grand'bande[1], à savoir deux musettes,
Et parfois Fagotin[2], et les marionnettes;
Si pourtant votre époux...

MARIANE.

Ah! tu me fais mourir!
De tes conseils, plutôt, songe à me secourir.

DORINE.

Je suis votre servante.

MARIANE.

Hé! Dorine, de grâce...

---

1. C'est-à-dire la grande troupe de musiciens. Une réunion, un orchestre de musiciens était nommé alors une bande. Ainsi il y avait à la cour *la Bande des Vingt-Quatre* ou les grands violons; *la Petite Bande* ou les petits violons, dont Lulli était le chef; sans compter une troisième bande, dite de la Grande-Écurie.

2. *Fagotin* est le nom d'un singe fameux qui était venu faire admirer à Paris sa souplesse et sa dextérité. La Fontaine fait aussi mention de lui dans sa fable de *la Cour du Lion* :

> . . . . . . L'écrit portoit
> Qu'un mois durant le roi tiendroit
> Cour plénière, dont l'ouverture
> Devoit être un fort grand festin,
> Suivi des tours de Fagotin.

DORINE.

Il faut, pour vous punir, que cette affaire passe.

MARIANE.

Ma pauvre fille!

DORINE.

Non.

MARIANE.

Si mes vœux déclarés...

DORINE.

Point. Tartuffe est votre homme, et vous en tâterez.

MARIANE.

Tu sais qu'à toi toujours je me suis confiée :
Fais-moi...

DORINE.

Non, vous serez, ma foi, tartuffiée[1].

MARIANE.

Hé bien! puisque mon sort ne sauroit t'émouvoir,
Laisse-moi désormais toute à mon désespoir :
C'est de lui que mon cœur empruntera de l'aide;
Et je sais de mes maux l'infaillible remède.

(Elle veut s'en aller.)

DORINE.

Hé! là, là, revenez. Je quitte mon courroux.
Il faut, nonobstant tout, avoir pitié de vous.

MARIANE.

Vois-tu, si l'on m'expose à ce cruel martyre,
Je te le dis, Dorine, il faudra que j'expire.

---

1. Quand le personnage s'appelait Panulphe, Dorine disait *panulphiée,* comme on le voit dans *la Critique du Tartuffe,* scène v.

LISE, à Lidiane.
Non, non, consolez-vous, vous serez mariée
Et si, vous ne serez jamais panulphiée.

DORINE.

Ne vous tourmentez point. On peut adroitement
Empêcher... Mais voici Valère, votre amant.

SCENE IV.

VALÈRE, MARIANE, DORINE.

VALÈRE.

On vient de débiter, madame, une nouvelle
Que je ne savois pas, et qui sans doute est belle.

MARIANE.

Quoi?

VALÈRE.

Que vous épousez Tartuffe.

MARIANE.

Il est certain
Que mon père s'est mis en tête ce dessein.

VALÈRE.

Votre père, madame...

MARIANE.

A changé de visée :
La chose vient par lui de m'être proposée.

VALÈRE.

Quoi! sérieusement[1]?

MARIANE.

Oui, sérieusement.
Il s'est, pour cet hymen, déclaré hautement.

VALÈRE.

Et quel est le dessein où votre âme s'arrête,

1. Valère a d'abord annoncé la nouvelle comme un homme qui a envie d'en rire, ce qui a blessé Mariane, qui sait que cette nouvelle n'est que trop bien fondée.

Madame?

MARIANE.

Je ne sais.

VALÈRE.

La réponse est honnête.
Vous ne savez?

MARIANE.

Non.

VALÈRE.

Non?

MARIANE.

Que me conseillez-vous[1]?

VALÈRE.

Je vous conseille, moi, de prendre cet époux.

MARIANE.

Vous me le conseillez?

VALÈRE.

Oui.

MARIANE.

Tout de bon?

VALÈRE.

Sans doute.
Le choix est glorieux, et vaut bien qu'on l'écoute.

MARIANE.

Hé bien! c'est un conseil, monsieur, que je reçois.

VALÈRE.

Vous n'aurez pas grand'peine à le suivre, je crois.

1. Mariane ne pouvait pas dire à son amant que son dessein était de désobéir à son père : c'est une résolution que sa timidité l'empêche de prendre, et que sa retenue d'ailleurs ne lui permettrait pas de déclarer formellement. Mais, s'il était difficile qu'elle répondît à Valère autrement qu'elle n'a fait, il était difficile aussi que Valère n'en fût pas formalisé. La querelle qui va s'engager est donc aussi bien fondée que querelle d'amants puisse l'être. (AUGER.)

MARIANE.

Pas plus qu'à le donner n'en a souffert votre âme.

VALÈRE.

Moi, je vous l'ai donné pour vous plaire, madame.

MARIANE.

Et moi, je le suivrai pour vous faire plaisir.

DORINE, se retirant dans le fond du théâtre.

Voyons ce qui pourra de ceci réussir [1].

VALÈRE.

C'est donc ainsi qu'on aime? Et c'étoit tromperie
Quand vous...

MARIANE.

Ne parlons point de cela, je vous prie.
Vous m'avez dit tout franc que je dois accepter
Celui que pour époux on me veut présenter,
Et je déclare, moi, que je prétends le faire,
Puisque vous m'en donnez le conseil salutaire.

VALÈRE.

Ne vous excusez point sur mes intentions.
Vous aviez pris déjà vos résolutions;
Et vous vous saisissez d'un prétexte frivole
Pour vous autoriser à manquer de parole.

MARIANE.

Il est vrai, c'est bien dit.

VALÈRE.

Sans doute; et votre cœur
N'a jamais eu pour moi de véritable ardeur.

MARIANE.

Hélas! permis à vous d'avoir cette pensée.

---

1. *Réussir* dans le sens de *résulter*. Nous avons déjà vu ce mot employé avec cette acception dans *les Fâcheux*, acte III, scène IV.

VALÈRE.

Oui, oui, permis à moi ; mais mon âme offensée
Vous préviendra peut-être en un pareil dessein ;
Et je sais où porter et mes vœux et ma main.

MARIANE.

Ah ! je n'en doute point ; et les ardeurs qu'excite
Le mérite...

VALÈRE.

Mon Dieu ! laissons là le mérite.
J'en ai fort peu sans doute, et vous en faites foi.
Mais j'espère aux bontés qu'une autre aura pour moi ;
Et j'en sais de qui l'âme, à ma retraite ouverte,
Consentira sans honte à réparer ma perte.

MARIANE.

La perte n'est pas grande ; et de ce changement
Vous vous consolerez assez facilement.

VALÈRE.

J'y ferai mon possible, et vous le pouvez croire.
Un cœur qui nous oublie engage notre gloire[1] ;
Il faut à l'oublier mettre aussi tous nos soins ;
Si l'on n'en vient à bout, on le doit feindre au moins.
Et cette lâcheté jamais ne se pardonne,
De montrer de l'amour pour qui nous abandonne.

MARIANE.

Ce sentiment sans doute est noble et relevé.

VALÈRE.

Fort bien ; et d'un chacun il doit être approuvé.
Hé quoi ! vous voudriez qu'à jamais dans mon âme
Je gardasse pour vous les ardeurs de ma flamme,
Et vous visse, à mes yeux, passer en d'autres bras,

---

1. *Gloire,* dans le sens d'amour-propre, fierté, noble orgueil.

Sans mettre ailleurs un cœur dont vous ne voulez pas?
MARIANE.
Au contraire; pour moi, c'est ce que je souhaite;
Et je voudrois déjà que la chose fût faite.
VALÈRE.
Vous le voudriez?
MARIANE.
Oui.
VALÈRE.
C'est assez m'insulter,
Madame; et, de ce pas, je vais vous contenter.

(Il fait un pas pour s'en aller.)

MARIANE.
Fort bien.
VALÈRE, revenant.
Souvenez-vous au moins que c'est vous-même
Qui contraignez mon cœur à cet effort extrême.
MARIANE.
Oui.
VALÈRE, revenant encore.
Et que le dessein que mon âme conçoit
N'est rien qu'à votre exemple.
MARIANE.
A mon exemple, soit.
VALÈRE, en sortant.
Suffit : vous allez être à point nommé servie.
MARIANE.
Tant mieux.
VALÈRE, revenant encore.
Vous me voyez, c'est pour toute ma vie.
MARIANE.
A la bonne heure.

VALÈRE s'en va, et, lorsqu'il est vers la porte, il se retourne.
    Euh?
                MARIANE.
                Quoi?
                VALÈRE.
                        Ne m'appelez-vous pas
            MARIANE.
Moi Vous rêvez.
                VALÈRE.
            Hé bien! je poursuis donc mes pas.
Adieu, madame.
                            (Il s'en va lentement.)
            MARIANE.
            Adieu, monsieur.
                DORINE, à Mariane.
                    . Pour moi, je pense
Que vous perdez l'esprit par cette extravagance :
Et je vous ai laissés tout du long quereller,
Pour voir où tout cela pourroit enfin aller.
Holà! seigneur Valère.
                        (Elle arrête Valère par le bras.)
            VALÈRE, feignant de résister.
            Hé! que veux-tu, Dorine?
                DORINE.
Venez ici.
                VALÈRE.
        Non, non, le dépit me domine.
Ne me détourne point de ce qu'elle a voulu.
                DORINE.
Arrêtez.
                VALÈRE.
        Non, vois-tu, c'est un point résolu.

DORINE.

Ah !

MARIANE, à part.

Il souffre à me voir, ma présence le chasse ;
Et je ferai bien mieux de lui quitter la place.

DORINE, quittant Valère, et courant après Mariane.

A l'autre ! Où courez-vous ?

MARIANE.

Laisse.

DORINE.

Il faut revenir.

MARIANE.

Non, non, Dorine ; en vain tu veux me retenir.

VALÈRE, à part.

Je vois bien que ma vue est pour elle un supplice ;
Et, sans doute, il vaut mieux que je l'en affranchisse.

DORINE, quittant Mariane, et courant après Valère.

Encor ! Diantre soit fait de vous, si je le veux[1].
Cessez ce badinage ; et venez çà tous deux.

(Elle les tire l'un et l'autre.)

VALÈRE, à Dorine.

Mais quel est ton dessein ?

MARIANE, à Dorine.

Qu'est-ce que tu veux faire ?

DORINE.

Vous bien remettre ensemble, et vous tirer d'affaire.

1. *Si*, dans cette phrase, n'est pas une conjonction dubitative, mais le mot *si* de notre ancien langage, qui, au contraire, s'employait dans les phrases où il faut affirmer et remplaçait les mots *oui, aussi, pourtant*. « La particule *si*, dit Nicot (*Thrésor de la langue françoyse*, 1606) a en maints lieux énergie renforçant le verbe qui le suit, comme : « si veux-je pas que « tu mentes ; si l'abandonnerez-vous. » Auquel endroit *si* est de menace, commandement et force. » Ainsi la phrase de Dorine, *si je le veux*, signifie *oui, je le veux, vous dis-je*.

ACTE II, SCÈNE IV.

(A Valère.)
Êtes-vous fou d'avoir un pareil démêlé?

VALÈRE.
N'as-tu pas entendu comme elle m'a parlé?

DORINE, à Mariane.
Êtes-vous folle, vous, de vous être emportée?

MARIANE.
N'as-tu pas vu la chose, et comme il m'a traitée?

DORINE.
(A Valère.)
Sottise des deux parts. Elle n'a d'autre soin
Que de se conserver à vous, j'en suis témoin.

(A Mariane.)
Il n'aime que vous seule, et n'a point d'autre envie
Que d'être votre époux; j'en réponds sur ma vie.

MARIANE, à Valère.
Pourquoi donc me donner un semblable conseil?

VALÈRE, à Mariane.
Pourquoi m'en demander sur un sujet pareil?

DORINE.
Vous êtes fous tous deux. Çà, la main l'un et l'autre.
(A Valère.)
Allons, vous.

VALÈRE, en donnant sa main à Dorine.
A quoi bon ma main?

DORINE, à Mariane.
Ah çà! la vôtre.

MARIANE, en donnant aussi sa main.
De quoi sert tout cela?

DORINE.
Mon Dieu! vite, avancez.

Vous vous aimez tous deux plus que vous ne pensez[1].

(Valère et Mariane se tiennent quelque temps par la main
sans se regarder.)

VALÈRE, se tournant vers Mariane.

Mais ne faites donc point les choses avec peine ;
Et regardez un peu les gens sans nulle haine.

(Mariane tourne l'œil sur Valère, et fait un petit souris.)

DORINE.

A vous dire le vrai, les amants sont bien fous !

VALÈRE, à Mariane.

Oh çà ! n'ai-je pas lieu de me plaindre de vous[2] ?
Et, pour n'en point mentir, n'êtes-vous pas méchante
De vous plaire à me dire une chose affligeante ?

MARIANE.

Mais vous, n'êtes-vous pas l'homme le plus ingrat... ?

DORINE.

Pour une autre saison laissons tout ce débat,
Et songeons à parer ce fâcheux mariage.

MARIANE.

Dis-nous donc quels ressorts il faut mettre en usage.

---

1. L'auteur de la Lettre sur la comédie de *l'Imposteur* remarque judicieusement que « ce dépit a cela de particulier et d'original qu'il naît et finit dans une même scène, et cela aussi vraisemblablement que faisoient ceux qu'on avoit vus auparavant, où ces colères amoureuses naissent de quelques tromperies faites par un tiers, la plupart du temps derrière le théâtre; au lieu qu'ici elles naissent divinement, à la vue des spectateurs, et de la délicatesse et de la force de la passion même ».

2. « Nous voyons à la représentation, dit Auger, combien ce trait répond juste au cœur, je dirais presque à la conscience de tous les spectateurs : on se récrie universellement, comme si chacun se souvenait d'avoir parlé, d'avoir agi de même en pareil cas. » — « Relisez, dit La Harpe, toute cette admirable scène où deux amants viennent de se raccommoder, et où l'un des deux, après la paix faite et scellée, dit pour première parole :

Oh çà ! n'ai-je pas lieu de me plaindre de vous?

et vous tomberez aux genoux de Molière, et vous répéterez ce mot de Sadi :
« Voilà celui qui sait comme on aime. »

ACTE II, SCÈNE IV.

DORINE.

Nous en ferons agir de toutes les façons.
(A Mariane.) (A Valère.)
Votre père se moque ; et ce sont des chansons.
(A Mariane.)
Mais, pour vous, il vaut mieux qu'à son extravagance
D'un doux consentement vous prêtiez l'apparence,
Afin qu'en cas d'alarme il vous soit plus aisé
De tirer en longueur cet hymen proposé.
En attrapant du temps, à tout on remédie.
Tantôt vous payerez de quelque maladie
Qui viendra tout à coup, et voudra des délais ;
Tantôt vous payerez de présages mauvais :
Vous aurez fait d'un mort la rencontre fâcheuse,
Cassé quelque miroir, ou songé d'eau bourbeuse ;
Enfin, le bon de tout, c'est qu'à d'autres qu'à lui
On ne peut vous lier que vous ne disiez oui.
Mais, pour mieux réussir, il est bon, ce me semble,
Qu'on ne vous trouve point tous deux parlant ensemble.
(A Valère.)
Sortez ; et, sans tarder, employez vos amis
Pour vous faire tenir ce qu'on vous a promis.
Nous allons réveiller les efforts de son frère,
Et dans notre parti jeter la belle-mère.
Adieu.

VALÈRE, à Mariane.

Quelques efforts que nous préparions tous,
Ma plus grande espérance, à vrai dire, est en vous.

MARIANE, à Valère.

Je ne vous réponds pas des volontés d'un père ;
Mais je ne serai point à d'autre qu'à Valère.

VALÈRE.

Que vous me comblez d'aise ! et, quoi que puisse oser...

DORINE.

Ah! jamais les amants ne sont las de jaser.
Sortez, vous dis-je.

VALÈRE. (Il fait un pas et revient.)
Enfin...

DORINE.
Quel caquet est le vôtre!

(Les poussant chacun par l'épaule.)

Tirez de cette part; et vous, tirez de l'autre[1].

[1]. La Lettre sur *l'Imposteur* indique qu'à la représentation de 1667, cette scène charmante ne terminait pas le second acte. Elmire, Damis et Cléante, venaient parler à Dorine. Ils s'entretenaient du mariage résolu; et, ne sachant quel parti prendre pour l'empêcher, ils se décidaient à faire parler à Tartuffe par Elmire. Cette scène avait l'avantage de lier le second acte au troisième. Molière aima mieux terminer son acte par la scène des deux amants. (Petitot.)

Des critiques ont considéré ce deuxième acte, rempli des chagrins que Mariane confie à sa suivante et de sa querelle avec Valère, comme un ornement agréable, mais superflu. Il est aisé pourtant de voir que son omission causerait un grand dommage à l'effet de l'intrigue. Outre que cette omission priverait les spectateurs des plus gracieux dialogues et des jeux les plus divertissants, elle les empêcherait de connaître l'union des deux cœurs que Tartuffe désole et veut séparer. La première apparition de Tartuffe, d'autant plus théâtrale qu'elle est mieux ménagée et plus attendue, ne serait pas précédée du spectacle des troubles qu'il jette parmi tous les membres de la famille. Ce deuxième acte n'est donc pas seulement un précieux embellissement au sujet, il est encore un développement nécessaire. (N. Lemercier.)

ACTE TROISIÈME.

SCÈNE PREMIÈRE.
DAMIS, DORINE.

DAMIS.
Que la foudre, sur l'heure, achève mes destins,
Qu'on me traite partout du plus grand des faquins,
S'il est aucun respect ni pouvoir qui m'arrête,
Et si je ne fais pas quelque coup de ma tête!

DORINE.
De grâce, modérez un tel emportement :
Votre père n'a fait qu'en parler simplement.
On n'exécute pas tout ce qui se propose ;
Et le chemin est long du projet à la chose.

DAMIS.
Il faut que de ce fat j'arrête les complots,
Et qu'à l'oreille un peu je lui dise deux mots.

DORINE.
Ah! tout doux! envers lui, comme envers votre père,
Laissez agir les soins de votre belle-mère.
Sur l'esprit de Tartuffe elle a quelque crédit,
Il se rend complaisant à tout ce qu'elle dit,
Et pourroit bien avoir douceur de cœur pour elle.
Plût à Dieu qu'il fût vrai! la chose seroit belle.
Enfin, votre intérêt l'oblige à le mander :

Sur l'hymen qui vous trouble elle veut le sonder,
Savoir ses sentiments, et lui faire connaître
Quels fâcheux démêlés il pourra faire naître
S'il faut qu'à ce dessein il prête quelque espoir.
Son valet dit qu'il prie, et je n'ai pu le voir ;
Mais ce valet m'a dit qu'il s'en alloit descendre.
Sortez donc, je vous prie, et me laissez l'attendre.

DAMIS.

Je puis être présent à tout cet entretien.

DORINE.

Point. Il faut qu'ils soient seuls.

DAMIS.

Je ne lui dirai rien.

DORINE.

Vous vous moquez : on sait vos transports ordinaires:
Et c'est le vrai moyen de gâter les affaires.
Sortez.

DAMIS.

Non ; je veux voir, sans me mettre en courroux.

DORINE.

Que vous êtes fâcheux ! Il vient. Retirez-vous.

(Damis va se cacher dans un cabinet qui est au fond du théâtre.)

SCÈNE II.

TARTUFFE, DORINE.

TARTUFFE[1], parlant haut à son valet, qui est dans la maison dès qu'il aperçoit Dorine.

Laurent, serrez ma haire avec ma discipline,

---

1. On a souvent demandé pourquoi Molière avait retardé l'entrée de son hypocrite jusqu'au troisième acte. L'auteur de la Lettre sur *l'Imposteur* dit à ce propos : « C'est peut-être une adresse de l'auteur de ne l'avoir pas

Et priez que toujours le ciel vous illumine.
Si l'on vient pour me voir, je vais aux prisonniers
Des aumônes que j'ai partager les deniers[1].

DORINE, à part.

Que d'affectation et de forfanterie!

TARTUFFE.

Que voulez-vous?

DORINE.

Vous dire...

TARTUFFE. (Il tire un mouchoir de sa poche.)

Ah! mon Dieu! je vous prie,
Avant que de parler prenez-moi ce mouchoir.

DORINE.

Comment?

TARTUFFE.

Couvrez ce sein que je ne saurois voir.
Par de pareils objets les âmes sont blessées,
Et cela fait venir de coupables pensées.

DORINE.

Vous êtes donc bien tendre à la tentation,

---

fait voir plus tôt, mais seulement quand l'action est échauffée : car un caractère de cette force tomberoit, s'il paroissoit sans faire d'abord un jeu digne de lui. »

1. On attend Tartuffe, il n'a pas encore paru; les deux premiers actes sont achevés. Il a tout rempli jusque-là. Il n'a été question que de lui, et on ne l'a pas encore vu en personne. Le troisième acte commence; on l'annonce, il vient, on l'entend... Que La Bruyère dise tout ce qu'il voudra, ce « Laurent, serrez ma haire... » est le plus admirable début dramatique et comique qui se puisse inventer. De tels traits emportent le reste et déterminent un caractère. Il y a là toute une vocation : celui qui trouve une telle entrée est d'emblée un génie dramatique; celui qui peut y chercher quelque chose, non pas à critiquer, mais à réétudier à froid, à perfectionner hors de là pour son plaisir, aura tous les mérites qu'on voudra comme moraliste et comme peintre; mais ce ne sera jamais qu'un peintre « à l'huile », auteur de portraits à être admirés dans le cabinet. (SAINTE-BEUVE.)

120 LE TARTUFFE.

Et la chair sur vos sens fait grande impression?
Certes, je ne sais pas quelle chaleur vous monte;
Mais à convoiter, moi, je ne suis point si prompte;
Et je vous verrois nu du haut jusques en bas,
Que toute votre peau ne me tenteroit pas.

TARTUFFE.

Mettez dans vos discours un peu de modestie,
Ou je vais sur-le-champ vous quitter la partie.

DORINE.

Non, non, c'est moi qui vais vous laisser en repos,
Et je n'ai seulement qu'à vous dire deux mots.
Madame va venir dans cette salle basse,
Et d'un mot d'entretien vous demande la grâce.

TARTUFFE.

Hélas! très volontiers.

DORINE, à part.

Comme il se radoucit!
Ma foi, je suis toujours pour ce que j'en ai dit.

TARTUFFE.

Viendra-t-elle bientôt?

DORINE.

Je l'entends, ce me semble.
Oui, c'est elle en personne, et je vous laisse ensemble.

SCÈNE III.

ELMIRE, TARTUFFE.

TARTUFFE.

Que le ciel à jamais, par sa toute-bonté,
Et de l'âme et du corps vous donne la santé,
Et bénisse vos jours autant que le désire
Le plus humble de ceux que son amour inspire!

ELMIRE.

Je suis fort obligée à ce souhait pieux.
Mais prenons une chaise, afin d'être un peu mieux.

TARTUFFE, assis.

Comment, de votre mal, vous sentez-vous remise?

ELMIRE, assise.

Fort bien; et cette fièvre a bientôt quitté prise.

TARTUFFE.

Mes prières n'ont pas le mérite qu'il faut
Pour avoir attiré cette grâce d'en haut;
Mais je n'ai fait au ciel nulle dévote instance
Qui n'ait eu pour objet votre convalescence.

ELMIRE.

Votre zèle pour moi s'est trop inquiété.

TARTUFFE.

On ne peut trop chérir votre chère santé;
Et, pour la rétablir, j'aurois donné la mienne.

ELMIRE.

C'est pousser bien avant la charité chrétienne;
Et je vous dois beaucoup pour toutes ces bontés.

TARTUFFE.

Je fais bien moins pour vous que vous ne méritez.

ELMIRE.

J'ai voulu vous parler en secret d'une affaire,
Et suis bien aise, ici, qu'aucun ne nous éclaire[1].

TARTUFFE.

J'en suis ravi de même; et, sans doute, il m'est doux,
Madame, de me voir seul à seul avec vous.
C'est une occasion qu'au ciel j'ai demandée,

---

1. *Éclairer,* dans le sens d'*épier, surveiller.* Nous avons déjà rencontré ce mot employé avec cette acception (tome II, page 36; tome III, page 433).

Sans que, jusqu'à cette heure, il me l'ait accordée.
ELMIRE.
Pour moi, ce que je veux, c'est un mot d'entretien
Où tout votre cœur s'ouvre, et ne me cache rien.
(Damis, sans se montrer, entr'ouvre la porte du cabinet dans lequel
il s'étoit retiré pour entendre la conversation.)

TARTUFFE.
Et je ne veux aussi, pour grâce singulière,
Que montrer à vos yeux mon âme tout entière,
Et vous faire serment que les bruits que j'ai faits
Des visites qu'ici reçoivent vos attraits
Ne sont pas envers vous l'effet d'aucune haine,
Mais plutôt d'un transport de zèle qui m'entraîne,
Et d'un pur mouvement...

ELMIRE.
     Je le prends bien aussi,
Et crois que mon salut vous donne ce souci.

TARTUFFE. (Il lui serre les bouts des doigts.)
Oui, madame, sans doute ; et ma ferveur est telle...

ELMIRE.
Ouf! vous me serrez trop.

TARTUFFE.
     C'est par excès de zèle.
De vous faire aucun mal[1] je n'eus jamais dessein,
Et j'aurois bien plutôt...
(Il lui met la main sur le genou.)

ELMIRE.
    Que fait là votre main?

TARTUFFE.
Je tâte votre habit : l'étoffe en est moelleuse.

---

1. Il y a *autre mal* dans la première édition. C'est bien certainement une faute d'impression.

ELMIRE.

Ah! de grâce, laissez, je suis fort chatouilleuse.
(Elle recule sa chaise, et Tartuffe rapproche la sienne.)

TARTUFFE, maniant le collet d'Elmire.

Mon Dieu! que de ce point l'ouvrage est merveilleux!
On travaille aujourd'hui d'un air miraculeux :
Jamais, en toute chose, on n'a vu si bien faire[1].

ELMIRE.

Il est vrai. Mais parlons un peu de notre affaire.
On tient que mon mari veut dégager sa foi,
Et vous donner sa fille. Est-il vrai, dites-moi?

TARTUFFE.

Il m'en a dit deux mots; mais, madame, à vrai dire,
Ce n'est pas le bonheur après quoi je soupire,
Et je vois autre part les merveilleux attraits
De la félicité qui fait tous mes souhaits.

ELMIRE.

C'est que vous n'aimez rien des choses de la terre.

TARTUFFE.

Mon sein n'enferme pas un cœur qui soit de pierre.

ELMIRE.

Pour moi, je crois qu'au ciel tendent tous vos soupirs,
Et que rien ici-bas n'arrête vos désirs.

TARTUFFE.

L'amour qui nous attache aux beautés éternelles
N'étouffe pas en nous l'amour des temporelles :

---

1. Ce manège de Tartuffe est aussi celui de Panurge : « Quand il se trouvoit en compagnie de quelques bonnes dames, dit Rabelais (livre II, chapitre XVI), il leur mettoit sus le propos de lingerie, et leur mettoit la main au sein, demandant : « Et cest ouvraige, est-il de Flandre ou de Hay-« nault? »

Nos sens facilement peuvent être charmés
Des ouvrages parfaits que le ciel a formés.
Ses attraits réfléchis brillent dans vos pareilles;
Mais il étale en vous ses plus rares merveilles :
Il a sur votre face épanché des beautés
Dont les yeux sont surpris, et les cœurs transportés;
Et je n'ai pu vous voir, parfaite créature,
Sans admirer en vous l'auteur de la nature,
Et d'une ardente amour sentir mon cœur atteint,
Au plus beau des portraits où lui-même il s'est peint.
D'abord j'appréhendai que cette ardeur secrète
Ne fût du noir esprit une surprise adroite;
Et même à fuir vos yeux mon cœur se résolut,
Vous croyant un obstacle à faire mon salut.
Mais enfin je connus, ô beauté tout aimable,
Que cette passion peut n'être point coupable,
Que je puis l'ajuster avecque la pudeur,
Et c'est ce qui m'y fait abandonner mon cœur.
Ce m'est, je le confesse, une audace bien grande
Que d'oser de ce cœur vous adresser l'offrande;
Mais j'attends, en mes vœux, tout de votre bonté,
Et rien des vains efforts de mon infirmité.
En vous est mon espoir, mon bien, ma quiétude;
De vous dépend ma peine ou ma béatitude;
Et je vais être enfin, par votre seul arrêt,
Heureux, si vous voulez; malheureux, s'il vous plaît.

ELMIRE.

La déclaration est tout à fait galante;
Mais elle est, à vrai dire, un peu bien surprenante.
Vous deviez, ce me semble, armer mieux votre sein,
Et raisonner un peu sur un pareil dessein.
Un dévot comme vous, et que partout on nomme...

ACTE III, SCÈNE III.

TARTUFFE.

Ah! pour être dévot, je n'en suis pas moins homme[1] :
Et, lorsqu'on vient à voir vos célestes appas,
Un cœur se laisse prendre, et ne raisonne pas.
Je sais qu'un tel discours de moi paroît étrange :
Mais, madame, après tout, je ne suis pas un ange ;
Et, si vous condamnez l'aveu que je vous fais,
Vous devez vous en prendre à vos charmants attraits.
Dès que j'en vis briller la splendeur plus qu'humaine,
De mon intérieur vous fûtes souveraine ;
De vos regards divins l'ineffable douceur

---

1. On a voulu retrouver dans ce vers une réminiscence, une parodie même de celui de *Sertorius* :

Et pour être Romain, je n'en suis pas moins homme.

Cette accusation est formulée pour la première fois dans la scène VII de *la Critique du Tartuffe*.

LAURENS.
Ah! pour être valet, je n'en suis pas moins homme!
LISE.
Ce vers est de Tartuffe, et c'est piller l'auteur.
LAURENS.
Bon, n'est-il pas permis de voler un voleur?
Ce vers étant sorti du cerveau de Corneille,
Le voler à mon tour n'est pas grande merveille.

On a fait observer avec raison que Molière, en supposant qu'il n'ait pas lui-même trouvé ce mot, l'aurait pu rencontrer ailleurs que dans la tragédie de Corneille, notamment dans le *Décaméron*, où (Journée III, nouvelle VIII) un abbé amoureux dit à la belle qu'il veut séduire : « *Come che io sia abate, io sono uomo come gli altri. Tanta forza ha havuta la vostra bellezza, che amore mi costrigne a così fare.* Quoique je sois abbé, je suis un homme comme les autres. Votre beauté s'est montrée si puissante qu'elle m'a contraint d'en agir ainsi. »

Rappelons aussi quelques vers de *la Farce des Brus* cités dans la Notice, page 5. Ce trait, enfin, non seulement devait se présenter naturellement à l'esprit, mais encore avait été souvent employé, et l'on ne sauroit voir ici rien de comparable au vers du *Cid* transporté dans *les Plaideurs* :

Ses rides sur son front gravoient tous ses exploits,

qu'on cite ordinairement à ce propos.

Força la résistance où s'obstinoit mon cœur ;
Elle surmonta tout, jeûnes, prières, larmes,
Et tourna tous mes vœux du côté de vos charmes.
Mes yeux et mes soupirs vous l'ont dit mille fois ;
Et, pour mieux m'expliquer, j'emploie ici la voix.
Que si vous contemplez, d'une âme un peu bénigne,
Les tribulations de votre esclave indigne ;
S'il faut que vos bontés veuillent me consoler,
Et jusqu'à mon néant daignent se ravaler,
J'aurai toujours pour vous, ô suave merveille,
Une dévotion à nulle autre pareille.
Votre honneur avec moi ne court point de hasard,
Et n'a nulle disgrâce à craindre de ma part.
Tous ces galants de cour, dont les femmes sont folles,
Sont bruyants dans leurs faits et vains dans leurs paroles ;
De leurs progrès sans cesse on les voit se targuer ;
Ils n'ont point de faveurs qu'ils n'aillent divulguer ;
Et leur langue indiscrète, en qui l'on se confie,
Déshonore l'autel où leur cœur sacrifie.
Mais les gens comme nous brûlent d'un feu discret,
Avec qui, pour toujours, on est sûr du secret.
Le soin que nous prenons de notre renommée
Répond de toute chose à la personne aimée ;
Et c'est en nous qu'on trouve, acceptant notre cœur,
De l'amour sans scandale, et du plaisir sans peur [1].

1. Les discours de cet abbé hypocrite qu'a peint Boccace dans la nouvelle intitulée *Féronde*, et dont nous venons de citer quelques mots, offrent des ressemblances assez frappantes avec les discours de Tartuffe à Elmire, et l'on ne peut guère douter que Molière n'ait eu le conte italien sous les yeux : « Si quelque chose doit vous étonner, c'est l'effet que produit votre beauté sur une âme qui a coutume de ne voir que les beautés célestes. Vous pouvez vous vanter d'être la plus belle de toutes les femmes, puisque la sainteté même n'a pu se défendre de convoiter votre cœur. Ne me refusez pas la grâce que je demande. Pourquoi balanceriez-vous à me l'ac-

ACTE III, SCÈNE III.

ELMIRE.

Je vous écoute dire, et votre rhétorique
En termes assez forts à mon âme s'explique.
N'appréhendez-vous point que je ne sois d'humeur
A dire à mon mari cette galante ardeur,
Et que le prompt avis d'un amour de la sorte
Ne pût bien altérer l'amitié qu'il vous porte?

TARTUFFE.

Je sais que vous avez trop de bénignité,
Et que vous ferez grâce à ma témérité;
Que vous m'excuserez, sur l'humaine foiblesse,
Des violents transports d'un amour qui vous blesse,
Et considérerez, en regardant votre air,
Que l'on n'est pas aveugle, et qu'un homme est de chair.

ELMIRE.

D'autres prendroient cela d'autre façon peut-être;
Mais ma discrétion se veut faire paroître.
Je ne redirai point l'affaire à mon époux;
Mais je veux, en revanche, une chose de vous :
C'est de presser tout franc, et sans nulle chicane,
L'union de Valère avecque Mariane,
De renoncer vous-même à l'injuste pouvoir
Qui veut du bien d'un autre enrichir votre espoir;
Et...

corder? Personne n'en saura jamais rien; etc. » Regnier aussi fait dire à Macette :

> Ils savent, plus discrets, apporter en aimant,
> Avecque moins d'éclat, plus de contentement.

Il faut lire, sur le langage de Tartuffe dans cette scène, les réflexions de la Lettre sur *l'Imposteur*.

SCÈNE IV.

ELMIRE, DAMIS, TARTUFFE.

DAMIS, sortant du petit cabinet où il s'étoit retiré.

Non, madame, non; ceci doit se répandre.
J'étois en cet endroit, d'où j'ai pu tout entendre;
Et la bonté du ciel m'y semble avoir conduit
Pour confondre l'orgueil d'un traître qui me nuit,
Pour m'ouvrir une voie à prendre la vengeance
De son hypocrisie et de son insolence,
A détromper mon père, et lui mettre en plein jour
L'âme d'un scélérat qui vous parle d'amour.

ELMIRE.

Non, Damis, il suffit qu'il se rende plus sage,
Et tâche à mériter la grâce où je m'engage.
Puisque je l'ai promis, ne m'en dédites pas.
Ce n'est point mon humeur de faire des éclats;
Une femme se rit de sottises pareilles,
Et jamais d'un mari n'en trouble les oreilles[1].

DAMIS.

Vous avez vos raisons pour en user ainsi;
Et pour faire autrement, j'ai les miennes aussi.

---

1. Quelle habileté dans cette demi-teinte du caractère d'Elmire, de la jeune femme unie à un vieillard! Si Molière l'eût faite passionnée, tout le reste devenait à l'instant impossible ou invraisemblable : Elmire était obligée de s'offenser, de se récrier, de se plaindre à Orgon. Point :

> Une femme se rit de sottises pareilles,
> Et jamais d'un mari n'en trouble les oreilles.

Elle n'éprouve pour Tartuffe pas plus de haine que de sympathie; elle le méprise, c'est tout. Ce sang-froid était indispensable pour arriver à démasquer l'imposteur. Elmire nous prouve quels sont les avantages d'une honnête femme, qui demeure insensible, sur la passion du plus rusé des hommes. (F. GÉNIN.)

ACTE III, SCÈNE V.

Le vouloir épargner est une raillerie ;
Et l'insolent orgueil de sa cagoterie
N'a triomphé que trop de mon juste courroux,
Et que trop excité de désordre chez nous.
Le fourbe, trop longtemps, a gouverné mon père,
Et desservi mes feux avec ceux de Valère.
Il faut que du perfide il soit désabusé ;
Et le ciel, pour cela, m'offre un moyen aisé.
De cette occasion je lui suis redevable,
Et, pour la négliger, elle est trop favorable :
Ce seroit mériter qu'il me la vînt ravir,
Que de l'avoir en main et ne m'en pas servir.

ELMIRE.

Damis....

DAMIS.

Non, s'il vous plaît, il faut que je me croie[1].
Mon âme est maintenant au comble de sa joie ;
Et vos discours en vain prétendent m'obliger
A quitter le plaisir de me pouvoir venger.
Sans aller plus avant, je vais vider l'affaire ;
Et voici justement de quoi me satisfaire.

SCÈNE V.

ORGON, ELMIRE, DAMIS, TARTUFFE.

DAMIS.

Nous allons régaler, mon père, votre abord
D'un incident tout frais qui vous surprendra fort.
Vous êtes bien payé de toutes vos caresses,

---

1. C'est-à-dire : Il faut que je cède au sentiment qui m'entraîne. Voyez ce mot employé avec la même acception dans *le Dépit amoureux*, acte III, scène VI.

Et monsieur d'un beau prix reconnoît vos tendresses.
Son grand zèle pour vous vient de se déclarer :
Il ne va pas à moins qu'à vous déshonorer ;
Et je l'ai surpris là qui faisoit à madame
L'injurieux aveu d'une coupable flamme.
Elle est d'une humeur douce, et son cœur trop discret
Vouloit à toute force en garder le secret ;
Mais je ne puis flatter une telle impudence,
Et crois que vous la taire est vous faire une offense.

ELMIRE.

Oui, je tiens que jamais de tous ces vains propos
On ne doit d'un mari traverser le repos ;
Que ce n'est point de là que l'honneur peut dépendre,
Et qu'il suffit, pour nous, de savoir nous défendre.
Ce sont mes sentiments ; et vous n'auriez rien dit,
Damis, si j'avois eu sur vous quelque crédit.

SCÈNE VI.

ORGON, DAMIS, TARTUFFE.

ORGON.

Ce que je viens d'entendre, ô ciel ! est-il croyable ?

TARTUFFE.

Oui, mon frère, je suis un méchant, un coupable,
Un malheureux pécheur, tout plein d'iniquité,
Le plus grand scélérat qui jamais ait été.
Chaque instant de ma vie est chargé de souillures ;
Elle n'est qu'un amas de crimes et d'ordures ;
Et je vois que le ciel, pour ma punition,
Me veut mortifier en cette occasion.
De quelque grand forfait qu'on me puisse reprendre,
Je n'ai garde d'avoir l'orgueil de m'en défendre.

ACTE III, SCÈNE VI.

Croyez ce qu'on vous dit, armez votre courroux,
Et comme un criminel chassez-moi de chez vous ;
Je ne saurois avoir tant de honte en partage,
Que je n'en aie encor mérité davantage.

ORGON, à son fils.

Ah ! traître, oses-tu bien, par cette fausseté,
Vouloir de sa vertu ternir la pureté ?

DAMIS.

Quoi ! la feinte douceur de cette âme hypocrite
Vous fera démentir...

ORGON.

Tais-toi, peste maudite.

TARTUFFE.

Ah ! laissez-le parler ; vous l'accusez à tort,
Et vous ferez bien mieux de croire à son rapport.
Pourquoi, sur un tel fait, m'être si favorable ?
Savez-vous, après tout, de quoi je suis capable ?
Vous fiez-vous, mon frère, à mon extérieur ?
Et, pour tout ce qu'on voit, me croyez-vous meilleur ?
Non, non ; vous vous laissez tromper à l'apparence,
Et je ne suis rien moins, hélas ! que ce qu'on pense.
Tout le monde me prend pour un homme de bien ;
Mais la vérité pure est que je ne vaux rien[1].

(S'adressant à Damis.)

Oui, mon cher fils, parlez ; traitez-moi de perfide,
D'infâme, de perdu, de voleur, d'homicide ;
Accablez-moi de noms encor plus détestés :
Je n'y contredis point, je les ai mérités ;
Et j'en veux à genoux souffrir l'ignominie,

---

1. On peut comparer ces paroles de Tartuffe à celles de Montufar dans la nouvelle de Scarron que nous avons citée. Voyez la Notice préliminaire, page 8.

Comme une honte due aux crimes de ma vie.

ORGON.
(A Tartuffe.)   (A son fils.)
Mon frère, c'en est trop. Ton cœur ne se rend point,
Traître !

DAMIS.
Quoi ! ses discours vous séduiront au point...

ORGON.
(Relevant Tartuffe.)
Tais-toi, pendard. Mon frère, eh ! levez-vous, de grâce !
(A son fils.)
Infâme !

DAMIS.
Il peut...

ORGON.
Tais-toi.

DAMIS.
J'enrage. Quoi ! je passe...

ORGON.
Si tu dis un seul mot, je te romprai les bras.

TARTUFFE.
Mon frère, au nom de Dieu, ne vous emportez pas !
J'aimerois mieux souffrir la peine la plus dure,
Qu'il eût reçu pour moi la moindre égratignure.

ORGON, à son fils.
Ingrat !

TARTUFFE.
Laissez-le en paix. S'il faut, à deux genoux,
Vous demander sa grâce...

ORGON, se jetant aussi à genoux, et embrassant Tartuffe.
Hélas ! vous moquez-vous ?
(A son fils.)
Coquin ! vois sa bonté !

DAMIS
Donc...
ORGON.
Paix.
DAMIS.
Quoi! je...
ORGON.
Paix, dis-je :
Je sais bien quel motif à l'attaquer t'oblige.
Vous le haïssez tous, et je vois aujourd'hui
Femme, enfants et valets, déchaînés contre lui.
On met impudemment toute chose en usage
Pour ôter de chez moi ce dévot personnage ;
Mais plus on fait d'effort afin de l'en bannir,
Plus j'en veux employer à l'y mieux retenir ;
Et je vais me hâter de lui donner ma fille,
Pour confondre l'orgueil de toute ma famille.
DAMIS.
A recevoir sa main on pense l'obliger ?
ORGON.
Oui, traître, et dès ce soir, pour vous faire enrager.
Ah! je vous brave tous, et vous ferai connaître
Qu'il faut qu'on m'obéisse, et que je suis le maître.
Allons, qu'on se rétracte ; et qu'à l'instant, fripon,
On se jette à ses pieds pour demander pardon.
DAMIS.
Qui, moi? de ce coquin, qui, par ses impostures...
ORGON.
Ah! tu résistes, gueux, et lui dis des injures ?
(A Tartuffe.)
Un bâton! un bâton! Ne me retenez pas[1].

1. On voit quelquefois au théâtre Tartuffe rester immobile et Orgon

(A son fils.)

Sus ; que de ma maison on sorte de ce pas,
Et que d'y revenir on n'ait jamais l'audace.

DAMIS.

Oui, je sortirai ; mais...

ORGON.

Vite, quittons la place.
Je te prive, pendard, de ma succession,
Et te donne, de plus, ma malédiction.

SCÈNE VII.

ORGON, TARTUFFE.

ORGON.

Offenser de la sorte une sainte personne !

TARTUFFE.

O ciel ! pardonne-lui la douleur qu'il me donne.*

---

* VAR. *O ciel ! pardonne-lui comme je lui pardonne !*
Cette variante ne se trouve dans aucune édition originale. Mais une tradition fort plausible, appuyée sur le témoignage de l'acteur Baron, prétend que telle était la leçon primitive. On y voulut voir une parodie malséante du verset de l'Oraison dominicale : « Pardonnez-nous nos offenses comme nous pardonnons à ceux qui nous ont offensés. » Molière tint compte de l'observation, et c'est particulièrement à propos de ce passage qu'il dit, dans sa préface, qu'il a retranché « les termes consacrés dont on aurait eu peine à entendre Tartuffe faire un mauvais usage ». Plusieurs éditeurs modernes, retirant de leur propre autorité la concession faite par Molière, ont rétabli dans le texte le vers tel qu'il était probablement à l'origine.

Voltaire rapporte, dans ses sommaires des pièces de Molière, une leçon qui parait préférable :

O ciel, pardonne-moi comme je lui pardonne !

Voyez *OEuvres complètes de Voltaire*, édition Garnier frères, tome XXIII, page 118.

traverser toute la scène pour venir lui dire : « Ne me retenez pas. » C'est un lazzi qui n'était pas sans doute dans l'intention de Molière. Il est possible que Tartuffe ne veuille pas s'opposer bien sérieusement à ce qu'Orgon

(A Orgon.)
Si vous pouviez savoir avec quel déplaisir
Je vois qu'envers mon frère on tâche à me noircir...!

ORGON.

Hélas!

TARTUFFE.

Le seul penser de cette ingratitude
Fait souffrir à mon âme un supplice si rude...
L'horreur que j'en conçois... J'ai le cœur si serré
Que je ne puis parler, et crois que j'en mourrai.

ORGON. (Il court tout en larmes à la porte par où il a chassé son fils.)

Coquin! je me repens que ma main t'ait fait grâce,
Et ne t'ait pas d'abord assommé sur la place.

(A Tartuffe.)

Remettez-vous, mon frère, et ne vous fâchez pas.

TARTUFFE.

Rompons, rompons le cours de ces fâcheux débats.
Je regarde céans quels grands troubles j'apporte,
Et crois qu'il est besoin, mon frère, que j'en sorte.

ORGON.

Comment! vous moquez-vous?

TARTUFFE.

On m'y hait, et je vois
Qu'on cherche à vous donner des soupçons de ma foi.

ORGON.

Qu'importe? Voyez-vous que mon cœur les écoute?

TARTUFFE.

On ne manquera pas de poursuivre, sans doute;

---

maltraite son fils; on comprend de sa part une double conduite : il peut ou s'interposer avec affectation, ou ne faire qu'un geste indécis, mais ce geste doit néanmoins être suffisant pour amener les paroles d'Orgon. En visant à l'effet, il faut éviter de tomber dans la caricature.

Et ces mêmes rapports qu'ici vous rejetez,
Peut-être une autre fois seront-ils écoutés.

ORGON.

Non, mon frère, jamais.

TARTUFFE.

Ah! mon frère, une femme
Aisément d'un mari peut bien surprendre l'âme.

ORGON.

Non, non.

TARTUFFE.

Laissez-moi vite, en m'éloignant d'ici,
Leur ôter tout sujet de m'attaquer ainsi.

ORGON.

Non, vous demeurerez ; il y va de ma vie.

TARTUFFE.

Hé bien! il faudra donc que je me mortifie.
Pourtant, si vous vouliez...

ORGON.

Ah !

TARTUFFE.

Soit : n'en parlons plus.
Mais je sais comme il faut en user là-dessus.
L'honneur est délicat, et l'amitié m'engage
A prévenir les bruits et les sujets d'ombrage.
Je fuirai votre épouse, et vous ne me verrez...[1]

---

1. L'adresse infernale que montre Tartuffe pour dominer et aveugler le pauvre esprit qui s'est infatué de lui ne se dément pas un seul instant. En feignant de craindre qu'Orgon ne finisse par ajouter foi aux discours de sa femme, il prévient, aussi bien qu'il le peut, l'effet de ces discours, et il pique d'honneur sa dupe, dont les prétentions à la fermeté du caractère sont d'autant plus grandes qu'elles sont moins fondées. En s'engageant à fuir Elmire, il donne un démenti à ceux qui l'accusent d'avoir eu des vues coupables sur elle. Enfin, en opposant des refus à toutes les offres d'Orgon, il produit l'effet qu'une résistance calculée obtient toujours de l'opiniâtreté, celui de l'augmenter en l'irritant. (AUGER.)

ACTE III, SCÈNE VII.

ORGON.

Non, en dépit de tous vous la fréquenterez.
Faire enrager le monde est ma plus grande joie ;
Et je veux qu'à toute heure avec elle on vous voie.
Ce n'est pas tout encor : pour les mieux braver tous,
Je ne veux point avoir d'autre héritier que vous ;
Et je vais de ce pas, en fort bonne manière,
Vous faire de mon bien donation entière.
Un bon et franc ami, que pour gendre je prends,
M'est bien plus cher que fils, que femme, et que parents.
N'accepterez-vous pas ce que je vous propose¹ ?

TARTUFFE.

La volonté du ciel soit faite en toute chose !

ORGON.

Le pauvre homme ! Allons vite en dresser un écrit :
Et que puisse l'envie en crever de dépit² !

1. « Après avoir exposé ce beau projet, dit la Lettre sur *l'Imposteur*, il vient au bigot de plus près, et avec la plus grande humilité du monde, et, tremblant d'être refusé, il lui demande fort respectueusement s'il n'acceptera pas l'offre qu'il lui propose. »
2. Malgré l'étonnante perfection de ce tableau, Molière, s'il faut en croire l'abbé de Châteauneuf, voyait encore au delà : « Je me rappelle, dit cet abbé, une particularité que je tiens de Molière lui-même, qui nous la raconta peu de jours avant la représentation du *Tartuffe*. On parloit du pouvoir de l'imitation ; nous lui demandâmes pourquoi le même ridicule, qui nous échappe souvent dans l'original, nous frappe à coup sûr dans la copie : il nous répondit que c'est parce que nous le voyons alors par les yeux de l'imitateur, qui sont meilleurs que les nôtres ; car, ajouta-t-il, le talent de l'apercevoir par soi-même n'est pas donné à tout le monde ; là-dessus il nous cita Ninon comme la personne qu'il connoissoit sur qui le ridicule faisoit une plus prompte impression ; et il nous apprit qu'ayant été, la veille, lui lire son *Tartuffe* (selon sa coutume de la consulter sur tout ce qu'il faisoit), elle le paya en même monnoie, par le récit d'une aventure qui lui étoit arrivée avec un scélérat de cette espèce, dont elle lui fit le portrait avec des couleurs si vives et si naturelles que, si sa pièce n'eût pas été faite, nous disoit-il, il ne l'auroit jamais entreprise, tant il se seroit cru incapable de rien mettre sur le théâtre d'aussi parfait que le Tartuffe de Ninon. » (*Dialogue sur la Musique des anciens*, 1725.)

ACTE QUATRIÈME.

SCÈNE PREMIÈRE.

CLÉANTE, TARTUFFE.

CLÉANTE.

Oui, tout le monde en parle, et vous m'en pouvez croire.
L'éclat que fait ce bruit n'est point à votre gloire ;
Et je vous ai trouvé, monsieur, fort à propos
Pour vous en dire net ma pensée en deux mots.
Je n'examine point à fond ce qu'on expose ;
Je passe là-dessus, et prends au pis la chose.
Supposons que Damis n'en ait pas bien usé,
Et que ce soit à tort qu'on vous ait accusé :
N'est-il pas d'un chrétien de pardonner l'offense,
Et d'éteindre en son cœur tout désir de vengeance
Et devez-vous souffrir, pour votre démêlé,
Que du logis d'un père un fils soit exilé ?
Je vous le dis encore, et parle avec franchise,
Il n'est petit, ni grand, qui ne s'en scandalise ;
Et, si vous m'en croyez, vous pacifierez tout,
Et ne pousserez point les affaires à bout.
Sacrifiez à Dieu toute votre colère,
Et remettez le fils en grâce avec le père.

TARTUFFE.

Hélas ! je le voudrois, quant à moi, de bon cœur :

Je ne garde pour lui, monsieur, aucune aigreur :
Je lui pardonne tout; de rien je ne le blâme,
Et voudrois le servir du meilleur de mon âme;
Mais l'intérêt du ciel n'y sauroit consentir;
Et, s'il rentre céans, c'est à moi d'en sortir.
Après son action, qui n'eut jamais d'égale,
Le commerce entre nous porteroit du scandale :
Dieu sait ce que d'abord tout le monde en croiroit;
A pure politique on me l'imputeroit :
Et l'on diroit partout que, me sentant coupable,
Je feins, pour qui m'accuse, un zèle charitable;
Que mon cœur l'appréhende, et veut le ménager
Pour le pouvoir, sous main, au silence engager.

CLÉANTE.

Vous nous payez ici d'excuses colorées ;
Et toutes vos raisons, monsieur, sont trop tirées.
Des intérêts du ciel pourquoi vous chargez-vous?*
Pour punir le coupable, a-t-il besoin de nous?
Laissez-lui, laissez-lui le soin de ses vengeances :
Ne songez qu'au pardon qu'il prescrit des offenses,
Et ne regardez point aux jugements humains,
Quand vous suivez du ciel les ordres souverains.
Quoi! le foible intérêt de ce qu'on pourra croire
D'une bonne action empêchera la gloire?
Non, non; faisons toujours ce que le ciel prescrit,
Et d'aucun autre soin ne nous brouillons l'esprit.

TARTUFFE.

Je vous ai déjà dit que mon cœur lui pardonne;

---

* VAR. *Et toutes vos raisons, monsieur, sont trop tirées*
    Des intérêts du ciel. Pourquoi vous chargez-vous? (1669, 1re éd.)

Quoique cette ponctuation soit celle du premier texte, imprimé par les soins de l'auteur, elle est évidemment fautive.

Et c'est faire, monsieur, ce que le ciel ordonne ;
Mais, après le scandale et l'affront d'aujourd'hui,
Le ciel n'ordonne pas que je vive avec lui.
CLÉANTE.
Et vous ordonne-t-il, monsieur, d'ouvrir l'oreille
A ce qu'un pur caprice à son père conseille ?
Et d'accepter le don qui vous est fait d'un bien
Où le droit vous oblige à ne prétendre rien ?
TARTUFFE.
Ceux qui me connoîtront n'auront pas la pensée
Que ce soit un effet d'une âme intéressée.
Tous les biens de ce monde ont pour moi peu d'appas ;
De leur éclat trompeur je ne m'éblouis pas :
Et si je me résous à recevoir du père
Cette donation qu'il a voulu me faire,
Ce n'est, à dire vrai, que parce que je crains
Que tout ce bien ne tombe en de méchantes mains ;
Qu'il ne trouve des gens qui, l'ayant en partage,
En fassent dans le monde un criminel usage,
Et ne s'en servent pas, ainsi que j'ai dessein,
Pour la gloire du ciel et le bien du prochain.
CLÉANTE.
Hé ! monsieur, n'ayez point ces délicates craintes,
Qui d'un juste héritier peuvent causer les plaintes.
Souffrez, sans vous vouloir embarrasser de rien,
Qu'il soit, à ses périls, possesseur de son bien ;
Et songez qu'il vaut mieux encor qu'il en mésuse,
Que si de l'en frustrer il faut qu'on vous accuse.
J'admire seulement que, sans confusion,
Vous en ayez souffert la proposition.
Car enfin le vrai zèle a-t-il quelque maxime
Qui montre à dépouiller l'héritier légitime ?

Et, s'il faut que le ciel dans votre cœur ait mis
Un invincible obstacle à vivre avec Damis,
Ne vaudroit-il pas mieux qu'en personne discrète
Vous fissiez de céans une honnête retraite,
Que de souffrir ainsi, contre toute raison,
Qu'on en chasse pour vous le fils de la maison?
Croyez-moi, c'est donner de votre prud'homie,
Monsieur...

TARTUFFE.

Il est, monsieur, trois heures et demie :
Certain devoir pieux me demande là-haut,
Et vous m'excuserez de vous quitter sitôt[1].

CLÉANTE, seul.

Ah!

SCÈNE II.

ELMIRE, MARIANE, CLÉANTE, DORINE.

DORINE, à Cléante.

De grâce, avec nous employez-vous pour elle,
Monsieur : son âme souffre une douleur mortelle;
Et l'accord que son père a conclu pour ce soir
La fait, à tous moments, entrer en désespoir.
Il va venir. Joignons nos efforts, je vous prie,
Et tâchons d'ébranler, de force ou d'industrie,
Ce malheureux dessein qui nous a tous troublés.

---

1. Euthyphron poursuivait son père devant les juges, et se vantait de faire une action agréable aux dieux; Socrate l'ayant convaincu d'impiété, il rompit brusquement l'entretien, et se retira en disant, comme Tartuffe : « Je suis pressé, Socrate; il est temps que je te quitte. » Du reste, le dialogue de Platon et la scène de Molière ont le même dessein et le même résultat. Ces deux morceaux sont un modèle de l'art de confondre les sophistes par la seule force de la raison. (AIMÉ MARTIN.)
Voyez la Notice préliminaire, page 27.

SCÈNE III.

ORGON, ELMIRE, MARIANE, CLÉANTE,
DORINE.

ORGON.

Ah ! je me réjouis de vous voir assemblés.
(A Mariane.)
Je porte en ce contrat de quoi vous faire rire,
Et vous savez déjà ce que cela veut dire.

MARIANE, aux genoux d'Orgon.

Mon père, au nom du ciel, qui connoît ma douleur,
Et par tout ce qui peut émouvoir votre cœur,
Relâchez-vous un peu des droits de la naissance,
Et dispensez mes vœux de cette obéissance.
Ne me réduisez point, par cette dure loi,
Jusqu'à me plaindre au ciel de ce que je vous doi;
Et cette vie, hélas ! que vous m'avez donnée,
Ne me la rendez pas, mon père, infortunée.
Si, contre un doux espoir que j'avois pu former,
Vous me défendez d'être à ce que j'ose aimer,
Au moins, par vos bontés qu'à vos genoux j'implore,
Sauvez-moi du tourment d'être à ce que j'abhorre;
Et ne me portez point à quelque désespoir,
En vous servant sur moi de tout votre pouvoir.

ORGON, se sentant attendrir.

Allons, ferme, mon cœur ! point de foiblesse humaine !

MARIANE.

Vos tendresses pour lui ne me font point de peine;
Faites-les éclater, donnez-lui votre bien,
Et, si ce n'est assez, joignez-y tout le mien;
J'y consens de bon cœur, et je vous l'abandonne :

Mais, au moins, n'allez pas jusques à ma personne ;
Et souffrez qu'un couvent, dans les austérités,
Use les tristes jours que le ciel m'a comptés.

ORGON.

Ah! voilà justement de mes religieuses.
Lorsqu'un père combat leurs flammes amoureuses.*
Debout! Plus votre cœur répugne à l'accepter,
Plus ce sera pour vous matière à mériter.
Mortifiez vos sens avec ce mariage,
Et ne me rompez pas la tête davantage.

DORINE.

Mais quoi ?....

ORGON.

Taisez-vous, vous. Parlez à votre écot[1].
Je vous défends, tout net, d'oser dire un seul mot.

CLÉANTE.

Si par quelque conseil vous souffrez qu'on réponde...

ORGON.

Mon frère, vos conseils sont les meilleurs du monde :
Ils sont bien raisonnés, et j'en fais un grand cas ;
Mais vous trouverez bon que je n'en use pas.

ELMIRE, à son mari.

A voir ce que je vois, je ne sais plus que dire ;
Et votre aveuglement fait que je vous admire.
C'est être bien coiffé, bien prévenu de lui,
Que de nous démentir sur le fait d'aujourd'hui.

---

* VAR. *Lorsqu'un père combat les flammes amoureuses* (1673).

1. On a interprété ce mot dans le sens de : parlez à ceux de votre écot, de votre compagnie. Génin propose un autre sens : parlez en proportion de votre droit, selon la part qui vous revient ; ne sortez pas de votre rôle. La première interprétation est préférable.

ORGON.

Je suis votre valet, et crois les apparences.
Pour mon fripon de fils je sais vos complaisances;
Et vous avez eu peur de le désavouer
Du trait qu'à ce pauvre homme il a voulu jouer.
Vous étiez trop tranquille, enfin, pour être crue;
Et vous auriez paru d'autre manière émue.

ELMIRE.

Est-ce qu'au simple aveu d'un amoureux transport,
Il faut que notre honneur se gendarme si fort?
Et ne peut-on répondre à tout ce qui le touche,
Que le feu dans les yeux, et l'injure à la bouche?
Pour moi, de tels propos je me ris simplement;
Et l'éclat, là-dessus, ne me plaît nullement.
J'aime qu'avec douceur nous nous montrions sages;
Et ne suis point du tout pour ces prudes sauvages
Dont l'honneur est armé de griffes et de dents,
Et veut au moindre mot dévisager les gens.
Me préserve le ciel d'une telle sagesse!
Je veux une vertu qui ne soit point diablesse,
Et crois que d'un refus la discrète froideur
N'en est pas moins puissante à rebuter un cœur.

ORGON.

Enfin je sais l'affaire, et ne prends point le change.

ELMIRE.

J'admire, encore un coup, cette foiblesse étrange;
Mais que me répondroit votre incrédulité,
Si je vous faisois voir qu'on vous dit vérité?

ORGON.

Voir?

ELMIRE.

Oui.

ACTE IV, SCÈNE III.

ORGON.

Chansons.

ELMIRE.

Mais quoi! si je trouvois manière
De vous le faire voir avec pleine lumière?

ORGON.

Contes en l'air.

ELMIRE.

Quel homme! Au moins, répondez-moi.
Je ne vous parle pas de nous ajouter foi;
Mais supposons ici que, d'un lieu qu'on peut prendre,
On vous fît clairement tout voir et tout entendre :
Que diriez-vous alors de votre homme de bien?

ORGON.

En ce cas, je dirois que... Je ne dirois rien,
Car cela ne se peut.

ELMIRE.

L'erreur trop longtemps dure,
Et c'est trop condamner ma bouche d'imposture.
Il faut que, par plaisir, et sans aller plus loin,
De tout ce qu'on vous dit je vous fasse témoin.

ORGON.

Soit. Je vous prends au mot. Nous verrons votre adresse,
Et comment vous pourrez remplir cette promesse.

ELMIRE, à Dorine.

Faites-le-moi venir.

DORINE, à Elmire.

Son esprit est rusé,
Et peut-être à surprendre il sera malaisé.

ELMIRE, à Dorine.

Non; on est aisément dupé par ce qu'on aime,
Et l'amour-propre engage à se tromper soi-même.

(Parlant à Cléante et à Mariane.)
Faites-le-moi descendre. Et vous, retirez-vous.

SCÈNE IV.
ELMIRE, ORGON.

ELMIRE.

Approchons cette table, et vous mettez dessous[1].

ORGON.

Comment !

ELMIRE.

Vous bien cacher est un point nécessaire.

ORGON.

Pourquoi sous cette table ?

ELMIRE.

Ah ! mon Dieu ! laissez faire ;
J'ai mon dessein en tête, et vous en jugerez.
Mettez-vous là, vous dis-je ; et, quand vous y serez,
Gardez qu'on ne vous voie et qu'on ne vous entende.

ORGON.

Je confesse qu'ici ma complaisance est grande :
Mais de votre entreprise il vous faut voir sortir.

ELMIRE.

Vous n'aurez, que je crois, rien à me repartir.

(A son mari, qui est sous la table.)

Au moins, je vais toucher une étrange matière :
Ne vous scandalisez en aucune manière.
Quoi que je puisse dire, il doit m'être permis ;
Et c'est pour vous convaincre, ainsi que j'ai promis.
Je vais par des douceurs, puisque j'y suis réduite,
Faire poser le masque à cette âme hypocrite,

---

1. La petite gravure qui orne la seconde édition de 1669 nous montre sur cette table deux flambeaux, dont l'un est allumé.

ACTE IV, SCÈNE IV.

Flatter de son amour les désirs effrontés,
Et donner un champ libre à ses témérités.
Comme c'est pour vous seul, et pour mieux le confondre,
Que mon âme à ses vœux va feindre de répondre,
J'aurai lieu de cesser dès que vous vous rendrez,
Et les choses n'iront que jusqu'où vous voudrez.
C'est à vous d'arrêter son ardeur insensée,
Quand vous croirez l'affaire assez avant poussée ;
D'épargner votre femme, et de ne m'exposer
Qu'à ce qu'il vous faudra pour vous désabuser [1].
Ce sont vos intérêts, vous en serez le maître ;
Et... L'on vient. Tenez-vous, et gardez de paroître.

1. Orgon est sous la table, Tartuffe va paraître ; la curiosité est au comble, lorsque par un coup de l'art le poète se hâte de la suspendre ; c'est qu'il a besoin de préparer l'esprit des spectateurs à la scène qui va suivre. Ces vers en sont pour ainsi dire la préface. Elmire les adresse à Orgon, pour se donner toute liberté d'agir ; le poète les adresse au public, pour lui rappeler la position d'Elmire, la crédulité d'Orgon, et la nécessité de tromper l'hypocrite afin de le confondre. En un mot, la pudeur d'Elmire rend cette préparation nécessaire, et la délicatesse du public la commande.

L'actrice chargée du rôle d'Elmire ne saurait trop se pénétrer de cette double intention du poète. Si elle prononce ces vers d'un ton léger et railleur, le public ne verra dans la scène suivante que le manége d'une coquette ; si elle veut exciter le rire en faisant naître l'idée d'indécentes équivoques, elle inspirera le dégoût. Mais si, en rassemblant ses forces, elle laisse apercevoir l'émotion de la pudeur souffrante ; si elle montre encore la contrainte d'une belle âme qui ne peut se décider sans efforts à nuire, même au méchant, elle aura parfaitement saisi l'esprit de son rôle, et cette disposition naturelle sera pour Tartuffe un piège plus dangereux que toute l'adresse de la coquetterie la plus raffinée. En traçant ce portrait de l'actrice parfaite, nous étions plein du souvenir de Mlle Mars ; et, en vérité, ce n'est point exagérer l'éloge que de dire que cette grande actrice joue ce rôle comme si Molière lui-même lui en avait révélé les intentions. (AIMÉ MARTIN.)

SCÈNE V.

TARTUFFE, ELMIRE; ORGON, sous la table.

TARTUFFE.

On m'a dit qu'en ce lieu vous me vouliez parler.

ELMIRE.

Oui. L'on a des secrets à vous y révéler.
Mais tirez cette porte avant qu'on vous les dise[1];
Et regardez partout, de crainte de surprise.

(Tartuffe va fermer la porte, et revient.)

Une affaire pareille à celle de tantôt
N'est pas assurément ici ce qu'il nous faut :
Jamais il ne s'est vu de surprise de même.
Damis m'a fait pour vous une frayeur extrême;
Et vous avez bien vu que j'ai fait mes efforts
Pour rompre son dessein et calmer ses transports.
Mon trouble, il est bien vrai, m'a si fort possédée*
Que de le démentir je n'ai point eu l'idée :
Mais par là, grâce au ciel, tout a bien mieux été,

---

* VAR. *De mon trouble, il est vrai, j'étois si possédée* (1682).

1. Remarquez, dès ce début de scène, un certain mode d'adoucissement et d'atténuation qu'Elmire emploie pendant la scène entière. Dans cette conversation d'une nature délicate et scabreuse, ayant souvent à parler de son mari, de Tartuffe et d'elle-même, elle évite presque toujours les désignations personnelles qui auraient quelque chose de trop vif, de trop cru; et elle les remplace par le mot le plus indéfini de notre langue, par la particule *on*. *On*, c'est Tartuffe, c'est Orgon, c'est Elmire. Il résulte bien quelque défaut de clarté de cet emploi du même mot pour désigner plusieurs personnes fort distinctes; mais cette légère obscurité même est un voile de plus qui favorise la délicatesse d'Elmire. Il arrive aussi quelquefois que, le mot *on* désignant deux personnes différentes dans la même phrase, il y a véritablement irrégularité grammaticale; mais c'est une petite faute qui naît d'une grande beauté, et que cette beauté doit racheter à tous les yeux. (AUGER.)

ACTE IV, SCÈNE V.

Et les choses en sont dans plus de sûreté.*
L'estime où l'on vous tient a dissipé l'orage,
Et mon mari de vous ne peut prendre d'ombrage.
Pour mieux braver l'éclat des mauvais jugements,
Il veut que nous soyons ensemble à tous moments ;
Et c'est par où je puis, sans peur d'être blâmée,
Me trouver ici seule avec vous enfermée,
Et ce qui m'autorise à vous ouvrir un cœur
Un peu trop prompt peut-être à souffrir votre ardeur.

TARTUFFE.

Ce langage à comprendre est assez difficile,
Madame ; et vous parliez tantôt d'un autre style.

ELMIRE.

Ah ! si d'un tel refus vous êtes en courroux,
Que le cœur d'une femme est mal connu de vous !
Et que vous savez peu ce qu'il veut faire entendre,
Lorsque si foiblement on le voit se défendre !
Toujours notre pudeur combat, dans ces moments,
Ce qu'on peut nous donner de tendres sentiments.
Quelque raison qu'on trouve à l'amour qui nous dompte,
On trouve à l'avouer toujours un peu de honte.
On s'en défend d'abord ; mais de l'air qu'on s'y prend
On fait connoître assez que notre cœur se rend,
Qu'à nos vœux, par honneur, notre bouche s'oppose,
Et que de tels refus promettent toute chose.
C'est vous faire, sans doute, un assez libre aveu,
Et sur notre pudeur me ménager bien peu.
Mais, puisque la parole enfin en est lâchée,
A retenir Damis me serois-je attachée ?
Aurois-je, je vous prie, avec tant de douceur

---

* Var. *Et les choses en sont en plus de sûreté* (1682).

Écouté tout au long l'offre de votre cœur,
Aurois-je pris la chose ainsi qu'on m'a vu faire¹,
Si l'offre de ce cœur n'eût eu de quoi me plaire?
Et, lorsque j'ai voulu moi-même vous forcer
A refuser l'hymen qu'on venoit d'annoncer,
Qu'est-ce que cette instance a dû vous faire entendre,
Que l'intérêt qu'en vous on s'avise de prendre,
Et l'ennui qu'on auroit que ce nœud qu'on résout
Vînt partager du moins un cœur que l'on veut tout²?

TARTUFFE.

C'est sans doute, madame, une douceur extrême
Que d'entendre ces mots d'une bouche qu'on aime ;
Leur miel dans tous mes sens fait couler à longs traits
Une suavité qu'on ne goûta jamais.
Le bonheur de vous plaire est ma suprême étude,
Et mon cœur de vos vœux fait sa béatitude ;
Mais ce cœur vous demande ici la liberté
D'oser douter un peu de sa félicité.
Je puis croire ces mots un artifice honnête
Pour m'obliger à rompre un hymen qui s'apprête ;
Et, s'il faut librement m'expliquer avec vous,
Je ne me fierai point à des propos si doux
Qu'un peu de vos faveurs, après quoi je soupire,
Ne vienne m'assurer tout ce qu'ils m'ont pu dire,
Et planter dans mon âme une constante foi

---

1. On écrirait aujourd'hui *vue faire,* en raison d'une règle qui n'existait pas encore au XVIIᵉ siècle.

2. Dira-t-on que l'obscurité de ces vers, les *que* qui y abondent, leur embarras, en un mot, est là pour traduire celui d'Elmire? Dans ce cas, tout mauvais qu'ils semblent, ils seraient dramatiquement fort bons. Molière, le plus souvent, ne versifiait pas ses vers, il les jouait. Dans la bouche de M^(lle) Mars, tous ces *que* devaient exprimer le trouble à merveille. (SAINTE-BEUVE.)

ACTE IV, SCÈNE V.

Des charmantes bontés que vous avez pour moi.

ELMIRE. (Elle tousse pour avertir son mari.)

Quoi! vous voulez aller avec cette vitesse,
Et d'un cœur tout d'abord épuiser la tendresse?
On se tue à vous faire un aveu des plus doux.
Cependant ce n'est pas encore assez pour vous?
Et l'on ne peut aller jusqu'à vous satisfaire,
Qu'aux dernières faveurs on ne pousse l'affaire?

TARTUFFE.

Moins on mérite un bien, moins on l'ose espérer.
Nos vœux sur des discours ont peine à s'assurer.
On soupçonne aisément un sort tout plein de gloire,
Et l'on veut en jouir avant que de le croire.
Pour moi, qui crois si peu mériter vos bontés,
Je doute du bonheur de mes témérités;
Et je ne croirai rien, que vous n'ayez, madame,
Par des réalités su convaincre ma flamme.

ELMIRE.

Mon Dieu! que votre amour en vrai tyran agit!
Et qu'en un trouble étrange il me jette l'esprit!
Que sur les cœurs il prend un furieux empire!
Et qu'avec violence il veut ce qu'il désire!
Quoi! de votre poursuite on ne peut se parer,
Et vous ne donnez pas le temps de respirer?
Sied-il bien de tenir une rigueur si grande?
De vouloir sans quartier les choses qu'on demande,
Et d'abuser ainsi, par vos efforts pressants,
Du foible que pour vous vous voyez qu'ont les gens?

TARTUFFE.

Mais si d'un œil benin vous voyez mes hommages,
Pourquoi m'en refuser d'assurés témoignages?

ELMIRE.

Mais comment consentir à ce que vous voulez,
Sans offenser le ciel, dont toujours vous parlez?

TARTUFFE.

Si ce n'est que le ciel qu'à mes vœux on oppose,
Lever un tel obstacle est à moi peu de chose;
Et cela ne doit point retenir votre cœur.

ELMIRE.

Mais des arrêts du ciel on nous fait tant de peur!

TARTUFFE.

Je puis vous dissiper ces craintes ridicules,
Madame, et je sais l'art de lever les scrupules.
Le ciel défend, de vrai, certains contentements;
Mais on trouve avec lui des accommodements[1].
Selon divers besoins, il est une science
D'étendre les liens de notre conscience,
Et de rectifier le mal de l'action
Avec la pureté de notre intention[2].
De ces secrets, madame, on saura vous instruire;
Vous n'avez seulement qu'à vous laisser conduire.
Contentez mon désir, et n'ayez point d'effroi;
Je vous réponds de tout, et prends le mal sur moi.

(Elmire tousse plus fort.)

Vous toussez fort, madame.

ELMIRE.
   Oui, je suis au supplice.

---

1. C'est un scélérat qui parle. (Note des éditions originales.) Il est probable que l'auteur avait cru cette observation nécessaire, pour prévenir les interprétations perfides auxquelles ce passage aurait pu prêter.

2. Ce sont les termes mêmes dont Pascal s'est servi dans la septième *Provinciale :* « Quand nous ne pouvons pas empêcher l'action, nous purifions au moins l'intention; et ainsi nous corrigeons le vice du moyen par la pureté de la fin. » On sait que les jansénistes ne furent pas éloignés de considérer d'abord *le Tartuffe* comme une suite des Petites Lettres.

TARTUFFE.
Vous plaît-il un morceau de ce jus de réglisse?
ELMIRE.
C'est un rhume obstiné, sans doute; et je vois bien
Que tous les jus du monde ici ne feront rien.
TARTUFFE.
Cela, certe, est fâcheux.
ELMIRE.
Oui, plus qu'on ne peut dire.
TARTUFFE.
Enfin votre scrupule est facile à détruire.
Vous êtes assurée ici d'un plein secret,
Et le mal n'est jamais que dans l'éclat qu'on fait.
Le scandale du monde est ce qui fait l'offense,
Et ce n'est pas pécher que pécher en silence [1].
ELMIRE, *après avoir encore toussé.*
Enfin je vois qu'il faut se résoudre à céder;
Qu'il faut que je consente à vous tout accorder;
Et qu'à moins de cela je ne dois point prétendre
Qu'on puisse être content, et qu'on veuille se rendre.
Sans doute il est fâcheux d'en venir jusque-là,
Et c'est bien malgré moi que je franchis cela;
Mais, puisque l'on s'obstine à m'y vouloir réduire,
Puisqu'on ne veut point croire à tout ce qu'on peut dire,
Et qu'on veut des témoins qui soient plus convaincants,
Il faut bien s'y résoudre, et contenter les gens.
Si ce consentement porte en soi quelque offense,
Tant pis pour qui me force à cette violence;

---

1. Tartuffe, dans la Lettre sur *l'Imposteur*, s'exprime plus énergiquement encore, il dit :

Et c'est une vertu de pécher en silence.

Gli errori celati in parte se perdonano. (L. GROTO. *Il Thesoro.*)

La faute assurément n'en doit pas être à moi[1].
TARTUFFE.
Oui, madame, on s'en charge; et la chose de soi...
ELMIRE.
Ouvrez un peu la porte, et voyez, je vous prie,
Si mon mari n'est point dans cette galerie[2].
TARTUFFE.
Qu'est-il besoin pour lui du soin que vous prenez?
C'est un homme, entre nous, à mener par le nez.
De tous nos entretiens il est pour faire gloire,
Et je l'ai mis au point de voir tout sans rien croire[3].
ELMIRE.
Il n'importe; sortez, je vous prie, un moment;
Et partout là dehors voyez exactement.

1. Elmire ne dit pas un mot qui ne soit pour son mari, et que cependant Tartuffe ne doive prendre pour lui-même. C'est ici surtout qu'on peut voir de quelle ressource le mot *on* est pour Elmire, et combien elle a eu raison d'adopter d'abord cette formule. Si elle ne l'avait employée dès le début pour désigner successivement plusieurs personnes, elle ne pourrait s'en servir en ce moment pour produire le double sens dont elle a besoin, ou du moins son discours aurait quelque chose de mystérieux et d'équivoque qui serait capable d'éveiller les soupçons de Tartuffe. (AUGER.)

2. Si le spectateur, dit La Harpe, n'était pas bien convaincu de l'honnêteté d'Elmire, bien indigné de la fausseté de Tartuffe, bien impatienté de l'imbécile crédulité d'Orgon, la situation la plus énergique où le génie de la comédie ait placé trois personnages à la fois était trop près de l'extrême indécence pour être supportée au théâtre. On objecterait en vain que la présence d'Orgon, quoique caché, justifie tout : non, ce n'était pas assez; les murmures éclateraient et l'on trouverait le tableau trop licencieux, si le spectateur ne voulait pas, avant tout, la punition d'un monstre qu'il est impossible de confondre autrement, et si l'on n'avait pas affaire à un homme tel qu'Orgon, qui a besoin de pouvoir dire au cinquième acte :

>Je l'ai vu, dis-je, vu, de mes propres yeux vu,
>Ce qui s'appelle vu.

3. Sur ce dernier trait, voyez la réflexion de l'auteur de la Lettre.

SCÈNE VI.

ORGON, ELMIRE.

ORGON, sortant de dessous la table.

Voilà, je vous l'avoue, un abominable homme [1] !
Je n'en puis revenir, et tout ceci m'assomme.

ELMIRE.

Quoi ! vous sortez si tôt ? Vous vous moquez des gens.
Rentrez sous le tapis ; il n'est pas encor temps ;
Attendez jusqu'au bout, pour voir les choses sûres,
Et ne vous fiez point aux simples conjectures.

ORGON.

Non, rien de plus méchant n'est sorti de l'enfer.

ELMIRE.

Mon Dieu ! l'on ne doit point croire trop de léger.
Laissez-vous bien convaincre avant que de vous rendre ;
Et ne vous hâtez point,* de peur de vous méprendre [2].

(Elle fait mettre son mari derrière elle.)

SCÈNE VII.

TARTUFFE, ELMIRE, ORGON.

TARTUFFE, sans voir Orgon.

Tout conspire, madame, à mon contentement.

---

* VAR. *Et ne vous hâtez pas* (1673, 1682).

1. Si Molière avait dit, comme Regnard dans *les Ménechmes :*

Voilà, je le confesse, un homme abominable !

combien la stupeur d'Orgon eût été moins sensiblement exprimée ! Ainsi se confirme le mot de M. Sainte-Beuve, que Molière *jouait* ses vers.

2. Il y a, dans ces reproches ironiques d'Elmire, de l'irritation et non du badinage ; elle veut reprocher à son mari d'avoir été trop long à se laisser convaincre et de l'avoir forcée à pousser l'épreuve jusque-là.

J'ai visité de l'œil tout cet appartement.
Personne ne s'y trouve; et mon âme ravie...

ORGON, en l'arrêtant.

Tout doux! vous suivez trop votre amoureuse envie,
Et vous ne devez pas vous tant passionner.
Ah! ah! l'homme de bien, vous m'en voulez donner!*
Comme aux tentations s'abandonne votre âme!
Vous épousiez ma fille, et convoitiez ma femme!
J'ai douté fort longtemps que ce fût tout de bon,
Et je croyois toujours qu'on changeroit de ton;
Mais c'est assez avant pousser le témoignage :
Je m'y tiens, et n'en veux, pour moi, pas davantage.

ELMIRE, à Tartuffe.

C'est contre mon humeur que j'ai fait tout ceci;
Mais on m'a mise au point de vous traiter ainsi.

TARTUFFE, à Orgon.

Quoi! vous croyez...?

ORGON.

     Allons, point de bruit, je vous prie.
Dénichons de céans, et sans cérémonie.

TARTUFFE.

Mon dessein¹...

ORGON.

    Ces discours ne sont plus de saison.
Il faut, tout sur-le-champ, sortir de la maison.

---

* Var. *Ah! ah! l'homme de bien, vous m'en vouliez donner!* (1682.)

1. Tartuffe allait sûrement dire : « Mon dessein était d'éprouver la vertu de votre femme. » L'excuse est détestable, sans doute; mais on peut défier qui que ce soit d'en imaginer une meilleure.

Si nous nous en rapportons à l'auteur de la Lettre sur la comédie de *l'Imposteur*, Panulphe conservait en ce moment beaucoup d'assurance et de sang-froid; il poussait même l'impudence jusqu'à nommer encore Orgon *son frère*, « suivant sa manière accoutumée ». Molière aurait donc fait en dernier lieu quelques changements dans cette scène.

TARTUFFE.

C'est à vous d'en sortir, vous qui parlez en maître :
La maison m'appartient, je le ferai connaître[1],
Et vous montrerai bien qu'en vain on a recours,
Pour me chercher querelle, à ces lâches détours ;
Qu'on n'est pas où l'on pense en me faisant injure ;
Que j'ai de quoi confondre et punir l'imposture,
Venger le ciel qu'on blesse, et faire repentir
Ceux qui parlent ici de me faire sortir.

SCÈNE VIII.

ELMIRE, ORGON.

ELMIRE.

Quel est donc ce langage ? et qu'est-ce qu'il veut dire ?

ORGON.

Ma foi, je suis confus, et n'ai pas lieu de rire.

---

1. Quelques érudits ont cité un des canevas de Dominique comme ayant pu servir à Molière pour la composition du *Tartuffe*. Ce canevas, c'est *il Basilisco di Bernagasso* ou *Bernagazzo* (le Dragon de Moscovie). En supposant que cette pièce italienne ait été jouée avant le *Tartuffe* ou qu'elle n'ait pas été modifiée depuis, on verra, par l'extrait suivant de la traduction de Gueulette, ce que Molière a pu lui devoir :

« ACTE III. — Dans cette scène, je sors avec Bernagasso et je lui dis que, pour m'avoir sauvé la vie, je veux qu'il soit le maître de la maison, qu'il fasse bonne chère et qu'il devienne le mari de ma nièce, et que je lui remets l'acte que je viens de passer chez le notaire. Il le prend et me donne plusieurs coups de bâton. Je me mets à rire, comptant que c'est par plaisanterie. Mais, comme il continue, je lui demande en vertu de quoi il me frappe. Il me répond que c'est en vertu de l'acte que je viens de lui remettre ; qu'il est le maître de la maison, et qu'il a la liberté de m'en chasser et de me rosser. Je le prie de me faire voir cela dans l'acte ; il me le présente. Je le lui arrache et le déchire ; alors je me saisis du bâton et le rosse à mon tour. J'appelle ma gouvernante et mes voisins. Ils arrivent. Bernagasso se jette à mes genoux ; je lui ôte son chapeau et je le mets sur ma tête ; j'en fais de même de sa perruque, de son habit, et je le chasse comme un misérable. Ainsi finit la comédie. »

LE TARTUFFE.

ELMIRE.

Comment?

ORGON.

Je vois ma faute aux choses qu'il me dit,
Et la donation m'embarrasse l'esprit.

ELMIRE.

La donation...

ORGON.

Oui. C'est une affaire faite.
Mais j'ai quelque autre chose encor qui m'inquiète.

ELMIRE.

Et quoi?

ORGON.

Vous saurez tout. Mais voyons au plus tôt
Si certaine cassette est encore là-haut[1].

---

1. Si, en général, les incidents demandent à être préparés, il en est qui peuvent être imprévus; et celui-ci est du nombre. Le poète le tenait en réserve, pour accroître, pour porter au comble l'intérêt déjà puissamment excité, en faisant craindre pour la famille d'Orgon des malheurs plus grands que celui d'une entière spoliation. D'un autre côté, le mystère attaché à cette cassette provoque la curiosité du spectateur, et augmente le désir qu'il a de voir commencer l'acte suivant. (AUGER.)

ACTE CINQUIÈME.

SCÈNE PREMIÈRE.
ORGON, CLÉANTE.

CLÉANTE.

Où voulez-vous courir ?

ORGON.

Las ! que sais-je ?

CLÉANTE.

Il me semble
Que l'on doit commencer par consulter ensemble
Les choses qu'on peut faire en cet événement.

ORGON

Cette cassette-là me trouble entièrement.
Plus que le reste encore elle me désespère.

CLÉANTE.

Cette cassette est donc un important mystère ?

ORGON.

C'est un dépôt qu'Argas, cet ami que je plains,
Lui-même en grand secret m'a mis entre les mains.
Pour cela dans sa fuite il me voulut élire ;
Et ce sont des papiers, à ce qu'il m'a pu dire,
Où sa vie et ses biens se trouvent attachés.

CLÉANTE.

Pourquoi donc les avoir en d'autres mains lâchés ?

ORGON.

Ce fut par un motif de cas de conscience.
J'allai droit à mon traître en faire confidence ;
Et son raisonnement me vint persuader
De lui donner plutôt la cassette à garder,
Afin que pour nier, en cas de quelque enquête,
J'eusse d'un faux-fuyant la faveur toute prête,
Par où ma conscience eût pleine sûreté
A faire des serments contre la vérité[1].

> 1. C'est ici la doctrine des *restrictions mentales*, que Tartuffe a enseignée à Orgon, de même qu'il a voulu enseigner à Elmire celle de la *direction d'intention*. Pascal a fait, dans la neuvième *Provinciale*, la satire de ces subtilités casuistiques.
> — Il y a dans le cinquième acte de *Tartuffe* huit vers... détestables... Jugez-en. Orgon raconte comment il a imprudemment confié sa cassette à Tartuffe :
>
>> Ce fut par un motif de cas de conscience.
>> J'allai droit à mon traître en faire confidence ;
>> Et son raisonnement me vint persuader
>> De lui donner plutôt la cassette à garder,
>> Afin que pour nier, en cas de quelque enquête,
>> J'eusse d'un faux-fuyant la faveur toute prête,
>> Par où ma conscience eût pleine sûreté
>> A faire des serments contre la vérité.
>
> Franchement, ils sont bons à mettre au cabinet! Eh bien, M. Provost, qui toujours, dès qu'il arrivait à ces malheureux vers, s'évertuait à les dissimuler, se dit un jour : « Il n'est pas possible que Molière ait fait huit vers aussi mauvais sans s'en apercevoir! Est-ce que par hasard ils seraient excellents?... Est-ce que le poëte, instinctivement peut-être, n'aurait pas voulu exprimer, par les détours et les circonlocutions de cette phrase traînante, la marche tortueuse de l'hypocrite qui tâche d'entortiller Orgon ? Voyons donc! » Il reprend alors ces vers un à un ; au lieu de chercher à les alléger par le débit, il met en relief toutes leurs lourdeurs, il entre dans tous leurs replis, il imite par la diction les mouvements du reptile qui se traîne, et il obtient le soir un grand succès.
> J'entends d'ici l'objection : Jamais Molière n'a eu cette pensée. Qu'en savons-nous? Et d'ailleurs, qu'importe! Les œuvres des maîtres sont pleines de beautés qu'ils y ont mises d'instinct, sans s'en rendre compte, et qui n'en sont pas pour cela moins réelles. Le génie a ses inconsciences, comme la beauté, comme l'enfance! Lorsqu'un enfant vous enchante par la naïveté de son sourire, il ne sait pas que son sourire est naïf; l'est-il moins pour cela? Eh bien, un des plus vrais plaisirs de la lecture à haute voix est

CLÉANTE.

Vous voilà mal, au moins si j'en crois l'apparence :
Et la donation, et cette confidence,
Sont, à vous en parler selon mon sentiment,
Des démarches par vous faites légèrement.
On peut vous mener loin avec de pareils gages ;
Et cet homme sur vous ayant ces avantages,
Le pousser est encor grande imprudence à vous ;
Et vous deviez chercher quelque biais plus doux.

ORGON.

Quoi ! sous un beau semblant de ferveur si touchante*
Cacher un cœur si double, une âme si méchante !
Et moi, qui l'ai reçu gueusant et n'ayant rien...
C'en est fait, je renonce à tous les gens de bien ;
J'en aurai désormais une horreur effroyable,
Et m'en vais devenir, pour eux, pire qu'un diable.

CLÉANTE.

Eh bien ! ne voilà pas de vos emportements !
Vous ne gardez en rien les doux tempéraments.
Dans la droite raison jamais n'entre la vôtre ;
Et toujours d'un excès vous vous jetez dans l'autre.
Vous voyez votre erreur, et vous avez connu
Que par un zèle feint vous étiez prévenu ;
Mais pour vous corriger quelle raison demande
Que vous alliez passer dans une erreur plus grande,
Et qu'avecque le cœur d'un perfide vaurien
Vous confondiez les cœurs de tous les gens de bien ?

* VAR. *Quoi ! sur un beau semblant de ferveur si touchante* (1669, 2ᵉ éd.; 1673, 1682).

précisément de vous révéler dans les chefs-d'œuvre une foule de petits rayons de lumière ignorés de l'astre même qui les y a versés ! (ERNEST LEGOUVÉ.)

Quoi! parce qu'un fripon vous dupe avec audace,
Sous le pompeux éclat d'une austère grimace,
Vous voulez que partout on soit fait comme lui,
Et qu'aucun vrai dévot ne se trouve aujourd'hui?
Laissez aux libertins ces sottes conséquences :
Démêlez la vertu d'avec ses apparences,
Ne hasardez jamais votre estime trop tôt,
Et soyez pour cela dans le milieu qu'il faut.
Gardez-vous, s'il se peut, d'honorer l'imposture;
Mais au vrai zèle aussi n'allez pas faire injure,
Et, s'il vous faut tomber dans une extrémité,
Péchez plutôt encor de cet autre côté.

SCÈNE II.

ORGON, CLÉANTE, DAMIS.

DAMIS.

Quoi! mon père, est-il vrai qu'un coquin vous menace?
Qu'il n'est point de bienfait qu'en son âme il n'efface,
Et que son lâche orgueil, trop digne de courroux,
Se fait de vos bontés des armes contre vous?

ORGON.

Oui, mon fils, et j'en sens des douleurs non pareilles.

DAMIS.

Laissez-moi, je lui veux couper les deux oreilles.
Contre son insolence on ne doit point gauchir[1] :
C'est à moi tout d'un coup de vous en affranchir ;
Et, pour sortir d'affaire, il faut que je l'assomme.

---

1. Vaugelas a dit : « Il n'est pas question de gauchir toujours aux difficultés; il les faut vaincre. »

CLÉANTE.

Voilà tout justement parler en vrai jeune homme.
Modérez, s'il vous plaît, ces transports éclatants.
Nous vivons sous un règne et sommes dans un temps
Où par la violence on fait mal ses affaires.

SCÈNE III.

MADAME PERNELLE, ORGON, ELMIRE, CLÉANTE,
MARIANE, DAMIS, DORINE.

MADAME PERNELLE.

Qu'est-ce? J'apprends ici de terribles mystères!

ORGON.

Ce sont des nouveautés dont mes yeux sont témoins,
Et vous voyez le prix dont sont payés mes soins.
Je recueille avec zèle un homme en sa misère,
Je le loge, et le tiens comme mon propre frère ;
De bienfaits chaque jour il est par moi chargé ;
Je lui donne ma fille, et tout le bien que j'ai :
Et, dans le même temps, le perfide, l'infâme,
Tente le noir dessein de suborner ma femme ;
Et, non content encor de ses lâches essais,
Il m'ose menacer de mes propres bienfaits,
Et veut, à ma ruine, user des avantages
Dont le viennent d'armer mes bontés trop peu sages,
Me chasser de mes biens où je l'ai transféré,
Et me réduire au point d'où je l'ai retiré.

DORINE.

Le pauvre homme !

MADAME PERNELLE.

      Mon fils, je ne puis du tout croire
Qu'il ait voulu commettre une action si noire.

ORGON.

Comment?

MADAME PERNELLE.

Les gens de bien sont enviés toujours.

ORGON.

Que voulez-vous donc dire avec votre discours,
Ma mère?

MADAME PERNELLE.

Que chez vous on vit d'étrange sorte,
Et qu'on ne sait que trop la haine qu'on lui porte.

ORGON.

Qu'a cette haine à faire avec ce qu'on vous dit?

MADAME PERNELLE.

Je vous l'ai dit cent fois quand vous étiez petit :
La vertu dans le monde est toujours poursuivie ;
Les envieux mourront, mais non jamais l'envie[1].

ORGON.

Mais que fait ce discours aux choses d'aujourd'hui?

MADAME PERNELLE.

On vous aura forgé cent sots contes de lui.

ORGON.

Je vous ai dit déjà que j'ai vu tout moi-même.

MADAME PERNELLE.

Des esprits médisants la malice est extrême.

ORGON.

Vous me feriez damner, ma mère! Je vous di
Que j'ai vu de mes yeux un crime si hardi.

MADAME PERNELLE.

Les langues ont toujours du venin à répandre,

---

1. On lit dans *la Comédie des Proverbes* d'Adrien de Montluc : « L'envie ne mourra jamais, mais les envieux mourront. » Molière a donné un sens bien plus fort à ce proverbe, en renversant l'ordre des propositions.

Et rien n'est ici-bas qui s'en puisse défendre.
ORGON.
C'est tenir un propos de sens bien dépourvu.
Je l'ai vu, dis-je, vu, de mes propres yeux vu,
Ce qu'on appelle vu. Faut-il vous le rebattre
Aux oreilles cent fois, et crier comme quatre?
MADAME PERNELLE.
Mon Dieu! le plus souvent l'apparence déçoit:
Il ne faut pas toujours juger sur ce qu'on voit.
ORGON.
J'enrage!
MADAME PERNELLE.
    Aux faux soupçons la nature est sujette,
Et c'est souvent à mal que le bien s'interprète.
ORGON.
Je dois interpréter à charitable soin
Le désir d'embrasser ma femme!
MADAME PERNELLE.
           Il est besoin,
Pour accuser les gens, d'avoir de justes causes;
Et vous deviez attendre à vous voir sûr des choses.
ORGON.
Hé! diantre! le moyen de m'en assurer mieux?
Je devois donc, ma mère, attendre qu'à mes yeux
Il eût... Vous me feriez dire quelque sottise.
MADAME PERNELLE.
Enfin d'un trop pur zèle on voit son âme éprise;
Et je ne puis du tout me mettre dans l'esprit
Qu'il ait voulu tenter les choses que l'on dit.
ORGON.
Allez, je ne sais pas, si vous n'étiez ma mère,
Ce que je vous dirois, tant je suis en colère.

DORINE, à Orgon.

Juste retour, monsieur, des choses d'ici-bas :
Vous ne vouliez point croire, et l'on ne vous croit pas.

CLÉANTE.

Nous perdons des moments en bagatelles pures,
Qu'il faudroit employer à prendre des mesures.
Aux menaces du fourbe on doit ne dormir point.

DAMIS.

Quoi ! son effronterie iroit jusqu'à ce point ?

ELMIRE.

Pour moi, je ne crois pas cette instance possible,
Et son ingratitude est ici trop visible.

CLÉANTE, à Orgon.

Ne vous y fiez pas ; il aura des ressorts
Pour donner contre vous raison à ses efforts,
Et sur moins que cela le poids d'une cabale
Embarrasse les gens dans un fâcheux dédale.
Je vous le dis encore : armé de ce qu'il a,
Vous ne deviez jamais le pousser jusque-là.

ORGON.

Il est vrai ; mais qu'y faire ? A l'orgueil de ce traître,
De mes ressentiments je n'ai pas été maître.

CLÉANTE.

Je voudrois de bon cœur qu'on pût entre vous deux
De quelque ombre de paix raccommoder les nœuds.

ELMIRE.

Si j'avois su qu'en main il a de telles armes,
Je n'aurois pas donné matière à tant d'alarmes ;
Et mes...

ORGON, à Dorine, voyant entrer monsieur Loyal.

Que veut cet homme ? Allez tôt le savoir.
Je suis bien en état que l'on me vienne voir !

SCÈNE IV.

ORGON, MADAME PERNELLE,
ELMIRE, MARIANE, CLÉANTE, DAMIS,
DORINE, MONSIEUR LOYAL.

MONSIEUR LOYAL, à Dorine, dans le fond du théâtre.
Bonjour, ma chère sœur[1]; faites, je vous supplie,
Que je parle à monsieur.

DORINE.
Il est en compagnie;
Et je doute qu'il puisse à présent voir quelqu'un.

MONSIEUR LOYAL.
Je ne suis pas pour être en ces lieux importun.
Mon abord n'aura rien, je crois, qui lui déplaise :
Et je viens pour un fait dont il sera bien aise.

DORINE.
Votre nom?

MONSIEUR LOYAL.
Dites-lui seulement que je vien
De la part de monsieur Tartuffe, pour son bien[2].

DORINE, à Orgon.
C'est un homme qui vient, avec douce manière,
De la part de monsieur Tartuffe, pour affaire
Dont vous serez, dit-il, bien aise.

CLÉANTE, à Orgon.
Il vous faut voir

---

1. Cette salutation cénobitique et l'air de douceur hypocrite qui doit l'accompagner annoncent tout de suite que M. Loyal est un huissier digne d'*occuper,* comme on dit, pour le bon monsieur Tartuffe.

Voyez, dans la Lettre sur *l'Imposteur,* ce qui est dit de ce caractère et de ce rôle.

2. Cette équivoque achève de peindre le personnage; c'est à peine s'il a besoin de dire ensuite qu'il est « natif de Normandie ».

Ce que c'est que cet homme, et ce qu'il peut vouloir.

ORGON, à Cléante.

Pour nous raccommoder il vient ici peut-être :
Quels sentiments aurai-je à lui faire paroître ?

CLÉANTE.

Votre ressentiment ne doit point éclater ;
Et s'il parle d'accord, il le faut écouter.

MONSIEUR LOYAL, à Orgon.

Salut, monsieur ! Le ciel perde qui vous veut nuire,
Et vous soit favorable autant que je désire !

ORGON, bas, à Cléante.

Ce doux début s'accorde avec mon jugement
Et présage déjà quelque accommodement.

MONSIEUR LOYAL.

Toute votre maison m'a toujours été chère,
Et j'étois serviteur de monsieur votre père.

ORGON.

Monsieur, j'ai grande honte et demande pardon
D'être sans vous connoître ou savoir votre nom.

MONSIEUR LOYAL.

Je m'appelle Loyal, natif de Normandie,
Et suis huissier à verge, en dépit de l'envie[1].
J'ai depuis quarante ans, grâce au ciel, le bonheur
D'en exercer la charge avec beaucoup d'honneur,

---

1. M. Loyal est un personnage : d'abord il est huissier, et non simple sergent ; bien que la fonction fût à peu près la même, l'huissier était officier des cours supérieures, tandis que le sergent n'était qu'officier des justices subalternes. Ce n'est pas tout : la qualité d'huissier à verge, que revendique M. Loyal, appartenait, par exception, aux huissiers qui devaient faire leur résidence à Paris. « Les huissiers à verge, dit Chenu dans son livre des Offices de France, sont ainsi appelés parce qu'ils portent en leur main une verge ou baguette pour toucher ceux contre lesquels ils font quelques exploits de justice. »

ACTE V, SCÈNE IV.

Et je vous viens, monsieur, avec votre licence,
Signifier l'exploit de certaine ordonnance...

ORGON.

Quoi ! vous êtes ici...

MONSIEUR LOYAL.

Monsieur, sans passion.
Ce n'est rien seulement qu'une sommation,
Un ordre de vider d'ici, vous et les vôtres,
Mettre vos meubles hors, et faire place à d'autres,
Sans délai ni remise, ainsi que besoin est.

ORGON.

Moi ! sortir de céans ?

MONSIEUR LOYAL.

Oui monsieur, s'il vous plaît.
La maison à présent, comme savez de reste,
Au bon monsieur Tartuffe appartient sans conteste.
De vos biens désormais il est maître et seigneur,
En vertu d'un contrat duquel je suis porteur.
Il est en bonne forme, et l'on n'y peut rien dire.

DAMIS, à M. Loyal.

Certes, cette impudence est grande, et je l'admire !

MONSIEUR LOYAL, à Damis.

Monsieur, je ne dois point avoir affaire à vous ;

(Montrant Orgon.)

C'est à monsieur : il est et raisonnable et doux,
Et d'un homme de bien il sait trop bien l'office,
Pour se vouloir du tout opposer à justice.

ORGON.

Mais...

MONSIEUR LOYAL.

Oui, monsieur, je sais que pour un million
Vous ne voudriez pas faire rébellion,

Et que vous souffrirez en honnête personne
Que j'exécute ici les ordres qu'on me donne.

DAMIS.

Vous pourriez bien ici sur votre noir jupon,
Monsieur l'huissier à verge, attirer le bâton.

MONSIEUR LOYAL, à Orgon.

Faites que votre fils se taise ou se retire,
Monsieur. J'aurois regret d'être obligé d'écrire,
Et de vous voir couché dans mon procès-verbal.

DORINE, à part.

Ce monsieur Loyal porte un air bien déloyal[1].

MONSIEUR LOYAL.

Pour tous les gens de bien j'ai de grandes tendresses,
Et ne me suis voulu, monsieur, charger des pièces[2]
Que pour vous obliger et vous faire plaisir;
Que pour ôter par là le moyen d'en choisir
Qui, n'ayant pas pour vous le zèle qui me pousse,
Auroient pu procéder d'une façon moins douce.

ORGON.

Et que peut-on de pis que d'ordonner aux gens
De sortir de chez eux?

MONSIEUR LOYAL.

On vous donne du temps:
Et jusques à demain je ferai surséance
A l'exécution, monsieur, de l'ordonnance.
Je viendrai seulement passer ici la nuit
Avec dix de mes gens, sans scandale et sans bruit.
Pour la forme il faudra, s'il vous plaît, qu'on m'apporte,

---

1. La première édition (23 mars 1669) assigne ce vers à Elmire, mais c'est probablement une faute d'impression corrigée dès la deuxième (6 juin 1669).
2. Voyez tome IV, page 307, note 2.

ACTE V, SCÈNE IV.

Avant que se coucher, les clefs de votre porte.
J'aurai soin de ne pas troubler votre repos,
Et de ne rien souffrir qui ne soit à propos.
Mais demain, du matin, il vous faut être habile
A vider de céans jusqu'au moindre ustensile ;
Mes gens vous aideront, et je les ai pris forts,
Pour vous faire service à tout mettre dehors.
On n'en peut pas user mieux que je fais, je pense,
Et, comme je vous traite avec grande indulgence,
Je vous conjure aussi, monsieur, d'en user bien,
Et qu'au dû de ma charge on ne me trouble en rien.

ORGON, à part.

Du meilleur de mon cœur je donnerois, sur l'heure,
Les cent plus beaux louis de ce qui me demeure,
Et pouvoir, à plaisir, sur ce mufle asséner
Le plus grand coup de poing qui se puisse donner [1].

CLÉANTE, bas, à Orgon.

Laissez, ne gâtons rien.

DAMIS.

A cette audace étrange
J'ai peine à me tenir, et la main me démange.*

---

* Var. *Cette audace est trop forte;*
J'ai peine à me tenir, il vaut mieux que je sorte (1682).

Cette variante de l'édition de 1682 est expliquée comme il suit dans l'Avertissement de l'édition de 1734 : « Les comédiens avoient fait ce changement, parce que souvent ils étoient dans la nécessité de faire jouer deux personnages à un même acteur, et qu'en faisant ainsi sortir Damis du théâtre, il pouvoit, en changeant d'habit, faire le rôle de l'exempt qui vient avec Tartuffe à la fin de l'acte. Cette raison de convenance pour les comédiens peut-elle autoriser à changer le texte d'un auteur? L'éditeur, du moins, ne devoit pas mettre au nombre des acteurs dans l'avant-dernière scène le même Damis qui est censé sorti du théâtre, ni lui faire dire, en parlant de Tartuffe, ce vers que les comédiens font dire par Dorine :

Comme du ciel l'infâme impudemment se joue! »

1. L'édition de 1682 indique que vingt-huit vers, à partir de ces mots :

DORINE.

Avec un si bon dos, ma foi, monsieur Loyal,
Quelques coups de bâton ne vous siéroient pas mal.

MONSIEUR LOYAL.

On pourroit bien punir ces paroles infâmes,
Mamie; et l'on décrète aussi contre les femmes[1].

CLÉANTE, à monsieur Loyal.

Finissons tout cela, monsieur; c'en est assez.
Donnez tôt ce papier, de grâce, et nous laissez.

MONSIEUR LOYAL.

Jusqu'au revoir. Le ciel vous tienne tous en joie!

ORGON.

Puisse-t-il te confondre, et celui qui t'envoie!

SCÈNE V.

ORGON, MADAME PERNELLE, ELMIRE, CLÉANTE, MARIANE, DAMIS, DORINE.

ORGON.

Hé bien! vous le voyez, ma mère, si j'ai droit;
Et vous pouvez juger du reste par l'exploit.
Ses trahisons enfin vous sont-elles connues?

MADAME PERNELLE.

Je suis tout ébaubie, et je tombe des nues!

« Pour tous les gens de bien, etc., » jusqu'à ceux-ci : « qui se puisse donner, » étaient omis à la représentation.

1. Le décret dont M. Loyal menace ici Damis et Dorine ne pourrait entraîner la privation immédiate de la liberté. L'article 4 de l'ordonnance de 1572 portait : « Voulons que, sur le rapport signé des sergents ou huissiers exécuteurs de justice, certifiés de records, sans attendre autres informations, nos juges, en cas de résistance par voie de fait, puissent décréter ajournement personnel; sauf, après avoir informé, procéder par décret de prise de corps, ainsi qu'ils verront à faire. »

DORINE, à Orgon.

Vous vous plaignez à tort, à tort vous le blâmez,
Et ses pieux desseins par là sont confirmés.
Dans l'amour du prochain sa vertu se consomme :
Il sait que très souvent les biens corrompent l'homme,
Et, par charité pure, il veut vous enlever
Tout ce qui vous peut faire obstacle à vous sauver.

ORGON.

Taisez-vous. C'est le mot qu'il vous faut toujours dire.

CLÉANTE, à Orgon.

Allons voir quel conseil on doit vous faire élire[1].

ELMIRE.

Allez faire éclater l'audace de l'ingrat.
Ce procédé détruit la vertu du contrat ;
Et sa déloyauté va paroître trop noire,
Pour souffrir qu'il en ait le succès qu'on veut croire.

SCÈNE VI.

VALÈRE, ORGON, MADAME PERNELLE, ELMIRE,
CLÉANTE, MARIANE, DAMIS, DORINE.

VALÈRE.

Avec regret, monsieur, je viens vous affliger ;
Mais je m'y vois contraint par le pressant danger.
Un ami, qui m'est joint d'une amitié fort tendre,
Et qui sait l'intérêt qu'en vous j'ai lieu de prendre,
A violé pour moi, par un pas délicat,
Le secret que l'on doit aux affaires d'État,
Et me vient d'envoyer un avis dont la suite

---

1. Ce vers et les sept qui précèdent étaient omis à la scène, suivant l'édition de 1682.

Vous réduit au parti d'une soudaine fuite.
Le fourbe qui longtemps a pu vous imposer
Depuis une heure au prince a su vous accuser,
Et remettre en ses mains, dans les traits qu'il vous jette,
D'un criminel d'État l'importante cassette,
Dont, au mépris, dit-il, du devoir d'un sujet,
Vous avez conservé le coupable secret.
J'ignore le détail du crime qu'on vous donne[1];
Mais un ordre est donné contre votre personne;
Et lui-même est chargé, pour mieux l'exécuter,
D'accompagner celui qui vous doit arrêter.

CLÉANTE.

Voilà ses droits armés ; et c'est par où le traître
De vos biens qu'il prétend cherche à se rendre maître.

ORGON.

L'homme est, je vous l'avoue, un méchant animal !

VALÈRE.

Le moindre amusement[2] vous peut être fatal.
J'ai, pour vous emmener, mon carrosse à la porte,
Avec mille louis qu'ici je vous apporte.
Ne perdons point de temps : le trait est foudroyant;
Et ce sont de ces coups que l'on pare en fuyant.
A vous mettre en lieu sûr je m'offre pour conduite,
Et veux accompagner jusqu'au bout votre fuite.

ORGON.

Las ! que ne dois-je point à vos soins obligeants !
Pour vous en rendre grâce, il faut un autre temps;
Et je demande au ciel de m'être assez propice
Pour reconnoître un jour ce généreux service.
Adieu : prenez le soin, vous autres...

---

1. Qu'on vous attribue. C'est un latinisme, *dare crimen alicui.*
2. *Amusement,* délai, retard.

CLÉANTE.

Allez tôt;
Nous songerons, mon frère, à faire ce qu'il faut.

SCÈNE VII.
TARTUFFE, UN EXEMPT, MADAME PERNELLE, ORGON, ELMIRE, CLÉANTE, MARIANE, VALÈRE, DAMIS, DORINE.

TARTUFFE, arrêtant Orgon.

Tout beau, monsieur, tout beau, ne courez point si vite;
Vous n'irez pas fort loin pour trouver votre gîte;
Et, de la part du prince, on vous fait prisonnier.

ORGON.

Traître ! tu me gardois ce trait pour le dernier :
C'est le coup, scélérat, par où tu m'expédies;
Et voilà couronner toutes tes perfidies.

TARTUFFE.

Vos injures n'ont rien à me pouvoir aigrir;
Et je suis, pour le ciel, appris à tout souffrir.

CLÉANTE.

La modération est grande, je l'avoue.

DAMIS.

Comme du ciel l'infâme impudemment se joue !

TARTUFFE.

Tous vos emportements ne sauroient m'émouvoir;
Et je ne songe à rien qu'à faire mon devoir.

MARIANE.

Vous avez de ceci grande gloire à prétendre;
Et cet emploi pour vous est fort honnête à prendre.

TARTUFFE.

Un emploi ne sauroit être que glorieux,

Quand il part du pouvoir qui m'envoie en ces lieux.
ORGON.
Mais t'es-tu souvenu que ma main charitable,
Ingrat, t'a retiré d'un état misérable?
TARTUFFE.
Oui, je sais quels secours j'en ai pu recevoir:
Mais l'intérêt du prince est mon premier devoir.
De ce devoir sacré la juste violence
Étouffe dans mon cœur toute reconnoissance;
Et je sacrifierois à de si puissants nœuds
Ami, femme, parents, et moi-même avec eux.
ELMIRE.
L'imposteur!
DORINE.
        Comme il sait, de traîtresse manière,
Se faire un beau manteau de tout ce qu'on révère!
CLÉANTE.
Mais s'il est si parfait que vous le déclarez,
Ce zèle qui vous pousse et dont vous vous parez,
D'où vient que pour paroître il s'avise d'attendre
Qu'à poursuivre sa femme il ait su vous surprendre,
Et que vous ne songez à l'aller dénoncer
Que lorsque son honneur l'oblige à vous chasser?
Je ne vous parle point, pour devoir en distraire[1],
Du don de tout son bien qu'il venoit de vous faire;
Mais, le voulant traiter en coupable aujourd'hui,
Pourquoi consentiez-vous à rien prendre de lui?
TARTUFFE, à l'exempt.
Délivrez-moi, monsieur, de la criaillerie;
Et daignez accomplir votre ordre, je vous prie.

---

1. *Pour devoir en distraire*, signifie probablement : pour avoir dû vous détourner d'une telle action.

ACTE V, SCÈNE VII.

L'EXEMPT.

Oui, c'est trop demeurer, sans doute, à l'accomplir;
Votre bouche à propos m'invite à le remplir :
Et, pour l'exécuter, suivez-moi tout à l'heure
Dans la prison qu'on doit vous donner pour demeure[1].

TARTUFFE.

Qui? moi, monsieur?

L'EXEMPT.

Oui, vous.

TARTUFFE.

Pourquoi donc la prison?

L'EXEMPT.

Ce n'est pas vous à qui j'en veux rendre raison.

(A Orgon.)

Remettez-vous, monsieur, d'une alarme si chaude.
Nous vivons sous un prince ennemi de la fraude,
Un prince dont les yeux se font jour dans les cœurs,
Et que ne peut tromper tout l'art des imposteurs.
D'un fin discernement sa grande âme pourvue
Sur les choses toujours jette une droite vue;
Chez elle jamais rien ne surprend trop d'accès,
Et sa ferme raison ne tombe en nul excès[2].

---

1. Voilà un coup de théâtre qui est, pour ainsi dire, le pendant de celui qu'ont produit au quatrième acte ces paroles de Tartuffe :

C'est à vous d'en sortir, vous qui parlez en maître.

Autant l'un a causé de terreur et de consternation, autant l'autre procure de soulagement et de plaisir. (AUGER.)

2. Cette louange sur le droit sens naturel et la modération de jugement du maître était méritée à cette date de 1669; l'apparition du *Tartuffe* venait elle-même comme pièce à l'appui. (SAINTE-BEUVE.)

Pendant la période révolutionnaire qui suivit le 10 août 1792, on n'eût point toléré, même dans la bouche de l'exempt chargé d'arrêter Tartuffe,

Il donne aux gens de bien une gloire immortelle;
Mais sans aveuglement il fait briller ce zèle,
Et l'amour pour les vrais ne ferme point son cœur
A tout ce que les faux doivent donner d'horreur[1].
Celui-ci n'étoit pas pour le pouvoir surprendre,
Et de piéges plus fins on le voit se défendre.
D'abord il a percé, par ses vives clartés,
Des replis de son cœur toutes les lâchetés.
Venant vous accuser, il s'est trahi lui-même,
Et, par un juste trait de l'équité suprême,
S'est découvert au prince un fourbe renommé,
Dont sous un autre nom il étoit informé;
Et c'est un long détail d'actions toutes noires
Dont on pourroit former des volumes d'histoires[2].
Ce monarque, en un mot, a vers vous détesté
Sa lâche ingratitude et sa déloyauté;
A ses autres horreurs il a joint cette suite,
Et ne m'a jusqu'ici soumis à sa conduite
Que pour voir l'impudence aller jusques au bout,

un éloge public de Louis XIV, et les acteurs étaient obligés de substituer à cette tirade les vers suivants, que Cailhava avait composés :

> Remettez-vous, monsieur, d'une alarme si chaude.
> Ils sont passés ces jours d'injustice et de fraude,
> Où, doublement perfide, un calomniateur
> Ravissoit à la fois et la vie et l'honneur.
> Celui-ci, ne pouvant, au gré de son envie,
> Prouver que votre ami trahissoit la patrie
> Et vous traiter vous-même en criminel d'État,
> S'est fait connoître à fond pour un franc scélérat :
> Le monstre veut vous perdre ; et sa coupable audace
> Sous le glaive des lois l'enchaîne à votre place.

1. Huit vers à partir de ces mots : « D'un fin discernement, » jusqu'à ceux-ci : « doivent donner d'horreur, » étaient omis à la représentation. (Édition de 1682.)

2. Huit vers à partir de ces mots : « D'abord il a percé, » jusqu'à ceux-ci : « des volumes d'histoires, » étaient encore omis à la représentation. (Édition de 1682.)

Et vous faire, par lui, faire raison de tout[1].
Oui, de tous vos papiers, dont il se dit le maître,
Il veut qu'entre vos mains je dépouille le traître.
D'un souverain pouvoir, il brise les liens
Du contrat qui lui fait un don de tous vos biens,
Et vous pardonne enfin cette offense secrète
Où vous a d'un ami fait tomber la retraite ;
Et c'est le prix qu'il donne au zèle qu'autrefois
On vous vit témoigner en appuyant ses droits,
Pour montrer que son cœur sait, quand moins on y pense,
D'une bonne action verser la récompense ;
Que jamais le mérite avec lui ne perd rien ;
Et que, mieux que du mal, il se souvient du bien[2].

DORINE.
Que le ciel soit loué !

MADAME PERNELLE.
Maintenant je respire.

ELMIRE.
Favorable succès !

---

1. Enfin ce vers et les trois qui précèdent sont également indiqués, dans l'édition de 1682, comme étant supprimés à la représentation. La tirade de l'exempt était donc réduite de moitié, et n'avait plus que vingt vers.

2. On a relevé dans ce récit un assez grand nombre d'incorrections et de négligences de style. (Voyez le *Lexique comparé de la Langue de Molière*, par M. F. Génin, page 211.) Il n'est pas permis cependant de conclure de là que Molière ait confié l'exécution de ce morceau à quelqu'un des versificateurs de sa troupe. Mais le poète brossait rapidement, pour ainsi dire, ces sortes de hors-d'œuvre. On a pu observer déjà que, lorsque l'action se détend et qu'il ne s'agit plus que de remplir le cadre convenu, parfois le style de Molière se relâche et, comme en ces dernières scènes du *Tartuffe*, la précipitation du pinceau devient sensible.

Dans l'analyse du discours de l'exempt que donne la Lettre sur *l'Imposteur*, on remarquera que l'exempt disait, en parlant de Louis XIV, que « l'hypocrisie est autant en horreur dans son esprit qu'elle est accréditée parmi ses sujets ». Ce trait, qui a été effacé, offre une trace de la vivacité première de la lutte. Il faut lire, du reste, ce que dit l'auteur de la Lettre relativement à cette péripétie finale.

MARIANE.

Qui l'auroit osé dire?

ORGON, à Tartuffe, que l'exempt emmène.

Hé bien! te voilà, traître!...

SCÈNE VIII.

MADAME PERNELLE, ORGON, ELMIRE, MARIANE, CLÉANTE, VALÈRE, DAMIS, DORINE.

CLÉANTE.

Ah! mon frère, arrêtez,
Et ne descendez point à des indignités.
A son mauvais destin laissez un misérable,
Et ne vous joignez point au remords qui l'accable.
Souhaitez bien plutôt que son cœur, en ce jour,
Au sein de la vertu fasse un heureux retour;
Qu'il corrige sa vie en détestant son vice,
Et puisse du grand prince adoucir la justice;
Tandis qu'à sa bonté vous irez, à genoux,
Rendre ce que demande un traitement si doux.

ORGON.

Oui, c'est bien dit. Allons à ses pieds avec joie
Nous louer des bontés que son cœur nous déploie :
Puis, acquittés un peu de ce premier devoir,
Aux justes soins d'un autre il nous faudra pourvoir,
Et par un doux hymen couronner en Valère
La flamme d'un amant généreux et sincère[1].

---

1. Le dernier mot de l'œuvre, c'est le recours au roi, l'intervention suprême du monarque sans laquelle Tartuffe triomphe. L'intérêt de ce dénoûment est tout historique; mais il est évident qu'il laisse la question à toute sa hauteur, et qu'il fait aboutir la scène, pour ainsi dire, aux marches mêmes du trône.

Au point de vue littéraire, ce dénoûment a donné lieu jadis à de nombreuses discussions scolastiques qui ont perdu beaucoup de leur importance. Nous nous bornerons à citer les réflexions de La Harpe : « Le seul reproche qu'on ait fait à cette inimitable production, c'est un dénoûment amené par un ressort étranger à la pièce; mais je ne sais si cette prétendue faute en est réellement une. Tartuffe est si coupable qu'il ne suffisait pas, ce me semble, qu'il fût démasqué : il fallait qu'il fût puni; et il ne pouvait pas l'être par les lois, encore moins par la société. Un hypocrite brave tout en se réfugiant chez ses pareils et en attestant Dieu et la religion. Et n'était-ce pas donner un exemple instructif et faire au moins du pouvoir absolu un usage honorable, que de l'employer à la punition d'un si abominable homme et de montrer que le méchant peut quelquefois se perdre par sa propre méchanceté et tomber dans le piége qu'il tendait au autres? Je conviens que ce dénoûment n'est pas conforme aux règles ordinaires; mais, dans un ouvrage où le talent de Molière lui avait appris à agrandir la sphère de la comédie, l'*art* pouvait lui apprendre aussi à *franchir les limites de l'art;* et, si dans ce dénoûment il a le plaisir de satisfaire sa reconnaissance pour Louis XIV, il y trouve un moyen de satisfaire en même temps l'indignation du spectateur. »

FIN DU TARTUFFE.

ADDITION A LA NOTICE PRÉLIMINAIRE.

M. le duc d'Aumale a tiré des archives de la maison de Condé une lettre de Henri-Jules, duc d'Enghien, fils du grand Condé, à un M. de Ricous qui faisait à Paris les affaires de son père. Voici cette lettre, qui a été publiée dans *le Moliériste* du 1ᵉʳ octobre 1881 :

HENRI-JULES DE BOURBON A M. DE RICOUS.

« Monsieur mon père ira à la Saint-Hubert à Versaille, et le lendemain de la Saint-Hubert il ira au Rincy, où madame la princesse Palatine ira l'attendre. On y voudroit avoir Molière pour jouer la comédie des *Médecins* et l'on voudroit aussy y avoir *Tartufe*. Parlés-luy en donc pour qu'il tiene ces deux comédies prestes, et s'il y a quelque rôle à repasser qu'il les face repasser à ces *(sic)* camarades. S'il en vouloit faire quelque difficultés, parlés luy d'une manière qui lui face comprendre que monsieur mon père et moy en avons bien envie, et qu'il nous fera plaisir de nous contenter en cela et de n'y point aporter de difficulté. Si le quatriesme acte de *Tartufe* estoit faict, demandés luy s'il ne le pouroit pas jouer. Et ce qu'il faut lui recommander particulièrement c'est de n'en parler à persone, et l'on ne veut point que l'on le sçache devant que cela soit faict.

« Dittes-luy donc qu'il n'en dise mot et qu'il tiene prest tout ce qu'il faut pour cela. Je me suis chargé de la part de monsieur mon père de vous mander ce que je vous mande. N'en parlés du tout qu'à Molière. Si M. Le Nostre est à Paris, il faudroit faire en sorte qu'il vint le plus tôt qu'il pouroit. Parlés-

ADDITION A LA NOTICE PRÉLIMINAIRE.

luy et dittes-luy que monsieur mon père l'atant pour le parterre. Parlés à M. Caillet pour la voiture.

« Vous estes un home vigilant et actif. Je sçay bien que l'on peut se reposer sur vous. Je vous prie de n'y pas manquer et de me faire sçavoir la responce de Molière.

« HENRY-JULES DE BOURBON. »

Sans aucun doute ce billet est du mois d'octobre 1665 et se rapporte à la représentation du *Tartuffe* qui eut lieu au Raincy le 8 novembre de cette année (voyez page 24, note 3). Mais La Grange, dans son registre et dans l'édition de 1682, dit formellement que le *Tartuffe* « parfait, entier et achevé en cinq actes », fut joué au Raincy le 29 novembre 1664. Comment le duc d'Enghien peut-il demander, au mois d'octobre 1665, si le quatrième acte de *Tartuffe* est fait? Il avait assisté à la représentation de 1664; il ne pouvait se tromper. M. Régnier, ex-sociétaire de la Comédie française, explique, dans un article inséré au journal *le Temps* du 8 octobre 1881, la contradiction qui semble exister entre deux témoins si irrécusables. Il pense qu'il s'agit d'un remaniement demandé au poète et d'un quatrième acte, non pas *fait,* mais *refait,* corrigé peut-être selon les indications du prince. Nous ne voyons pas, en effet, d'autre manière de résoudre le problème. Le grand Condé aurait collaboré en quelque sorte au *Tartuffe,* comme Louis XIV avait collaboré aux *Fâcheux*.

LETTRE

SUR LA COMÉDIE DE L'IMPOSTEUR.

AVIS

Cette lettre est composée de deux parties : la première est une relation de la représentation de l'Imposteur[1], et la dernière consiste en deux réflexions sur cette comédie. Pour ce qui est de la relation, on a cru qu'il étoit à propos d'avertir ici que l'auteur n'a vu la pièce qu'il rapporte que la seule fois qu'elle a été représentée en public, et sans aucun dessein d'en rien retenir, ne prévoyant pas l'occasion qui l'a engagé à faire ce petit ouvrage : ce qu'on ne dit point pour le louer de bonne mémoire, qui est une qualité pour qui il a tout le mépris imaginable, mais bien pour aller au-devant de ceux qui ne seront pas contents de ce qui est inséré des paroles de la comédie dans cette relation, parce qu'ils voudroient voir la pièce entière, et qui ne seront pas assez raisonnables pour considérer la difficulté qu'il y a eu à en retenir seulement ce qu'on en donne ici. L'auteur s'est contenté la plupart du temps de rapporter à peu près les mêmes mots, et ne se hasarde guère à mettre des vers : il lui étoit bien aisé, s'il eût voulu, de faire autrement, et de mettre tout en vers ce qu'il rapporte, de quoi quelques gens se seroient peut-être mieux accommodés ; mais il a cru devoir ce respect au

---

1. Représentation unique donnée le 5 août 1667.

poëte dont il raconte l'ouvrage, quoiqu'il ne l'ait jamais vu que sur le théâtre, de ne point travailler sur sa matière, et de ne se hasarder pas à défigurer ses pensées, en leur donnant peut-être un tour autre que le sien. Si cette retenue et cette sincérité ne produisent pas un effet fort agréable, on espère du moins qu'elles paroîtront estimables à quelques-uns, et excusables à tous.

Des deux réflexions qui composent la dernière partie, on n'auroit point vu la plupart de la dernière, et l'auteur n'auroit fait que la proposer sans la prouver, s'il en avoit été cru, parce qu'elle lui semble trop spéculative, mais il n'a pas été le maître; toutefois, comme il se défie extrêmement de la délicatesse des esprits du siècle, qui se rebutent à la moindre apparence de dogme, il n'a pu s'empêcher d'avertir dans le lieu même, comme on verra, ceux qui n'aiment pas le raisonnement, qu'ils n'ont que faire de passer outre. Ce n'est pas qu'il n'ait fait tout ce que la brièveté du temps et ses occupations de devoir lui ont permis, pour donner à son discours l'air le moins contraint, le plus libre et le plus dégagé qu'il a pu; mais, comme il n'est point de genre d'écrire plus difficile que celui-là, il avoue de bonne foi qu'il auroit encore besoin de cinq ou six mois pour mettre ce seul discours du ridicule non pas dans l'état de perfection dont la matière est capable, mais seulement dans celui qu'il est capable de lui donner.

En général, on prie les lecteurs de considérer la circonspection dont l'auteur a usé dans cette matière, et de remarquer que dans tout ce petit ouvrage il ne se trouvera pas qu'il juge en aucune manière de ce qui est en question, sur la comédie qui en est le sujet: car, pour la première partie, ce n'est, comme on l'a déjà dit, qu'une relation fidèle de la chose, et de ce qui s'en est dit pour et contre par les intelligents; et, pour les réflexions qui composent l'autre, il n'y parle que sur des suppositions qu'il n'examine point. Dans la première, il suppose l'innocence de cette pièce, quant au particulier de tout ce qu'elle contient, ce qui est le point de la question, et s'attache simplement à combattre une objection générale qu'on a faite, sur ce qu'il est parlé de la religion ; et, dans la dernière, continuant sur la même supposition, il propose une utilité accidentelle qu'il croit qu'on en peut tirer contre la galanterie et les galants, utilité qui assurément est grande, si elle est véritable ; mais qui, quand elle le seroit, ne justifieroit pas les défauts essentiels que les puissances ont trouvés dans cette comédie, si tant est qu'ils y soient, ce qu'il n'examine point.

C'est ce qu'on a cru devoir dire par avance, pour la satisfaction des gens sages, et pour prévenir la pensée que le titre de cet ouvrage leur pourroit donner, qu'on manque au respect qui est dû aux puissances ; mais aussi, après avoir eu cette déférence et ce soin pour le jugement des hommes, et leur avoir rendu un témoignage si précis de sa conduite, s'ils n'en jugent pas équitablement, l'auteur a sujet de s'en consoler, puisqu'il ne fait enfin que ce qu'il croit devoir à la justice, à la raison et à la vérité.

LETTRE

SUR LA COMÉDIE DE *L'IMPOSTEUR*.

Monsieur,

Puisque c'est un crime pour moi d'avoir été à la première représentation de *l'Imposteur,* que vous avez manquée, et que je ne saurois en obtenir le pardon qu'en réparant la perte que vous avez faite, et qu'il vous plaît de m'imputer, il faut bien que j'essaye de rentrer dans vos bonnes grâces, et que je fasse violence à ma paresse, pour satisfaire votre curiosité.

Imaginez-vous donc de voir d'abord paroître une vieille, qu'à son air et à ses habits on n'auroit garde de prendre pour la mère du maître de la maison, si le respect et l'empressement avec lequel elle est suivie de diverses personnes très propres, et de fort bonne mine, ne la faisoient connoître. Ses paroles et ses grimaces témoignent également sa colère et l'envie qu'elle a de sortir d'un lieu où elle avoue franchement *qu'elle ne peut plus demeurer, voyant la manière de vie qu'on y mène.* C'est ce qu'elle décrit d'une merveilleuse sorte : et comme son petit-fils ose lui répondre, elle s'emporte contre lui, et lui fait son portrait avec les couleurs les plus naturelles et les plus aigres qu'elle peut trouver, et conclut *qu'il y a longtemps qu'elle a dit à son père qu'il ne seroit jamais qu'un vaurien.* Autant en fait-elle, pour le même sujet, à sa bru, au frère de sa bru, et à sa suivante ; la passion qui l'anime lui fournissant des paroles, elle réussit si bien dans tous ces caractères si différents que le spectateur, ôtant de chacun d'eux ce qu'elle y met du sien, c'est-à-dire l'austérité ridicule du temps passé, avec laquelle elle juge de l'esprit et de la conduite d'aujourd'hui, connoît tous ces gens-là mieux qu'elle-même, et reçoit une volupté très sensible d'être informé dès l'abord de la nature des personnages par une voie si fidèle et si agréable.

Sa connoissance n'est pas bornée à ce qu'il voit, et le caractère des absents résulte de celui des présents. On voit fort clairement, par tout le discours de la vieille, qu'elle ne jugeroit pas si rigoureusement des déportements de ceux à qui elle parle, s'ils avoient autant de respect, d'estime et d'admiration, que son fils et elle pour M. Panulphe ; que toute leur méchanceté consiste *dans le peu de vénération qu'ils ont pour ce saint homme, et dans le déplaisir qu'ils témoignent de la déférence et de l'amitié avec laquelle il est traité du maître de la maison ; que ce n'est pas merveille qu'ils le haïssent comme ils le font, censurant leur méchante vie comme il fait, et qu'enfin la vertu est toujours persécutée.* Les autres, se voulant défendre, achèvent le caractère du saint personnage, mais pourtant seulement comme d'un zélé indiscret et ridicule. Et sur ce propos le frère de la bru commence déjà à faire voir quelle est la véritable dévotion par rapport à celle de M. Panulphe, de sorte que le venin, s'il y en a à tourner la bigoterie en ridicule, est presque précédé par le contre-poison. Vous remarquerez, s'il vous plaît, que pour achever la peinture de ce bon monsieur, on lui a donné un valet, duquel, quoiqu'il n'ait point à paroître, on fait le caractère tout semblable au sien, c'est-à-dire, selon Aristote, qu'on dépeint le valet pour faire mieux connoître le maître. La suivante, sur ce propos, continuant de se plaindre des réprimandes continuelles de l'un et de l'autre, expose entre autres le chapitre sur lequel M. Panulphe est plus fort, *c'est à crier contre les visites que reçoit madame ;* et dit sur cela, voulant seulement plaisanter et faire enrager la vieille, et sans qu'il paroisse qu'elle se doute déjà de quelque chose, *qu'il faut assurément qu'il en soit jaloux ;* ce qui commence cependant à rendre croyable l'amour brutal et emporté qu'on verra aux actes suivants dans le saint personnage. Vous pouvez croire que la vieille n'écoute pas cette raillerie, qu'elle croit impie, sans s'emporter horriblement contre celle qui la fait; mais, comme elle voit que toutes ces raisons ne persuadent point ces esprits obstinés, elle recourt aux autorités et aux exemples, et leur apprend les étranges jugements que font les voisins de leur manière de vivre ; elle appuie particulièrement sur une voisine, dont elle propose l'exemple à sa bru comme un modèle de vertu parfaite, et enfin *de la manière qu'il faudroit qu'elle vécût,* c'est-à-dire à la Panulphe. La suivante repart aussitôt que *la sagesse de cette voisine a attendu sa vieillesse, et qu'il lui faut bien pardonner si elle est prude, parce qu'elle ne l'est qu'à son corps défendant.* Le frère de la bru continue par un caractère sanglant qu'il fait de l'humeur des gens de cet âge, *qui blâment tout ce qu'ils ne peuvent plus faire.* Comme cela touche la vieille de fort près, elle entreprend avec grande chaleur de répondre, sans pourtant témoigner se l'appliquer en aucune façon : ce que nous ne faisons jamais dans ces occasions, pour avoir un champ plus libre à nous défendre, en feignant d'attaquer simplement la thèse proposée, et évaporer toute notre bile contre qui nous pique de cette manière subtile, sans qu'il paroisse que nous le fassions pour notre intérêt. Pour remettre la vieille de son émotion, le frère continue, sans faire semblant d'apercevoir le désordre où son discours l'a mise, et, pour un exemple de bigoterie qu'elle avoit apporté, il en donne six ou sept, qu'il propose, soutient, et prouve l'être de la véritable vertu ; nombre qui excède de beaucoup celui des bigots allégués par la vieille, pour aller au-devant des jugements, malicieux ou libertins, qui voudroient induire de l'aventure qui fait le sujet de cette pièce qu'il n'y a point ou fort peu de véritables gens de bien, en témoignant par ce dénombrement que le nombre en est grand en soi, voire très grand, si on le compare à celui des fieffés bigots qui ne réussiroient pas si bien dans le monde s'ils étoient en si grande quantité. Enfin la vieille sort de colère, et, étant encore dans la chaleur de la dispute, donne un soufflet, sans aucun sujet, à la petite fille sur qui elle s'appuie, qui n'en pouvoit mais. Cependant le frère parlant d'elle, et l'appelant *la bonne femme,* donne occasion à la suivante de mettre la dernière main à ce ravissant caractère, en lui disant *qu'il n'auroit qu'à l'appeler ainsi devant elle, qu'elle lui diroit bien qu'elle le trouve bon, et qu'elle n'est point d'âge à mériter ce nom.*

Ensuite, ceux qui sont restés parlent d'affaires, et exposent qu'ils sont en peine de faire achever un mariage qui est arrêté depuis longtemps d'un fort brave cavalier avec la fille de la maison, et que pourtant le père de la fille diffère fort obstinément : ne sachant quelle peut être la cause de ce retardement, ils l'attribuent fort naturellement au principe général de toutes les actions de ce pauvre homme, coiffé de monsieur Panulphe, c'est-à-dire à monsieur Panulphe même, sans toutefois comprendre pourquoi ni comment il peut en être la cause. Et là on commence à raffiner le caractère du saint personnage, en montrant, par l'exemple de cette affaire domestique, comme les dévots, ne s'arrêtant pas simplement à ce qui est plus directement de leur métier, qui est de critiquer et de mordre, passent au delà, sous des prétextes plausibles, à s'ingérer dans les affaires les plus secrètes et les plus séculières des familles.

Quoique la dame se trouvât assez mal, elle étoit descendue avec bien de l'incommodité dans cette salle basse, pour accompagner sa belle-mère : ce qui commence à former admirablement son caractère, tel qu'il le faut pour la suite, d'une vraie femme de bien, qui connoit parfaitement ses véritables devoirs, et qui y satisfait jusqu'au scrupule. Elle se retire avec la fille dont est question, nommée Mariane, et le frère de cette fille, nommé Damis ; après être tombés d'accord tous ensemble que le frère de la dame pressera son mari pour avoir de lui une dernière réponse sur le mariage[1].

La suivante demeure avec ce frère, dont le personnage est tout à fait heureux, dans cette occasion, pour faire rapporter avec vraisemblance et bienséance à un homme qui n'est pas de la maison, quoique intéressé pour sa sœur dans tout ce qui s'y passe, de quelle manière monsieur Panulphe y est traité. Cette fille le fait admirablement : elle conte comment *il tient le haut de la table aux repas ;* comment *il est servi le premier de tout ce qu'il y a de meilleur ;* comment *le maître de la maison et lui ne se traitent que de frère.* Enfin, comme elle est en beau chemin, monsieur arrive.

---

1. En comparant cette partie de l'analyse et les scènes i et ii du *Tartuffe*, on remarquera que la pièce a subi des changements assez considérables.

Il lui demande d'abord *ce qu'on fait à la maison,* et en reçoit pour réponse que *madame se porte assez mal;* à quoi, sans répliquer, il continue : *Et Panulphe?* La suivante, contrainte de répondre, lui dit brusquement que *Panulphe se porte bien.* Sur quoi l'autre s'écrie, d'un ton mêlé d'admiration et de compassion : *Le pauvre homme!* La suivante revient d'abord à l'incommodité de sa maîtresse, par trois fois est interrompue de même, répond de même, et revient de même; ce qui est la manière du monde la plus heureuse et la plus naturelle de produire un caractère aussi outré que celui de ce bon seigneur, qui paroît, de cette sorte, d'abord dans le plus haut degré de son entêtement; ce qui est nécessaire, afin que le changement qui se fera dans lui, quand il sera désabusé (qui est proprement le sujet de la pièce), paroisse d'autant plus merveilleux au spectateur.

C'est ici que commence le caractère le plus plaisant et le plus étrange des bigots : car la suivante ayant dit que *madame n'a point soupé,* et monsieur ayant répondu, comme j'ai dit, *Et Panulphe?* elle réplique qu'*il a mangé deux perdrix, et quelque rôti outre cela;* ensuite qu'*il a fait la nuit tout d'une pièce,* sur ce que *sa maîtresse n'avoit point dormi;* et qu'enfin *le matin, avant que de sortir, pour réparer le sang qu'avoit perdu madame, il a bu quatre coups de bon vin pur.* Tout cela, dis-je, le fait connoître premièrement pour un homme très-sensuel et fort gourmand, ainsi que le sont la plupart des bigots.

La suivante s'en va, et les beaux-frères restant seuls, le sage prend occasion, sur ce qui vient de se passer, de pousser l'autre sur le chapitre de son Panulphe. Cela semble affecté, non nécessaire, et hors de propos à quelques-uns; mais d'autres disent que, quoique ces deux hommes aient à parler ensemble d'autre chose de conséquence, pourtant la constitution de cette pièce est si heureuse que, l'hypocrite étant cause directement ou indirectement de tout ce qui s'y passe, on ne sauroit parler de lui qu'à propos; qu'ainsi ne soit, ayant fait entendre aux spectateurs, dans la scène précédente, que Panulphe gouverne absolument l'homme dont est question, il est fort naturel que son beau-frère prenne une occasion aussi favorable que celle-ci pour lui reprocher l'extravagante estime qu'il a pour ce cagot, qu'on croit être cause de la méchante disposition d'esprit où est le bonhomme touchant le mariage dont il s'agit, comme je l'ai déjà dit.

Le bon seigneur donc, pour se justifier pleinement sur ce chapitre à son beau-frère, se met à lui conter *comment il a pris Panulphe en amitié.* Il dit que, véritablement, *il étoit aussi pauvre des biens temporels que riche des éternels;* qualité commune presque à tous les bigots, qui, pour l'ordinaire, ayant peu de moyens et beaucoup d'ambition, sans aucun des talents nécessaires pour la satisfaire honnêtement, résolus cependant de l'assouvir à quelque prix que ce soit, choisissent la voie de l'hypocrisie, dont les plus stupides sont capables, et par où les plus fins se laissent duper. Le bonhomme continue qu'*il le voyoit à l'église prier Dieu avec beaucoup d'assiduité et de marques de ferveur;* que, pour peu qu'on lui donnât, il disoit bientôt: *C'est assez;* et, quand il avoit plus qu'il ne lui falloit, il l'alloit, aussitôt qu'il l'avoit reçu, souvent même *devant ceux qui lui avoient donné, distribuer aux pauvres.* Tout cela fait un effet admirable en ce que, croyant parfaitement convaincre son beau-frère de la beauté de son choix et de la justice de son amitié pour Panulphe, le bonhomme le convainc entièrement de l'hypocrisie du personnage, par tout ce qu'il dit; de sorte que ce même discours fait un effet directement contraire sur ces deux hommes, dont l'un est aussi charmé, par son propre récit, de la vertu de Panulphe, que l'autre demeure persuadé de sa méchanceté: ce qui joue si bien, que vous ne sauriez l'imaginer.

L'histoire du saint homme étant faite de cette sorte, et par une bouche très fidèle, puisqu'elle est passionnée, finit son caractère, et attire nécessairement toute la foi du spectateur. Le beau-frère, plus pleinement confirmé dans son opinion qu'auparavant, prend occasion, sur ce sujet, de faire des réflexions très solides sur les différences qui se rencontrent entre la véritable et la fausse vertu; ce qu'il fait toujours d'une manière nouvelle.

Vous remarquerez, s'il vous plaît, que d'abord l'autre, voulant exalter son Panulphe, commence à dire que *c'est un homme;* de sorte qu'il semble qu'il aille faire un long dénombrement de ses bonnes qualités; et tout cela se réduit pourtant à dire encore une ou deux fois, *mais un homme, un homme,* et à conclure, *un homme enfin;* ce qui veut dire plusieurs choses admirables: l'une, que les bigots n'ont pour l'ordinaire aucune bonne qualité, et n'ont pour tout mérite que leur bigoterie ; ce qui paroît en ce que l'homme même qui est infatué de celui-ci ne sait que dire pour le louer ; l'autre est un beau jeu du sens de ces mots, *c'est un homme,* qui concluent très véritablement que Panulphe est extrêmement un homme, c'est-à-dire un fourbe, un méchant, un traître et un animal très pervers, dans le langage de l'ancienne comédie. Et, enfin, la merveille qu'on trouve dans l'admiration que notre entêté a pour son bigot, quoiqu'il ne sache que dire pour le louer, montre parfaitement le pouvoir vraiment étrange de la religion sur les esprits des hommes, qui ne leur permet pas de faire aucune réflexion sur les défauts de ceux qu'ils estiment pieux, et qui est plus grand lui seul que celui de toutes les autres choses ensemble.

Le bonhomme, pressé par les raisonnements de son beau-frère, auxquels il n'a rien à répondre, bien qu'il les croie mauvais, lui dit adieu brusquement, et le veut quitter sans autre réponse : ce qui est le procédé naturel des opiniâtres. L'autre le retient pour lui parler de l'affaire du mariage, sur laquelle il ne lui répond qu'obliquement, sans se déclarer, et enfin à la manière des bigots, qui ne disent jamais rien de positif, de peur de s'engager à quelque chose, et qui colorent toujours l'irrésolution qu'ils témoignent de prétextes de religion. Cela dure jusqu'à ce que le beau-frère lui demande *un oui ou un non,* à quoi lui, ne voulant point répondre, le quitte enfin brutalement, comme il avoit déjà voulu faire : ce qui fait juger à l'autre que leurs affaires vont mal, et l'oblige d'y aller pourvoir.

La fille de la maison commence le second acte avec son père. Il lui demande si *elle n'est pas disposée à lui obéir toujours,* et à se conformer à ses volontés. Elle répond fort élégamment que *oui.* Il continue, et lui demande encore *que lui semble de monsieur Panulphe.* Elle, bien empêchée pourquoi on lui fait cette question, hésite ; enfin, pressée et encouragée de répondre, dit : *Tout ce que vous voudrez.* Le père lui dit qu'elle ne craigne point d'avouer ce qu'elle pense, et qu'elle dise hardiment ce qu'aussi bien il devine aisément, que *les mérites de monsieur Panulphe l'ont touchée, et qu'enfin elle l'aime.* Ce qui est admirablement dans la nature, que cet homme se soit mis dans l'esprit que sa fille trouve Panulphe aimable pour mari, à cause que lui l'aime pour ami ; n'y ayant rien de plus vrai, dans les cas comme celui-ci, que la maxime que nous jugeons des autres par nous-mêmes, parce que nous croyons toujours nos sentiments et nos inclinations fort raisonnables.

Il continue ; et, supposant que ce qu'il s'imagine est une vérité, il dit qu'*il la veut marier avec Panulphe, et qu'il croit qu'elle lui obéira fort volontiers, quand il lui commandera de le recevoir pour époux*. Elle, surprise, lui fait redire, avec un *hé!* de doute et d'incertitude de ce qu'elle a ouï ; à quoi le père réplique par un autre, d'admiration de ce doute, après qu'il s'est expliqué si clairement. Enfin, s'expliquant une seconde fois, et elle, pensant bonnement, sur ce qu'il a témoigné croire qu'elle aime Panulphe, que c'est peut-être en suite de cette croyance qu'il les veut marier ensemble, lui dit, avec un empressement fort plaisant, *qu'il n'en est rien ; qu'il n'est pas vrai qu'elle l'aime*. De quoi le père se mettant en colère, la suivante survient, qui dit son sentiment là-dessus, comme on peut penser. Le père s'emporte assez longtemps contre elle, sans la pouvoir faire taire ; enfin, comme elle s'en va, il s'en va aussi. Elle revient, et fait une scène toute de reproches et de railleries à la fille, sur la foible résistance qu'elle fait au beau dessein de son père, et lui dit fort plaisamment que *s'il trouve son Panulphe si bien fait* (car le bonhomme avoit voulu lui prouver cela), *il peut l'épouser lui-même, si bon lui semble*. Sur ce discours, Valère, amant de cette fille, à qui elle est promise, arrive. Il lui demande d'abord *si la nouvelle qu'il a apprise* de ce prétendu mariage *est véritable*. A quoi, dans la terreur où les menaces de son père et la surprise où ces nouveaux desseins l'ont jetée, ne répondant que, foiblement et comme en tremblant, Valère continue à lui demander *ce qu'elle fera*. Interdite en partie de son aventure en partie irritée du doute où il témoigne en quelque façon être de son amour, elle lui répond *qu'elle fera ce qu'il lui conseillera*. Il réplique, encore plus irrité de cette réponse, que, *pour lui, il lui conseille d'épouser Panulphe*. Elle repart, sur le même ton, *qu'elle suivra son conseil*. Il témoigne s'en peu soucier ; elle encore moins : enfin ils se querellent et se brouillent si bien ensemble qu'après mille retours ingénieux et passionnés, comme ils sont prêts à se quitter, la suivante, qui les regardoit faire pour en avoir le divertissement, entreprend de les raccommoder, et fait tant qu'elle en vient à bout. Ils concluent, comme elle leur conseille, de ne se point voir pour quelque temps, et faire semblant cependant de fléchir aux volontés du père. Cela arrêté, Dorine les fait partir chacun de leur côté, avec plus de peine qu'elle n'en avoit eu à les retenir quand ils avoient voulu s'en aller un peu devant. Ce dépit amoureux a semblé hors de propos à quelques-uns dans cette pièce ; mais d'autres prétendent, au contraire, qu'il représente très naïvement et très moralement la variété surprenante des principes d'agir qui se rencontrent en ce monde dans une même affaire, la fatalité qui fait le plus souvent brouiller les gens ensemble quand il le faut le moins, et la sottise naturelle de l'esprit des hommes, et particulièrement des amants, de penser à toute autre chose, dans les extrémités, qu'à ce qu'il faut, et s'arrêter alors à des choses de nulle conséquence dans ces temps-là, au lieu d'agir solidement dans le véritable intérêt de la passion. Cela sert, disent-ils encore, à faire mieux voir l'emportement et l'entêtement du père, qui veut rompre et rendre malheureuse une amitié si belle, née par ses ordres ; et l'injustice de la plupart des bienfaits que les dévots reçoivent des grands, qui tournent pour l'ordinaire au préjudice d'un tiers, et qui font toujours tort à quelqu'un ; ce que les Panulphes pensent être rectifié par la considération seule de leur vertu prétendue ; comme si l'iniquité devenoit innocente dans leur personne ! Outre cela, tout le monde demeure d'accord que ce dépit a cela de particulier et d'original par-dessus ceux qui ont paru jusqu'à présent sur le théâtre, qu'il naît et finit devant les spectateurs, dans une même scène, et tout cela aussi vraisemblablement que faisoient tous ceux qu'on avoit vus auparavant, où ces colères amoureuses naissent de quelque tromperie faite par un tiers ou par le hasard, et la plupart du temps derrière le théâtre ; au lieu qu'ici elles naissent divinement, à la vue des spectateurs, de la délicatesse et de la force de la passion même : ce qui mériteroit de longs commentaires.

Enfin Dorine, demeurée seule, est abordée par sa maîtresse, et le frère de sa maîtresse avec Damis[1] : tous ensemble parlant

---

1. Molière supprima cet entretien, qui terminait le deuxième acte.

de ce beau mariage, et, ne sachant quelle autre voie prendre pour le rompre, se résolvent d'en faire parler à Panulphe même par la dame, parce qu'ils commencent à croire qu'il ne la hait pas. Et par là finit l'acte, qui laisse, comme on voit, dans toutes les règles de l'art, une curiosité et une impatience extrême de savoir ce qui arrivera de cette entrevue ; comme le premier avoit laissé le spectateur en suspens et en doute de la cause pourquoy le mariage de Valère et de Mariane étoit rompu, qui est expliqué d'abord à l'entrée du second, comme on a vu.

Ainsi le troisième commence par le fils de la maison, et Dorine qui attend le bigot au passage, pour l'arrêter au nom de sa maîtresse, et lui demander de sa part une entrevue secrète. Damis le veut attendre aussi ; mais enfin la suivante le chasse. A peine l'a-t-il laissée, que Panulphe paroît, criant à son valet : *Laurent, serrez ma haire avec ma discipline ;* et que, si on le demande, *il va aux prisonniers distribuer le superflu de ses deniers.* C'est peut-être une adresse de l'auteur de ne l'avoir pas fait voir plus tôt, mais seulement quand l'action est échauffée : car un caractère de cette force tomberoit, s'il paroissoit sans faire d'abord un jeu digne de lui, ce qui ne se pouvoit que dans le fort de l'action.

Dorine l'aborde là-dessus ; mais à peine la voit-il qu'il tire son mouchoir de sa poche, et le lui présente sans la regarder, pour mettre sur son sein qu'elle a découvert, en lui disant que *les âmes pudiques par cette vue sont blessées,* et que *cela fait venir de coupables pensées.* Elle lui répond *qu'il est donc bien fragile à la tentation,* et que *cela sied bien mal avec tant de dévotion;* que, *pour elle,* qui n'est pas dévote de profession, *elle n'est pas de même,* et qu'elle *le verroit tout nu depuis la tête jusqu'aux pieds sans émotion aucune.* Enfin elle fait son message, et il le reçoit avec une joie qui le décontenance et le jette un peu hors de son rôle : et c'est ici où l'on voit représentée, mieux que nulle part ailleurs, la force de l'amour, et les grands et beaux jeux que cette passion peut faire, par les effets involontaires qu'il produit dans l'âme de toutes la plus concertée.

A peine la dame paroît que notre cagot la reçoit avec un empressement qui, bien qu'il ne soit pas fort grand, paroît extraordinaire dans un homme de sa figure. Après qu'ils sont assis, il commence par lui rendre grâces de l'occasion qu'elle lui

donne de la voir en particulier. Elle témoigne qu'il y a longtemps qu'elle avoit envie aussi de l'entretenir. Il continue par
des excuses *des bruits qu'il fait tous les jours pour les visites
qu'elle reçoit,* et la prie de ne pas croire *que ce qu'il en fait soit
par haine qu'il ait pour elle.* Elle répond qu'elle est persuadée
que *c'est le soin de son salut qui l'y oblige.* Il réplique que *ce
n'est pas ce motif seul,* mais que *c'est, outre cela, par un zèle
particulier* qu'il a pour elle ; et, sur ce propos, se met à lui conter
fleurette, en termes de dévotion mystique, d'une manière qui
surprend terriblement cette femme, parce que, d'une part, il lui
semble étrange que cet homme la cajole ; et d'ailleurs il lui
prouve si bien, par un raisonnement tiré de l'amour de Dieu,
qu'il la doit aimer, qu'elle ne sait comment le blâmer. Bien des
gens prétendent que l'usage de ces termes de dévotion, que
l'hypocrite emploie dans cette occasion, est une profanation
blâmable que le poète en fait ; d'autres disent qu'on ne peut l'en
accuser qu'avec injustice, parce que ce n'est pas lui seul qui
parle, mais l'acteur qu'il introduit ; de sorte qu'on ne sauroit lui
imputer cela, non plus qu'on ne doit pas lui imputer toutes les
impertinences qu'avancent les personnages ridicules des comédies : qu'ainsi il faut voir l'effet que l'usage de ces termes de
piété de l'acteur peut faire sur le spectateur, pour juger si cet
usage est condamnable. Et, pour le faire avec ordre, il faut supposer, disent-ils, que le théâtre est l'école de l'homme, dans
laquelle les poètes, qui étoient les théologiens du paganisme,
ont prétendu purger la volonté des passions par la tragédie, et
guérir l'entendement des opinions erronées par la comédie ; que,
pour arriver à ce but, ils ont cru que le plus sûr moyen étoit de
proposer les exemples des vices qu'ils vouloient détruire ; s'imaginant, et avec raison, qu'il étoit plus à propos, pour rendre les
hommes sages, de montrer ce qu'il leur falloit éviter que ce
qu'ils devoient imiter. Ils allèguent des raisons admirables de ce
principe, que je passe sous silence, de peur d'être trop long. Ils
continuent que c'est ce que les poètes ont pratiqué, en introduisant des personnages passionnés dans la tragédie, et des personnages ridicules dans la comédie (ils parlent du ridicule dans
le sens d'Aristote, d'Horace, de Cicéron, de Quintilien, et des
autres maîtres, et non pas dans celui du peuple) : qu'ainsi, fai-

sant profession de faire voir de méchantes choses, si l'on n'entre dans leur intention, rien n'est si aisé que de faire leur procès ; qu'il faut donc considérer si ces défauts sont produits d'une manière à en rendre la considération utile aux spectateurs; ce qui se réduit presque à savoir s'ils sont produits comme défauts, c'est-à-dire comme méchants et ridicules : car dès là ils ne peuvent faire qu'un excellent effet. Or, c'est ce qui se trouve merveilleusement dans notre hypocrite en cet endroit, car l'usage qu'il y fait des termes de piété est si horrible de soi que, quand le poète auroit apporté autant d'art à diminuer cette horreur naturelle qu'il en a apporté à la faire paroître dans toute sa force, il n'auroit pu empêcher que cela ne parût toujours fort odieux; de sorte que, cet obstacle levé, continuent-ils, l'usage de ces termes ne peut être regardé que de deux manières très innocentes, et de nulle conséquence dangereuse : l'une, comme un voile vénérable et révéré que l'hypocrite met au devant de la chose qu'il dit, pour l'insinuer sans horreur, sous des termes qui énervent toute la première impression que cette chose pourroit faire dans l'esprit, de sa turpitude naturelle; l'autre est, en considérant cet usage comme l'effet de l'habitude que les bigots ont prise de se servir de la dévotion, et de l'employer partout à leur avantage, afin de paroître agir toujours par elle ; habitude qui leur est très utile, en ce que le peuple, que ces gens-là ont en vue, et sur qui les paroles peuvent tout, se préviendra toujours d'une opinion de sainteté et de vertu pour les gens qu'il verra parler ce langage, comme si accoutumés aux choses spirituelles, et si peu à celles du monde, que, pour traiter celles-ci, ils sont contraints d'emprunter les termes de celles-là. Et c'est ici, concluent enfin ces messieurs, où il faut remarquer l'injustice de la grande objection qu'on a toujours faite contre cette pièce, qui est que, décriant les apparences de la vertu, on rend suspects ceux qui, outre cela, en ont le fonds, aussi bien que ceux qui ne l'ont pas; comme si ces apparences étoient les mêmes dans les uns que dans les autres; que les véritables dévots fussent capables des affectations que cette pièce reprend dans les hypocrites, et que la vertu n'eût pas un dehors reconnoissable de même que le vice !

Voilà comme raisonnent ces gens-là ; je vous laisse à juger

s'ils ont tort, et reviens à mon histoire. Les choses étant dans cet état, et, pendant ce dévotieux entretien, notre cagot s'approchant toujours de la dame, même sans y penser, à ce qu'il semble, à mesure qu'elle s'éloigne ; enfin il lui prend la main, comme par manière de geste, et pour lui faire quelque protestation qui exige d'elle une attention particulière ; et, tenant cette main, il la presse si fort entre les siennes qu'elle est contrainte de lui dire : *Que vous me serrez fort !* à quoi il répond soudain, à propos de ce qu'il disoit, se recueillant et s'apercevant de son transport : *C'est par excès de zèle.* Un moment après il s'oublie de nouveau, et, promenant sa main sur le genou de la dame, elle lui dit, confuse de cette liberté, *ce que fait là sa main ?* Il répond, aussi surpris que la première fois, qu'*il trouve son étoffe moelleuse ;* et, pour rendre plus vraisemblable cette défaite, par un artifice fort naturel, il continue de considérer son ajustement, et s'attaque *à son collet, dont le point lui semble admirable.* Il y porte la main encore, pour le manier et le considérer de plus près ; mais elle le repousse, plus honteuse que lui. Enfin, enflammé par tous ces petits commencements, par la présence d'une femme bien faite qu'il adore, et qui le traite avec beaucoup de civilité, et par les douceurs attachées à la première découverte d'une passion amoureuse, il lui fait sa déclaration dans les termes ci-dessus examinés ; à quoi elle répond que, *bien qu'un tel aveu ait droit de la surprendre dans un homme aussi dévot que lui...* Il l'interrompt à ces mots, en s'écriant, avec un transport fort éloquent : *Ah ! pour être dévot on n'en est pas moins homme.* Et, continuant sur ce ton, il lui fait voir d'autre part les avantages qu'il y a à être aimée d'un homme comme lui ; que le commun des gens du monde, cavaliers et autres, gardent mal un secret amoureux, et n'ont rien de plus pressé, après avoir reçu une faveur, que de s'en aller vanter ; mais que, pour ceux de son espèce, *le soin,* dit-il, *que nous avons de notre renommée est un gage assuré pour la personne aimée ; et l'on trouve avec nous, sans risquer son honneur, de l'amour sans scandale, et du plaisir sans peur.* De là, après quelques autres discours, revenant à son premier sujet, il conclut qu'*elle peut bien juger, considérant son air, qu'enfin tout homme est homme, et qu'un homme est de chair.* Il s'étend admirablement là-dessus, et lui fait si bien sentir son humanité et sa foiblesse pour elle qu'il feroit presque pitié, s'il n'étoit interrompu par Damis, qui, sortant d'un cabinet voisin dont il a tout ouï, et voyant que la dame, sensible à cette pitié, promettoit au cagot de ne rien dire, pourvu qu'il la servît dans l'affaire du mariage de Mariane, dit qu'*il faut que la chose éclate,* et qu'elle soit sue dans le monde. Panulphe paroît surpris, et demeure muet, mais pourtant sans être déconcerté. La dame prie Damis de ne rien dire ; mais il s'obstine dans son premier dessein. Sur cette contestation le mari arrivant, il lui conte tout. La dame avoue la vérité de ce qu'il dit, mais en le blâmant de le dire. Son mari les regarde l'un et l'autre d'un œil de courroux ; et, après leur avoir reproché, de toutes les manières les plus aigres qu'il se peut, *la fourbe mal conçue qu'ils lui veulent jouer ;* enfin, venant à l'hypocrite, qui cependant a médité son rôle, il le trouve qui, bien loin d'entreprendre de se justifier, par un excellent artifice, se condamne et s'accuse lui-même, en général et sans rien spécifier, de toutes sortes de crimes ; qu'il est *le plus grand des pécheurs, un méchant, un scélérat ; qu'ils ont raison de le traiter de la sorte ; qu'il doit être chassé de la maison comme un ingrat et un infâme ; qu'il mérite plus que cela ; qu'il n'est qu'un ver, qu'un néant : quelques gens jusqu'ici me croient homme de bien ; mais, mon frère, on se trompe, hélas ! je ne vaux rien.* Le bonhomme, charmé par cette humilité, s'emporte contre son fils d'une étrange sorte, l'appelant vingt fois *coquin !* Panulphe, qui le voit en beau chemin, l'anime encore davantage, en s'allant mettre à genoux devant Damis, et lui demandant pardon, sans dire de quoi. Le père s'y jette aussi, d'abord pour le relever, avec des rages extrêmes contre son fils. Enfin, après plusieurs injures, il veut l'obliger de se jeter *à genoux* devant monsieur Panulphe, et *lui demander pardon ;* mais Damis refusant de le faire, et aimant mieux quitter la place, il le chasse, et, *le déshéritant, lui donne sa malédiction.* Après, c'est à consoler monsieur Panulphe, lui faire cent satisfactions pour les autres, et enfin lui dire qu'*il lui donne sa fille en mariage,* et, avec cela, qu'*il veut lui faire une donation de tout son bien ; qu'un gendre vertueux comme lui vaut mieux qu'un fils fou* comme le sien. Après avoir exposé ce beau projet, il vient au bigot de plus près, et, avec la plus grande humilité du monde, et tremblant d'être refusé, il lui demande fort respectueusement *s'il n'acceptera pas l'offre qu'il lui propose.* A quoi le dévot répond fort chrétiennement : *La volonté du ciel soit faite en toutes choses !* Cela étant arrêté de la sorte avec une joie extrême de la part du bonhomme, Panulphe le prit de trouver bon *qu'il ne parle plus à sa femme,* et de ne l'obliger plus à avoir aucun commerce avec elle : à quoi l'autre répond, donnant dans le piège que lui tend l'hypocrite, *qu'il veut, au contraire, qu'ils soient toujours ensemble en dépit de tout le monde.* Là-dessus ils s'en vont chez le notaire passer le contrat de mariage et la donation.

Au quatrième, le frère de la dame dit à Panulphe qu'il est bien aise de le rencontrer pour lui dire son sentiment sur tout ce qui se passe, et pour lui demander *s'il ne se croit pas obligé, comme chrétien, de pardonner à Damis,* bien loin de le faire déshériter. Panulphe lui répond que, *quant à lui, il lui pardonne de bon cœur; mais que l'intérêt du ciel ne lui permet pas d'en user autrement.* Pressé d'expliquer cet intérêt, il dit que s'il s'accommodoit avec Damis et la dame, il donneroit sujet de croire qu'il est coupable; que les gens comme lui doivent avoir plus de soin que cela de leur réputation ; et qu'enfin *on diroit qu'il les auroit recherchés de cette manière pour les obliger au silence.* Le frère, surpris d'un raisonnement si malicieux, insiste à lui demander *si, par un motif tel que celui-là, il croit pouvoir chasser de la maison le légitime héritier, et accepter le don extravagant que son père lui veut faire de son bien.* Le bigot répond à cela que, *s'il se rend facile à ses pieux desseins, c'est de peur que ce bien ne tombât en de mauvaises mains.* Le frère s'écrie là-dessus, avec un emportement fort naturel, qu'il faut laisser au ciel à empêcher la prospérité des méchants, et qu'il ne faut point *prendre son intérêt plus qu'il ne fait lui-même.* Il pousse quelque temps fort à propos cette excellente morale, et conclut enfin en disant au cagot, par forme de conseil : *Ne seroit-il pas mieux qu'en personne discrète vous fissiez de céans une honnête retraite ?* Le bigot, qui se sent pressé et piqué trop sensiblement par cet avis, lui dit : *Monsieur, il est trois heures et demie, et certain devoir chrétien m'appelle en d'autres lieux,* et le quitte de cette sorte. Cette scène met dans un beau jour un des plus importants et des plus naturels caractères de la bigoterie, qui est de violer les droits les plus sacrés et les plus légitimes, tels que ceux des enfants sur le bien des pères, par des exceptions qui n'ont en effet autre fondement que l'intérêt particulier des bigots. La distinction subtile que le cagot fait du pardon du cœur avec celui de la conduite est aussi une autre marque naturelle de ces gens-là, et un avant-goût de sa théologie, qu'il expliquera ci-après en bonne occasion. Enfin, la manière dont il met fin à la conversation est un bel exemple de l'irraisonnabilité, pour ainsi dire, de ces bons messieurs, de qui on ne tire jamais rien en raisonnant, qui n'expliquent point les motifs de leur conduite, de peur de faire tort à leur dignité par cette espèce de soumission, et qui, par une exacte connoissance de la nature de leur intérêt, ne veulent jamais agir que par l'autorité seule que leur donne l'opinion qu'on a de leur vertu.

Le frère demeuré seul, sa sœur vient avec Mariane et Dorine. A peine ont-ils parlé quelque temps de leurs affaires communes que le mari arrive avec un papier en sa main, disant qu'*il tient de quoi les faire tous enrager*. C'est, je pense, le contrat de mariage ou la donation. D'abord Mariane se jette à ses genoux, et le harangue si bien qu'elle le touche. On voit cela dans la mine du pauvre homme, et c'est ce qui est un trait admirable de l'entêtement ordinaire aux bigots, pour montrer comme ils se défont de toutes les inclinations naturelles et raisonnables, car celui-ci, se sentant attendrir, se ravise tout d'un coup, et se disant à soi-même, croyant faire une chose fort héroïque : *Ferme, ferme, mon cœur, point de foiblesse humaine !* Après cette belle résolution, il fait lever sa fille, et lui dit que *si elle cherche à s'humilier et à se mortifier dans un couvent, d'autant plus elle a d'aversion pour Panulphe, d'autant plus méritera-t-elle avec lui*. Je ne sais si c'est ici qu'il dit que Panulphe *est fort gentilhomme;* à quoi Dorine répond : *Il le dit*. Et sur cela le frère lui représente excellemment, à son ordinaire, *qu'il sied mal à ces sortes de gens de se vanter des avantages du monde*. Enfin, le discours retombant fort naturellement sur l'aventure de l'acte précédent, et sur l'imposture prétendue de Damis et de la dame, le mari, croyant les convaincre de la calomnie qu'il leur impute, objecte à sa femme que *si elle disoit vrai*, et si effectivement elle venoit d'être poussée par Panulphe sur une matière si délicate, *elle auroit été bien autrement émue qu'elle n'étoit,* et qu'elle étoit trop tranquille pour n'avoir pas médité de longue main cette pièce. Objection admirable dans la nature des bigots, qui n'ont qu'emportement en tout, et qui ne peuvent s'imaginer que personne ait plus de modération qu'eux. La dame répond excellemment que *ce n'est pas en s'emportant qu'on réprime le mieux les folies de cette espèce, et que souvent un froid refus opère mieux que de dévisager les gens; qu'une honnête femme ne doit faire que rire de ces sortes d'offenses, et qu'on ne sauroit mieux les punir qu'en les traitant de ridicules.* Après plusieurs discours de cette nature, tant d'elle que des autres, pour montrer la vérité de ce dont ils ont accusé Panulphe, le bonhomme persistant dans son incrédulité, on offre de lui faire voir ce qu'on lui dit. Il se moque longtemps de cette proposition, et s'emporte contre ceux qui la font, en détestant leur impudence. Pourtant, à force de lui répéter la même chose, et de lui demander *ce qu'il diroit s'il voyoit ce qu'il ne peut croire,* ils le contraignent de répondre : *Je dirois, je dirois que... je ne dirois rien, car cela ne se peut.* Trait inimitable, ce me semble, pour représenter l'effet de la pensée d'une chose sur un esprit convaincu de l'impossibilité de cette chose. Cependant, on fait tant qu'on l'oblige à vouloir bien essayer ce qui en sera, ne fût-ce que pour avoir le plaisir de confondre les calomniateurs de son Panulphe : c'est à cette fin que le bonhomme s'y résout, après beaucoup de résistance. Le dessein de la dame, qu'elle expose alors, est, après avoir fait cacher son mari sous la table, de voir Panulphe reprendre l'entretien de leur conversation précédente, et l'obliger à se découvrir tout entier par la facilité qu'elle lui fera paroître : elle commande à Dorine de le faire venir; celle-ci, voulant faire faire réflexion à sa maîtresse sur la difficulté de son entreprise, lui dit qu'*il a de grands sujets de défiance extrême;* mais la dame répond divinement qu'*on est facilement trompé par ce qu'on aime;* principe qu'elle prouve admirablement dans la suite par expérience, et que le poète a jeté exprès en avant, pour rendre plus vraisemblable ce qu'on doit voir.

Le mari placé dans sa cachette, et les autres sortis, elle reste seule avec lui, et lui tient à peu près ce discours : qu'*elle va faire un étrange personnage et peu ordinaire à une femme de bien, mais qu'elle y est contrainte, et que ce n'est qu'après avoir tenté en vain tous les autres remèdes; qu'il va entendre un langage assez dur à souffrir à un mari dans la bouche d'une femme, mais que c'est sa faute; qu'au reste l'affaire n'ira qu'aussi loin qu'il voudra, et que c'est à lui de l'interrompre où il jugera à propos.* Il se cache, et Panulphe vient. C'est ici où le poète avoit à travailler pour venir à bout de son dessein; aussi y a-t-il pensé par avance; et, prévoyant cette scène comme devant être son chef-d'œuvre, il a disposé les choses admirablement pour la rendre parfaitement vraisemblable. C'est ce qu'il seroit inutile d'expliquer, parce que tout cela paroît très clairement par le discours même de la dame, qui se sert merveilleusement de tous les avantages de son sujet et de la disposition présente des choses, pour faire donner l'hypocrite dans le panneau. Elle commence par dire qu'*il a vu combien elle a prié Damis de se taire, et le dessein où elle étoit de cacher l'affaire;* que *si elle ne l'a pas poussé plus fortement, il voit bien qu'elle a dû ne le pas faire par politique;* qu'*il a vu sa surprise à l'abord de son mari, quand Damis a tout conté* (ce qui étoit vrai; mais c'étoit pour l'impudence avec laquelle Panulphe avoit d'abord soutenu et détourné la chose); *et comme elle a quitté la place, de douleur de le voir en danger de souffrir une telle confusion; qu'au reste, il peut bien juger par quel sentiment elle avoit demandé de le voir en particulier, pour le prier si instamment de refuser l'offre qu'on lui fait de Mariane pour l'épouser; qu'elle ne s'y seroit pas tant intéressée, et qu'il ne lui seroit pas si terrible de le voir entre les bras d'une autre, si quelque chose de plus fort que la raison et l'intérêt de la famille ne s'en étoit mêlé; qu'une femme fait beaucoup, en effet, dans ses premières déclarations, que de promettre le secret; qu'elle reconnoît bien que c'est tout que cela, et qu'on ne sauroit s'engager plus fortement.* Panulphe témoigne d'abord quelque doute, par des interrogations qui donnent lieu à la dame de dire toutes ces choses en y répondant; enfin, insensiblement ému par la présence d'une belle personne qu'il adore, qui effectivement avoit reçu avec beaucoup de modération, de retenue et de bonté, la déclaration de son amour, qui le cajole à présent, et qui le paye de raisons assez plausibles, il commence à s'aveugler, à se rendre, et à croire qu'il se peut faire que c'est tout de bon qu'elle parle, et qu'elle ressent ce qu'elle dit. Il conserve pourtant encore quelque jugement, comme il est impossible à un homme fort sensé de passer tout à fait d'une extrémité à l'autre; et, par un mélange admirable de passion et de défiance, il lui demande, après beaucoup de paroles, des assurances *réelles,* et des faveurs pour gages de la vérité de ses paroles; elle répond en biaisant, il réplique en pressant; enfin, après quelques façons, elle témoigne se rendre : il triomphe; et, voyant qu'elle ne lui objecte plus que le péché, il lui découvre le fond de sa morale, et tâche de lui faire comprendre qu'il *hait le péché autant et plus qu'elle ne fait;* mais que, dans l'affaire dont il s'agit entre eux, *le scandale en effet est la plus grande offense, et c'est une vertu de pécher en silence;* que, quant au fond de la chose, *il est avec le ciel des accommodements.* Et, après une longue déduction des adresses des directeurs modernes, il conclut que *quand on ne se peut sauver par l'action, on se met à couvert par son intention.* La pauvre dame, qui n'a plus rien à objecter, est bien en peine de ce que son mari ne sort point de sa cachette, après lui avoir fait avec le pied tous les signes qu'elle a pu; enfin elle s'avise, pour achever de le persuader, et pour l'outrer tout à fait, de mettre le cagot sur son chapitre : elle lui dit donc *qu'il voie à la porte s'il n'y a personne qui vienne ou qui écoute, et si par hasard son mari ne passeroit point.* Il répond, en se disposant pourtant à lui obéir, que *son mari est un fat, un homme préoccupé* jusqu'à l'extravagance, et de sorte *qu'il est dans un état à tout voir sans rien croire.* Excellente adresse du poète, qui a appris d'Aristote qu'il n'est rien de plus sensible que d'être méprisé par ceux que l'on estime, et qu'ainsi c'étoit la dernière corde qu'il falloit faire jouer; jugeant bien que le bonhomme souffriroit plus impatiemment d'être traité de ridicule et de fat par le saint frère que de lui voir cajoler sa femme jusqu'au bout; quoique dans l'apparence première, et au jugement des autres, ce dernier outrage paroisse plus grand.

En effet, pendant que le galant va à la porte, le mari sort de dessous la table, et se trouve droit devant l'hypocrite, quand il revient à la dame pour achever l'œuvre si heureusement acheminée. La surprise de Panulphe est extrême, se trouvant le bonhomme entre les bras, qui ne peut exprimer que confusément son étonnement et son admiration. La dame, conservant toujours le caractère d'honnêteté qu'elle a fait voir jusqu'ici, paroît honteuse de la fourbe qu'elle a faite au bigot, et lui en demande quelque sorte de pardon, en s'excusant sur la nécessité. Toutefois le bigot ne se trouble point, conserve toute sa froideur naturelle, et, ce qui est d'admirable, ose encore persister après cela à parler comme devant; et c'est où il faut reconnoître le suprême caractère de cette sorte de gens, de ne se démentir jamais quoi qui arrive; de soutenir à force d'impudence toutes les attaques de la fortune; n'avouer jamais avoir tort; détourner les choses avec le plus d'adresse qu'il se peut, mais toujours avec toute l'assurance imaginable; et tout cela parce que les hommes jugent des choses plus par les yeux que par la raison; que peu de gens étant capables de cet excès de fourberie, la plupart ne peuvent le croire; et qu'enfin on ne sauroit dire combien les paroles peuvent sur les esprits des hommes.

Panulphe persiste donc dans sa manière accoutumée, et pour commencer à se justifier près de *son frère,* car il ose encore le nommer de la sorte, dit quelque chose du *dessein qu'il pouvoit avoir* dans ce qui vient d'arriver; et sans doute il alloit forger quelque excellente imposture, lorsque le mari, sans lui donner loisir de s'expliquer, épouvanté de son effronterie, *le chasse de sa maison, et lui commande d'en sortir.* Comme Panulphe voit que ses charmes ordinaires ont perdu leur vertu, sachant bien que quand une fois on est revenu de ces entêtements extrêmes on n'y retombe jamais, et pour cela même voyant bien qu'il n'y a plus d'espérance pour lui, il change de batterie; et sans pourtant sortir de son personnage naturel de dévot, dont il voit bien dès là qu'il aura extrêmement besoin dans la grande affaire qu'il va entreprendre, mais seulement comme justement irrité de l'outrage qu'on fait à son innocence, il répond à ces menaces par d'autres plus fortes, et dit que *c'est à eux à vider la maison, dont il est le maître* en vertu de la donation dont il a été parlé; et les quittant là-dessus, les laisse dans le plus grand de tous les étonnements, qui augmente encore lorsque le bonhomme se souvient d'une certaine cassette, dont il témoigne d'abord être en extrême peine, sans dire ce que c'est, étant trop pressé d'aller voir si elle est encore dans un lieu qu'il dit. Il y court, et sa femme le suit.

Le cinquième acte commence par le mari et le frère : le premier, étourdi de n'avoir point trouvé cette cassette, dit qu'elle est de grande conséquence, et que *la vie, l'honneur et la fortune de ses meilleurs amis, et peut-être la sienne propre, dépendent des papiers qui sont dedans.* Interrogé pourquoi il l'avoit confiée à Panulphe, il répond que c'est *par principe de conscience;* que Panulphe lui fit entendre que *si on venoit à lui demander ces papiers, comme tout se sait, il seroit contraint de nier de les avoir pour ne pas trahir ses amis; que, pour éviter ce mensonge, il n'avoit qu'à les remettre dans ses mains, où ils seroient autant dans sa disposition qu'auparavant; après quoi il pourroit, sans scrupule, nier hardiment de les avoir.* Enfin, le bonhomme explique merveilleusement à son beau-frère, par l'exemple de cette affaire, de quelle manière les bigots savent intéresser la conscience dans tout ce qu'ils font et ne font pas, et étendre leur empire par cette voie jusqu'aux choses les plus importantes et les plus éloignées de leur profession.

Le frère fait, dans ces perplexités, le personnage d'un véritable honnête homme, qui songe à réparer le mal arrivé, et ne s'amuse point à le reprocher à ceux qui l'ont causé, comme font la plupart des gens, surtout quand par hasard ils ont prévu ce qu'ils voient. Il examine mûrement les choses, et conclut, à la désolation commune, que *le fourbe étant armé de toutes ces différentes pièces, régulièrement, peut les perdre de toute manière,* et que c'est une affaire sans ressource. Sur cela le mari s'emporte pitoyablement, et conclut, par un raisonnement ordinaire aux gens de sa sorte, *qu'il ne se fiera jamais en homme de bien.* Ce que son beau-frère relève excellemment, en lui remontrant *sa mauvaise disposition d'esprit, qui lui fait juger de tout avec excès, et l'empêche de s'arrêter jamais dans le juste milieu, dans lequel seul se trouvent la justice, la raison et la vérité; que de même que l'estime et la considération qu'on doit avoir pour les véritables gens de bien ne doivent point passer jusqu'aux méchants, qui savent se couvrir de quelque apparence de vertu, aussi l'horreur qu'on doit avoir pour les méchants et les hypocrites ne doit point faire de tort aux véritables gens de bien, mais au contraire doit augmenter la vénération qui leur est due, quand on les connoît parfaitement.* Là-dessus la vieille arrive, et tous les autres ; elle demande d'abord *quel bruit c'est qui court d'eux par le monde ?* Son fils répond que c'est que *monsieur Panulphe le veut chasser de chez lui, et le dépouiller de tout son bien, parce qu'il l'a surpris caressant sa femme.* La suivante sur cela, qui n'est pas si honnête que le frère, ne peut s'empêcher de s'écrier : *Le pauvre homme !* comme le mari faisoit au premier acte, touchant le même Panulphe. La vieille, encore entêtée du saint personnage, n'en veut rien croire : et sur cela enfile un long lieu commun *de la médisance et des méchantes langues.* Son fils lui dit qu'*il l'a vu,* et que ce n'est pas un ouï-dire ; la vieille, qui ne l'écoute pas, et qui est charmée de la beauté de son lieu commun, ravie d'avoir une occasion illustre comme celle-là de le pousser bien loin, continue sa légende, et cela tout par les manières ordinaires aux gens de cet âge, des proverbes, des apophthegmes, des dictons du vieux temps, des exemples de sa jeunesse, et des citations de gens qu'elle a connus. Son fils a beau se tuer de lui répéter qu'*il l'a vu ;* elle, qui ne pense point à ce qu'il lui dit, mais seulement à ce qu'elle veut dire, ne s'écarte point de son premier chemin. Sur quoi la suivante, encore malicieusement, comme il convient à ce personnage, mais pourtant fort moralement, dit au mari *qu'il est puni selon ses mérites, et que, comme il n'a point voulu croire longtemps ce qu'on lui disoit, on ne veut point le croire lui-même à présent sur le même sujet.* Enfin la vieille, forcée de prêter l'oreille pour un moment, répond en s'opiniâtrant que *quelquefois il faut tout voir pour bien juger ; que l'intention est cachée, que la passion préoccupe, et fait paroître les choses autrement qu'elles ne sont, et qu'enfin il ne faut pas toujours croire tout ce qu'on voit ; qu'ainsi il falloit s'assurer mieux de la chose avant que de faire éclat.* Sur quoi son fils s'emportant, lui répond brusquement qu'*elle voudroit donc qu'il eût attendu pour éclater que Panulphe eût... Vous me feriez dire quelque sottise.* Manière admirablement naturelle de faire entendre avec bienséance une chose aussi délicate que celle-là.

Le pauvre homme seroit encore à présent, que je crois, à

persuader sa mère de la vérité de ce qu'il lui dit, et elle à le faire enrager, si quelqu'un ne heurtoit à la porte. C'est un homme qui, à la manière obligeante, honnête, caressante et civile dont il aborde la compagnie, soi disant venir de la part de M. Panulphe, semble être là pour demander pardon, et accommoder toutes choses avec douceur, bien loin d'y être pour sommer toute la famille, dans la personne du chef, de vider la maison au plus tôt : car enfin, comme il se déclare lui-même, *il s'appelle Loyal, et depuis trente ans il est sergent à verge en dépit de l'envie;* mais tout cela, comme j'ai dit, avec le plus grand respect et la plus tendre amitié du monde. Ce personnage est un supplément admirable du caractère bigot, et fait voir comme il en est de toutes professions, et qui sont liés ensemble bien plus étroitement que ne le sont les gens de bien, parce qu'étant plus intéressés, ils considèrent davantage, et connoissent mieux combien ils se peuvent être utiles les uns aux autres dans les occasions : ce qui est l'âme de la cabale. Cela se voit bien clairement dans cette scène, car cet homme, qui a tout l'air de ce qu'il est, c'est-à-dire du plus raffiné fourbe de sa profession, ce qui n'est pas peu de chose ; cet homme, dis-je, y fait l'acte du monde le plus sanglant, avec toutes les façons qu'un homme de bien pourroit faire le plus obligeant ; et cette détestable manière sert encore au but des Panulphes pour ne se faire point d'affaires nouvelles, et au contraire mettre les autres dans le tort par cette conduite si honnête en apparence, et si barbare en effet. Ce caractère est si beau que je ne saurois en sortir ; aussi le poète, pour le faire jouer plus longtemps, a employé toutes les adresses de son art : il lui fait dire plusieurs choses d'un ton et d'une force différente par les diverses personnes qui composent la compagnie, pour le faire répondre à toutes selon son but ; même pour le faire davantage parler, il le fait proposer et offrir une espèce de grâce, qui est un délai d'exécution, mais accompagné de circonstances plus choquantes que ne seroit un ordre absolu. Enfin il sort ; et à peine la vieille s'est-elle écriée : *Je ne sais plus que dire, et suis tout ébaubie,* et les autres ont-ils fait réflexion sur leur aventure, que Valère, l'amant de Mariane, entre et donne avis au mari que *Panulphe, par le moyen des papiers qu'il a entre les mains, l'a fait passer pour criminel d'État près du prince ; qu'il sait cette nouvelle par l'officier même qui a ordre de l'arrêter, lequel a bien voulu lui rendre ce service que de l'en avertir ; que son carrosse est à la porte avec mille louis, pour prendre la fuite.* Sans autre délibération, on oblige le mari à le suivre; mais, comme ils sortent, ils rencontrent Panulphe avec l'officier, qui les arrêtent. Chacun éclate contre l'hypocrite en reproches de diverses manières ; à quoi, étant pressé, il répond que *la fidélité qu'il doit au prince est plus forte sur lui que toute autre considération.* Mais le frère de la dame répliquant à cela, et lui demandant *pourquoi, si son beau-frère est criminel, il a attendu pour le déférer qu'il l'eût surpris voulant corrompre la fidélité de sa femme ?* cette attaque le mettant hors de défense, il prie l'officier *de le délivrer de toutes ces criailleries, et de faire sa charge :* ce que l'autre lui accorde, mais *en le faisant prisonnier lui-même.* De quoi, tout le monde étant surpris, l'officier rend raison, et cette raison est le dénoûment. Avant que je vous le déclare, permettez-moi de vous faire remarquer que l'esprit de tout cet acte, et son seul effet et but jusqu'ici, n'a été que de représenter les affaires de cette pauvre famille dans la dernière désolation par la violence et l'impudence de l'imposteur, jusque-là qu'il paroît que c'est une affaire sans ressource dans les formes, de sorte qu'à moins de quelque dieu qui y mette la main, c'est-à-dire de la machine, comme parle Aristote, tout est déploré.

L'officier déclare donc que *le prince, ayant pénétré dans le cœur du fourbe par une lumière toute particulière aux souverains par-dessus les autres hommes, et s'étant informé de toutes choses sur sa délation, avoit découvert l'imposture, et reconnu que cet homme étoit le même dont, sous un autre nom, il avoit déjà ouï parler; et savoit une longue histoire toute tissue des plus étranges friponneries et des plus noires aventures dont il ait jamais été parlé; que nous vivons sous un règne où rien ne peut échapper à la lumière du prince, où la calomnie est confondue par sa seule présence, et où l'hypocrisie est autant en horreur dans son esprit qu'elle est accréditée parmi ses sujets; que cela étant, il a, d'autorité absolue, annulé tous les actes favorables à l'imposteur, et fera rendre tout ce dont il étoit saisi; et qu'enfin c'est ainsi qu'il reconnoît les services que le bonhomme a rendus autrefois à l'État dans les armées, pour montrer que rien n'est perdu près de lui, et que son équité, lorsque moins on y pense, des bonnes actions donne la récompense.* Il me semble que si, dans tout le reste de la pièce, l'auteur a égalé tous les anciens et surpassé tous les modernes, on peut dire que dans ce dénoûment il s'est surpassé lui-même, n'y ayant rien de plus grand, de plus magnifique et de plus merveilleux, et cependant rien de plus naturel, de plus heureux et de plus juste, puisqu'on peut dire que, s'il étoit permis d'oser faire le caractère de l'âme de notre grand monarque, ce seroit sans doute dans cette plénitude de lumières, cette prodigieuse pénétration d'esprit, et ce discernement merveilleux de toutes choses qu'on le feroit consister : tant il est vrai, s'écrient ici ces messieurs dont j'ai pris à tâche de vous rapporter les sentiments, tant il est vrai, disent-ils, que le prince est digne du poète, comme le poète est digne du prince !

Achevons notre pièce en deux mots, et voyons comme les caractères y sont produits dans toutes leurs faces. Le mari, voyant toutes choses changées, suivant le naturel des âmes foibles, insulte au misérable Panulphe ; mais son beau-frère le reprend fortement, *en souhaitant au contraire à ce malheureux qu'il fasse un bon usage de ce revers de fortune, et qu'au lieu des punitions qu'il mérite, il reçoive du ciel la grâce d'une véritable pénitence, qu'il n'a pas méritée.* Conclusion, à ce que disent ceux que les bigots font passer pour athées, digne d'un ouvrage si saint, qui n'étant qu'une instruction très chrétienne de la véritable dévotion, ne devoit pas finir autrement que par l'exemple le plus parfait qu'on ait peut-être jamais proposé, de la plus sublime de toutes les vertus évangéliques, qui est le pardon des ennemis.

Voilà, monsieur, quelle est la pièce qu'on a défendue. Il se peut faire qu'on ne voit pas le venin parmi les fleurs, et que les yeux des puissances sont plus épurés que ceux du vulgaire : si cela est, il semble qu'il est encore de la charité des religieux persécuteurs du misérable Panulphe, de faire discerner le poison que les autres avalent faute de le connoître. A cela près, je ne me mêle point de juger des choses de cette délicatesse, je crains trop de me faire des affaires, comme vous savez ; c'est pourquoi je me contenterai de vous communiquer deux réflexions qui me sont venues dans l'esprit, qui ont peut-être été faites par peu de gens, et qui, ne touchant point le fond de la question, peuvent être proposées sans manquer au respect que tous les gens de bien doivent avoir pour les jugements des puissances légitimes.

La première est sur l'étrange disposition d'esprit, touchant cette comédie, de certaines gens qui, supposant ou croyant de bonne foi qu'il ne s'y fait ni dit rien qui puisse en particulier faire aucun méchant effet, ce qui est le point de la question, la condamnent toutefois en général, à cause seulement qu'il y est parlé de la religion, et que le théâtre, disent-ils, n'est pas un lieu où il la faille enseigner.

Il faut être bien enragé contre Molière pour tomber dans un égarement si visible ; et il n'est point de si chétif lieu commun où l'ardeur de critiquer et de mordre ne se puisse retrancher, après avoir osé faire son fort d'une si misérable et si ridicule défense. Quoi ! si on produit la vérité avec toute la dignité qui doit l'accompagner partout ; si on a prévu et évité jusqu'aux effets les moins fâcheux qui pouvoient arriver, même par accident, de la peinture du vice ; si on a pris contre la corruption des esprits du siècle toutes les précautions qu'une connoissance parfaite de la saine antiquité, une vénération solide pour la religion, une méditation profonde de la nature de l'âme, une expérience de plusieurs années, et qu'un travail effroyable ont pu fournir, il se trouvera après cela des gens capables d'un contre-sens si horrible que de proscrire un ouvrage qui est le résultat de tant d'excellents préparatifs, par cette seule raison qu'il est nouveau de voir exposer la religion dans une salle de comédie, pour bien, pour dignement, pour discrètement, nécessairement et utilement qu'on le fasse ! Je ne feins pas de vous avouer que ce sentiment me paroît un des plus considérables effets de la corruption du siècle où nous vivons : c'est par ce principe de fausse bienséance qu'on relègue la raison et la vérité dans des pays barbares et peu fréquentés, qu'on les borne dans les écoles et dans les églises, où leur puissante vertu est presque inutile, parce qu'elles n'y sont recherchées que de ceux qui les aiment et qui les connoissent ; et que, comme si on se défioit de leur force et de leur autorité, on n'ose les commettre où elles peuvent rencontrer leurs ennemis. C'est pourtant là qu'elles

DON JUAN.

ACTE V — SCENE VI.

doivent paroître ; c'est dans les lieux les plus profanes, dans les places publiques, les tribunaux, les palais des grands seulement, que se trouve la matière de leur triomphe ; et comme elles ne sont, à proprement parler, vérité et raison que quand elles convainquent les esprits, et qu'elles en chassent les ténèbres de l'erreur et de l'ignorance par leur lumière toute divine, on peut dire que leur essence consiste dans leur action ; que ces lieux où leur opération est le plus nécessaire sont leurs lieux naturels; et qu'ainsi c'est les détruire en quelque façon que les réduire à ne paroître que parmi leurs adorateurs. Mais passons plus avant.

Il est certain que la religion n'est que la perfection de la raison, du moins pour la morale ; qu'elle la purifie, qu'elle l'élève, et qu'elle dissipe seulement les ténèbres que le péché d'origine a répandues dans le lieu de sa demeure ; enfin, que la religion n'est qu'une raison plus parfaite. Ce seroit être dans le plus déplorable aveuglement des païens que de douter de cette vérité. Cela étant, et puisque les philosophes les plus sensuels n'ont jamais douté que la raison ne nous fût donnée par la nature pour nous conduire en toutes choses par ses lumières; puisqu'elle doit être partout aussi présente à notre âme que l'œil à notre corps, et qu'il n'y a point d'acceptions de personnes, de temps ni de lieux auprès d'elle, qui peut douter qu'il n'en soit de même de la religion ; que cette lumière divine, infinie comme elle est par essence, ne doive faire briller partout sa clarté ; et qu'ainsi que Dieu remplit tout de lui-même sans aucune distinction, et ne dédaigne pas d'être aussi présent dans les lieux du monde les plus infâmes que dans les lieux augustes et les plus sacrés, aussi les vérités saintes qu'il lui a plu de manifester aux hommes ne puissent être publiées dans tous les temps et dans tous les lieux où il se trouve des oreilles pour les entendre, et des cœurs pour recevoir la grâce qui fait les chérir ?

Loin donc, loin d'une âme vraiment chrétienne ces indignes ménagements et ces cruelles bienséances qui voudroient nous empêcher de travailler à la sanctification de nos frères partout où nous le pouvons. La charité ne souffre point de bornes : tous lieux, tous temps lui sont bons pour agir et faire du bien. Elle n'a point d'égard à sa dignité, quand il y va de son intérêt; et comment pourroit-elle en avoir, puisque cet intérêt consistant, comme il fait, à convertir les méchants, il faut qu'elle les cherche pour les combattre, et qu'elle ne peut les trouver, pour l'ordinaire, que dans des lieux indignes d'elle?

Il ne faut pas donc qu'elle dédaigne de paroître dans ces lieux, et qu'elle ait si mauvaise opinion d'elle-même que de penser qu'elle puisse être avilie en s'humiliant. Les grands du monde peuvent avoir ces basses considérations, eux de qui toute la dignité est empruntée et relative, et qui ne doivent être vus que de loin et dans toute leur parure, pour conserver leur autorité, de peur qu'étant vus de près et à nu on ne découvre leurs taches, et qu'on ne reconnoisse leur petitesse naturelle. Qu'ils ménagent avec avarice le foible caractère de grandeur qu'ils peuvent avoir; qu'ils choisissent scrupuleusement les jours qui le font davantage briller; qu'ils se gardent bien de se commettre jamais en des lieux qui ne contribuent pas à les faire paroître élevés et parfaits, à la bonne heure; mais que la charité redoute les mêmes inconvénients; que cette souveraine des âmes chrétiennes appréhende de voir sa dignité diminuée en quelque lieu qu'il lui plaise de se montrer, c'est ce qui ne se peut penser sans crime : et, comme on a dit autrefois, que plutôt que Caton fût vicieux l'ivrognerie seroit une vertu, on peut dire, avec bien plus de raison, que les lieux les plus infâmes seroient dignes de la présence de cette reine, plutôt que sa présence dans ces lieux pût porter aucune atteinte à sa dignité.

En effet, monsieur, car ne croyez pas que j'avance ici des paradoxes, c'est elle qui les rend dignes d'elle ces lieux si indignes en eux-mêmes : elle fait, quand il lui plaît, un temple d'un palais, un sanctuaire d'un théâtre, et un séjour de bénédictions et de grâces d'un lieu de débauche et d'abomination. Il n'est rien de si profane qu'elle ne sanctifie, de si corrompu qu'elle ne purifie, de si méchant qu'elle ne rectifie, rien de si extraordinaire, de si inusité et de si nouveau, qu'elle ne justifie. Tel est le privilège de la vérité produite par cette vertu, le fondement et l'âme de toutes les autres vertus.

Je sais que le principe que je prétends établir a ses modifications comme tous les autres; mais je soutiens qu'il est toujours vrai et constant, quand il ne s'agit que de parler comme ici. La religion a ses lieux et ses temps affectés pour ses sacrifices, ses cérémonies et ses autres mystères : on ne peut les transporter ailleurs sans crime ; mais ses vérités, qui se produisent par la parole, sont de tous temps et de tous lieux, parce que le parler étant nécessaire en tout et partout, il est toujours plus utile et plus saint de l'employer à publier la vérité et à prêcher la vertu qu'à quelque autre sujet que ce soit.

L'antiquité, si sage en toutes choses, ne l'a pas été moins dans celle-ci que dans les autres ; et les païens, qui n'avoient pas moins de respect pour leur religion que nous en avons pour la nôtre, n'ont pas craint de la produire sur leurs théâtres ; au contraire, connoissant de quelle importance il étoit de l'imprimer dans l'esprit du peuple, ils ont cru sagement ne pouvoir mieux lui en persuader la vérité que par les spectacles, qui lui sont si agréables. C'est pour cela que leurs dieux paroissent si souvent sur la scène ; que les dénoûments, qui sont les endroits les plus importants du poème, ne se faisoient presque jamais, de leur temps, que par quelque divinité, et qu'il n'y avoit point de pièce qui ne fût une agréable leçon, et une preuve exemplaire de la clémence ou de la justice du ciel envers les hommes. Je sais bien qu'on me répondra que notre religion a des occasions affectées pour cet effet, et que la leur n'en avoit point ; mais, outre qu'on ne sauroit écouter la vérité trop souvent et en trop de lieux, l'agréable manière de l'insinuer au théâtre est un avantage si grand par-dessus les lieux où elle paroît avec toute son austérité qu'il n'y a pas lieu de douter, naturellement parlant, dans lequel des deux elle fait plus d'impression.

Ce fut pour toutes ces raisons que nos pères, dont la simplicité avoit autant de rapport avec l'Évangile que notre raffinement en est éloigné, voulant profiter, à l'édification du peuple, de son inclination naturelle pour les spectacles, instituèrent premièrement la comédie pour représenter la passion du Sauveur du monde et semblables sujets pieux. Que si la corruption qui s'est glissée dans les mœurs, depuis ce temps heureux, a passé jusqu'au théâtre, et l'a rendu aussi profane qu'il devoit être sacré, pourquoi, si nous sommes assez heureux pour que le ciel ait fait naître dans nos temps quelque génie capable de lui rendre sa première sainteté, pourquoi l'empêcherons-nous, et ne permettrons-nous pas une chose que nous procurerions avec ardeur si la charité régnoit dans nos âmes, et s'il n'y avoit pas tant de besoin qu'il y en a aujourd'hui parmi nous de décrier l'hypocrisie, et de prêcher la véritable dévotion?

La seconde de mes réflexions est sur un fruit véritablement accidentel, mais aussi très important, que non seulement je crois qu'on peut tirer de la représentation de *l'Imposteur*, mais même qui en arriveroit infailliblement. C'est que jamais il ne s'est frappé un plus rude coup contre tout ce qui s'appelle galanterie solide, en termes honnêtes, que cette pièce; et que si quelque chose est capable de mettre la fidélité des mariages à l'abri des artifices de ses corrupteurs, c'est assurément cette comédie, parce que les voies les plus ordinaires et les plus fortes par où on a coutume d'attaquer les femmes y sont tournées en ridicule d'une manière si vive et si puissante, qu'on paroîtroit sans doute ridicule quand on voudroit les employer après cela, et par conséquent on ne réussiroit pas.

Quelques-uns trouveront peut-être étrange ce que j'avance ici; mais je les prie de n'en pas juger souverainement qu'ils n'aient vu représenter la pièce, ou du moins de s'en remettre à ceux qui l'ont vue : car, bien loin que ce que je viens d'en rapporter suffise pour cela, je doute même si la lecture tout entière pourroit faire juger tout l'effet que produit sa représentation. Je sais encore qu'on me dira que le vice dont je parle étant le plus naturel de tous, ne manquera jamais de charmes capables de surmonter tout ce que cette comédie y pourroit attacher de ridicule; mais je réponds à cela deux choses : l'une, que, dans l'opinion de tous les gens qui connoissent le monde, ce péché, moralement parlant, est le plus universel qu'il puisse être; l'autre, que cela procède beaucoup plus, surtout dans les femmes, des mœurs, de la liberté et de la légèreté de notre nation, que d'aucun penchant naturel, étant certain que, de toutes les civilisées, il n'en est point qui y soit moins portée par le tempérament que la françoise. Cela supposé, je suis persuadé que le degré de ridicule où cette pièce feroit paroître tous les entretiens et les raisonnements, qui sont les préludes naturels de la galanterie du tête-à-tête, qui est la dangereuse; je prétends, dis-je, que ce caractère de ridicule, qui seroit inséparablement attaché à ces voies et à ces acheminements de corruption, par cette représentation, seroit assez puissant et assez fort pour contre-balancer l'attrait qui fait donner dans le panneau les trois quarts des femmes qui y donnent.

C'est ce que je vous ferai voir plus clair que le jour quand vous voudrez, car, comme il faut pour cela traiter à fond du ridicule, qui est une des plus sublimes matières de la véritable morale, et que cela ne se peut sans quelque longueur et sans examiner des questions un peu trop spéculatives pour cette lettre, je ne pense pas devoir l'entreprendre ici. Mais il me semble que je vous vois plaindre de ma circonspection à votre accoutumée, et trouver mauvais que je ne vous dise pas absolument tout ce que je pense : il faut donc vous contenter tout à fait; et voici ce que vous demandez.

Quoique la nature nous ait fait naître capables de connoître la raison pour la suivre, pourtant, jugeant bien que, si elle n'y attachoit quelque marque sensible qui nous rendît cette connoissance facile, notre foiblesse et notre paresse nous priveroient de l'effet d'un si rare avantage, elle a voulu donner à cette raison quelque sorte de forme extérieure et de dehors reconnoissable. Cette forme est, en général, quelque motif de joie, et quelque matière de plaisir que notre âme trouve dans tout objet moral. Or ce plaisir, quand il vient des choses raisonnables, n'est autre que cette complaisance délicieuse qui est excitée dans notre esprit par la connoissance de la vérité et de la vertu; et quand il vient de la vue de l'ignorance et de l'erreur, c'est-à-dire de ce qui manque de raison, c'est proprement le sentiment par lequel nous jugeons quelque chose ridicule. Or, comme la raison produit dans l'âme une joie mêlée d'estime, le ridicule y produit une joie mêlée de mépris, parce que toute connoissance qui arrive à l'âme produit nécessairement dans l'entendement un sentiment d'estime ou de mépris, comme dans la volonté un mouvement d'amour ou de haine.

Le ridicule est donc la forme extérieure et sensible que la providence de la nature a attachée à tout ce qui est déraisonnable, pour nous en faire apercevoir, et nous obliger à le fuir. Pour connoître ce ridicule, il faut connoître la raison dont il signifie le défaut, et voir en quoi elle consiste. Son caractère n'est autre, dans le fond, que la convenance, et sa marque sensible la bienséance, c'est-à-dire le fameux *Quod decet* des anciens : de sorte que la bienséance est, à l'égard de la convenance, ce que les platoniciens disent que la beauté est à l'égard de la bonté, c'est-à-dire qu'elle en est la fleur, le dehors, le corps et l'apparence extérieure ; que la bienséance est la raison apparente, et que la convenance est la raison essentielle. De là vient que ce qui sied bien est toujours fondé sur quelque raison de convenance, comme l'indécence sur quelque disconvenance, c'est-à-dire le ridicule sur quelque manque de raison. Or, si la disconvenance est l'essence du ridicule, il est aisé de voir pourquoi la galanterie de Panulphe paroît ridicule, et l'hypocrisie en général aussi : car ce n'est qu'à cause que les actions secrètes des bigots ne conviennent pas à l'idée que leur dévote grimace et l'austérité de leurs discours ont fait former d'eux au public.

Mais, quand cela ne suffiroit pas, la suite de la représentation met dans la dernière évidence ce que je dis : car le mauvais effet que la galanterie de Panulphe y produit le fait paroître si fort et si clairement ridicule, que le spectateur le moins intelligent en demeure pleinement convaincu. La raison de cela est que, selon mon principe, nous estimons ridicule ce qui manque extrêmement de raison. Or, quand des moyens produisent une fin fort différente de celle pour quoi on les emploie, nous supposons avec juste sujet qu'on en a fait le choix avec peu de raison, parce que nous avons cette prévention générale qu'il y a des voies partout, et que, quand on manque de réussir, c'est faute d'avoir choisi les bonnes. Ainsi, parce qu'on voit que Panulphe ne persuade pas sa dame, on conclut que les moyens dont il se sert ont une grande disconvenance avec sa fin, et par conséquent qu'il est ridicule de s'en servir.

Or non seulement la galanterie de Panulphe ne convient pas à sa mortification apparente, et ne fait pas l'effet qu'il prétend, ce qui le rend ridicule, comme vous venez de voir ; mais cette galanterie est extrême, aussi bien que cette mortification, et fait le plus méchant effet qu'elle pouvoit faire : ce qui le rend extrêmement ridicule, comme il étoit nécessaire pour en tirer le fruit que je prétends.

Vous me direz qu'il paroît bien, par tout ce que je viens de dire, que les raisonnements et les manières de Panulphe semblent ridicules, mais qu'il ne s'ensuit pas qu'elles le semblassent dans un autre ; parce que, selon ce que j'ai établi, le ridicule étant quelque chose de relatif, puisque c'est une espèce de disconvenance, la raison pourquoi ces manières ne conviennent pas à Panulphe n'auroit pas lieu dans un homme du monde qui ne seroit pas dévot de profession comme lui, et par conséquent ne seroient pas ridicules dans cet homme comme dans lui.

Je réponds à cela, que l'excès du ridicule que ces manières ont dans Panulphe fait que toutes les fois qu'elles se présenteront au spectateur dans quelque autre occasion, elles lui sembleront assurément ridicules, quoique peut-être elles ne le seront pas tant dans cet autre sujet que dans Panulphe ; mais c'est que l'âme, naturellement avide de joie, se laisse ravir nécessairement à la première vue des choses qu'elle a conçues une fois comme extrêmement ridicules, et qui lui rafraîchissent l'idée du plaisir très sensible qu'elle a goûté cette première fois. Or, dans cet état, l'âme n'est pas capable de faire la différence du sujet où elle voit ces objets ridicules, avec celui où elle les a premièrement vus. Je veux dire qu'une femme qui sera pressée par les mêmes raisons que Panulphe emploie, ne peut s'empêcher d'abord de les trouver ridicules, et n'a garde de faire réflexion sur la différence qu'il y a entre l'homme qui lui parle et Panulphe, et de raisonner sur cette différence, comme il faudroit qu'elle fît pour ne pas trouver ces raisons aussi ridicules qu'elles lui ont semblé, quand elle les a vu proposer à Panulphe.

La raison de cela est que notre imagination, qui est le réceptacle naturel du ridicule, selon sa manière ordinaire d'agir, en attache si fortement le caractère au matériel, dans quoi elle le voit, comme sont ici les paroles et les manières de Panulphe, qu'en quelque autre lieu, quoique plus décent, que nous trouvions ces mêmes manières, nous sommes d'abord frappés d'un souvenir de cette première fois, si elle a fait une impression extraordinaire, lequel, se mêlant mal à propos avec l'occasion présente, et partageant l'âme à force de plaisir qu'il lui donne, confond les deux occasions en une, et transporte dans la dernière tout ce qui nous a charmés et nous a donné de la joie dans la première ; ce qui n'est autre que le ridicule de cette première.

Ceux qui ont étudié la nature de l'âme et le progrès de ses

opérations morales ne s'étonneront pas de cette forme de procéder, si irrégulière dans le fond, et qu'elle prenne ainsi le change, et attribue de cette sorte à l'un ce qui ne convient qu'à l'autre; mais enfin c'est une suite nécessaire de la violente et forte impression qu'elle a reçue une fois d'une chose, et de ce qu'elle ne reconnoît d'abord et ne juge les objets que par la première apparence de ressemblance qu'ils ont avec ce qu'elle a connu auparavant, et qui frappe d'abord les sens.

Cela est si vrai, et telle est la force de la prévention, que je croirois prouver suffisamment ce que je prétends, en vous faisant simplement remarquer que les raisonnements de Panulphe, qui sont les moyens qu'il emploie pour venir à son but, étant imprimés dans l'esprit de quiconque a vu cette pièce, comme ridicules, ainsi que je l'ai prouvé, et par conséquent comme mauvais moyens, naturellement parlant, toute femme près de qui on voudra les employer, après cela, les rendra inutiles en y résistant, par la seule prévention où cette pièce l'aura mise qu'ils sont inutiles en eux-mêmes.

Que si pourtant, malgré tout ce que je viens de dire, on veut que l'âme, après le premier mouvement qui lui fait embrasser avec empressement la plus légère image du ridicule, revienne à soi, et fasse à la fin la différence des sujets, du moins m'avouerez-vous que ce retour ne se fait pas d'abord; qu'elle a besoin d'un temps considérable pour faire tout le chemin qu'il faut qu'elle fasse pour se désabuser de cette première impression, et qu'il est quelques instants où la vue d'un objet qui a paru extrêmement ridicule dans quelque autre lieu le représente encore comme tel, quoique peut-être il ne le soit pas dans celui-ci.

Or ces premiers instants sont de grande considération dans ces matières, et font presque tout l'effet que feroit une extrême durée, parce qu'ils rompent toujours la chaîne de la passion et le cours de l'imagination, qui doit tenir l'âme attachée dès le commencement jusqu'au bout d'une entreprise amoureuse afin qu'elle réussisse, et parce que le sentiment du ridicule, étant le plus froid de tous, amortit et éteint absolument cette agréable émotion et cette douce et bénigne chaleur qui doit animer l'âme dans ces occasions. Que le sentiment du ridicule soit le plus froid de tous : il paroît bien, parce que c'est un pur jugement plaisant et enjoué d'une chose proposée. Or il n'est rien de plus sérieux que tout ce qui a quelque teinture de passion : donc il n'y a rien de plus opposé au sentiment passionné d'une joie amoureuse que le plaisir spirituel que donne le ridicule.

Si je cherchois matière à philosopher, je pourrois vous dire, pour achever de vous convaincre de l'importance des premiers instants en matière de ridicule, que l'extrême attachement de l'âme pour ce qui lui donne du plaisir, comme le ridicule des choses qu'elle voit, ne lui permet pas de raisonner pour se priver de ce plaisir, et, par conséquent, qu'elle a une répugnance naturelle à cesser de considérer comme ridicule ce qu'elle a une fois considéré comme tel : et c'est peut-être pour cette raison que, comme il arrive souvent, nous ne saurions traiter sérieusement de certaines choses, pour les avoir d'abord envisagées de quelque côté ou ridicule, ou seulement qui a rapport à quelque idée de ridicule que nous avions, et qui nous l'a rafraîchie. Combien donc, à plus forte raison, cette première impression fait-elle le même effet dans les occasions aussi sérieuses que celles-ci! car, comme je viens de le remarquer, il ne faut point dire que ce soient des affaires à être traitées en riant, n'y ayant rien de plus sérieux que ces sortes d'entreprises : ce que je veux bien répéter, parce qu'il est fort important pour mon but; et rien qui soit plus tôt démonté par le moindre mélange de ridicule, comme les experts le peuvent témoigner; et tout cela, parce que le sentiment du ridicule est le plus choquant, le plus rebutant et le plus odieux de tous les sentiments de l'âme.

Mais s'il est généralement désagréable, il l'est particulièrement pour un homme amoureux, qui est le cas de notre question. Il est peu d'honnêtes gens qui ne soient convaincus par expérience de cette vérité; aussi est-il bien aisé de la prouver. La raison en est que, comme il n'y a rien qui nous plaise tant à voir en autrui qu'un sentiment passionné, ce qui est peut-être le plus grand principe de la véritable rhétorique, aussi n'y a-t-il rien qui déplaise plus que la froideur et l'apathie qui accompagnent le sentiment du ridicule, surtout dans une personne qu'on aime : de sorte qu'il est plus avantageux d'en être haï, parce que, quelque passion qu'une femme ait pour vous, elle est toujours favorable, étant toujours une marque que vous êtes capable de la toucher, qu'elle vous estime, et qu'elle est bien aise que vous l'aimiez; au lieu que ne la toucher point du tout, et lui être indifférent, à plus forte raison lui paroître méprisable, pour peu que ce soit, c'est toujours être à son égard dans un néant le plus cruel du monde, quand elle est tout au vôtre : de sorte que, pour peu qu'un homme ait de courage, ou d'autre voie ouverte pour revenir à la liberté et à la raison, la moindre marque qu'il aura de paroître ridicule le guérira absolument, ou du moins le troublera et le mettra en désordre, et par conséquent hors d'état de pousser une femme à bout pour cette fois, et elle de même en sûreté quant à lui; ce qui est le but de ma réflexion.

Mais non seulement, quand l'impression première de ridicule qui se fait dans l'esprit d'une femme, lorsquelle voit les mêmes raisonnements de Panulphe dans la bouche d'un homme du monde, s'effaceroit absolument dans la suite par la réflexion qu'elle feroit sur la différence qu'il y a de Panulphe à l'homme qui lui parle; non-seulement, dis-je, quand cela arriveroit, cette première impression ne laisseroit pas de produire tout l'effet que je prétends, comme je l'ai prouvé; mais il est même faux qu'elle puisse être effacée entièrement, parce que, outre que ces raisonnements paroissent ridicules, comme je l'ai fait voir, ils le sont en effet, et ont toujours réellement quelque degré de ridicule dans la bouche de qui que ce soit, s'ils n'en ont pas partout un aussi grand que dans Panulphe. La raison de cela est que, si le ridicule consiste dans quelque disconvenance, il s'ensuit que tout mensonge, déguisement, fourberie, dissimulation, toute apparence différente du fond, enfin toute contrariété entre actions qui procèdent d'un même principe, est essentiellement ridicule. Or tous les galants qui se servent des mêmes persuasions que Panulphe sont, en quelque degré, dissimulés et hypocrites comme lui : car il n'en est point qui voulût avouer en public les sentiments qu'il déclare en particulier à une femme qu'il veut perdre : ce qu'il faudroit qui fût, pour qu'il fût vrai de dire que ses sentiments de tête-à-tête n'ont aucune disconvenance avec ceux dont il fait profession publique, et, par conséquent, aucune indécence, ni aucun ridicule; et le premier fondement de tout cela est ce que j'ai établi dès l'entrée de cette réflexion, que la providence de la nature a voulu que tout ce qui est méchant eût quelque degré de ridicule, pour redresser nos voies par cette apparence de défaut de raison, et pour piquer notre orgueil naturel par le mépris qu'excite nécessairement ce défaut, quand il est apparent comme il est par le ridicule; et c'est de là que vient l'extrême force du ridicule sur l'esprit humain, comme de cette force procède l'effet que je prétends. Car la connoissance du défaut de raison d'une chose que nous donne l'apparence de ridicule qui est en elle, nous fait la mésestimer nécessairement, parce que nous croyons que la raison doit régler tout. Or ce mépris est un sentiment relatif, de même que toute espèce d'orgueil, c'est-à-dire qui consiste dans une comparaison de la chose mésestimée avec nous, au désavantage de la personne dans qui nous voyons cette chose, et à notre avantage : car, quand nous voyons une action ridicule, la connoissance que nous avons du ridicule de cette action nous élève au-dessus de celui qui l'a faite, parce que, d'une part, personne n'agissant irraisonnablement à son su, nous jugeons que l'homme qui l'a faite ignore qu'elle soit déraisonnable, et la croit raisonnable : donc qu'il est dans l'erreur et dans l'ignorance, que naturellement nous estimons des maux. D'ailleurs, par cela même que nous connoissons son erreur, par cela même nous en sommes exempts : donc, nous sommes en cela plus éclairés, plus parfaits, enfin plus que lui. Or cette connoissance d'être plus qu'un autre est fort agréable à la nature. De là vient que le mépris qui enferme cette connoissance est toujours accompagné de joie : or cette joie et ce mépris composent le mouvement qu'excite le ridicule dans ceux qui le voient; et comme ces deux sentiments sont fondés sur les deux plus anciennes et plus essentielles maladies du genre humain, l'orgueil et la complaisance dans les maux d'autrui, il n'est pas étrange que le sentiment du ridicule soit si fort, et qu'il ravisse l'âme comme il fait, elle qui, se défiant à bon droit de sa propre excellence, depuis le péché d'origine, cherche de tous côtés avec avidité de quoi la persuader aux autres et à soi-même par des comparaisons qui lui soient avantageuses, c'est-à-dire par la considération des défauts d'autrui.

Enfin il ne faut pas, pour dernière objection, qu'on me dise que tous les sentiments que j'attribue aux gens, et sur lesquels je fonde mon raisonnement dans tout ce discours, ne se sentent pas comme je les dis : car ce n'est que dans les occasions qu'il paroît si on les a, ou non ; ce n'est pas qu'alors même on s'aperçoive de les avoir, mais c'est seulement que l'on fait des actes qui supposent nécessairement qu'on les a ; et c'est la manière d'agir naturelle et générale de notre âme, qui ne s'avoue jamais à soi-même la moitié de ses propres mouvements, qui marque rarement le chemin qu'elle fait, et que l'on ne pourroit point marquer aussi, si on ne le découvroit, et si on ne le prouvoit de cette sorte par la lumière et par la force du raisonnement.

Voilà, monsieur, la preuve de ma réflexion : ce n'est pas à moi à juger si elle est bonne; mais je sais bien que, si elle l'est, l'importance en est sans doute extrême ; et s'il faut estimer les remèdes d'autant plus que les maladies sont incurables, vous m'avouerez que cette comédie est une excellente chose à cet égard, puisque tous les autres efforts qui se font contre la galanterie sont absolument vains. En effet, les prédicateurs foudroient, les confesseurs exhortent, les pasteurs menacent, les bonnes âmes gémissent, les parents, les maris et les maîtres, veillent sans cesse, et font des efforts continuels, aussi grands qu'inutiles, pour brider l'impétuosité du torrent d'impureté qui ravage la France : et cependant c'est être ridicule dans le monde que de ne s'y laisser pas entraîner ; et les uns ne font pas moins de gloire d'aimer l'incontinence, que les autres en font de la reprendre. Le désordre ne procède d'autre cause que de l'opinion impie où la plupart des gens du monde sont aujourd'hui, que ce péché est moralement indifférent, et que c'est un point où la religion contrarie directement la raison naturelle. Or pouvoit-on combattre cettre opinion perverse plus fortement qu'en découvrant la turpitude naturelle de ces bas attachements, et faisant voir, par les seules lumières de la nature, comme dans cette comédie, que non-seulement cette passion est criminelle, injuste et déraisonnable, mais même qu'elle l'est extrêmement, puisque c'est jusqu'à en paroître ridicule ? Voilà, monsieur, quels sont les dangereux effets qu'il y avoit juste sujet d'appréhender que la représentation de *l'Imposteur* ne produisît. Je n'en dirai pas davantage, la chose parle d'elle-même.

Je rends apparemment un très mauvais service à Molière par cette réflexion, quoique ce ne soit pas mon dessein, parce que je lui fais des ennemis d'autant de galants qu'il y en a dans Paris, qui ne sont pas peut-être les personnes les moins éclairées ni les moins puissantes; mais qu'il ne s'en prenne qu'à lui-même. Cela ne lui arriveroit pas si, suivant les pas des premiers comiques et des modernes qui l'ont précédé, il exerçoit sur son théâtre une censure impudente, indiscrète et mal réglée, sans aucun soin des mœurs; au lieu de négliger, comme il a fait en faveur de la vertu et de la vérité, toutes les lois de la coutume et de l'usage du beau monde, et d'attaquer ses plus chères maximes et ses franchises les plus privilégiées jusque dans leurs derniers retranchements.

Voilà, monsieur, ce que vous avez souhaité de moi. Gardez-vous bien de croire, pour tout ce que je viens de dire, que je m'intéresse en aucune manière dans l'histoire que je vous ai contée, et de prendre pour l'effet de quelque opinion préméditée l'effort que j'ai fait pour vous plaire : je parle sur les suppositions que je forge, et seulement pour me donner matière de vous entretenir plus longtemps, comme je sais que vous le voulez. A cela près, peu m'importe qui que ce soit qui ait raison, car, quoique cette affaire me paroisse peut-être assez de conséquence, j'en vois tant d'autres de cette sorte aujourd'hui, qui sont ou traitées de bagatelles, ou réglées par des principes tout autres, qu'il faudroit que, n'étant pas assez fort pour résister aux mauvais exemples du siècle, je m'accoutume insensiblement, Dieu merci, à rire de tout comme les autres, et à ne regarder toutes les choses qui se passent dans le monde que comme les diverses scènes de la grande comédie qui se joue sur la terre entre les hommes. Je suis,

MONSIEUR,

Votre, etc.

Le 20 août 1667.

FIN DE LA LETTRE SUR L'IMPOSTEUR.

LA

CRITIQUE DU TARTUFFE

COMÉDIE[1]

---

1. A Paris, chez Gabriel Quinet, au Palais, à l'entrée de la Galerie des Prisonniers, à l'Ange Gabriel. MDCLXX. Avec privilège du roi.

LETTRE SATIRIQUE SUR LE TARTUFFE

ÉCRITE A L'AUTEUR DE LA CRITIQUE.

J'ai su, cher Dorilas, la galante manière
Dont tu veux critiquer et Tartuffe, et Molière,
Et sans t'importuner d'inutiles propos,
J'en vais rimer aussi la critique en deux mots.
Dès le commencement, une vieille bigote
Querelle les acteurs, et sans cessé radote,
Crie et n'écoute rien, se tourmente sans fruit ;
Ensuite une servante y fait autant de bruit,
A son maudit caquet donne libre carrière,
Réprimande son maître, et lui rompt en visière,
L'étourdit, l'interrompt, parle sans se lasser ;
Un bon coup suffiroit, pour la faire cesser,
Mais on s'aperçoit bien que son maître, par feinte,
Attend pour la frapper qu'elle soit hors d'atteinte.
Surtout, peut-on souffrir l'homme aux réalités,
Qui, pour se faire aimer, dit cent impiétés.
Débaucher une femme, et coucher avec elle ?
Chez ce galant bigot, c'est une bagatelle ;
A l'entendre, le ciel permet tous les plaisirs ;
Il en sait disposer au gré de ses désirs ;
Et quoi qu'il puisse faire, il se le rend traitable.
Pendant ces beaux discours, Orgon sous une table,
Incrédule toujours, pour être convaincu
Semble attendre en repos qu'on le fasse cocu :

Il se détrompe enfin, et comprend sa disgrâce,
Déteste le Tartuffe, et pour jamais le chasse.
Après que l'imposteur a fait voir son courroux,
Après qu'on a juré de le rouer de coups,
Et d'autres incidents de cette même espèce,
Le cinquième acte vient, il faut finir la pièce;
Molière la finit, et nous fait avouer
Qu'il en tranche le nœud, qu'il n'a su dénouer.
Molière plaît assez, son génie est folâtre,
Il a quelque talent pour le jeu du théâtre,
Et pour en bien parler, c'est un bouffon plaisant
Qui divertit le monde en le contrefaisant;
Ses grimaces souvent causent quelques surprises,
Toutes ses pièces sont d'agréables sottises,
Il est mauvais poète et bon comédien,
Il fait rire, et de vrai, c'est tout ce qu'il fait bien.
Molière à son bonheur doit tous ses avantages,
C'est son bonheur qui fait le prix de ses ouvrages;
Je sais que le Tartuffe a passé son espoir,
Que tout Paris en foule a couru pour le voir;
Mais avec tout cela, quand on l'a vu paroître,
On l'a tant applaudi faute de le connoître;
Un si fameux succès ne lui fut jamais dû,
Et s'il a réussi, c'est qu'on l'a défendu.

LA CRITIQUE DU TARTUFFE

COMÉDIE

PERSONNAGES.

CLÉON, père de Lidiane.
LISANDRE, amant de Lidiane.
TARTUFFE, sous le nom de Panulphe, rival de Lisandre
LIDIANE.
LISE, servante de Lidiane.
LAURENS, valet de Tartuffe.

La scène est chez Cléon.

SCENE PREMIÈRE.

TARTUFFE, LAURENS.

LAURENS.
Hé bien, qu'avez-vous fait? vos efforts sont-ils vains?
Ou les griffons dorés de vos faux parchemins
Auroient-ils fait l'effet que vous pouviez prétendre

TARTUFFE.
Ils ont eu le succès que j'en devois attendre.

LAURENS.
Quoi?

TARTUFFE.
J'ai déçu le père avec ces faux contrats.

LAURENS.

Et la fille est d'accord ?...

TARTUFFE.

La fille ne l'est pas.
Cet hymen la chagrine, et la rend presque folle,
Mais son père d'abord m'a donné sa parole ;
Il en est si content qu'en me disant adieu
Il m'a prié tout bas de descendre en ce lieu,
Attendant qu'elle soit par lui persuadée...

LAURENS.

Bien des difficultés confondent mon idée.
Songez-vous que Lisandre est homme de grand bruit?
Que malgré l'amitié dont le nœud vous unit,
Vous lui voulez ravir l'objet de sa tendresse,
N'appréhendez-vous point sa fureur vengeresse?
Et d'ailleurs si Cléon par hasard peut savoir
Que Tartuffe est le nom que vous devez avoir,
Et que Panulphe ici, riche en gros caractère,
N'est qu'un nom supposé que la fourbe a su faire ;
Lequel, à votre avis, choisira-t-il des deux,
Ou Panulphe faux riche, ou Tartuffe vrai gueux?
Sous le nom de Tartuffe il n'a qu'à vous connoître
Pour bien savoir quel homme au vrai vous pouvez être :
Votre nom si connu, trahissant ce forfait,
Saura tout démentir ce que vous aurez fait ;
Et prendra-t-il alors pour gendre, sans scrupule,
Un homme que Molière a rendu ridicule,
Dont le sort maltraité se vit aux yeux de tous
L'objet de la risée et du plaisir des fous ?
On sait que chez Cléon, par une longue étude,
A railler cet ouvrage on prend telle habitude ;
Que, dans son entretien, chacun à qui mieux mieux
Nous en fait pétiller les défauts à nos yeux.

TARTUFFE.

Quoi ! pour avoir souffert l'aigreur d'une censure
Qui déclare la guerre à toute la nature,
Suis-je moins honnête homme, enfin? et mon honneur
Est-il à la merci d'un calomniateur ?

SCÈNE I.

Parce qu'un foible effort d'une imaginative
A soumis à l'erreur la vérité captive,
Que le caprice a su, s'immolant la raison,
Confondre la justice avec la trahison,
Que des vers rallongés ont été des oracles,
Que des *oui* et des *non* ont fait crier miracles,
Faut-il que ma vertu rencontre son tombeau
Dans l'abîme profond du vide d'un cerveau?
Et dépend-elle enfin d'une grossière idée,
D'un auteur dont on voit la malice bridée,
Et qui par sa cabale, à force de complots,
Va gueuser des succès chez la race des sots?
Et si je suis l'objet des crayons du mensonge,
Dois-je répondre, enfin, des chimères d'un songe?
Un ouvrage si bas ne me peut attaquer,
Ma vie a trop d'éclat pour pouvoir s'offusquer;
Et je ne puis tenir ma conduite offensée
Par les traits languissants d'une veine forcée.
Ceux qui me connoîtront, en dépit de ses soins,
Seront de ma vertu tout autant de témoins...

LAURENS.

Je ne puis plus tenir, quand je vois qu'à son vice,
Aveugle de soi-même, on ne fait point justice.
Après vos faussetés, et tout ce que j'ai vu,
Osez-vous devant moi vous targuer de vertu?

TARTUFFE.

Quoi! peux-tu condamner l'effort d'un misérable
Qui tâche à s'affranchir d'un destin déplorable?
Si je suis scélérat, fourbe, malicieux,
Mes finesses du moins ne blessent point les yeux;
Mon cœur par mon maintien ne se fait point connoître,
Je ne suis point grossier comme on me le fait être,
Et lorsque cet auteur voudra peindre les gens,
Qu'il mette en ses couleurs un peu plus de bon sens.
Du dessein qu'il a pris l'on voit qu'il se retire,
Mon nom seul est l'objet de la froide satire;
Un portrait si confus me ressemble trop mal,
Ces traits sont sans rapport à leur original;

Et si dans ces défauts qui choquent la nature,
L'on me veut soutenir que ce soit ma peinture,
Je pourrai soutenir à mon tour que l'auteur,
Et non celui qu'il peint, lui-même est l'imposteur
Toutefois Licidas doit faire une satire
Qui me fera raison de ce qu'il a pu dire.

LAURENS.

Cependant vous voyez que malgré vos mépris,
Ce poème imparfait fait courre tout Paris.
N'est-ce rien que de voir une dame Pernelle,
Qui sait l'art de charmer par une bagatelle ;
Que tout ce qu'on oyoit de bas au temps passé,
Dans son discours antique est si bien ramassé.
Que Laurens, mon portrait, mérite qu'on le prise !
Lui seul à l'auditeur n'a point dit de sottise,
Et loin de m'en choquer, je m'en louerai toujours.
Mais pour vous, mon cher maître...

TARTUFFE.

     Ah ! cesse un tel discours,
Cléon vient.

SCÈNE II.

TARTUFFE, CLÉON, LAURENS.

CLÉON.

Je vous plains. Fille trop obstinée !
Je l'ai pressée en vain touchant cet hyménée :
Plus rebelle à mes vœux que la fille d'Orgon,
Je n'ai pu la soumettre aux lois de la raison.
Cependant envers vous ma parole m'engage,
Peut-être que le temps nous la rendra plus sage.
Nous nous verrons ce soir ; vous m'en voyez confus ;
Mais sans doute mes soins fléchiront ses refus.

(Tartuffe et Laurens sortent.)

SCÈNE III.

CLÉON, LISE.

LISE.

Lidiane, monsieur, là-haut se désespère ;
Elle vous reniera volontiers pour son père,
Dans le pressant transport de ses vives douleurs,
Si vous ne tarissez le torrent de ses pleurs.

CLÉON.

L'on verra qui de nous doit obéir à l'autre.

LISE.

Vit-on jamais un cœur plus cruel que le vôtre !
Orgon sur un tel point n'est pas plus dur que vous.
Pourquoi contre son gré lui donner cet époux ?
Faut-il que des contrats faits par quelques faussaires...?

CLÉON.

Ils sont en bonne forme, et signés de notaires.

LISE.

Et par cette raison ils sont dignes de foi ?
Vous savez peu le monde ! Hé, monsieur, croyez-moi,
Les hommes à l'argent se donnant pour esclaves,
Il est de faux contrats comme il est de faux braves ;
Les faux braves partout sont les plus effrontés,
Ainsi les faux contrats sont les mieux ajustés.
Ne vous aveuglez point d'un bien imaginaire,
Je vous dis qu'ils sont faux et par-devant notaire.

CLÉON.

Ton discours est autant dépourvu de raison
Que celui de Cléante envers son frère Orgon.
Dans le mauvais dessein que sa haine médite,
Il ose déclarer le Tartuffe hypocrite,
Sur ce que, quand il prie, il brûle de ferveur,
Qu'il se prosterne en terre, humiliant son cœur,
Qu'il partage les dons qu'on lui fait par aumône,
Qu'ennemi du pécheur il l'instruit et le prône ;
Et quoique les dévots en agissent ainsi,
D'abord son jugement condamne celui-ci.

Scrutateur de son cœur et de sa conscience,
Son caprice dément la plus claire apparence ;
Et sans rien alléguer qui prouve sa noirceur,
Il veut que sur sa foi l'on le croie imposteur.
Ta malice en ce cas n'a rien de moins énorme ;
Parce que ces contrats sont en fort bonne forme,
Tu veux en m'aveuglant que, sans savoir pourquoi,
Je sois persuadé qu'ils sont faux comme toi.

LISE.

Supposez qu'ils soient bons, faut-il que la richesse
D'un père envers sa fille étouffe la tendresse ?
Vous, qui dans la nature êtes si délicat,
Malgré l'âge viril, êtes-vous assez fat
Pour donner votre fille...

CLÉON.

Ah ! quelle impertinente
La servante d'Orgon n'est pas plus impudente.

LISE.

Faut-il qu'à l'intérêt votre cœur soit captif ?

CLÉON.

Je te pourrai donner un soufflet effectif,
Et je saurai si bien ménager la mesure
Que ma main tout à point trouvera ta figure.

LISE.

Mais...

CLÉON.

Si tu m'étourdis encor par ton jargon,
Tu verras que je suis bien plus adroit qu'Orgon.

LISE.

Lisandre n'est-il pas d'assez bonne famille,
Pour oser librement prétendre à votre fille ?
Il est vrai, je l'avoue, il n'a pas tant de bien ;
Mais quoi, ne comptez-vous sa noblesse pour rien ?

CLÉON.

Tu ne m'apprendras pas à connoître Lisandre,
Il mérite au delà de devenir mon gendre ;
Je le crois, il est noble, et j'en dois convenir,
Mais l'autre a ma parole et je lui veux tenir.

SCÈNE IV.
CLÉON, LISE, LIDIANE.

<small>LIDIANE vient se jeter aux genoux de son père.</small>
Mon père, si jamais votre cœur fut sensible,
Si jamais à l'amour on le vit accessible;
S'il vous reste pour moi la moindre affection,
Soyez deux fois mon père en cette occasion;
En étouffant en vous cette funeste envie,
Ce sera me donner une seconde vie,
Car si votre pitié ne fait aucun effort,
Le parti que je prends en ce cas c'est la mort.
Oui, j'aime mieux mourir, malgré ma destinée,
Que d'accomplir jamais un si triste hyménée,
Que de quitter, pour prendre un homme que je hais,
Lisandre à qui sont dus tous les vœux que je fais.
Que la nature en vous réveille sa tendresse,
Ne m'abandonnez point aux coups de ma tristesse,
Formez en ma faveur de plus justes désirs,
Et soyez exorable enfin à mes soupirs.
<small>LISE, se mettant aussi à genoux.</small>
N'imitez point Orgon; ayez, voyant sa peine,
Pour votre fille en pleurs *de la foiblesse humaine.*
<small>CLÉON, relevant Lidiane.</small>
Tes douleurs m'ont touché, je me sens attendrir;
Va, mon dessein n'est pas de te faire souffrir,
Et quoi que fasse Orgon, je soutiens impossible
Qu'un père en cet état ne se rende flexible.
La pitié, dans nos cœurs usant de trahison,
Aux lois de la nature asservit la raison.
Quelque forts intérêts qui séduisent notre âme,
Cette même nature en leurs mains nous réclame,
Et surprend d'autant plus aisément notre cœur
Qu'elle ne nous combat qu'à force de douceur.
A tes soupirs enfin tu me vois exorable,
Et puisqu'un tel hymen te rendroit misérable,
Que Lisandre est l'objet de tes vœux les plus doux,

Crois-moi, dès aujourd'hui tu l'auras pour époux.
LIDIANE.
Ah! quels remerciements, s'il faut qu'on vous en croie!
CLÉON.
Que la douleur en toi fasse place à la joie.
LISE, à Lidiane.
Vous voyez à présent si mon conseil est bon.
Quand un père obstiné n'entre point en raison,
Que pour l'humaniser la maxime est très sûre
Qu'il faut tâcher en lui d'émouvoir la nature;
C'étoit le seul moyen d'apaiser son courroux,
Car la nature en soi n'a rien que de fort doux.
Tartuffe est moins chéri d'Orgon, qui le révère,
Que je sens attendrir mon cœur pour votre père;
Il est tout naturel, et loin d'être inhumain,
C'est un homme... qui... ah!... un homme... un homme enfin.
CLÉON.
L'éloge est de Tartuffe; ô la belle louange!
LISE.
Non plus que lui, je crois, vous n'êtes pas *un ange?*
CLÉON.
Je suis un homme, enfin. As-tu de la raison?
LISE.
J'en ai dans ce discours, du moins autant qu'Orgon.
Et ce n'est qu'après lui que mon esprit s'envole...
CLÉON.
Pour imiter Orgon, tu n'en es pas moins folle.
LIDIANE, à Lise.
Que je ressens de joie en secret dans mon cœur!
LISE, à Cléon.
A quoi donc pensez-vous?
CLÉON.
                   A me sauver l'honneur.
Manquerai-je à Panulphe, en rompant cette affaire?
LISE.
Le grand malheur! Orgon manque bien à Valère.
CLÉON.
C'est un crime si noir que violer sa foi!...

SCÈNE IV.

LISE.

Je me charge de tout, *et prends le mal sur moi.*
Ayez moins de scrupule et plus de confiance...

CLÉON.

Peut-on du mal d'autrui charger sa conscience?

LISE.

Demandez à Tartuffe... Orgon dit qu'il fera,
Touchant un tel hymen, *ce que le ciel voudra;*
Et puis sans dégager sa foi d'avec Valère,
Il s'engage à Tartuffe et veut presser l'affaire.
Agissez-en de même; et si c'est un péché,
Le ciel, et non pas vous, en doit être taché,
Puisque c'est lui qui veut qu'on manque à sa promesse.

CLÉON.

Dans le rang où je suis, ma gloire m'intéresse,
Et je crains qu'un tel tour ne fasse trop d'éclat.

LISE.

Orgon n'étoit-il pas jadis homme d'État?
Et cependant craint-il que, quoi qu'on le renomme...

CLÉON.

Ah! ne m'allègue plus pour exemple un tel homme!
Crois-tu que comme lui j'eusse assez peu de foi
Pour oser préférer un bigot à mon roi?
M'étant donc engagé touchant cet hyménée,
Je ne puis retirer ma parole donnée.
Va, ne résiste plus, ma fille, à m'obéir;
Acceptant cet époux, tâche à le moins haïr.
Tu vois que de ton sort telle est la loi sévère,
Puisqu'enfin il y va de l'honneur de ton père.
Voudrois-tu me trahir? et puisque je le veux,
Rends ton âme insensible à l'ardeur de ses feux.

LISE.

Justement comme Orgon, c'est vouloir l'impossible,
Voulant qu'à contre-cœur sa fille soit sensible,
Et quoi qu'il n'en soit rien, qu'elle avoue hautement
Que Tartuffe lui plait et qu'il est son amant.
N'est-ce pas faire voir plus d'un grain de folie?
Car peut-on de deux cœurs dompter l'antipathie?

Quoique l'obéissance ait des charmes puissants,
Se peut-on affranchir du commerce des sens?
Et la haine et l'amour se montent-ils à vices[1],
Pour les faire et défaire au gré de ses caprices?
Non, non, et votre honneur dût-il se gendarmer,
La haine fait haïr, et l'amour fait aimer.

LIDIANE.

Sitôt votre bonté se seroit dissipée,
Et par un faux brillant j'aurois été trompée?
Quoi! secouant en vous le joug de l'amitié,
L'intérêt triomphant s'immole la pitié,
Et livrant la nature à votre humeur avare,
Peut vous rendre à la fois et parjure et barbare!
Dans votre cruauté, par quelle injuste loi,
Pour sauver votre honneur, me manquez-vous de foi?
Car enfin, si pour lui cet honneur s'intéresse
D'achever cet hymen selon votre promesse,
M'ayant promis à moi de le rompre aujourd'hui,
Ne me devez-vous pas, mon père, autant qu'à lui?
Si l'honneur entre nous tient votre âme en balance,
Que la nature emporte au moins la préférence.

(Elle se met à genoux.)

Mon père, hé! si ce nom qui jadis vous fut cher,
A des traits assez doux encor pour vous toucher...

CLÉON, s'éloignant d'elle.

A d'autres. Derechef, vous voulez me surprendre;
Pour ouïr vos douleurs, je porte un cœur trop tendre.
Aisément la pitié peut encor l'envahir.
Hé! si le dur Orgon que l'on vit se trahir,
N'avoit pas de sa fille écouté la souffrance,
Il n'auroit pas péché contre la vraisemblance.

(Lidiane et Lise suivent Cléon, qui s'enfuit d'elles d'un bout du théâtre à l'autre.)

LISE.

Quoi, ces beaux yeux en pleurs...?

CLÉON.

Ses pleurs sont superflus.

---

1. Il y a *vices*, dans l'original, pour rimer avec *caprices*. Alors comme aujourd'hui l'orthographe de ce mot était *vis*.

SCÈNE V.

LIDIANE.

Hé, de grâce, écoutez...

CLÉON.

Vous ne m'y tenez plus.

LISE, à part.

Que j'aurois de plaisir de lui dire une injure !
(Haut, à Cléon.)
Vous êtes si bon père, écoutez la nature.

LIDIANE.

Par tous vos mouvements de tendresse et d'ardeur...

LISE.

Par les fantômes d'or qui charment votre cœur...
(Cléon se trouve au milieu du théâtre, et Lise et Lidiane se mettent à genoux à ses deux côtés.)

LIDIANE.

Par l'objet le plus cher que vous ayez au monde...

LISE.

Par votre grande bourse en richesses féconde...

CLÉON.

Avez-vous pris dessein de ne jamais cesser ?
Ah ! je sais un moyen pour me débarrasser.
Si je romps cet hymen, je veux bien qu'on m'assomme.
(Il sort.)
LISE, à genoux.

Voilà, je vous l'avoue, un abominable homme !

SCÈNE V.

LIDIANE, LISE.

LIDIANE.

Est-il rien sous le ciel d'égal à mon malheur?
Je prendrois un époux pour qui j'ai de l'horreur !

LISE.

Non, non, consolez-vous, vous serez mariée,
Et si vous ne serez jamais *Panulphiée*.
Je sais certain secret qui vous peut secourir,
Mais ce lieu m'est suspect pour vous le découvrir.
(Ayant regardé partout.)
Je vais tout visiter... Dans la peur qui m'accable,

Il ne me reste plus qu'à chercher sous la table.
LIDIANE.
Es-tu folle? Crois-tu que quelqu'un...
LISE.
Que sait-on
Si je n'y pourrois point rencontrer quelque Orgon?
Si Tartuffe est si fat que de se faire entendre,
Je ne suis pas d'humeur à me laisser surprendre.
LIDIANE.
Que j'ai d'impatience à savoir ce secret!
LISE.
Ce lieu, tout grand qu'il est, ne peut être indiscret.
LIDIANE.
Ne me fais point languir... et dis-moi sans mystère...
LISE.
Il faut auparavant bannir toute humeur fière.
LIDIANE.
Volontiers, j'y consens pour guérir ma douleur.
LISE.
Ne point trop écouter les lois de la pudeur.
LIDIANE.
Déjà, sans le savoir, un tel secret m'étonne.
LISE.
Et même il ne faut pas que votre honneur raisonne.
LIDIANE.
Dussé-je de mon sort éprouver la rigueur,
Je ne sortirai point des règles de l'honneur.
LISE.
Mais...
LIDIANE.
Je ne puis t'entendre.
LISE.
Ayez plus de franchise.
LIDIANE.
Non.
LISE.
Quoi...

SCÈNE V.

LIDIANE.

Je ne veux pas, enfin, qu'on me le dise.
Sachant un tel secret, quoiqu'il choquât l'honneur,
Je pourrois m'en servir au gré de ma fureur.

LISE.

Ma foi, vous l'entendrez.

LIDIANE.

Ton erreur est extrême.

LISE.

Je vais ici tout haut me le dire à *moi-même*.
Avant que d'imiter la servante d'Orgon,
Que votre honneur au moins se rende à la raison.

LIDIANE.

Dis-moi donc quel il est? Quand j'aurai su l'apprendre...

LISE.

C'est qu'il faudroit vous faire enlever par Lisandre,
Et fort adroitement il le faut disposer...

LIDIANE.

Ah! qu'oses-tu, méchante, ici me proposer?
Hé quoi, non seulement tu veux, dans ta malice,
Me faire consentir que mon honneur périsse;
Mais encor sans pudeur tu veux que de mes mains
Je travaille à sa perte et souille ses destins,
Et loin d'en rejeter la coupable prière,
Que moi-même je prie et j'ouvre la carrière,
Et livrant ma vertu pour victime à mes sens,
Que mon cœur se réduise à séduire les gens?
Peut-on voir une femme à ce point effrontée?

LISE.

Oui, la femme d'Orgon n'est pas moins emportée!
Ne la voyons-nous pas, oubliant sa pudeur,
En faveur de Tartuffe expliquer son ardeur?
Et courant au devant, bien loin d'être sévère,
Ne lui fait-elle pas ce qu'il lui devroit faire?
Prévenant ses désirs par mille et mille aveux,
Pour le faire descendre à l'endroit chatouilleux,
Ne conduit-elle pas, d'un infâme artifice,
Son honneur imbécile au bord du précipice?

Et ne juge-t-on pas, en la voyant agir,
Qu'elle passeroit bien plus outre sans rougir?
LIDIANE.
Un tel raisonnement est digne qu'on l'admire;
Oses-tu bien noircir l'innocence d'Elmire,
Sachant qu'elle ne feint d'exposer son honneur
Qu'afin de mieux confondre un traître, un imposteur?
LISE.
Mais Tartuffe voit-il dans le fond de son âme?
Pour dire les transports d'une trompeuse flamme,
Il est bien moins aisé de dompter sa pudeur
Que pour marquer l'excès d'une sincère ardeur.
Quand un cœur en effet sent de vives souffrances,
La passion le rend aveugle aux conséquences;
Mais alors que l'on feint, le devoir révolté
Fait voir un tel discours de venin infecté,
Et la honte au dehors faisant sa résidence,
Naît de ce que l'on dit, et non de ce qu'on pense.

SCÈNE VI.

LISANDRE, LIDIANE, LISE.

LISANDRE.
Ah! madame, est-ce ainsi que vous vous engagez?
Sous les lois de l'hymen ainsi vous vous rangez?
Dès ce soir, m'a-t-on dit, au gré de votre flamme,
D'un autre époux que moi l'on vous verra la femme.
LIDIANE.
Je ne puis m'en défendre, et mon père le veut.
LISANDRE.
L'amour au désespoir aussi fait ce qu'il peut
Pour rompre en ma faveur cette fatale affaire.
Ah! vous y consentez, la preuve en est trop claire,
Et je n'en puis douter, vous me manquez de foi.
Hé bien, madame, hé bien, dégagez-vous de moi;
Mais craignez les transports de ma vive colère!

SCÈNE VI.

LISE.

Peut-on voir un brutal plus semblable à Valère ?
Peut-on mieux comme lui, dans un tel contre-temps,
Expliquer ce qu'on dit selon son mauvais sens ?
Ainsi votre vengeance à ce point est cruelle
Que de faire tomber votre fureur sur elle ?

LISANDRE.

Non, non ; mais si j'apprends quel est cet inhumain,
Je veux avec plaisir le tuer de ma main.

LISE.

Vous tuerez donc un homme avec moins de colère
Que Tartuffe une puce en faisant sa prière ?

LISANDRE.

Oui, je veux à longs traits savourer la douceur
De lui ravir celui qui possède son cœur,
Et que par tout son sang...

LISE.

Halte-là ! mon beau frère,
Le fils d'Orgon n'est point d'humeur si sanguinaire ;
Tartuffe le trahit, et le fait sans raison
Par son père irrité chasser de sa maison ;
Et loin de concevoir des cruautés pareilles,
Il lui veut seulement couper les deux oreilles,
Et vous...

LISANDRE.

Ne raillons point.

LISE.

Il est vrai que j'ai tort,
Votre rival respire et n'est pas encor mort.
Êtes-vous insensé de lui faire querelle,
Quand son amour pour vous se montre si fidèle,
Et son cœur obstiné, pour vous garder sa foi,
Des désirs paternels combat la dure loi.

LISANDRE, à Lidiane.

Oh ! qu'entends-je, madame ! et seroit-il possible ?

LIDIANE.

Croyez-vous que mon cœur pour vous soit insensible ?
Vous ne méritez pas qu'on vous fasse un aveu...

LISANDRE.

Ah! pardonnez, madame, aux transports de mon feu,
Pardonnez aux soupçons...

LISE.

Trêve à ce badinage,
Et songeons à parer ce pressant mariage.
J'entends quelqu'un qui vient, l'on peut vous arrêter,
Montez dans votre chambre, afin d'y consulter;
Je m'en vais renvoyer d'ici qui ce puisse être,
Et vous irai trouver.

SCÈNE VII.

LAURENS, LISE.

LAURENS.

N'as-tu point vu mon maître?

LISE.

Va le chercher ailleurs. Non, il n'est point ici.
Que vient-il redoubler encor notre souci?
Ne te l'ai-je pas dit cent fois en confidence,
Que l'affaire, en un mot, n'ira pas comme on pense?
Que quoique Lidiane ait pour lui des attraits,
Ton maître doit s'attendre à ne l'avoir jamais?

LAURENS.

Je ne m'étonne pas de ton humeur fâcheuse :
J'ai rêvé cette nuit *de mort et d'eau bourbeuse,*
J'ai bien cru que c'étoient *des présages mauvais.*
Mais pourquoi contre moi lances-tu tous ces traits?
Bien loin de quereller, quand je te vois si belle,
Mon âme se transporte, et ma ferveur est telle...

LISE.

Tu m'écaches les doigts... Le plaisant amoureux!
Faire du mal aux gens pour témoigner ses feux!

LAURENS.

C'est que je fais l'amour à la nouvelle mode :
Du Tartuffe enflammé j'imite la méthode.

(Il embrasse la cuisse de Lise.)

SCÈNE VII.

Ton étoffe est moelleuse!
LISE.
En un pareil dessein,
C'est mal suivre Tartuffe, il n'y met qu'une main.
Ne te hasarde point à me faire caresse,
Car je te ferois voir *une vertu diablesse*;
Je défends mon honneur *de griffes et de dents*,
Et je sais pour un mot dévisager les gens :
Car lorsqu'avec douceur on veut se montrer sage,
Plus avant qu'on ne veut fort souvent on s'engage.
LAURENS.
Que ton collier est beau ?
LISE.
Je comprends ton dessein :
Tu voudrois bien par là me patiner le sein.
LAURENS.
Non, laisse-le-moi voir; les perles en sont grosses,
Et d'une fort belle eau.
LISE.
Bien.
LAURENS.
Mais je les crois fausses.
LISE.
Tant mieux, je ne veux point te les laisser toucher;
Tu peux les voir de loin et sans en approcher.
LAURENS, approchant.
Je ne puis voir de loin et suis court de visière.
LISE.
Ne t'émancipe pas, car ma main est légère.
LAURENS.
Çà, faisons un marché. Donne-moi deux soufflets,
Et me laisse baiser tes tetons rondelets.
L'offre est...
LISE.
J'aurois trop peur de te voir pâmer d'aise.
L'AURENS.
A la pâmoison près, permets que je les baise.
LISE.
Non, je ne le veux pas.

LAURENS.

Que tu fais de façons !
Si ce n'est pour baiser, à quoi bon des tetons ?
Qui te retient?... A tort c'est faire la cruelle ;
Nous sommes seuls ici, l'occasion est belle.

LISE.

Hé ! quand nous serions seuls, est-ce un moindre péché ?

LAURENS.

Le crime n'est pas crime alors qu'il est caché.
*Le scandale du monde est ce qui fait l'offense,
Et ce n'est pas pécher que pécher en silence.*
Paroles de Tartuffe, auteur dont on fait cas ;
S'il n'étoit véritable, il ne le diroit pas.
Si tu ne veux quitter une humeur si farouche,
Je meurs.

LISE.

Tant pis pour toi.

LAURENS.

Que ma douleur te touche !

LISE.

Aussi dure qu'Orgon, tu trépasserois là
Que je m'en soucierois autant que de cela.

LAURENS.

Tu perdrois un amant et sincère et fidèle ?

LISE.

Et lui tous ses parents, et si son âme est telle.

LAURENS.

Si je ne craignois point que nous fussions surpris,
Ma foi, je te ferois, dans l'ardeur où je suis...

LISE.

Quoi donc ?

LAURENS.

Rien.

LISE.

Mais encor ?

LAURENS.

Tu veux que je le dise ?
Je te... *Tu me ferois lâcher quelque sottise.*

SCÈNE VII.

(Montrant ses tetons.)
Laisse-moi les baiser.

LISE.
En seras-tu plus gras?

LAURENS.
Oui.

LISE.
Non.

LAURENS.
De grâce.

LISE.
Non.

LAURENS, se dépitant.
Tu t'en repentiras.
(Il revient doucement.)
Hé! que je les manie, au moins.

LISE.
Que je suis lasse

LAURENS.
Puisque tu ne veux pas m'accorder cette grâce,
Si je voulois par force attaquer ton honneur,
Comment donc ferois-tu?

LISE.
Je crierois au voleur.

LAURENS.
Hé! pourquoi? te laissant toute chose en nature.
Tu ne veux pas?

LISE.
Non.

LAURENS.
Non?

LISE.
En vérité, j'en jure.

LAURENS.
Pour me cacher ton sein prends-moi donc ce mouchoir,
Car sans tentation je ne saurois le voir :
Par de pareils objets les âmes sont blessées,
Et cela fait venir de coupables pensées.

LISE.

Lorsque l'on voit un sein que l'on n'ose toucher,
L'on n'a pas grande peine à le faire cacher.
Ah! Tartuffe maudit! dont la mine empruntée...
Je te verrois tout nu sans en être tentée.

LAURENS, commençant à se déshabiller.

Il le faut éprouver.

LISE, le retenant.

Il n'est pas besoin, non.
Quoi! tu serois sujet à la tentation?
Un valet tel que toi de l'amour se consomme?

LAURENS.

Ah! pour être valet, *je n'en suis pas moins homme.*

LISE.

Ce vers est de Tartuffe, et c'est piller l'auteur.

LAURENS.

Bon, n'est-il pas permis de voler un voleur?
Ce vers étant sorti du cerveau de Corneille,
Le voler à mon tour n'est pas grande merveille.

LISE.

Il auroit pris ce vers?

LAURENS.

Ce n'est pas d'aujourd'hui
Qu'il se sait enrichir des dépouilles d'autrui.

LISE.

Mais il en a changé le sens en sa manière.

LAURENS.

Je sais qu'il a changé, pour suivre sa matière,
Le *Romain* en *dévot;* et moi pour mon sujet,
N'ai-je pas transformé le *dévot* en *valet?*

(Il éternue.)

Qu'as-tu donc contre moi? Quelle humeur te possède?
A Tartuffe, rotant, Orgon dit : *Dieu vous aide;*
Moi, j'éternue en forme et tu ne me dis rien?

LISE.

J'avois l'esprit ailleurs, et tu m'excuses bien;
Mais changeons de propos, et parlons de ton maître.
Dis-moi dans son humeur quel homme ce peut être.

SCÈNE VII.

LAURENS.

C'est un homme de bien, fanfaron de vertu,
Et si pour s'en targuer il n'en a jamais eu.
Mais, au moins, je te parle en bonne confidence;
Quoiqu'on le croie honnête, il n'est pas ce qu'on pense;
Lui-même de lui-même est enfin aveuglé!
Si l'on savoit ses tours... (A part.) Peste! j'ai trop parlé.

LISE.

Mais encore, quels tours?

LAURENS.

Il n'est pas nécessaire...

LISE.

Dis?

LAURENS.

Je connois ma faute, il est temps de me taire.

LISE.

Si tu ne voulois pas que je susse ces tours,
Il ne me falloit point entamer ce discours.
Va, n'appréhende rien, tu me connois discrète.

LAURENS.

Oui, mais je crains ta langue. Ah! que n'es-tu muette!
Mais, que dis-je, muette! Hé! quand tu le serois,
Tes signes parleroient au défaut de ta voix.

LISE.

C'est m'offenser par où je suis le plus sensible.
Tu crois que je serois...?

LAURENS.

Vois-tu, tout est possible.
Outre que votre sexe est suspect en ce point,
Je sais que le secret chez toi ne vieillit point.

LISE.

Tu ne me connois pas... Savoir tout sans rien dire,
Est une qualité que moi-même j'admire.

LAURENS.

Bon, je veux qu'on m'admire, et ne te dire rien
En est tout justement l'infaillible moyen.

LISE.

Tu ne veux pas plus loin pousser la confidence

Se défier de moi, c'est choquer ma prudence.
LAURENS.
Le secret à mes yeux fait briller tant d'appas...
LISE, frappant ses mains.
Ah! tu te tais? Et moi, je ne me tairai pas.
Loin d'imiter d'Orgon la trop discrète femme,
Qui du Tartuffe ingrat lui veut cacher la flamme,
D'abord que devant moi ton maître paroîtra,
Je lui conterai tout...
LAURENS.
Hé!...
LISE.
Non, il le saura...
(Laurens la tire pour l'empêcher.)
Mais il vient à propos, point de miséricorde.
C'est un plaisir pour moi de semer la discorde.

SCÈNE VIII.

TARTUFFE, LISE, LAURENS.

LISE.
Quoi, monsieur, souffrez-vous qu'un traître, un imposteur
Fasse tous ses efforts pour vous perdre d'honneur?
Vous vous faites servir d'un zélé domestique;
Il fait de votre humeur un beau panégyrique!
TARTUFFE.
Comment?
LISE.
Si l'on en croit ses obligeants discours,
Vous êtes bien honnête, et faites de bons tours.
TARTUFFE.
Qu'entends-je? juste ciel!
LAURENS, à part.
Ah! traîtresse maudite!
Pour un membre à choisir, j'en voudrois être quitte.
TARTUFFE, à part.
Éclaterai-je ici? N'éclaterai-je pas?

SCÈNE VIII.

LAURENS, à part.

Je ne sais que résoudre en un tel embarras.

TARTUFFE, à Laurens.

Quoi ! tu me trahirois ? et tu serois capable...?

LAURENS.

Oui, mon maître, *je suis un méchant, un coupable,*
Un inique valet, dont les intentions
Vont à vous accabler de *tribulations;*
Je suis un scélérat, de qui la calomnie
Veut tacher votre nom de honte et d'infamie.
Allez, n'en doutez point, croyez-en son récit,
J'en ai plus dit encor qu'on ne vous en a dit.

TARTUFFE, à part.

Pourquoi suis-je en un lieu qu'il faut que je révère,
Et qui contraint mon cœur d'étouffer sa colère !

LISE.

Hé quoi ! de tels discours vous émeuvent si peu ?
Je pense être croyable après un tel aveu.

LAURENS.

De vos émotions les transports sont trop sages;
Punissez mes forfaits, retenez-moi mes gages ;
Et m'ôtant vos couleurs, traitez-moi rudement :
Je n'en murmurerai, mon maître, nullement.

TARTUFFE, à part.

Non, de mes mouvements je ne puis être maître,
Et ne puis plus souffrir l'insolence d'un traître.

(A Laurens.)

Penses-tu me tromper comme l'on fait Orgon?
Cette ruse grossière... *Un bâton... un bâton !*

LAURENS.

Fuyons comme Damis.

TARTUFFE, allant près de lui.

Après ton impudence,
Ne te montre jamais, fripon, en ma présence.

SCÈNE IX.

TARTUFFE, LISE.

LISE.

Quelle malice, ô ciel! ce crime est sans pardon.
Oser ainsi noircir un maître, sans raison!

TARTUFFE, se retournant vers la porte.

Coquin!

LISE.

Je ne suis pas d'une humeur si traîtresse,
Et conserve autrement l'honneur de ma maîtresse.

TARTUFFE.

Pendard!

LISE.

Comme il a fait, peut-on manquer de foi?

TARTUFFE.

Infâme!

LISE.

Bien des gens ont fait mal devant moi,
Et si, loin d'en parler, j'ai fort bien su m'en taire,
Et cacher dans mon sein tout ce que j'ai vu faire.

TARTUFFE, s'en allant à la porte en furie.

Ah! traître!... ingrat!... fripon!

LISE.

Après un tel forfait,
Vous le traitez en fils, et non pas en valet.
Orgon, de son Tartuffe armant les impostures,
N'outrage pas Damis avec d'autres injures.

TARTUFFE.

Que n'ai-je sur la place assommé ce vaurien!

LISE.

C'est un coquin, monsieur, il le mérite bien.

TARTUFFE.

Je sens que contre lui la fureur me transporte;
Pour l'aller étrangler, permettez que je sorte.

LISE.

Qui vous retient ici?... Mais Cléon vient à nous.

(Lise sort.)

SCÈNE X.

CLÉON, TARTUFFE.

CLÉON.

Ah! monsieur, de ce pas je venois de chez vous.

TARTUFFE.

J'étois chez Licidas.

CLÉON.

Quoi, ce pauvre poète!

TARTUFFE.

Comment le traitez-vous?

CLÉON.

Comme il faut qu'on le traite.

TARTUFFE.

Ses ouvrages limés surprennent les plus fins,
Et jamais on ne voit avorter ses desseins.
Guidé par la raison, d'une adresse subtile
Il sait enfin mêler l'agréable à l'utile.

CLÉON.

Hé! que direz-vous donc de notre auteur du temps?

TARTUFFE.

Qu'il ravale la scène au gré des ignorants;
Son esprit est si haut branché dans ce qu'il pense,
Qu'il ne descend jamais jusqu'à la vraisemblance.

CLÉON.

Le pauvre homme!

TARTUFFE.

L'exemple en est clair en Orgon :
Ce Tartuffe à tel point aveuglant sa raison
Que, sans examiner si c'est lui qui l'abuse,
Il lui donne ses biens dans le temps qu'on l'accuse,
Et par un sot dépit viole en même temps
Le sang, l'amour, l'honneur, et la loi des parents.
Quoi! ne devoit-il pas, dans cette conjoncture,
Avant que d'arracher son cœur à la nature,
Approfondir du moins, le voyant accusé,
Si ce crime en effet n'étoit que supposé?

Licidas ne prend point de pareille licence;
L'on voit dans ses sujets briller la vraisemblance;
Et surtout son esprit, dans tous ses dénoûments,
Démêle avec tant d'art ses divers incidents
Qu'ayant mis en suspens, par d'adroits artifices,
Qui le doit emporter des vertus ou des vices,
Au gré de l'auditeur, les vices abattus
Réchauffent le triomphe et l'éclat des vertus.

CLÉON.

Et l'autre auteur?

TARTUFFE.

Pour l'autre, il met tout en usage;
C'est pour lui de l'hébreu que finir un ouvrage;
Dans son invention son esprit transporté,
L'injustice à ses yeux passe pour l'équité.
Ainsi souvent chez lui la vertu cède au vice,
Mais, las! c'est par erreur plutôt que par malice.

CLÉON.

Le pauvre homme!

TARTUFFE.

Tartuffe ici nous en fait foi,
En fidèle sujet il va trouver son roi
Et l'instruit d'un secret qui le tire de peine;
Mais parce qu'il commence à nuire sur la scène,
Pour l'en faire sortir, cet auteur sans raison
Fait commander au roi qu'on le mène en prison;
Et contre son devoir, quoi qu'Orgon ait su faire,
Et sachant ce secret, quoi qu'il en ait su taire,
Qu'il ait blessé par là l'auguste majesté,
Il triomphe, bien loin d'en être inquiété.
Qu'importe à cet auteur d'élever l'injustice,
Pourvu qu'heureusement son poème finisse.
Qu'une telle action est bien digne de toi;
Mais que ne connois-tu le cœur d'un si grand roi?
Tu saurois que ce cœur illustre autant qu'auguste,
N'a jamais démenti le beau titre de juste,
Que le noble transport de ses beaux mouvements
Ne confond point ses dons avec ses châtiments;

Que jamais la pitié ne séduit sa justice,
Et qu'il ne punit point les hommes par caprice.

SCÈNE XI.

CLÉON, TARTUFFE, LISE, LIDIANE.

LISE, à Lidiane, au bout du théâtre.

Comment faire, après tout? Notre affaire va mal.
Qu'il attende à sortir au bruit de mon signal.
Je vais par mes discours amuser votre père;
Qu'il tâche cependant à sortir par derrière.

CLÉON.

Je sais que c'est à tort qu'il a des envieux.
Que diable! s'il pouvoit, ne feroit-il pas mieux?
Et quoiqu'il plaise à faux, en est-il moins louable?
Je sais qu'il fait des vers qui le rendent pendable;
Que tous ses incidents chez lui tant rebattus,
Sont nés en Italie, et par lui revêtus;
Et dans son cabinet, que sa muse en campagne
Vole dans mille auteurs les sottises d'Espagne;
Mais le siècle le souffre, et malgré ma raison,
Le pauvre homme! pour moi, je signe son pardon.
Quittons donc son chapitre et changeons de langage;
Songeons à mettre fin à votre mariage.

(Lise tousse pour avertir Lisandre de sortir.)

TARTUFFE.

Que par un tel discours vous ravissez mon cœur!

CLÉON.

Ma fille est encor jeune, et l'hymen lui fait peur;

(Lise tousse encore.)

Mais je veux dès ce soir...

LISE, tirant Cléon.

Quoi! donner votre fille
A cet homme inconnu, sans savoir sa famille?

CLÉON, à Lise.

Sa famille est son bien.

LISE.
L'avarice....
CLÉON, à Lise.
Tais-toi.

(A Tartuffe.)
Disposez-vous enfin à recevoir sa foi.
LISE, le tirant encore.
Vous rêvez...
CLÉON, à Lise.
Tu veux donc me voir mettre en colère?
(A Tartuffe.)
Que j'aurai de plaisir d'accomplir cette affaire !
(Lise tousse.)
Mais tu tousses bien fort, que veut dire ceci?
LISE.
Je guérirai bientôt, n'entrez point en souci.
CLÉON.
Ce rhume n'est-il point un rhume de mystère ?
Je...
TARTUFFE.
Je porte sur moi d'un jus fort salutaire.
LISE.
Ce mal m'est ordinaire, et je connois fort bien,
Monsieur, que votre jus ici ne fera rien.
CLÉON.
Çà, voyons si ma fille est enfin disposée...
(Lise tousse.)
Mais, quoi! ta toux redouble.
(Apercevant Lisandre.)
Ah! malade rusée,
C'étoit donc là le mal qui te causoit ta toux?

SCÈNE XII.

CLÉON, TARTUFFE, LISANDRE, LIDIANE, LISE.

LISANDRE, apercevant Tartuffe.
Ah! Tartuffe! Bonjour; comment vous portez-vous ?

SCÈNE XII.

CLÉON.

Qu'entends-je? de quel nom...?

LISANDRE.

Quoi! son nom vous étonne?

CLÉON.

Oui.

LISANDRE.

Tartuffe est pourtant le seul nom qu'on lui donne.

CLÉON, à Tartuffe.

Quoi! vous êtes Tartuffe?

LISANDRE.

Oui, mais je suis surpris...

CLÉON.

Dont Molière a si mal régalé les esprits?

LISANDRE.

Le voilà justement; mais c'est une injustice,
Car quoiqu'il soit sans bien il n'a point de malice.

CLÉON.

Il n'a point d'autre nom?

LISANDRE.

Non.

ARTUFFE, à part.

Que je suis confus!

CLÉON.

Tartuffe paroissant, Panulphe n'est donc plus?

LISANDRE.

Quoi! Panulphe? Ce nom n'est rien qu'une chimère,
Et je le sais fort bien, car j'ai connu son père.

LISE.

L'avez-vous vu jadis?

TARTUFFE, bas.

O malheur imprévu!

LISANDRE.

Je l'ai vu comme Orgon, *ce qu'on appelle vu.*

CLÉON, à Tartuffe.

Vous ne nous dites mot! Au moins, daignez répondre.

LIDIANE.

Ce silence profond suffit pour le confondre.

CLÉON.

Je n'en puis plus douter, Panulphe est un faux nom.
Vous croyez donc en moi trouver un autre Orgon ?
Et par de faux contrats, pour devenir mon gendre,
Sous ce nom emprunté vous vouliez me surprendre ?

LISANDRE.

Ah ! qu'entends-je à mon tour ? Tartuffe est mon rival ?

CLÉON.

L'homme est, je vous l'avoue, un méchant animal !
O ciel ! l'étrange abus que, dans le mariage,
Qui sait le mieux duper passe pour le plus sage !
Qui d'une telle fourbe eût redouté l'effet ?

LISANDRE.

Pourrois-je profiter ici de son forfait ?
Je ne puis en mérite égaler votre fille ;
Mais, monsieur, vous savez mon bien et ma famille.
Du moins si je n'ai pas tant de riches trésors,
Je ne vous trompe point, paré de faux dehors.

CLÉON.

Oui, monsieur, dès ce soir je vous tiendrai promesse.
Peut-on mettre en usage un tel tour de souplesse ?
Je ne m'étonne plus si, tantôt en fureur,
Son âme s'acharnoit à blâmer cet auteur.
Selon ce que je vois, n'en déplaise à Molière,
Pour vous cette peinture est un peu trop grossière ;
C'est vous que son exempt, avec juste raison,
Devroit pour vos forfaits resserrer en prison.
Adieu, monsieur Tartuffe, ayez moins d'impudence ;
D'autres gens pourroient bien punir votre insolence.

FIN DE LA CRITIQUE DU TARTUFFE.

DON JUAN

ou

LE FESTIN DE PIERRE

COMÉDIE EN CINQ ACTES

15 février 1665

NOTICE PRÉLIMINAIRE.

Nous avons vu, dans la Relation des Plaisirs de l'Ile enchantée, que, le 12 mai 1664, les trois premiers actes du *Tartuffe* furent représentés à Versailles. Molière avait voulu sans doute profiter des dispositions heureuses où ces féeries galantes de l'Ile enchantée inclinaient tous les esprits, pour introduire à la cour son terrible personnage et lui faire obtenir un accueil qui équivaudrait à une autorisation de passer librement, de circuler et de vivre.

Molière, âgé alors de quarante-deux ans, était dans toute l'ardeur et toute la fierté de son génie. Il songeait à étendre le domaine de l'art comique, à appliquer aux plus hautes questions le libre enseignement du théâtre, et à entrer, avec le masque de Plaute et d'Aristophane, dans la peinture des grands faits de l'ordre social. C'est à cette époque de conviction et d'énergique espoir que prirent naissance ces conceptions profondes : *le Tartuffe, Don Juan* et *le Misanthrope,* qui sont comme les cimes les plus élevées de la comédie moderne.

La première de ces œuvres capitales : *le Tartuffe,* apparue un instant, était arrêtée par une formidable opposition. En vain Molière l'avait, en tout ou en partie, produite trois fois devant la cour, la première fois, comme on vient de le dire, le 12 mai, au milieu des Plaisirs de l'Ile enchantée, une seconde fois, chez Monsieur, à Villers-Cotterets, au mois de septembre; une troisième fois, en cinq actes, au Raincy, chez la princesse Palatine, le 29 novembre, sur l'invitation du grand Condé; en vain Molière en avait fait des lectures partout, au légat, aux prélats qui accompagnaient le cardinal Chigi, aux grands personnages et même aux bons bourgeois qui étaient désireux de l'entendre; en vain avait-il répliqué à un factum du curé de Saint-Barthélemy, lequel demandait simplement qu'on infligeât au comédien impie le supplice du feu, par le spirituel et habile placet qui réclamait la faveur de représenter sa pièce comme une réparation qui lui était due pour ces injures. L'interdiction dont le *Tartuffe* avait été frappé tout d'abord était maintenue, et l'on ne pouvait attendre que de circonstances plus favorables un changement qui permît de revenir sur cette décision. Quelque activité qu'il déployât pour atteindre ce résultat, Molière n'était pas homme à suspendre son travail ni à interrompre ses productions; et il créa, pendant les derniers mois de l'année 1664, une nouvelle œuvre, continuation de sa pensée, et véritable contre-partie du *Tartuffe,* qu'elle égalait en audace.

Molière n'avait pas été chercher bien loin le type chargé de personnifier la négation radicale et le mépris de ce que Tartuffe exploite, et de représenter un autre genre d'imposture et un autre ordre de périls. Depuis plusieurs années, on voyait sur les théâtres de Paris une pièce intitulée le *Festin de Pierre,* jouée dans toutes les langues qu'on y parlait alors, c'est-à-dire en français, en italien, et très probablement aussi en espagnol.

L'origine première de ce drame venait d'Espagne. Il existait dans les chroniques de l'Andalousie une légende de date incertaine, ressemblant beaucoup pour le caractère et pour la forme à quelques-unes de nos légendes du moyen âge. On y racontait comment un gentilhomme débauché, nommé Don Juan Tenorio, rejeton d'un des Vingt-Quatre de Séville, tua d'un coup d'épée le vénérable commandeur d'Ulloa dont il avait enlevé la fille. Cet illustre seigneur fut enseveli dans l'église des Franciscains, où sa famille avait une chapelle, et où l'on lui éleva un tombeau et une statue. Le meurtrier bravait cependant, grâce aux privilèges de sa naissance et au crédit de sa famille, le pouvoir des lois et échappait aux sévérités de la justice, lorsque le bruit se répandit que Don Juan, ayant osé braver le père de sa victime jusque dans la tombe, ayant osé railler et insulter la statue du commandeur, celle-ci s'était animée, et, se faisant le ministre de la vengeance divine, avait précipité l'impie, à travers les dalles entr'ouvertes, dans les flammes de l'enfer. Ceux qui prétendirent que Don Juan, attiré dans l'église par l'appât d'un rendez-vous d'amour, avait été mis à mort, ne furent pas écoutés, tant le merveilleux s'empare aisément de l'esprit des hommes.

Ce personnage, mystérieusement disparu après des méfaits et des impiétés qui grandirent dans l'imagination populaire, devint un héros des légendes, un monstre, un athée, « le pire homme du monde ». Tout porte à croire que les *romanciers* de la vieille Espagne rimèrent ses prouesses fabuleuses et son châtiment. Il est même probable qu'il avait fourni le sujet de plusieurs de ces drames, comparables en bien des points à nos *mystères* et à nos *miracles,* qui étaient représentés dans les couvents pour l'édification autant que pour l'amusement du peuple. A l'époque la plus brillante de la littérature espagnole, au commencement du XVIIe siècle, un des poètes qui florissaient alors à côté de Cervantès, de Lope de Vega et de Calderon, le frère Gabriel Tellez (de l'ordre de la Merci) connu au théâtre sous le nom de Tirso de Molina, s'empara de cette tradition et en composa une comédie en trois *journées,* qu'il intitula : *El Burlador de Sevilla y Convidado de piedra (le Trompeur de Séville et le Convive de pierre).*

L'action commence à Naples, par une scène de nuit dans le palais du roi; certaine duchesse Isabelle, abusée par Don Juan, qui s'est fait passer pour le duc Ottavio, remplit le palais de ses cris. Le roi Alphonse, accouru aux clameurs d'Isabelle, donne l'ordre de se saisir du coupable; mais celui qui reçoit cet ordre est l'oncle de Don Juan, et il fait évader son neveu après lui avoir fait une sévère réprimande et lui avoir recommandé une meilleure conduite. Don Juan part pour l'Espagne et vient naufrager sur la plage de Tarragone. C'est là qu'il rencontre la jolie pêcheuse Tisbea, et qu'il la séduit à son tour :

TISBEA.
Je te cède, sous promesse que tu seras mon mari.
DON JUAN.
Je jure, beaux yeux qui me tuez en me regardant, que je serai votre époux.
TISBEA.
Souviens-toi, mon bien, qu'il y a un Dieu et qu'il y a une mort.

DON JUAN, à part.
J'ai du temps devant moi. (Haut.) Tant que Dieu me laissera la vie, je serai ton esclave. Voici ma main et ma foi.

Tisbea, trompée par Don Juan, devient folle de désespoir et se jette à la mer, d'où elle est heureusement tirée. On retrouve ensuite Don Juan à Séville. Mis par le marquis de La Mota dans la confidence de son amour pour sa cousine Dona Anna, la fille du commandeur d'Ulloa, il pénètre de nuit, et sous le nom de cet ami, chez le commandeur, et il traite Dona Anna à peu près comme il a traité à Naples la duchesse Isabelle. Il tue le vieux commandeur accouru aux cris de sa fille : « Il n'y a pas de but qu'on n'atteigne, dit celui-ci en expirant; ma vengeance te suivra! » Don Juan, obligé de s'enfuir de nouveau, rencontre dans la campagne une jeune fille du nom d'Aminta. Le jour même des noces d'Aminta, il se substitue au mari. Comme l'on voit, le Don Juan de Tirso de Molina ne varie guère ses ruses. Entré dans la chambre nuptiale de la crédule paysanne, il lui promet, toujours suivant sa coutume, de l'épouser le lendemain et de la conduire à la cour. « Si je manquais à la foi que je t'ai donnée, je prie Dieu, pour punir ma trahison, de me faire donner la mort par la main d'un mort! »

Cette imprécation étrange fait pressentir les prodiges qui vont éclater. Revenu secrètement à Séville, Don Juan pénètre dans le cloître d'une église où l'on voit le tombeau du commandeur surmonté de sa statue; il lit sur le monument cette inscription : « Ici le plus loyal des gentilshommes attend que Dieu le venge d'un traître. — Vous voulez vous venger de moi, bon vieux à la barbe de pierre? » dit Don Juan qui, railleur, lui saisit la barbe. « —Si vous pouviez la lui couper, elle repousserait plus grande, » ajoute le valet Catalinon en imitant la moquerie de son maître. « — Cette nuit, reprend Don Juan en saluant dérisoirement la statue, je vous attends à souper dans mon hôtellerie : là, nous nous provoquerons, si la vengeance vous plaît, quoique l'on combatte mal avec une épée de pierre. »

Don Juan, au moment de se mettre à table, voit arriver la statue, qui s'est rendue à son invitation. Après le repas, celle-ci invite à son tour Don Juan à venir souper le lendemain, à dix heures du soir, dans la chapelle. Don Juan donne sa parole qu'il ira. En effet, il tient sa promesse, et la scène XVII de la troisième *journée* nous fait assister à ce festin funèbre :

CATALINON.
(A part.) Que Dieu me tire d'ici sans dommage ! (Haut.) Quel est ce plat, seigneur ?
LA STATUE.
Ce sont des scorpions et des vipères.
CATALINON.
Joli plat !
LA STATUE.
Ce sont nos aliments. Ne manges-tu pas ?
DON JUAN.
Je mangerais, quand tu me servirais tous les serpents de l'enfer !
LA STATUE.
Je veux aussi qu'on te chante quelque chose.
CATALINON.
Quel vin boit-on ici ?
LA STATUE.
Goûte-le.
CATALINON.
C'est du fiel et du vinaigre.
LA STATUE.
C'est celui qui sort de nos pressoirs.
LES CHANTEURS, au dehors.
Que ceux qui fuient les grands châtiments de Dieu sachent qu'il n'y a pas de terme qui n'arrive ni de dette qui ne se paye !
Quand il vit, aucun mortel ne doit dire : J'ai du temps devant moi, — le temps du repentir étant si court !
DON JUAN.
J'ai fini de souper, fais enlever la table.
LA STATUE.
Donne-moi cette main ; ne crains pas de me la donner...
DON JUAN.
Quel feu me dévore ! Lâche-moi, ou je te tue d'un coup de poignard. Mais je me fatigue vainement à frapper l'air. Je n'ai pas déshonoré ta fille ; elle a découvert ma ruse à temps.
LA STATUE.
Qu'importe ! l'intention suffit.
DON JUAN.
Laisse-moi appeler un prêtre qui me confesse et m'absolve !
LA STATUE.
Il n'est plus temps ; tu y songes trop tard.

Lorsque le sol, s'entr'ouvrant avec grand bruit, a englouti

Don Juan, Catalinon, qui est tombé la face contre terre, s'écrie : « Que Dieu m'assiste! Toute la chapelle est en flammes!... Saint Georges! saint *Agnus Dei!* ramenez-moi sain et sauf à la maison! » La comédie de Tirso ne s'arrête pas là. Le dénoûment général de la pièce a lieu à l'Alcasar de Séville, où le roi répare les offenses du séducteur en mariant toutes ses victimes et ordonne de transporter à Madrid, pour l'exemple, le tombeau du commandeur qui y sera placé dans l'église consacrée au même saint François.

Quoique l'œuvre du poète espagnol soit imparfaite sous bien des rapports, on doit reconnaître qu'elle contient un des plus beaux drames qui soient sortis de l'imagination humaine; et l'on ne saurait être surpris de l'illustre descendance qu'elle a eue. Tous les éléments de la fiction destinée à se perpétuer à l'infini s'y trouvent déjà : Don Juan cachant la dépravation et le mensonge sous des dehors brillants, impie et brave, courant le monde et semant en tous lieux, du palais du roi à la cabane du pêcheur, le déshonneur et la honte; son père, dont il attriste la vieillesse et aux remontrances duquel il reste froidement insensible; le valet qui l'accompagne, partagé entre ses craintes et sa cupidité; la fille séduite du commandeur d'Ulloa, et la statue de ce père assassiné, qui vient au dénoûment exercer les droits de la justice céleste. Mais l'œuvre du poète religieux de la Merci a un caractère qui lui est propre et qu'il importe de préciser. Tirso de Molina n'a point fait de son personnage un athée délibéré et endurci; il le donne seulement pour un jeune écervelé comptant sur les délais que la vie lui réserve, et remettant sa conversion au temps à venir. Cette idée est celle que l'auteur ramène constamment sous les yeux des spectateurs. Chaque fois que Don Juan est averti des châtiments que ses méfaits lui vaudront dans l'autre monde, il n'a garde de nier la toute-puissance divine, il réplique seulement : « Puisque j'ai un si vaste espace devant moi, viennent les désillusions! » C'est notamment la réponse qu'il fait à son père Don Diego, lorque celui-ci lui dit : « Dieu est un juge sévère après la mort! — Après la mort? repart Don Juan; nous avons le temps. Il y a un grand voyage d'ici-là. » Cette confiance en l'heure présente, il la porte également dans ses amours; c'est Tirso de Molina qui a inventé, à l'usage de Don Juan, ce refrain qui fournira la *chute* d'un sonnet célèbre :

NOTICE PRÉLIMINAIRE.

> Quand jouir d'un bien on espère,
> En espérant on désespère [1].

Et pendant le repas que Don Juan donne à la statue du commandeur, les chanteurs font encore entendre des paroles qui ont le même sens : « Si vous traitez ainsi mon amour, madame, en me promettant ma récompense au jour de ma mort, quel long terme vous me donnez ! » Aussi, lorsque, saisi par la main du commandeur, il voit que son dernier moment est venu, il cesse de blasphémer et s'écrie : « Laisse-moi appeler un prêtre qui me confesse et m'absolve ! »

Ce qui fait marcher Don Juan au rendez-vous redoutable, ce n'est pas seulement une vaine bravade, c'est aussi le sentiment de la promesse faite et de la parole donnée. Catalinon dit à Don Juan : « On vous attend pour la noce; il est tard, allez vous habiller. — Qu'on attende! une autre affaire nous retient. — Quoi donc? — Souper avec le mort. — Sottise des sottises! — Ne sais-tu pas qu'il a ma parole? — Et quand vous y manqueriez, qu'est-ce que cela ferait? Vous pouvez bien croire que cette figure de jaspe ne viendra pas vous la réclamer. — Le mort pourrait m'appeler hautement infâme ! » C'est le mot décisif. L'honneur parle encore avec force dans cette âme corrompue. Malgré ses crimes et ses folies, Don Juan, dans la comédie de Tirso de Molina, reste à la fois catholique et espagnol. Quoique fort divertie, l'impression qui ressort de l'œuvre est une impression de terreur religieuse. Les scènes les plus saisissantes sont celles où le convive de pierre joue son rôle : il en est qui devaient produire un grand effet sur un auditoire croyant et populaire; ainsi, lorsque la statue vient rendre visite à Don Juan, celui-ci lui adresse ces questions : « Dis, que veux-tu, ombre, fantôme ou vision? Si tu es une âme en peine ou si tu espères quelque satisfaction pour ton soulagement, dis-le. Je m'engage à faire ce que tu m'auras ordonné. Jouis-tu de la vue de Dieu? As-tu reçu la mort en état de péché? Parle, je t'écoute avec anxiété. » Le spectre ne répond pas d'abord; mais lorsqu'il a obtenu de Don Juan la promesse de venir au rendez-vous qu'il lui donne dans la chapelle tumulaire,

---

[1]. *El que un bien gozar espera,*
Cuanto espera desespera.

au moment où il va sortir, Don Juan, prenant un flambeau, lui dit : « Attends, je vais t'éclairer. » Le commandeur répond : « Ne m'éclaire pas, je suis en état de grâce. » — « Quel mot ! dit M. Génin, et comme, après cette longue anxiété, l'auditoire devait respirer ! »

La mise en scène de la catastrophe finale ajoutait sans doute beaucoup à l'émotion : la nuit, dans la chapelle gothique, sous la clarté de la lune perçant avec peine les vitraux, le vieux gentilhomme descendait les degrés de son mausolée pour accueillir le moqueur entre deux vins. « Rien de plus naturel, rien qui ressorte mieux du point de vue catholique, dit M. Chasles, que cette frivolité enivrée, à laquelle répond du fond de la tombe le sérieux de la mort soudaine et de la vie éternelle. »

D'Espagne, Don Juan passa d'abord en Italie. Onofrio Giliberto ou Giliberti, de Solofra, fit représenter à Naples, en 1652, une pièce sous ce titre : *Il Convitato di pietra,* qui y fut publiée la même année chez Francesco Savio. Mais c'est tout ce qu'on en connaît : les plus infatigables chercheurs n'ont pas réussi jusqu'à présent à en découvrir un seul exemplaire. Le Florentin Giacinto-Andrea Cicognini donna un autre *Convitato di pietra* à une date incertaine, mais qui n'est pas postérieure à 1664, puisque ce dramaturge était certainement mort à cette époque. De cette autre imitation, on possède d'assez nombreuses éditions imprimées à Venise, Bologne, Trévise, Ronciglione, et c'est cette version qui paraît avoir prévalu, rejetant dans l'ombre et faisant oublier et disparaître celle de Giliberto. Mais cela ne se fit pas tout de suite, et Giliberto avait eu, selon toute apparence, un moment de faveur, à en juger du moins par ce qui se passa chez nous.

La troupe des comédiens italiens qui s'était établie à Paris, au théâtre du Petit-Bourbon, par la protection du cardinal Mazarin, joua un *Convitato di pietra* vers 1657, 1658 ; et cette pièce attira tellement la foule que les autres troupes s'empressèrent d'exploiter à leur tour l'engouement du public pour la statue ambulante et son cheval. L'initiative, toutefois, n'appartint pas à un directeur de théâtre de Paris ; elle fut prise par un certain Dorimond, qui avait formé une petite troupe de comédiens qu'il avait placée sous le patronage de Mademoiselle (de Montpensier) et qu'il avait conduite, en 1658, en représentations à Lyon. Ce Dorimond était un barbouilleur de vers détestables, mais il avait assurément je ne sais quel instinct ou quel bonheur dans le choix de ses sujets, car on trouve, sans compter la pièce dont nous parlons, deux autres de ses pièces qui sont parmi les précédents immédiats des ouvrages de Molière. Ainsi il a fait en 1661 *la Femme industrieuse,* qui est bien le même sujet que *l'École des Maris,* qu'elle devançait de plusieurs mois, et *la Précaution inutile,* dont quelques idées se retrouvent dans *l'École des Femmes,* qu'elle devançait de près d'un an[1]. Pour le sujet de *Don Juan,* il eut une avance encore plus grande, puisque Molière ne fit jouer le sien qu'en février 1665. Il n'est pas douteux que les comédiens de Mademoiselle n'aient représenté la pièce de Dorimond à Lyon en 1658, c'est-à-dire sept ans plus tôt, et qu'ils ne l'aient apportée à Paris, en 1661, lorsqu'ils vinrent s'y établir rue des Quatre-Vents au faubourg Saint-Germain. Cette pièce avait été imprimée à Lyon en 1659, et la permission d'imprimer est du 11 janvier de cette année-là.

C'est Dorimond qui le premier commit cette bévue de traduire le *Convidado de piedra,* des Espagnols, et le *Convitato di pietra,* des Italiens, par le *Festin de Pierre*[2], au lieu du *Convive ou du Convié de pierre;* contre-sens qui s'imposa par la suite, à cause de la popularité de ce titre, à tous ceux qui traitèrent le même sujet.

De plus, la pièce de Dorimond avait un sous-titre, elle s'appelait *le Festin de Pierre ou le Fils criminel,* tragi-comédie. Le sous-titre était-il emprunté aux Italiens comme la pièce elle-même? C'est fort probable, car nous allons voir un deuxième imitateur ou traducteur le reproduire à son tour. Plus tard, quand Dorimond fit faire une nouvelle édition à Paris, en 1665[3], après les représentations du *Don Juan* de Molière, il changea ce sous-titre; il mit: *le Festin de Pierre ou l'Athée foudroyé,* changement que, selon toute apparence, l'œuvre de Molière suggéra.

1. Voyez tome IV, p. 59 et p. 231.
2. Don Pierre ou Don Pèdre est, dans sa pièce, le nom du commandeur.
3. Chez J.-B. Loyson.

Nous venons de dire qu'un deuxième imitateur s'élança sur la même trace : ce fut l'acteur de Villiers, qui faisait partie de la troupe royale de l'hôtel de Bourgogne ; il est un de ceux que Molière, on s'en souvient, a un peu plus tard parodiés et raillés dans *l'Impromptu de Versailles*. C'était un rimailleur assez fécond ; on a plusieurs autres pièces de lui[1]. Il a très bien expliqué, tant dans son épître dédicatoire : « A Monsieur de Corneille, à ses heures perdues », que dans son avis : « Au lecteur », comment il avait été amené à composer cette pièce. Il n'a aucune illusion sur la valeur de son œuvre, qu'il rabaisse au contraire le plus qu'il peut. « Mes compagnons, dit-il, infatués de ce titre du *Festin de Pierre ou le Fils criminel* (ainsi le titre et le sous-titre existaient bien dans la pièce qui excitait l'émulation des comédiens français), après avoir vu tout Paris courir en foule pour en voir la représentation qu'en ont faite les comédiens italiens, se sont persuadés que si ce sujet étoit mis en françois pour l'intelligence de ceux qui n'entendent pas l'italien, dont le nombre est grand à Paris, et que ce fût en des vers tels quels, comme sont ceux-ci, cela nous attireroit un grand nombre (de spectateurs), et que pourvu que la figure de Don Pierre et celle de son cheval fussent bien faites et bien proportionnées, la pièce seroit dans les règles qu'ils demandent. Ce grand nombre-là apporte de l'argent ; c'est cet argent en partie qui fait subsister notre théâtre ; mes compagnons et moi, qui en avons besoin, aussi bien que beaucoup d'autres, avons jeté les yeux sur ce sujet, et comme ils savent que je suis extrêmement attaché à tout ce qui regarde les intérêts de notre troupe, ils ont cru que je hasarderois le paquet, et que je considérerois fort peu ce que l'on pourroit dire de l'auteur, si la pièce réussissoit. Ils ont eu raison. »

Et dans sa dédicace à Pierre Corneille il répète : « Je sais bien que j'aurois beaucoup mieux fait de supprimer cet ouvrage que de lui faire souffrir la presse... Je l'avois caché quelque temps... mais enfin mes compagnons... l'ont souhaité de moi, dans l'opinion qu'ils ont eue que, le nombre des ignorants surpassant de beaucoup celui de ceux qui se connoissent aux ouvrages de

---

1. Voyez les *Contemporains de Molière*, de M. Victor Fournel, tome I, p. 295 et suiv.

théâtre, ils s'attacheroient plutôt à la figure de Don Pierre et à celle de son cheval qu'aux vers ni qu'à la conduite. En effet, si je pouvois vous donner ces deux pièces, je croirois vous avoir donné quelque chose : c'est assurément ce qui a paru de plus beau dans notre représentation. Les François à la campagne (c'est-à-dire les comédiens de Mademoiselle à Lyon, comme nous l'avons vu tout à l'heure) et les Italiens à Paris, qui en ont fait tant de bruit, n'en ont jamais fait voir qu'un imparfait original (de ces deux pièces : la figure de Don Pierre et celle de son cheval), que notre copie surpasse infiniment. Quoi qu'il en soit, je vous offre tout ce qui a pu contenter le public, que je n'ai pas fait (c'est-à-dire les machines et le décor); et tout ce qui l'a pu choquer, qui vient de moi (c'est-à-dire la pièce); je vous supplie très humblement de l'agréer comme s'il valoit la peine que vous y jetassiez les yeux... Vous me direz que, connoissant comme je fais le peu d'ordre qu'il y a dans ce sujet, son irrégularité, et le peu d'invention que j'y ai apportée, je devois me contenter d'en avoir fait remarquer les défauts dans la représentation, sans l'exposer imprudemment à la lecture. Je n'ai autre chose à répondre à cette raisonnable objection, sinon que le libraire me l'est venu demander chez moi.... »

De Villiers se donne simplement comme traducteur; il le dit expressément : « *Le Festin de Pierre ou le Fils criminel*, tragi-comédie, *traduite de l'italien en françois,* par le sieur de Villiers. » Qu'a-t-il traduit? Évidemment, la pièce qu'on avait jouée en italien au Petit-Bourbon et qui avait eu tant de succès. S'il avait été prendre une pièce différente, il n'eût pas manqué de le dire, et, en tout cas, il n'eût pas insisté aussi humblement sur le « peu d'invention » qu'il y avait apportée. La pièce antérieure de Dorimond nous fournit, du reste, un moyen de contrôle. Tous deux se suivent de très près, rendant scène pour scène. Les noms des personnages sont les mêmes, sauf celui des valets, qui est Briguelle chez Dorimond, et Philipin chez de Villiers, et cela se comprend aisément : Philipin, qui fut une espèce de nom générique en ce temps-là, comme Scapin, Crispin, etc., était le rôle de de Villiers à l'hôtel de Bourgogne (Tallemant des Réaux l'appelle *Villiers, dit Philipin*), et l'auteur s'était réservé ce personnage du valet de Don Juan. Molière, quand il prit ce rôle, lui donna le nom de Sganarelle qu'il avait adopté. Si Poisson l'avait joué, il lui aurait donné celui de Crispin, etc. C'était le nom de guerre de l'acteur, qui, dans la comédie française comme dans la comédie italienne, servait à désigner ces rôles de *zanni* ou de valets.

Il résulte clairement, il nous semble, de tout ce qu'on vient de lire, que Dorimond et de Villiers ont reproduit la tragi-comédie que les Italiens avaient jouée avec un éclat extraordinaire au théâtre du Petit-Bourbon. Les comédiens italiens n'étaient pas alors voués aussi décidément à l'arlequinade qu'ils le furent par la suite. Cela se voit bien par la grande pièce, *la Rosaure, impératrice de Constantinople*, représentée au mois de mars de l'année 1658, dont les frères Parfait ont donné l'analyse dans leur *Histoire de l'ancien théâtre italien*. Ils jouaient des drames plus ou moins fantastiques et merveilleux, que les poètes italiens de ce temps imitaient le plus souvent du théâtre espagnol. Les Trivelin, les Scaramouche, etc., faisaient des intermèdes comiques. Il paraît bien que la faveur extrême accordée par le public à quelques-uns de ces fameux bouffons tendit à diminuer peu à peu la partie héroïque et sentimentale de leurs pièces, mais cela n'eut lieu que lorsque le séjour des Italiens à Paris se fut prolongé et qu'ils se furent bien convaincus que les lazzi étaient ce qui remplissait la salle et grossissait les recettes. D'abord ils furent plus sérieux. Le *Convitato di pietra* était parfaitement conforme à tout ce que l'on connaît de leur répertoire primitif. La tragi-comédie qu'ils jouaient était donc celle que Dorimond et de Villiers ont mise en français, ce dernier avec plus de fidélité et aussi dans une versification un peu moins informe.

Cette tragi-comédie n'était pas celle de Cicognini, qui a une marche très différente. C'était donc celle d'Onofrio Giliberto, que l'on ne possède pas, ou d'un auteur encore plus inconnu, d'un auteur dont on ne saurait absolument rien, ce qu'il est inutile de supposer. Cependant M. Magnin, dans son article de la *Revue des Deux Mondes* du 1er février 1847, et M. Paul Mesnard, dans l'édition des *Œuvres de Molière* en cours de publication à la librairie Hachette et Cie, remarquant plus de conformité entre le scénario tracé par l'arlequin Dominique et la pièce de Cicognini, ont conjecturé que c'était cette dernière que les Italiens représentèrent à Paris en 1657 ou 1658. C'est sans doute une erreur. Le scénario de l'arlequin Dominique ne peut faire foi que pour une époque plus récente. La troupe italienne reprit plusieurs fois le *Convitato di pietra,* notamment en 1669 et en 1673[1]. Il est fort possible qu'elle ait alors changé de pièce et remplacé la tragi-comédie de Giliberto par l'*opera reggia et exemplare* de Cicognini, ce dernier donnant plus de développement au rôle du valet Passarin, qui se changea en Arlequin lorsque Dominique le prit. Le personnage de Dominique absorbant peu à peu tout le reste, il paraît même que le *Convitato di pietra* ne fut plus à la fin qu'une longue arlequinade. Mais il n'en avait pas été ainsi dans les premiers temps, et l'on peut tenir pour constant que la pièce du comédien de Villiers est la meilleure expression connue des divers *Don Juan,* tant italiens que français, qui se jouèrent à Paris avant que Molière se fût à son tour emparé de ce sujet.

Voici l'analyse de cette pièce de de Villiers :

Acte 1. *Scène I.* Amarille attend son amant, son fiancé Don Philippe, et sa suivante Lucie lui annonce qu'il vient d'arriver. Elle exprime à cette suivante son émotion, ses craintes, fondées principalement sur la froideur que son père témoigne à celui-ci.

Scène II. Arrivée de Don Philippe : scène amoureuse ; Don Philippe se plaint de l'audace de Don Juan, qui répand en tous lieux le bruit qu'il est aimé d'elle. Pour l'apaiser un peu, Amarille lui accorde rendez-vous la nuit sous son balcon.

Scène III. Don Juan, survenant, entend sans être vu cette promesse, et il est décidé à prévenir et à supplanter Don Philippe, quoiqu'il n'ait pas une passion violente et qu'il ne veuille que satisfaire sa fantaisie.

Scène IV. Don Alvaros, père de Don Juan, se plaint, devant Philipin, des déportements et des forfaits de son fils. Don Juan survient (*scène V*), à qui Don Alvaros adresse une sévère réprimande que celui-ci accueille fort mal :

> Je ne vous connois plus ni ne vous veux connaître.
> Je ne veux plus souffrir de père ni de maître;

---

[1]. Voyez les extraits des Lettres de Robinet, à la fin de la notice.

> Et, si les dieux vouloient m'imposer une loi,
> Je ne voudrois ni dieux, père, maître, ni roi.

La dispute s'aigrit. Don Juan finit par donner à son père un coup de poing. Don Alvaros, resté seul, invoque la vengeance du ciel ; il demande la mort pour lui-même, ne pouvant plus supporter les chagrins que lui cause un tel fils.

Acte II. *Scène I.* Don Juan, laissant Philipin en sentinelle, escalade le balcon d'Amarille. Amarille (*scène II*) crie au secours. Don Pèdre (l'auteur n'a écrit *don Pierre* que dans la liste des personnages et à la dernière scène) accourt. Don Juan lui porte un coup d'épée. Don Pèdre tombe, et, avant d'expirer, recommande à sa fille d'épouser Don Philippe, qui vengera son affront à elle et sa mort à lui.

Scène III. Don Philippe survient ; il se fait donner le signalement de Don Juan, qu'il ne connaît pas, et s'élance à la poursuite du meurtrier.

Scène IV. Philipin, tremblant, sort de sa cachette. Don Juan (*scène V*) reparaît : il force son valet à changer d'habits avec lui.

Scène VI. Le prévôt et les archers assurent Amarille de la résolution où ils sont de punir le coupable.

Scène VII. Philipin tombe entre les mains du prévôt et de ses archers ; à la faveur de l'obscurité, il se donne pour le gouverneur, et on le laisse passer avec toutes sortes de respects et de révérences.

Acte III. *Scène I.* Un pèlerin récite des stances, comme Rodrigue dans *le Cid ;* après quoi il s'endort sur le gazon.

Scène II. Surviennent Don Juan et son valet, qui se sont échappés de la ville. Philipin anonce à son maître que son père est mort, mort de douleur à cause des crimes de son fils, qui n'en est guère touché. Apercevant le pèlerin (*scène III*), il vient à l'esprit de Don Juan de lui prendre son costume et de s'en revêtir ; en même temps il envoie Philipin au port, afin de noliser un vaisseau ou une barque pour gagner d'autres climats.

Scène IV. Don Philippe se présente en quête de l'assassin de don Pèdre. Il aperçoit Don Juan caché sous la robe du pèlerin. Il l'interroge. Le faux pèlerin l'engage hypocritement à prier les dieux de lui faire découvrir le criminel, ce que Don Philippe se laisse persuader sans peine. Mais Don Juan lui fait observer qu'on ne doit pas prier avec les armes au côté. Don Philippe cède à ce pieux avis, et dépose son épée sur le gazon pour faire sa prière. Don Juan s'en empare, se fait reconnaître, et tue son ennemi.

Acte IV. *Scène I*. Philémon, paysan, et sa femme, s'entretiennent du naufrage qui a eu lieu sur la côte, et des deux étrangers qui ont réussi à se sauver, et qu'ils ont recueillis.

Scène II. Don Juan, touché par le danger qu'il vient de courir, manifeste assez sincèrement, à ce qu'il semble, à son valet Philipin l'intention de se convertir. Ils sont avertis par Philémon (*scène III*) que leurs habits sont secs et qu'ils peuvent les revêtir.

Scène IV. Les bergères Belinde et Oriane s'entretiennent de leurs affaires de cœur.

Scène V. Don Juan les aperçoit, et ses sentiments de repentir s'envolent soudain à cette vue; il les courtise toutes deux à la fois. Pendant qu'il poursuit Belinde, Philipin (*scène VI*) lit à Oriane la liste des nombreuses victimes de son maître, et il déroule un long papier où il y a beaucoup de noms de femmes écrits.

Scène VII. Don Juan revient trouver son valet. Au moment de s'éloigner, il aperçoit (*scène VIII*) l'ombre (sic) de Don Pèdre à cheval sur sa sépulture. Il lit l'épitaphe, où la justice du ciel est invoquée contre lui. Don Juan s'en raille, et le fait inviter à souper par son valet. L'ombre répond : « Oui. »

Acte V. *Scène I*. Don Juan et Philipin attendent l'ombre, pour qui ils ont commandé un bon souper.

Scène II. L'ombre arrive, elle fait à Don Juan un assez long discours dont celui-ci ne tient compte. Don Juan force Philipin à chanter une chanson en l'honneur de leur hôte. L'ombre prie à son tour Don Juan à souper.

Scène III. Paraissent Philémon et Macette, qui conduisent la noce de leur fille.

Scène IV. Don Juan, renversant Philémon et le marié d'un coup de pied, ravit la mariée.

Scène V. Philémon et Macette se lamentent.

Scène VI. Don Juan revient, et il enjoint à son valet de le suivre au rendez-vous de l'ombre.

Scène VII. L'ombre les reçoit: on voit la table garnie de crapauds, de serpents, et tout le service noir. L'ombre somme une dernière fois Don Juan de rentrer en lui-même. Don Juan brave ses menaces. Un grand coup de tonnerre le foudroie. Dans une dernière scène, Philémon et Macette relèvent Philipin, qui leur raconte ce qui est advenu de son maître; Philémon et Macette s'en réjouissent, et Philipin termine par une petite exhortation au public, où il recommande aux spectateurs d'éviter le sort de Don Juan.

Fort différente est la pièce de Cicognini, comme on va en juger :

Celle-ci s'ouvre, comme la comédie de Tirso de Molina, par une scène nocturne dans le palais du roi de Naples. Isabelle s'attache étroitement à Don Juan, qui lui a fait violence; elle veut au moins le reconnaître, et elle pousse des cris pour qu'on la secoure.

Scène II. Le roi lui-même survient avec une lumière. Don Juan renverse la lumière avec son épée et se retire. Le roi appelle ses domestiques.

Scène III. Don Pietro, oncle de Don Juan, se présente; le roi lui dit ce qui vient d'arriver, et lui ordonne de lui amener mort ou vif le coupable, qui doit être encore dans le palais. Don Juan est là en effet, qui, le roi parti, se fait reconnaître par son oncle. Celui-ci, après quelques reproches, le fait fuir en lui indiquant un balcon d'où il peut se laisser choir dans la rue; il lui recommande de passer en Castille, pour mettre son honneur et ses jours en sûreté. Il va trouver ensuite Isabelle.

Scène IV. Il lui demande si elle connaît l'homme qui l'a outragée. Isabelle dit qu'elle n'a pu le reconnaître. Il s'informe d'elle si elle a un amant à la cour. Elle lui répond qu'elle est aimée du duc Ottavio. Don Pietro se dit certain que c'est ce duc qui est le coupable, et Isabelle est fort portée à le croire. Don Pietro lui recommande de faire part de ses soupçons au roi, qui fera que le duc répare sa faute et devienne son époux. Isabelle ne désire pas autre chose.

Scènes V et VI. Isabelle, conduite en présence du roi, déclare qu'elle croit que l'auteur de l'attentat dont elle se plaint est, autant qu'elle peut se le figurer, le duc Ottavio. Le roi ordonne à Don Pierre d'aller s'assurer de la personne du duc et de le lui amener de gré ou de force.

Scène VII. Don Juan et son valet Passarin se rencontrent dans l'obscurité. Passarin, au « qui va là? » de Don Juan, répond : « Personne ». Don Juan met l'épée à la main. Passarin tire la sienne, et s'étend tout son long par terre sur le dos, tenant droite son épée nue. Don Juan ferraille contre cette épée que la sienne rencontre toujours. A la fin ils se reconnaissent. Don Juan dit à Passarin qu'ils vont partir pour la Castille, ce à quoi Passarin ne se résout pas sans peine : il fait à Naples et à son macaroni des adieux pathétiques.

Scène VIII. Le duc Ottavio est habillé par son valet Fichetto, qui se plaint d'être mal nourri.

Scène IX. Don Pietro raconte au duc ce qui est arrivé cette nuit dans le palais, comment on l'accuse, et comment le roi a ordonné de l'amener prisonnier. Le duc Ottavio proteste qu'il n'est pas sorti de toute la nuit de sa demeure, et qu'il est innocent. Don Pierre l'engage, coupable ou non, à se réfugier en Castille, en attendant que l'affaire puisse être apaisée. Il cherchera à calmer le courroux du roi. Le duc le remercie.

Scène X. La campagne au bord de la mer. Rosalba, la pêcheuse, chante ; elle entend des cris partant du milieu des flots, et deux naufragés viennent échouer à ses pieds (*scène XI*). Ces naufragés ne sont autres que Don Juan et Passarin. Don Juan a à peine repris ses sens qu'il se met à en conter à Rosalba. Il lui dit que, dans le danger, il a fait vœu d'épouser une pauvre fille, et que c'est elle qui aura cette heureuse fortune. Rosalba est enchantée. « Si je ne t'épouse pas, reprend Don Juan, puissé-je finir mes jours par la main d'un homme qui soit de pierre ! »

Rosalba les amène à son logis pour faire sécher leurs vêtements.

Scène XII. Le Docteur, Brunette et Pantalon. Le Docteur accorde sa fille Brunette à Pantalon. Brunette consent volontiers à ce mariage. Ils se donnent, dans leurs dialectes, des énigmes peu décentes à deviner.

Scène XIII. Don Juan, Passarin et Rosalba, reparaissent. Don Juan prend congé de Rosalba, qui se lamente. Passarin montre à Rosalba, pour la consoler, la liste des victimes de son maître. Rosalba, désespérée, se jette dans la mer.

ACTE II. *Scène I.* Don Juan et le duc Ottavio, accompagnés de leurs valets, se font des compliments. Don Juan demande au duc si, depuis qu'il est arrivé en Castille, il n'est pas devenu amoureux. Le duc lui répond qu'il aime la senora Anna, fille du commandeur d'Oliola (c'est le nom altéré du commandeur d'Ulloa, de la pièce espagnole), et qu'il doit lui donner ce soir une sérénade.

Don Juan lui emprunte son chapeau et son manteau parce qu'il a une aventure cette nuit. Ottavio n'ose les refuser à un si grand prince qu'est Don Juan.

Scène II. Le roi de Castille et le duc Ottavio s'entretiennent ensemble, lorsqu'on entend tout à coup du bruit à la porte. C'est le commandeur d'Oliola qui demande audience. Il revient de Lisbonne, où il avait été envoyé en ambassade ; il fait son rapport au roi, qui lui permet ensuite d'aller réjouir sa fille par son retour.

Scène III. La nuit. Don Juan vient et pénètre dans la maison de Dona Anna.

Scène IV. Le duc Ottavio vient à son tour, et comme on ne répond pas à son signal, s'en va, croyant que le retour du commandeur a empêché Dona Anna de tenir sa promesse.

Scène V. Don Juan et le commandeur sont aux prises ; le commandeur, frappé, tombe et expire.

Scène VI. Dona Anna, portant un flambeau, voit son père mort, et s'abandonne à sa douleur.

Scène VII. Le duc Ottavio est agité de funestes pressentiments.

Scène VIII. Don Juan vient lui rapporter son chapeau et son manteau.

Scène IX. Le duc exprime de plus vives inquiétudes.

Scènes X et XI. Le roi et le duc. Dona Anna, vêtue de noir, vient se jeter aux pieds du roi, lui raconter le meurtre de son père, et lui demander justice. Le roi fait annoncer que celui qui dénoncera l'assassin aura dix mille écus et la grâce de quatre bandits. Le duc est chargé de faire proclamer ce *bando;* il confie ce soin à Fichetto (*scène XII*). Passarin écoute ce cri d'un air songeur. Il interroge Fichetto. Fichetto le questionne à son tour : « Qui a tué le commandeur ? — Veux-tu que je te le dise ? — Oui, tu auras la somme. — Tu ne m'en voudras pas ? — Non sans doute. — Eh bien, c'est..... Fichetto. » Fichetto l'envoie au diable. Passarin, demeuré seul, n'en réfléchit pas moins que dix mille écus sont une belle somme, et que quatre têtes de bandits ont leur prix.

Scène XIII. Don Juan observe son valet, et écoute ce qu'il dit; il veut lui ôter le moyen de le trahir en lui ôtant la vie. Passarin se jette à genoux et implore sa grâce. Il a vu, dit-il, approcher Don Juan, et c'est pour plaisanter qu'il a parlé ainsi. Don Juan veut le mettre à l'épreuve. « Suppose que je sois le magistrat.... « Eh « bien, Passarin, tu ne veux pas dire le nom du meurtrier du « commandeur ? » A toi de répondre : « Non, seigneur, non. — « Attachez-le à la corde. — Attendez, je vais le dire. » Et que diras-tu, traître ? — Mais, patron, il est question de m'attacher à la corde ! »

L'épreuve continue, et elle ne doit pas donner à Don Juan beaucoup de confiance dans la fermeté de son valet. A la fin, ils échangent leurs vêtements.

Scène XIV. Les sbires arrivent, et laissent passer Don Juan, qu'ils prennent pour Passarin ; puis ils arrêtent et relâchent Passarin, qui se fait reconnaître d'eux.

Scène XV. Le Docteur, Pantalon, Brunette, se livrent à une pêche burlesque, puis se mettent à danser.

Scène XVI. Don Juan et Passarin surviennent et se mêlent à la danse. Don Juan enlève Brunette. Le Docteur et Pantalon poussent des cris. Ces dernières scènes du deuxième acte sont très sommairement indiquées par l'auteur italien, et la dernière n'est qu'à l'état de canevas.

Acte III. *Scène I.* Don Juan et Passarin s'entretiennent ensemble. Fier de sa naissance, Don Juan est assuré plus que jamais des faveurs de la fortune, et menace son valet, qui lui fait quelques observations.

Scène II. Ils aperçoivent un temple ouvert ; ils y voient le tombeau et la statue du commandeur d'Oliola. Don Juan lit l'épitaphe, qui réclame la vengeance du ciel. Se moquant du mort, il lui jette son gant. Il le fait ensuite, pour montrer qu'il ne le craint pas, inviter par Passarin à venir souper avec lui. La statue remue la tête et dit : « Oui. » D'effroi le valet fait une culbute. *Qui la statua muove la testa, e dice di si, et il zanni casca.* Sur l'ordre de son maître, Passarin recommence son invitation, et la statue fait le même signe et prononce le même mot.

Scènes III et IV. Le duc Ottavio raconte au roi comment il a prêté à Don Juan son chapeau et son manteau, et lui a appris qu'il était aimé de Dona Anna ; il le soupçonne d'être le meurtrier du commandeur. Le roi lui ordonne de le lui amener mort ou vif.

Scène V. Don Juan et Passarin se préparent à souper. Don Juan se met à table. Passarin, qui d'abord n'a point grand appétit, parce qu'il songe à la statue du commandeur, s'assied pourtant, à l'invitation de son maître, sur un tabouret, et il est en train de manger et de boire avidement, lorsqu'on frappe à la porte. Un serviteur, puis Passarin, vont tour à tour et reviennent terrifiés. Don Juan prend le flambeau et adresse à son convive inattendu cette salutation :

« Se io havessi creduto, o convitato, che tu fossi venuto, haverai spogliato di pane Sivilia, di carne Arcadia, di pesci Sicilia, di uccelli Fenicia, di frutti Napoli, Spagna di oro, Inghilterra d'argenti, Babilonia di tapeti, Flandra di pizzi e l'Arabia d'odori per farne lauta mensa alla tua grandezza ; ma accetta quello che di cuore ti viene presentato da mano liberale : magna, convitato ! »

Passarin se cache sous la table, mais il est forcé de sortir de sa retraite pour chanter un couplet en l'honneur du convié. Celui-ci se lève, et à son tour invite Don Juan à venir souper avec lui. Don Juan accepte l'invitation. La statue s'en va. « Veux-tu de la lumière ? dit Don Juan. — Je n'ai plus besoin de lumière terrestre. »

Scènes VI et VII. Le duc Ottavio reçoit les plaintes du Docteur et de Pantalon contre Don Juan, qui leur a enlevé à l'un sa fille et à l'autre sa fiancée ; le duc les introduit en présence du roi.

Scène VIII. Don Juan et Passarin viennent au tombeau du commandeur. La table y est mise tout en noir. « Mange, Don Juan, dit la statue. — Quels mets sont-ce là ? J'en mangerai, quand ce seraient des serpents ! » Il en rompt un, et en passe la moitié à Passarin, qui fait des lazzi. La statue chante aussi un couplet, mais un couplet funèbre qui annonce à Don Juan que l'heure fatale est venue. Après quoi elle se lève, et dit à Don Juan : « Donne-moi la main. » Don Juan la lui donne ; un froid de glace le pénètre aussitôt. Il tire son poignard et en frappe vainement la statue. Celle-ci prononce trois fois le fameux *Pentiti* que Mozart n'oubliera point, et Don Juan est précipité dans l'abîme.

Scène IX. Passarin s'écrie : « Mon pauvre patron ! mes gages sont allés avec lui au diable ! » Il appelle au secours.

NOTICE PRÉLIMINAIRE.

Scène X. Surviennent le roi, le duc Ottavio, le Docteur, Pantalon et tous les acteurs. Le roi lui demande : « Qu'as-tu, Passarin? » Passarin raconte ce qui est arrivé à son maître. Le roi conclut que celui qui vit mal meurt mal, c'est l'arrêt du ciel.

Enfin dans une dernière scène on voit Don Juan en enfer ; il exprime ses tourments et son repentir en quatre strophes de neuf vers. Il tâche d'apitoyer les démons en leur disant :

> Placatevi, d'Averno
> Tormentatori eterni !
> E dite, per pietade,
> Quando terminaran questi miei guai?
> — Mai ! (C'est le chœur qui répond.)

Don Juan termine enfin par cette leçon aux vivants :

> Apprenda pur chi vive
> A seguir la salute,
> E fuggir queste pene :
> Che dal mal segue il mal, dal bene il bene!

Cette pièce de Cicognini se rapproche plus de celle de Tirso de Molina que la pièce traduite par Dorimond et par de Villiers. Elle en reproduit même quelques-uns des traits les plus significatifs, comme le serment fait à Rosalba par Don Juan : « Se io non gli do la mano di sposo, poss' io essere ammazato da un' huomo, ma che sia di pietra ! » et la réponse de la statue à la proposition de Don Juan : « Dimmi, voi lume ? — Non ho più bisogno di lume terrano. » C'est le : « No alumbre, que en gracia estoy » de l'espagnol, bien qu'affaibli. Le rapport de Don Gonzalo de Ulloa revenant de Lisbonne, qui a cent trente-cinq vers dans Tirso, est résumé par Cicognini en une trentaine de lignes, qui n'en constituent pas moins un singulier hors-d'œuvre. Et peut-être Cicognini avait-il été un imitateur plus fidèle encore. L'édition de sa pièce qui porte la date la plus ancienne, au moins parmi celles que nous connaissons, est celle de Ronciglione, datée de 1671, qui est à la Bibliothèque nationale. Cette pièce y est en trois actes, comme dans toutes les éditions que nous avons vues. Mais nous savons que les *Gelosie fortunate del prencipe Rodrigo* ont été réduites de cinq actes en trois actes, et il n'est pas certain que ce soit par l'auteur lui-même. Peut-être en a-t-il été ainsi du *Convitato di pietra*.

Maintenant lisez le scénario de Dominique traduit par Gueulette, que nous donnons à la suite du *Festin de Pierre* de Molière, et vous vous apercevrez tout de suite que ce scénario se rapporte à la pièce de Cicognini, que la plupart des lazzi et des jeux du rôle de Passarin se trouvent dans celui d'Arlequin. Il en faut conclure qu'à l'une des reprises du *Convitato di pietra*, les Italiens substituèrent la pièce de Cicognini à celle qu'ils avaient jouée d'abord, et qui était probablement de Giliberto. Il est à noter que, par la place qu'il occupe dans le recueil de Dominique, le *Convitato di pietra* se classe sous l'année 1667. Les frères Parfait, dans leur *Histoire de l'ancien théâtre italien,* l'ont inscrit à cette époque.

Pourquoi les Italiens auraient-ils fait ce changement? On le devinera sans peine si l'on considère l'importance croissante des acteurs bouffes sur la scène italienne de Paris, et si l'on remarque combien le rôle du zanni est plus développé dans la pièce de Cicognini que dans celle que nous attribuons à Giliberto.

Une conséquence qui sort de là, c'est qu'il n'est plus besoin de se demander, en constatant que certains traits sont seulement dans Molière et dans le scénario de Dominique, si la première idée en appartient au scénario ou si Dominique a imité Molière : par exemple l'ordre que, dans Molière, Don Juan donne à Sganarelle d'expliquer à dona Elvire pourquoi il est parti, cet ordre n'est pas dans Cicognini, ni dans les autres, mais on le retrouve dans le scénario ; lorsque « la pêcheuse dit à Don Juan qu'elle compte qu'il lui tiendra la parole qu'il lui a donnée de l'épouser, il lui répond (c'est Dominique qui parle) qu'il ne le peut et que je lui en dirai la raison ». On ne saurait plus douter que Molière n'ait eu sur ce point l'initiative, et il est bien certain aussi que le germe de la scène II du premier acte n'est pas, comme quelques-uns l'ont pensé, dans le : « Allons donc; puisqu'il le faut! » d'Arlequin-Dominique, le scénario de Dominique étant, de deux ans au moins, postérieur à la pièce de Molière.

Mais revenons à l'époque où Don Juan commença à paraître sur la scène française.

En même temps que les copies de Dorimond et de de Villiers brillaient sur le théâtre de la Troupe royale et sur le théâtre de Mademoiselle, les acteurs espagnols venus en France en 1659 à l'occasion du mariage de Louis XIV avec l'infante Marie-Thérèse, et qui alternèrent pendant quelque temps avec les comédiens de l'hôtel de Bourgogne, donnèrent sans doute la pièce originale de Tirso de Molina au public parisien, qui ne se lassait pas de ce spectacle de la statue ambulante. Molière fut donc à même d'apprécier à plusieurs reprises l'effet produit au théâtre par un drame qui avait déjà revêtu des formes si diverses ; il fut frappé par la beauté du sujet, et il résolut de peindre à son tour un Don Juan. Il ne composa point sa pièce d'après l'œuvre d'un de ses prédécesseurs. Il traça sa comédie sur l'ensemble des compositions antérieures, sans que l'une d'elles puisse être indiquée comme lui ayant servi plus particulièrement de modèle.

On ne saurait être plus frappé de la différence qu'il y a entre l'imagination d'un homme et celle d'un autre homme, qu'en passant des tragi-comédies de Dorimond et de de Villiers à l'œuvre de Molière ; rien n'est plus propre à faire comprendre combien tout s'anime et se renouvelle sous le regard du génie. Les pâles contrefaçons dont nous venons de parler n'avaient laissé subsister, sous la lourde draperie des alexandrins incorrects, que la charpente de la pièce espagnole. La pensée religieuse de la brièveté de la vie et de la soudaineté de la mort avait disparu : la vieille légende en était arrivée à ne plus flatter qu'une curiosité grossière. Après avoir largement satisfait cette curiosité par une telle suite de productions inférieures, elle semblait destinée à tomber dans l'oubli, comme tant d'autres de ces poétiques traditions du moyen âge. Molière, en s'en emparant, lui rendit une vie immortelle.

Il commença par secouer le joug de la rime, sentant bien qu'il fallait donner à cette comédie une allure plus libre, et plus de jeu, pour ainsi dire, qu'à une pièce ordinaire. Une comédie en cinq actes écrite en prose n'était pas, comme on l'a prétendu, une innovation dont il serait impossible de citer aucun exemple antérieur ; cependant ces exemples devenaient de plus en plus rares, et il y avait déjà une certaine hardiesse à se soustraire à l'usage qui avait presque universellement prévalu.

Ce qui avait jusqu'alors été le principal : la statue, « l'homme et le cheval », qui faisait affluer l'argent dans la caisse des théâtres, le merveilleux du sujet enfin n'est plus pour Molière qu'une machine servant au dénoûment. Ce que Molière aperçoit le premier distinctement, et ce qu'il met en relief, c'est le grand seigneur athée, c'est l'homme puissant, riche et audacieux, qui, n'ayant de respect pour rien, ne reconnaît aucune limite à ses désirs, aucun frein à ses passions. Molière démasque dans ce type un autre mensonge que celui de la dévotion hypocrite : celui de l'éducation supérieure, de la grâce brillante et décevante, ne recouvrant que l'égoïsme, la perversité et la corruption. Après avoir fait plus d'une fois le marquis ridicule, il le fait terrible, tel qu'il était en réalité sous ses beaux dehors, ayant gardé tous les privilèges, mais n'ayant gardé ni convictions ni devoirs ; il le montre tel qu'il devait vivre plus de cent ans encore, empirant sans cesse, et faisant de plus en plus haïr sa personnalité insolente et implacable, jusqu'à ce qu'une épouvantable catastrophe vînt l'emporter à jamais.

Don Juan, qui voit tout céder devant son caprice, a été gâté par cette facilité du vice ; ne rencontrant autour de lui que lâcheté et bassesse, que sottise et crédulité, il foule aux pieds les êtres qu'il méprise. Ce n'est pas un personnage tout à fait aussi séduisant qu'on a voulu le dire : il a de l'élégance, mais il faut dans son élégance quelque chose d'inquiétant comme dans celle du tigre, du serpent et des fleurs vénéneuses. Il a de l'esprit, mais cet esprit a je ne sais quoi de sec et d'amer, et l'on est en garde contre lui. Il n'a rien de tendre, la volupté même tient chez lui moins de place qu'on ne l'imagine : « Ce qui le charme, dit Théophile Gautier, ce sont les rencontres imprévues et bizarres, les volontés contraintes, les unions rompues, les désordres et les violences de toutes sortes. Tout ce qui est défendu par les lois divines et humaines excite ses instincts de perversité ; il jouit délicieusement d'un sacrilège, d'un meurtre, car il se prouve sa puissance en accomplissant avec impunité des crimes pour lesquels il n'est pas d'assez rigoureux supplices. Il est immoral plus que sensuel, et c'est un libertin d'idée plus que de corps. Comme on le croit communément d'après les interprétations modernes, il ne poursuit pas l'idéal de beauté, « l'éternel féminin » ; il satisfait cette cruauté à laquelle en arrivent tôt ou tard les grands débauchés. Les pleurs et les gémissements de ses victimes l'amusent ; il a la luxure du mal. Le mouvement

qu'il éprouve à la vue d'Elvire lorsqu'elle vient lui donner un avertissement suprême jette comme une lueur infernale sur tout ce côté sombre et profond de son caractère. « Sais-tu bien, dit-
« il à Sganarelle, que j'ai senti quelque peu d'émotion pour elle,
« que j'ai trouvé de l'agrément dans cette nouveauté bizarre, et
« que son habit négligé, son air languissant et ses larmes, ont
« réveillé en moi quelques petits restes d'un feu éteint. » Rien ne retient cette nature farouche. »

C'est donc, comme dit Sganarelle, un méchant homme. Mais Molière n'exagère pas la couleur; il ne le noircit pas outre mesure. Il lui laisse la grâce fascinatrice et les qualités qui caractérisent le personnage : l'honneur entendu à sa façon, la fierté, la bravoure. A la fin seulement, quelques traits plus odieux s'ajoutent à sa physionomie pour justifier le dénoûment tragique.

Tel est le Don Juan de Molière, sinon le plus poétique, au moins le plus vrai et le plus fortement conçu de tous les Don Juan. Aussi à partir de ce moment ce type fut-il fixé, et assuré d'une existence impérissable.

Quatre ans après Molière, un écrivain des plus humbles, le comédien Rosimond, fabriquait pour le théâtre du Marais un nouveau Festin de Pierre (*le Nouveau Festin de Pierre ou l'Athée foudroyé*, du sieur Rosimond, comédien du roi, imprimé en 1670) :

« Lecteur, dit-il dans sa préface, ce n'est pas d'aujourd'hui qu'on t'a présenté ce sujet. Les comédiens italiens l'ont apporté en France, et il a fait tant de bruit chez eux que toutes les troupes en ont voulu régaler le public. M. de Villiers l'a traité pour l'hôtel de Bourgogne, et M. de Molière l'a fait voir depuis peu avec des beautés toutes particulières. Après une touche si considérable, tu t'étonneras que je me sois exposé à y mettre la main, mais apprends que je me connois trop pour m'être flatté d'en faire quelque chose d'excellent, et que, la troupe dont j'ai l'honneur d'être étant la seule qui ne l'a point représenté à Paris, j'ai cru qu'y joignant ces superbes ornements de théâtre qu'on voit d'ordinaire chez nous[1], elle pourroit profiter du bonheur qu'un sujet si fameux a toujours eu. Tu t'étonneras des

---

1. Le théâtre du Marais s'attachait surtout au luxe de la mise en scène, et avait la spécialité des pièces à grand spectacle.

fautes qui sont en cet ouvrage ; mais excuse une première pièce et sache qu'il est impossible de mettre celle-ci dans les règles...

« Fais-moi la grâce, cependant, de ne pas confondre ce *Festin de Pierre* avec un que tu as pu voir sous le nom de M. Dorimond; nos deux noms ont assez de rapport pour t'empêcher de lire celui-ci, croyant que c'est le même ; et, quoique le sien soit infiniment meilleur, ne me refuse pas un quart d'heure de ton temps. Adieu. »

La pièce de Rosimond ne saurait être confondue avec celles de Dorimond et de Villiers. Molière avait passé par là, et le personnage était à jamais marqué à son empreinte. Rosimond ne manque pas même d'outrer l'idée philosophique du rôle. Molière n'a donné à Don Juan aucun esprit pédantesque ; cela n'était nullement dans le caractère du personnage : celui-ci en dit assez pour laisser voir qu'il ne croit à rien, mais il ne discute pas sérieusement son incrédulité. Le Don Juan de Rosimond est au contraire un raisonneur opiniâtre : le gentilhomme se fait cuistre, il institue de véritables controverses :

DON JUAN.

Hé quoi donc ! Don Juan se piquant de sagesse
A la correction s'attachera sans cesse ?
Et, gênant les esprits par une vaine peur,
Il voudra conformer chacun à son humeur ?
Songez que la nature est tout ce qui nous mène ;
Que malgré la raison son pouvoir nous entraîne ;
Que le crime n'est pas si grand qu'on nous le fait :
Que tous ces châtiments, dont vous prêchez l'effet,
Ne sont bons à prôner qu'à des âmes timides ;
Que l'on ne doit souffrir rien que ses sens pour guides ;
Qu'il les faut assouvir jusqu'aux moindres désirs
Et n'avoir point d'égard qu'à ses propres plaisirs.

DON GASPARD.

Je sais qu'il est des temps où l'âge nous convie
De prendre avec honneur les plaisirs de la vie ;
Mais passer à l'excès de la brutalité
Et n'avoir que ses sens pour toute déité,
Est-il rien ici-bas qui soit plus condamnable ?
Ah ! craignez que du ciel le courroux redoutable...
                                    (Don Juan rit.)
Vous riez... Doutez-vous du pouvoir de nos dieux ?

NOTICE PRÉLIMINAIRE.

DON JUAN.

Hé! pour voir ce qu'ils sont, il ne faut que des yeux.
L'adroite politique en masqua le caprice.
La foiblesse de l'homme appuya l'artifice;
Et sa timidité, s'en faisant un devoir,
Sans aucune raison forgea ce grand pouvoir.

DON GASPARD.

Si vous considériez l'ordre de la nature,
Vous verriez leur pouvoir dans chaque créature;
Cet accord merveilleux dans les quatre éléments
Doit confondre l'erreur de vos emportements.
La contrariété qui fait leur concordance
Fait assez admirer leur suprême puissance;
Et ce grand entretien dans les quatre saisons
Pour prouver leurs auteurs sont de bonnes raisons.
Ce composé de tout formé sur leur image,
Ce petit monde entier, ce surprenant ouvrage,
L'homme en ses fonctions porte-t-il pas de quoi
Désabuser l'esprit de qui manque de foi?
Mais je connois qu'en vain je m'attache à vous dire
Qu'il n'est rien ici-bas qui par eux ne respire.
Il vaut mieux vous laisser dans votre aveuglement[1].

Lorsque l'ombre vient trouver l'impie, elle prend avec lui un ton de catéchiste :

L'OMBRE.

. . . . Ces mêmes dieux que ta fureur offense
Toujours vers les mortels penchent à la clémence.
Le délai de ta perte augmentoit leurs bontés.
Ils vouloient un remords pour tes impiétés,
Et c'étoit pour savoir quelle étoit ton envie
Que jusqu'à ce moment ils t'ont laissé la vie.
Voilà pour quel sujet je t'avois invité.
Déclare promptement quelle est ta volonté.

DON JUAN.

Ombre, tu perds ton temps à des discours frivoles.
Tu crois toucher mon cœur, je ris de tes paroles...

Ce Don Juan, par le côté vantard de son incrédulité, par l'espèce d'orgueil diabolique qu'il aime à déployer, fait songer à certains types de la littérature moderne. On sent qu'il s'admire

---

1. Acte III, scène IV.

profondément de savoir se mettre au-dessus des croyances communes ; mais il n'en est pas moins un discoureur fort ennuyeux.

L'œuvre de Rosimond fut le dernier remaniement original de la légende dramatique au xvii siècle. Nous n'en suivrons pas la merveilleuse destinée jusqu'à nos jours ; nous ne la montrerons pas se tranformant de nouveau dans le chef-d'œuvre de Mozart, dans le poème de Byron ; tentant les plus grands poètes, inspirant tous les arts ; devenant enfin l'un des thèmes les plus considérables sur lesquels l'imagination des hommes se soit exercée. Nous revenons à Molière, qui a été certainement pour une part principale dans la vie puissante qui a été donnée à ce mythe des temps modernes.

Représenté le 15 février 1665, *Don Juan ou le Festin de Pierre* (Molière avait été obligé, pour ne point dérouter le public, de conserver le titre que l'usage avait consacré, mais il l'avait relégué au second plan) souleva de nouvelles tempêtes. L'œuvre parut d'une intolérable témérité. Plusieurs passages : la scène du pauvre presque tout entière, les traits les plus hardis de la conversation de Don Juan et de Sganarelle, durent être immédiatement supprimés. L'indignation des esprits sévères ne s'en tint pas pour satisfaite. Les craintes des scrupuleux n'en furent pas apaisées. L'irritation provoquée par Don Juan s'augmentait sans contredit des colères excitées par *le Tartuffe*. Molière tint bon pendant quinze représentations, du 15 février au 20 mars.

Voici le tableau des recettes de ces quinze représentations d'après le registre de Lagrange :

Interruption (depuis le 8 février, sans doute pour répétition de la pièce et des machines).

La troupe a commencé *le Festin de Pierre* le dimanche 15 février. (*En marge* : Pièce nouvelle de
M. de Molière.) . . . . 1,830 l.
   Part... Capucins, 30 s.. . . . .   105 l. 10 s.
   — Mardi gras 17 février, idem. . . . . 2,045 l.
   Part... Payé des frais extraordinaires,
      décorations.. . . . .   78 l. 15 s.
   — Vendredi 20ᵐᵉ, idem . . . . 1,700 l.
   Part... Capucins, 7 liv. . . . .   80 l. 10 s.

NOTICE PRÉLIMINAIRE.

— Dimanche 22ᵐᵉ, *Festin de Pierre*. . . 2,036 l.
Part. . . . . 111 l. 10 s.
— Mardi 24ᵐᵉ, idem. . . . . 2,390 l.
Part... Capucins, 5 liv. 3 s.. . . . . . . 120 l. 5 s.
— Vendredi 27, idem. . . . . 2,108 l.
Part. Cap. 3 l. 7 s. . . . . 115 l. 10 s.
— Dimanche 1ᵉʳ mars, idem . . . . . . 1,208 l.
Part. . . . . 65 l.
— Mardi 3ᵐᵉ mars, idem. . . . . 1,088 l.
Part. . . . . 54 l. 10 s.
— Vendredi 6 mars, idem . . . . 1,054 l.
Part. . . . . 52 l. 10 s.
— Dimanche 8, idem . . . . 792 l.
Part... Capucins 30 s. (*En marge cette note :* Capucins ont reçu depuis Pâques 36 l. 10 s.). . . . . 40 l. 5 s.
— Mardi 10, idem. . . . . 889 l.
Part... Capucins, 3 l. 5 s . . . . 47 l. 10 s.
— Vendredi 13, idem . . . . 908 l.
Part... Capucins 30 s. . . . . 50 l.
— Dimanche 15, idem . . . . 830 l.
Part... Cap. 19 s.. . . . . 46 l. 5 s.
— Mardi 17, idem . . . . 736 l.
Part... Cap. 35 s. . . . . 38 l. 5 s.
— Vendredi 20, idem, pour la dernière représentation, devant le dimanche de la Passion. . . . . 500 l.
Part... Capucins 30 s. . . . . 24 l. 5 s.

A la réouverture, le mardi de Quasimodo, 14 avril, *le Festin de Pierre* ne reparaît pas. Toutes ces recettes sont pourtant fort belles, et il n'y a guère que *le Tartuffe,* lorsqu'on le joua en 1669, qui à cette époque en ait produit de plus fortes. Les capucins prélèvent, comme l'on voit, une petite part sur chaque recette. Il ne faudrait point s'imaginer que ce soit par charité pure et par forme d'aumône expiatoire. Les capucins remplissaient alors dans les théâtres l'office des pompiers actuels ; on en mandait quelques-uns lorsqu'il y avait danger d'incendie, et on leur donnait pour cela quelque gratification. Or la chute de Don Juan au milieu des flammes rendait leur présence plus nécessaire qu'elle ne l'était pour la plupart des pièces. Ces moines dans les coulisses, au milieu des actrices et des grands seigneurs, devaient présenter un contraste singulier comme le temps présent n'en saurait plus offrir aux amateurs du pittoresque.

On peut à bon droit croire que, pendant la suspension de Pâques, Molière reçut avis de ne pas reprendre son œuvre à la réouverture du théâtre.

Un libelle, dont le permis d'imprimer porte la date du 18 avril 1665, exprima avec violence toutes les récriminations dont le *Don Juan* était l'objet. Il est intitulé : « Observations sur une comédie de Molière intitulée *le Festin de Pierre,* par B. A. s^r de Rochemont[1]. » Il eut trois ou quatre éditions successives ; c'est un des monuments les plus curieux de la polémique à laquelle Molière fut en butte : il respire une haine passionnée. Le style en est assez remarquable. Nous reproduisons textuellement et intégralement ces Observations à la suite de la comédie qui y donna lieu. Deux réponses furent faites aux Observations du sieur de Rochemont, l'une est intitulée : « Lettre sur les Observations touchant *le Festin de Pierre.* » Elle est d'un esprit très juste ; écrite avec moins de verve que le factum de Rochemont, elle le réfute d'une manière concluante. L'autre est intitulée : « Réponse aux Observations touchant *le Festin de Pierre* ». Elle est plus faible et semble bien, comme l'auteur lui-même le confesse modestement, être l'œuvre d'une plume tout à fait inexpérimentée. Elles sont l'une et l'autre anonymes. Nous les publions à la suite des Observations de Rochemont. Outre que ces documents sont fort instructifs à différents points de vue, ils offrent un spécimen assez intéressant de la critique du xviie siècle. Nous croyons donc qu'on nous saura gré de les placer sous les yeux du lecteur.

Il est bon de rappeler ici, avec l'un de ces défenseurs de Molière, que ce fut au milieu de ces accusations, qui n'allaient pas

---

[1]. On a essayé de prouver que les initiales B. A. désignaient l'avocat janséniste Barbier d'Aucour, mais la démonstration n'a point paru décisive.

à moins qu'à livrer l'auteur comique à toutes les rigueurs de la justice, que ce fut au mois d'août de cette année 1665 que Louis XIV plaça Molière et sa troupe sous son patronage immédiat, leur permit de prendre le titre de COMÉDIENS DU ROI, et leur donna une pension de six mille livres. On a dit que, fort de cette éclatante faveur qui ne se démentait point, il n'a pas fallu à Molière beaucoup de courage pour composer et jouer *l'École des Femmes*, *Don Juan* et *le Tartuffe*. Il est vrai que, grâce à l'appui du monarque, ces productions ne furent pas étouffées à leur naissance. Mais c'est se laisser entraîner à un singulier sophisme que de prétendre qu'on ne fait preuve de courage que lorsqu'on est sûr d'être sur-le-champ écrasé. On ne saurait nier que Molière, en engageant une telle lutte, ne s'exposât aux plus graves périls. Cette garantie fragile de la faveur royale ne pouvait-elle pas lui manquer d'un moment à l'autre? Les sentiments du roi ne pouvaient-ils pas changer? Les ennemis redoutables qu'il bravait ne pouvaient-ils pas l'emporter un peu plus tôt qu'ils ne firent? Qui sait ce qui aurait été réservé à l'auteur du *Tartuffe* s'il avait vécu plus longtemps? La rare intrépidité du poète est donc hors de doute, et lui reprocher d'avoir trouvé un abri dans la bienveillance du souverain est une des absurdités auxquelles se laissent trop aisément aller les partis de notre temps.

Molière songea à publier *le Festin de Pierre*. Un privilège pour l'impression fut même obtenu par le libraire Louis Billaine à la date du 11 mars 1665. Mais ce privilège, présenté à la chambre syndicale le 24 mai, fut sans aucun doute retiré, et le projet n'eut pas de suite. Il faut voir dans ces circonstances relatives à la publication, comme dans celles relatives à la représentation la preuve à peu près certaine d'une intervention de l'autorité Dix-sept ans plus tard, neuf ans après la mort de Molière, La Grange et Vinot essayèrent de mettre au jour *le Festin de Pierre*, dans le septième volume de leur édition, en y faisant d'eux-mêmes les suppressions qui avaient été exigées dès les premières représentations de la pièce. Cela ne suffit point toutefois à la censure, qui réclama des *cartons* nombreux : on les força à réimprimer deux feuilles entières et quatorze pages dans les autres feuilles. Mais deux ou trois exemplaires, dont l'un ayant appartenu à M. de La Reynie, alors lieutenant général de la police, ont échappé à la proscription, et nous conservent la première leçon.

Déjà, avons-nous dit, La Grange et Vinot, prévoyant les difficultés qui leur seraient faites, avaient de leur propre mouvement opéré quelques suppressions et quelques modifications, de sorte que nous ne posséderions pas l'œuvre de Molière dans son intégrité si des éditions de Hollande ne l'avaient plus fidèlement reproduite[1]. Le texte définitif de *Don Juan* est donc formé de trois textes, celui de l'édition commune de 1682, celui de la même édition non cartonnée, et celui de l'édition d'Amsterdam 1683, ou de l'édition de Bruxelles 1694. Nous suivons l'édition française de 1682, en profitant des leçons plus complètes que nous offrent les exemplaires non cartonnés ; et nous plaçons entre crochets ce qui ne se trouve que dans les éditions hollandaises.

Les variantes reproduiront d'une part les changements opérés par les éditeurs de 1682 sous la pression de la censure. Elles offriront d'autre part les plus notables différences que présente le texte de 1694 : « Les Œuvres de Monsieur Molière. Nouvelle édition, corrigée et augmentée des œuvres posthumes. A Bruxelles, chez Georges de Backer, imprimeur et marchand libraire, aux Trois-Mores, à la Berg-Straet, 1694. Tome deuxième : *Le Festin de Pierre*, par J.-B. P. de Molière; édition nouvelle et toute différente de celle qui a paru jusqu'à présent. »

La traduction de Nic. de Castelli : « *Il Convitato di pietra*, comedia di G.-B. P. di Moliere, tradotta da Nic. di Castelli, segret[ario] di S. A. S. E. di Brand[ebourg]. In Lipsia, a spese dell' autore et appresso Gio. Lodovico Gleditsch. M. DC. XCVII, » a été faite sur un texte aussi complet que celui des éditions de Bruxelles et d'Amsterdam, et mérite d'être consultée.

Il semble résulter d'un programme-annonce appartenant à M. Gariel, conservateur de la Bibliothèque de Grenoble, et

---

1. On lit dans une édition récente des Œuvres de Molière (H. Plon et Brière, éditeurs, 1862) que les passages fournis par les éditions hollandaises se retrouvent dans l'exemplaire de l'édition de 1682 ayant appartenu à M. de La Reynie. C'est une erreur. L'obligeance de M. le comte de Montalivet, qui est aujourd'hui en possession de cet exemplaire, nous met à même de donner, dans la bibliographie de Molière, les renseignements les plus précis sur ce texte si intéressant. (*Note de la première édition.*)

publié par M. P. Mesnard, que la pièce de Molière, tacitement défendue à Paris, n'en continua pas moins à paraître sur la scène dans les provinces.

Ce programme est intitulé : « La description des superbes machines et des magnifiques changements de théâtre du *Festin de Pierre ou l'Athée foudroyé*, de M. de Molière. » Il donne, acte par acte, une analyse assez détaillée de la pièce, où l'on voit que les comédiens de province prenaient vis-à-vis de cette pièce de singulières libertés. Ainsi la scène du pauvre était passée. Acte III, scène I, « l'opiniâtreté de Don Juan dans son athéisme est combattue par de fortes raisons, » ce qui fait supposer qu'on avait ajouté quelques arguments à ceux de Sganarelle. Mathurine est devenue Thomasse. Au quatrième acte, la scène de Don Louis précède celle de M. Dimanche, comme dans la version en vers de Thomas Corneille, dont nous allons parler tout à l'heure. Le cinquième acte s'ouvre par Done Elvire et un de ses frères, qui lui conte comme Don Juan lui a sauvé la vie et proteste de le chercher partout, scène qui n'existe pas dans Molière. De plus, l'arrangeur provincial a fait revenir, à cet acte, les deux paysannes. Don Juan, dit le programme, « abuse encore de Thomasse et Charlotte, et leur promet de les marier richement, et les deux paysannes sont assez crédules pour se fier à sa parole ». Quand Done Elvire reparaît, elle n'est pas seule comme dans Molière, elle est accompagnée de son frère. Au moment où Don Juan tombe dans l'abîme, « l'ombre, par un vol qui vous surprendra, dit le rédacteur, [paraît] remonter en l'air ».

Ces changements et « embellissements » ne dépassent point ceux que nous savons que les directeurs de troupes ambulantes se sont toujours permis, dans les représentations même des chefs-d'œuvre connus et consacrés. Vers quelle époque aurait eu lieu la représentation dont il s'agit dans ce programme? On y lit : « De tout ce que la scène françoise, à l'imitation des Italiens, a pu mettre au jour sur ce sujet, ce dernier *Festin de Pierre* a couronné l'œuvre. » M. P. Mesnard tire de là de grandes conséquences : il en conclut que cette représentation dut avoir lieu avant celle du *Nouveau Festin de Pierre ou l'Athée foudroyé*, de Rosimond, au théâtre du Marais, et qu'il faut la placer nécessairement entre 1665 et 1669, car après cette date, qui est celle où la pièce de Rosimond fut jouée, le rédacteur du programme n'aurait pu dire de la pièce de Molière : « ce dernier *Festin de Pierre* ».

Peut-être est-ce prendre les choses bien à la lettre, dans un document de ce genre. Qui sait si le rédacteur du programme en question savait bien exactement si la pièce de Rosimond avait été donnée avant celle de Molière, ou la pièce de Molière avant celle de Rosimond ? Le sous-titre : *l'Athée foudroyé,* sous lequel on annonce en province la pièce de Molière revue et corrigée, fait au contraire songer à Rosimond. C'est lui qui dut le mettre en vogue, car la seconde édition de la tragi-comédie de Dorimond, qui fut ornée de ce sous-titre en 1665, n'avait fait aucun bruit. Remarquez encore que Thomasse est le nom d'une des paysannes de Rosimond (le nom de l'autre est Paquette). En somme, on a cherché sans doute à préciser un peu trop, mais il n'en est pas moins curieux de constater que la pièce de Molière, pendant qu'elle était supprimée à Paris, n'en eut pas moins quelques obscures reprises en province, avant ou après la version rimée de Thomas Corneille.

Les comédiens de l'hôtel de Bourgogne donnèrent, à Fontainebleau en 1677, et à Paris en 1681, une composition de Champmeslé, que cet acteur avait intitulée *Fragments de Molière :* quatre scènes de *Don Juan* y étaient réunies à une scène des *Fourberies de Scapin,* pour former un tout quelconque. On ne sait trop où Champmeslé avait eu connaissance de ces scènes de *Don Juan;* il devançait pour elles les éditeurs de 1682, et son texte offre des variantes qu'il peut être utile de relever. Aussi nous reproduisons ces Fragments à la suite de la pièce de Molière.

Déjà le *Don Juan* avait été rendu à la scène sous une forme empruntée. Remanié, purgé et rimé par Thomas Corneille, il fut représenté en février 1677, avec beaucoup de luxe, comme La Grange le constate sur son registre, où il écrit : « Les frais extraordinaires pour la préparation ont coûté dix-sept cents livres, tant en peinture que toiles et menuiseries. »

Il y inscrit en outre : « Frais extraordinaires journaliers, trois louis, cy 33 liv. »

Le succès de première curiosité fut grand : les premières

recettes jusqu'à la clôture, qui eut lieu le 2 mars, s'élèvent aux chiffres suivants :

Vendredi 12 février.	1,273 l.	10 s.
Dimanche 14 —	1,212 l.	10 s.
Mardi 16 —	995 l.	10 s.
Vendredi 26 —	1,419 l.	10 s.
Dimanche 28 —	1,371 l.	10 s.
Mardi 2 mars.	1,645 l.	10 s.

A la reprise, après le Jubilé, les recettes baissent beaucoup

Mardi, 11 mai, *le Festin de Pierre* à 30 s. (c'est-à-dire au double).	331 l.	10 s.
Vendredi 14 mai, *Festin de Pierre* à 15 s. . .	348 l.	15 s.
Dimanche 16 —	344 l.	10 s.
Mardi 25 —	227 l.	5 s.
Vendredi 28 —	210 l.	
Dimanche 30 —	507 l.	5 s.
Mardi 1ᵉʳ juin	207 l.	

C'est la première série des représentations. *Le Festin de Pierre* de Thomas Corneille ne reparaît ensuite qu'au mois de décembre, puis de temps en temps, d'une façon assez régulière.

« Vous saurez, disait Donneau de Vizé en 1677 dans le *Mercure galant,* qu'on a fait revivre une pièce dont vous n'osiez dire tout le bien que vous en pensiez, à cause de certaines choses qui blessoient la délicatesse des scrupuleux. Elle en est à présent tout à fait purgée ; au lieu qu'elle étoit en prose, on l'a mise en vers, de telle manière que, loin d'avoir rien perdu des beautés de son original, elle en a gagné de nouvelles. Vous voyez que je vous parle du *Festin de Pierre* du célèbre Molière. On a donné déjà six représentations extraordinairement suivies. Le grand succès de cette pièce est un effet de la prudence de M. Corneille le jeune (Thomas Corneille, qui avait alors 52 ans, mais qui était toujours Corneille le jeune par rapport à son frère le tragique). Il en a fait les vers, et n'y a mis que des scènes agréables en la place de celles qu'il falloit supprimer. »

NOTICE PRÉLIMINAIRE.

La version rimée de Thomas Corneille eut les honneurs du répertoire jusqu'au 15 janvier 1847. Quelques années plus tôt, le 17 novembre 1841, l'Odéon avait repris la pièce de Molière; mais cette pièce ne fut vraiment réinstallée au répertoire que par la représentation du 15 janvier 1847 à la Comédie française.

Voici la distribution des rôles pour cette représentation mémorable :

DON JUAN.	MM. GEFFROI.
SGANARELLE.	SAMSON.
ELVIRE	Mme VOLNYS.
GUSMAN.	MM. CHÉRY.
DON CARLOS.	BRINDEAU.
DON ALONSE.	LEROUX.
DON LOUIS.	MAINVIELLE.
CHARLOTTE.	Mmes AUGUSTINE BROHAN.
MATHURINE.	ANAÏS.
PIERROT.	MM. RÉGNIER.
LA STATUE.	MAUBANT.
LA VIOLETTE.	GOT.
RAGOTIN.	RICHÉ.
M. DIMANCHE.	PROVOST.
LA RAMÉE.	FONTA.
UN PAUVRE.	LIGIER.

Le costume de ce dernier acteur avait été dessiné d'après Calot : « Cette courte et belle scène, que n'aurait pas désavouée Shakespeare, dit M. Magnin[1], a été interprétée d'une manière sublime par Ligier, qui, avec quatre ou cinq paroles sorties du cœur, sans cris, sans gestes, a ému profondément toute la salle. »

Cette représentation fut fort belle dans son ensemble. Elle rejeta pour jamais dans l'ombre la pièce rimée par Thomas Corneille, et depuis lors *le Festin de Pierre* est une des œuvres de Molière qu'on revoit à la scène le plus régulièrement et qui y produisent le plus grand effet.

Nous donnons en appendice :

La Polémique relative à la pièce de Molière, qui était déjà dans notre première édition;

. *Revue des Deux Mondes*, 1er février 1847.

Les *Fragments de Molière*, de Champmeslé, contenant la première partie de l'œuvre de Molière qui ait été imprimée.

El Burlador de Sevilla, le point de départ, la source de tout le cycle donjuanesque ;

Le Festin de Pierre ou le Fils criminel, de de Villiers, qui nous offre la forme première sous laquelle la fameuse légende dramatique parut en France ;

Le scénario de Dominique, traduit par Gueulette, où nous voyons la transformation curieuse, ou pour mieux dire le singulier travestissement qu'elle y subit ;

Enfin nous avons jugé que la version rimée de Thomas Corneille, qui fut en possession de la scène pendant près de deux siècles, avait de justes titres à figurer à la suite de la pièce originale, qu'elle a si longtemps supplantée.

EXTRAIT DE LA LETTRE DE ROBINET, DU 30 NOVEMBRE 1669.

Comme les Abbez de la sorte[1]
Aux Plaisirs n'ont pas l'Ame morte,
Il fut le jour du lendemain
Au grand château de Saint-Germain,
A la Comédie Espagnole,
Fort grave, dessus ma parole,
Où la REYNE avoit invité
Obligeamment SA MAJESTÉ.
Mercredy[2], ledit ABBÉ-SIRE,
A qui tout bonheur je désire,
Vint à celle des Italiens,
Bien aimez de nos citoyens,
Et veid leur beau FESTIN DE PIERRE,
Lequel feroit rire une pierre,
Où, comme des Originaux,
Tous les Acteurs sont sans égaux
Et font sans doute des merveilles
Qui n'ont point ailleurs de pareilles.
Néantmoins, MESSIEURS DU MARAIS,
N'épargnans point pour ce les frais,
L'ont représenté sur leur scène,
Oui, c'est une chose certaine,
Avec de nouveaux Ornemens
Qui sembloyent des Enchantemens,
Et ROSIMONT, de cette Troupe,
Grimpant le Mont à double croupe,
A mis ce grand sujet en vers
Avec des agrémens divers
Qui chez eux attiroyent le Monde
Dont nôtre vaste Ville abonde.

(*Biblioth. nat.*)

---

1. Jean-Casimir, roi de Pologne, devenu abbé de Saint-Germain des Prés.
2. 27 novembre.

NOTICE PRÉLIMINAIRE.

Extrait de la lettre de Robinet du 4 février 1673.

La comédie où je prétends
M'aller ébaudir quelque temps
Est, si l'on désiroit s'enquerre,
La Suite du Festin de Pierre,
Que messieurs les Ansoniens,
Alias les Italiens,
Dont nous aimons le jeu folàtre,
Représentent sur leur théâtre.
L'argument en est, en deux mots,
Certain scélérat de héros
Bâtard, et parfaite copie
De ce *Don Juan*, âme impie,
Qu'en l'autre tragédie on voit
Périr ainsi qu'il le devoit :
Et comme dedans cette suite
Meurt aussi, selon son mérite,
Ce fils, plus scélérat encor,
Qui prend un insolent essor
Dans toutes les sortes de vices,
Qui de ces gens font les délices.
Car l'assassinat, et le vol,
L'enlèvement et le viol,
L'infidélité, le blasphème
Contre la Divinité même,
Sont les jeux de ce garnement,
Lequel enfin, pour châtiment,
Est enfoncé d'un coup de foudre
Dans les enfers, presques en poudre.
Or ce sujet, juste de soi
Et propre à donner de l'effroi
Par sa catastrophe italique,
Paroît néanmoins si comique
Qu'on y rit d'un à l'autre bout,
Et cela veut dire partout,
Selon les charmantes manières
D'égayer de telles matières,
Propres certe à ces seuls chrétiens,
A ces rares comédiens,
Qui feroient même un Caton rire
(C'est une chose qu'on peut dire)
Dans les plus lugubres sujets
Tournés dans leurs rôles follets.
D'ailleurs dans cette tragédie,
Ou plutôt pure comédie,
Beaucoup de spectacle l'on a,
Maintes machines l'on voit là.
On a, de plus, bonne musique,
Dont Cambert ce scientifique
Est le compositeur charmant,
Et qu'on admire incessamment.
Illec une sirène aimable[1],
Et dont la voix est admirable,
Chante à ravir deux ou trois airs
Accompagnés de deux concerts.
Item un baladin y danse,
Lequel est un démon, je pense,
Vu l'air dont il tourne son corps
Pour les sauts de tous bons accords.
Scaramouche avec sa guitare
N'y fait rien vraiment que de rare.
Arlequin le facétieux,
Autant qu'autre part sérieux,
S'y surpasse en ses gentillesses,
Qui font nos plus chères liesses.
Et pour conclure enfin, lecteurs,
En général tous les acteurs,
Tant les sérieux que comiques,
Plusieurs en habits magnifiques,
S'y signalent comme à l'envi :
Et certainement je le di ;
Car j'ai déjà la pièce vue,
Qui par moi doit être revue[2].

---

1. Mlle Ma... (*Note de l'auteur.*)
2. On peut conclure de ce dernier extrait que les Italiens ont, sur le théâtre de Paris, représenté *le Festin de Pierre*, ou plutôt le *Convitato di pietra*, sous trois formes différentes, en 1658, 1667 et 1673.

LE
FESTIN DE PIERRE

PERSONNAGES.   ACTEURS[1].

DON JUAN, fils de Don Louis . . . . La Grange.
SGANARELLE, valet de Don Juan. . . . . Molière.
ELVIRE, femme de Don Juan . . . . Mlle Duparc.
GUSMAN, écuyer d'Elvire.
DON CARLOS, } frères d'Elvire.
DON ALONSE, }
DON LOUIS, père de Don Juan . . . . Béjart.
CHARLOTTE, } paysannes. . . . . { Mlle Molière.
MATHURINE, }   { Mlle Debrie.
PIERROT, paysan, amant de Charlotte. . . . . . . Hubert.
La Statue du Commandeur.
LA VIOLETTE, } valets de Don Juan.
RAGOTIN,   }
M. DIMANCHE, marchand . . . . Du Croisy.
LA RAMÉE, spadassin. . . . . Debrie.
Un Pauvre[2].
Suite de Don Juan.
Suite de Don Carlos et de Don Alonse, frères.
Un Spectre.

La scène est en Sicile[3].

1. Cette distribution est conjecturale, mais très vraisemblable pour les rôles de Don Juan, Charlotte, Mathurine, et certaine pour celui de Sganarelle.
2. Dans l'édition de 1682, même dans l'exemplaire La Reynie, mais seulement ici, et non dans la scène où il figure, ce pauvre est désigné sous le nom de *Francisque*. On verra, à la scène II du troisième acte, pourquoi nous ne nous croyons pas obligé de conserver ce nom.
3. Le manuscrit de Laurent Mahelot (n° 24,330 f. fr. de la Bibliothèque nationale) donne sur la mise en scène (se rapportant, il est vrai, à la pièce rimée par Thomas Corneille) les indications suivantes : « Ier acte. Il faut un palais. — IIe acte. Une chambre (erreur probable pour : une campagne), une mer. — IIIe [acte]. Un bois, un tombeau. — IVe [acte]. Une chambre, un festin. — V^e [acte]. Le tombeau paroît. Il faut une trappe, de l'arcanson, deux fauteuils, un tabouret. »

DON JUAN

ou

LE FESTIN DE PIERRE

COMÉDIE

ACTE PREMIER.

Le théâtre représente un palais.

SCÈNE PREMIÈRE.

SGANARELLE, GUZMAN.

SGANARELLE, tenant une tabatière.

Quoi que puisse dire Aristote et toute la philosophie, il n'est rien d'égal au tabac : c'est la passion des honnêtes gens, et qui vit sans tabac n'est pas digne de vivre. Non-seulement il réjouit et purge les cerveaux humains, mais encore il instruit les âmes à la vertu, et l'on apprend avec lui à devenir honnête homme. Ne voyez-vous pas bien, dès qu'on en prend, de quelle manière obligeante on en use avec tout le monde, et comme on est ravi d'en donner à droit et à gauche, partout où l'on se trouve? On n'attend pas même qu'on en demande, et l'on court au-devant du souhait des gens ; tant il est vrai que le tabac inspire des sentiments d'honneur et de vertu à tous ceux qui en prennent[1]. Mais c'est assez de cette matière, reprenons un peu notre discours. Si bien donc, cher Gusman, que Done Elvire, ta maîtresse, surprise de notre départ, s'est mise en campagne après nous; et son cœur, que mon maître a su toucher trop fortement, n'a pu vivre, dis-tu, sans le venir chercher ici. Veux-tu qu'entre nous je te dise ma pensée? J'ai peur qu'elle ne soit mal payée de son amour, que son voyage en cette ville produise peu de fruit, et que vous eussiez autant gagné à ne bouger de là.

GUSMAN.

Et la raison encore? Dis-moi, je te prie, Sganarelle, qui peut t'inspirer une peur d'un si mauvais augure? Ton maître t'a-t-il ouvert son cœur là-dessus, et t'a-t-il dit qu'il eût pour nous quelque froideur qui l'ait obligé à partir?

SGANARELLE.

Non pas; mais à vue de pays, je connois à peu près le train des choses, et sans qu'il m'ait encore rien dit, je gagerois presque que l'affaire va là. Je pourrois peut-être me tromper; mais enfin, sur de tels sujets, l'expérience m'a pu donner quelques lumières.

GUSMAN.

Quoi! ce départ si peu prévu seroit une infidélité de

---

1. Le tabac était en usage depuis près d'un siècle : il avait été apporté en France par Nicot, ambassadeur de François II à Madrid. Sganarelle s'exprime comme un priseur émérite ; et il commence par philosopher sur cette habitude, suivant son caractère raisonneur et discoureur. Outre que cette petite digression paradoxale est pleine de naturel et de gaieté, elle sert à faire connaître tout d'abord le personnage.

Thomas Corneille a traduit assez heureusement ce commencement du rôle de Sganarelle.

Don Juan? Il pourroit faire cette injure aux chastes feux de Done Elvire?

SGANARELLE.

Non, c'est qu'il est jeune encore, et qu'il n'a pas le courage...

GUSMAN.

Un homme de sa qualité feroit une action si lâche?

SGANARELLE.

Hé! oui, sa qualité! La raison en est belle; et c'est par là qu'il s'empêcheroit des choses!

GUSMAN.

Mais les saints nœuds du mariage le tiennent engagé.

SGANARELLE.

Hé! mon pauvre Gusman, mon ami, tu ne sais pas encore, crois-moi, quel homme est Don Juan.

GUSMAN.

Je ne sais pas, de vrai, quel homme il peut être, s'il faut qu'il nous ait fait cette perfidie; et je ne comprends point comme, après tant d'amour et tant d'impatience témoignée, tant d'hommages pressants, de vœux, de soupirs et de larmes, tant de lettres passionnées, de protestations ardentes et de serments réitérés, tant de transports enfin, et tant d'emportements qu'il a fait paroître, jusqu'à forcer, dans sa passion, l'obstacle sacré d'un couvent pour mettre Done Elvire en sa puissance; je ne comprends pas, dis-je, comme, après tout cela, il auroit le cœur de pouvoir manquer à sa parole.

SGANARELLE.

Je n'ai pas grande peine à le comprendre, moi; et, si tu connoissois le pèlerin, tu trouverois la chose assez facile pour lui. Je ne dis pas qu'il ait changé de sentiments pour Done Elvire, je n'en ai point de certitude encore. Tu sais que, par son ordre, je partis avant lui ; et, depuis son arrivée, il ne m'a point entretenu ; mais par précaution, je t'apprends, *inter nos*, que tu vois en Don Juan, mon maître, le plus grand scélérat que la terre ait jamais porté[1], un enragé, un chien, un diable, un turc, un hérétique,* qui ne croit ni ciel, ni enfer, ni loup-garou,** qui passe cette vie en véritable bête brute, un pourceau d'Épicure, un vrai Sardanapale,*** qui **** ferme l'oreille à toutes les remontrances [chrétiennes] qu'on lui peut faire[2],***** et traite de billevesées tout ce que nous croyons. Tu me dis qu'il a épousé ta maîtresse ; crois qu'il auroit plus fait pour sa passion,****** et qu'avec elle il

---

* Var. *Un enragé, un chien, un démon, un turc, un hérétique* (1682).
** Var. *Qui ne croit ni ciel, ni enfer, ni diable* (1682).
Qui ne croit ni ciel, ni saint, ni dieu, ni loup-garou (1694).
*** Var. *En pourceau d'Épicure, en vrai Sardanapale* (1694).
**** Var. *Qui* manque dans l'exemplaire La Reynie.
***** Var. *A toutes les remontrances qu'on lui peut faire* (1682, éditions cartonnées et non cartonnées).
****** Var. *Pour contenter sa passion* (1694).

Pour bien saisir l'esprit de ces variantes, il faut se rappeler ce que nous avons dit dans la notice préliminaire sur la manière dont le texte de cette pièce est établi. On suit le texte de 1682, l'édition commune pour ce qui s'y trouve, les exemplaires non cartonnés pour ce qui ne se trouve que dans ces exemplaires. Ce qui est *ajouté* à ce texte par les éditions hollandaises est placé entre crochets. Les variantes font connaître en même temps les différences que présente l'édition cartonnée de 1682, c'est-à-dire l'édition censurée et corrigée, et celles que présente l'édition de Bruxelles 1694, la plus libre et la plus hardie de toutes. Dans cette dernière, nous relevons tout ce qui a quelque intérêt pour le sens, sans nous astreindre à signaler les incorrections, qui sont nombreuses.

1. Tout homme ami des arts n'a pu passer à Séville sans visiter l'église de la Charité ; il y aura vu le tombeau du chevalier de Marana avec cette inscription dictée par son humilité, ou, si l'on veut, par son orgueil : *Aqui yace el peor hombre que fué en el mondo.* (Ici gît le pire homme qui fut en ce monde.) (Prosper Mérimée.)
2. Che chiude gl'orechi à tutti le essortationi christiane. (Castelli.)

auroit encore épousé toi, son chien et son chat. Un mariage ne lui coûte rien à contracter ; il ne se sert point d'autres pièges pour attraper les belles ; et c'est un épouseur à toutes mains. Dame, demoiselle, bourgeoise, paysanne, il ne trouve rien de trop chaud ni de trop froid pour lui ; et si je te disois le nom de toutes celles qu'il a épousées en divers lieux, ce seroit un chapitre à durer jusques au soir[1]. Tu demeures surpris, et changes de

---

1. Molière n'a point fait usage de la liste des maîtresses ou des victimes de Don Juan, que déroulait le zanni dans la pièce italienne. Villiers avait essayé de tirer parti de ce moyen comique, et il avait rimé comme il suit le fameux catalogue :

> D'autres ont eu par lui de semblables malheurs.
> J'en connois plus de cent, Amarillis, Céphise,
> Violante, Marcelle, Amarante, Bélise,
> Lucrèce, qu'il surprit par un détour bien fin :
> Ce n'est pas celle-là de monseigneur Tarquin ;
> Polycrite, Aurélie, et la belle Joconde,
> Dont l'œil sait embraser le cœur de tout le monde ;
> Pasithée, Auralinde, Orante aux noirs sourcils,
> Bérénice, Aréthuse, Aminte, Anacarsis,
> Nérinde, Doralis, Lucie au teint d'albâtre,
> Qu'après avoir surprise il battit comme plâtre.
> Que vous dirai-je encor ? Mélinte, Nitocris,
> A qui cela coûta bien des pleurs et des cris ;
> Perrette la boiteuse, et Margot la camuse,
> Qui se laissa tromper comme une pauvre buse.
> Catin, qui n'a qu'un œil, et la pauvre Alison,
> Aussi belle, ou du moins d'aussi bonne maison ;
> Claude, Fanchon, Paquette, Anne, Laure, Isabelle,
> Jacqueline, Suzon, benoîte péronnelle ;
> Et, si je pouvois bien du tout me souvenir,
> De quinze jours d'ici je ne pourrois finir !

Cette idée a été plus d'une fois depuis lors reprise et exploitée sur la scène : Dancourt, dans *le Chevalier à la mode*, en 1687, fit donner lecture d'une liste plus burlesque encore que celle de Villiers ; et l'on sait que, lue par Leporello dans l'œuvre de Mozart, la liste des mille et trois (*mille e tre*) conquêtes de Don Juan est le sujet d'un air bouffe admirable :

> Madamina, il catalogo e questo
> Delle belle ch'amo il padron mio.

On s'est demandé pourquoi Molière négligea cette idée comique, et l'on

couleur à ce discours : ce n'est là qu'une ébauche du personnage; et, pour en achever le portrait, il faudroit bien d'autres coups de pinceau. Suffit qu'il faut que le courroux du ciel l'accable quelque jour ; qu'il me vaudroit bien mieux d'être au diable que d'être à lui, et qu'il me fait voir tant d'horreurs que je souhaiterois qu'il fût déjà je ne sais où. Mais un grand seigneur méchant homme est une terrible chose[1]; il faut que je lui sois fidèle, en dépit que j'en aie; la crainte en moi fait l'office du zèle, bride mes sentiments, et me réduit d'applaudir* bien souvent à ce que mon âme déteste. Le voilà qui vient se promener dans ce palais, séparons-nous. Écoute, au moins : je t'ai fait cette confidence avec franchise, et cela m'est sorti un peu bien vite de la bouche; mais, s'il falloit qu'il en vînt quelque chose à ses oreilles, je dirois hautement que tu aurois menti.

* Var. *Me réduit à la complaisance d'applaudir* (1694).

a supposé qu'il n'avait pas jugé à propos de lutter avec les plates facéties de Villiers ni avec les lazzi des bouffons italiens. Cette source de plaisanterie était sans doute, en ce moment-là, comme épuisée.

La Fontaine, écrivant dans un autre genre, en a tiré parti, comme on sait, et l'a introduite dans son conte de *Joconde*.

1. Il faut remarquer cette phrase, qui n'a plus aucun air de raillerie, et que Sganarelle prononce, pour ainsi dire, avec la conviction de l'effroi; elle pourrait en effet servir d'épigraphe à la pièce : elle la résume et elle l'éclaire.

SCÈNE II.

DON JUAN, SGANARELLE.

DON JUAN.

Quel homme te parloit là? Il a bien l'air, ce me semble, du bon Gusman de Done Elvire.

SGANARELLE.

C'est quelque chose aussi à peu près de cela.*

DON JUAN.

Quoi! c'est lui?

SGANARELLE.

Lui-même.

DON JUAN.

Et depuis quand est-il en cette ville?

SGANARELLE.

D'hier au soir.

DON JUAN.

Et quel sujet l'amène?

SGANARELLE.

Je crois que vous jugez assez ce qui le peut inquiéter.

DON JUAN.

Notre départ, sans doute?

SGANARELLE.

Le bon homme en est tout mortifié, et m'en demandoit le sujet?

DON JUAN.

Et quelle réponse as-tu faite?

SGANARELLE.

Que vous ne m'en aviez rien dit.

---

* VAR. *A peu près comme cela* (1694).

DON JUAN.

Mais encore, quelle est ta pensée là-dessus? Que t'imagines-tu de cette affaire?

SGANARELLE.

Moi? Je crois, sans vous faire tort, que vous avez quelque nouvel amour en tête.

DON JUAN.

Tu le crois?

SGANARELLE.

Oui.

DON JUAN.

Ma foi, tu ne te trompes pas, et je dois t'avouer qu'un autre objet a chassé Elvire de ma pensée.

SGANARELLE.

Hé! mon Dieu! Je sais mon Don Juan sur le bout du doigt, et connois votre cœur pour le plus grand coureur du monde; il se plaît à se promener de liens en liens, et n'aime guère à demeurer en place.

DON JUAN.

Et ne trouves-tu pas, dis-moi, que j'ai raison d'en user de la sorte?

SGANARELLE.

Hé! monsieur...

DON JUAN.

Quoi? Parle.

SGANARELLE.

Assurément que vous avez raison, si vous le voulez; on ne peut pas aller là contre. Mais, si vous ne le vouliez pas, ce seroit peut-être une autre affaire.

DON JUAN.

Hé bien! je te donne la liberté de parler, et de me dire tes sentiments.

ACTE I, SCÈNE II.

SGANARELLE.

En ce cas, monsieur, je vous dirai franchement que je n'approuve point votre méthode, et que je trouve fort vilain d'aimer de tous côtés, comme vous faites.

DON JUAN.

Quoi! tu veux qu'on se lie à demeurer au premier objet qui nous prend, qu'on renonce au monde pour lui, et qu'on n'ait plus d'yeux pour personne? La belle chose de vouloir se piquer d'un faux honneur d'être fidèle, de s'ensevelir pour toujours dans une passion, et d'être mort dès sa jeunesse à toutes les autres beautés qui nous peuvent frapper les yeux! Non, non, la constance n'est bonne que pour des ridicules; toutes les belles ont droit de nous charmer, et l'avantage d'être rencontrée la première ne doit point dérober aux autres les justes prétentions qu'elles ont toutes sur nos cœurs. Pour moi, la beauté me ravit partout où je la trouve, et je cède facilement à cette douce violence dont elle nous entraîne. J'ai beau être engagé, l'amour que j'ai pour une belle n'engage point mon âme à faire une injustice aux autres; je conserve des yeux pour voir le mérite de toutes, et rends à chacune les hommages et les tributs où la nature nous oblige. Quoi qu'il en soit, je ne puis refuser mon cœur à tout ce que je vois d'aimable; et, dès qu'un beau visage me le demande, si j'en avois dix mille, je les donnerois tous. Les inclinations naissantes, après tout, ont des charmes inexplicables, et tout le plaisir de l'amour est dans le changement. On goûte une douceur extrême à réduire, par cent hommages, le cœur d'une jeune beauté, à voir de jour en jour les petits progrès qu'on y fait; à combattre, par des transports, par des larmes et des soupirs, l'innocente pudeur d'une âme qui a peine à rendre les armes, à forcer pied à pied toutes les petites résistances qu'elle nous oppose, à vaincre les scrupules dont elle se fait un honneur, et la mener* doucement où nous avons envie de la faire venir. Mais lorsqu'on en est maître une fois, il n'y a plus rien à dire ni rien à souhaiter; tout le beau de la passion est fini, et nous nous endormons dans la tranquillité d'un tel amour si quelque objet nouveau ne vient réveiller nos désirs, et présenter à notre cœur les charmes attrayants d'une conquête à faire. Enfin il n'est rien de si doux que de triompher de la résistance d'une belle personne; et j'ai, sur ce sujet, l'ambition des conquérants, qui volent perpétuellement de victoire en victoire, et ne peuvent se résoudre à borner leurs souhaits. Il n'est rien qui puisse arrêter l'impétuosité de mes désirs, je me sens un cœur à aimer toute la terre; et, comme Alexandre, je souhaiterois qu'il y eût d'autres mondes pour y pouvoir étendre mes conquêtes amoureuses[1].

SGANARELLE.

Vertu de ma vie, comme vous débitez! Il semble que vous ayez appris cela par cœur, et vous parlez tout comme un livre.

DON JUAN.

Qu'as-tu à dire là-dessus?

SGANARELLE.

Ma foi, j'ai à dire... je ne sais que dire : ** car vous

---

* Var. *Et à la mener* (1694).

** Var. *Ma foi, j'ai à dire, et je ne sais que dire* (1694).

1. Cette tirade spirituelle montre tout de suite le côté brillant du personnage. Il faut passer des comédies des contemporains sur le même sujet à l'œuvre de Molière pour sentir quelle prodigieuse supériorité de pensée et de style éclate dans celle-ci.

Les derniers mots font allusion aux vers de Juvénal :

Unus Pellæo juveni non sufficit orbis;
Æstuat infelix angusto in limite mundi.

tournez les choses d'une manière qu'il semble que vous avez raison ;* et cependant il est vrai que vous ne l'avez pas. J'avois les plus belles pensées du monde, et vos discours m'ont brouillé tout cela. Laissez faire; une autre fois je mettrai mes raisonnements par écrit, pour disputer avec vous.

DON JUAN.

Tu feras bien.

SGANARELLE.

Mais, monsieur, cela seroit-il de la permission que vous m'avez donnée, si je vous disois que je suis tant soit peu scandalisé de la vie que vous menez?

DON JUAN.

Comment! quelle vie est-ce que je mène?

SGANARELLE.

Fort bonne. Mais, par exemple, de vous voir tous les mois vous marier comme vous faites.

DON JUAN.

Y a-t-il rien de plus agréable?

SGANARELLE.

Il est vrai. Je conçois que cela est fort agréable et fort divertissant, et je m'en accommoderois assez, moi, s'il n'y avoit point de mal; mais, monsieur, se jouer ainsi d'un mystère sacré, et…**

DON JUAN.

Va, va, c'est une affaire entre le ciel et moi, et nous la démêlerons bien ensemble, sans que tu t'en mettes en peine.***

* Var. *Qu'il semble que vous ayez raison* (1694).
** Var. *Se jouer ainsi du mariage, qui…* (1682).
*** Var. *Va, va, c'est une affaire que je saurois bien démêler, sans que tu t'en mettes en peine* (1682).

SGANARELLE.

Ma foi, monsieur, j'ai toujours ouï dire que c'est une méchante raillerie que de se railler du ciel, et que les libertins[1] ne font jamais une bonne fin.*

DON JUAN.

Holà! maître sot. Vous savez que je vous ai dit que je n'aime pas les faiseurs de remontrances.

SGANARELLE.

Je ne parle pas aussi à vous, Dieu m'en garde! Vous savez ce que vous faites, vous; et, si vous êtes libertin,** vous avez vos raisons; mais il y a de certains petits impertinents dans le monde, qui le sont sans savoir pourquoi,*** qui font les esprits forts, parce qu'ils croient que cela leur sied bien; et si j'avois un maître comme cela, je lui dirois fort nettement,**** le regardant en face : Osez-vous bien ainsi vous jouer au ciel, et ne tremblez-vous point de vous moquer comme vous faites des choses les plus saintes?***** C'est bien à vous, petit ver de terre, petit myrmidon que vous êtes (je parle au maître que j'ai dit), c'est bien à vous à vouloir vous mêler de tourner en raillerie ce que tous les hommes révèrent? Pensez-vous que pour être de qualité, pour avoir une perruque blonde et bien frisée, des plumes à votre chapeau, un habit bien

---

* VAR. *Ma foi, monsieur, vous faites une méchante raillerie* (1682).

** VAR. *Si vous ne croyez rien.* (Exemplaires non cartonnés de 1682 et 1694.)

*** VAR. *Qui sont libertins sans savoir pourquoi.* (Exemplaires non cartonnés de 1682 et 1694.)

**** VAR. *Je lui dirois nettement* (1694).

***** Cette phrase, *Osez-vous bien ainsi*, etc., est supprimée dans l'édition cartonnée de 1682.

1. *Libertin*, ne l'oublions pas, a, au XVIIe siècle le sens d'*esprit fort*, non celui qu'il a aujourd'hui.

doré, et des rubans couleur de feu (ce n'est pas à vous que je parle, c'est à l'autre); pensez-vous, dis-je, que vous en soyez plus habile homme, que tout vous soit permis, et qu'on n'ose vous dire vos vérités? Apprenez de moi, qui suis votre valet, que le ciel punit tôt ou tard les impies, qu'une méchante vie amène une méchante mort, et que[1]...*

DON JUAN.

Paix!

SGANARELLE.

De quoi est-il question?

DON JUAN.

Il est question de te dire qu'une beauté me tient au cœur, et qu'entraîné par ses appas je l'ai suivie jusqu'en cette ville.

SGANARELLE.

Et n'y craignez-vous rien, monsieur, de la mort de ce commandeur que vous tuâtes il y a six mois[2]?

---

* VAR. *Apprenez de moi, qui suis votre valet, que les libertins ne font jamais une bonne fin, et que...* (1682).

1. Sganarelle est un des valets les plus francs, les plus vrais, les plus naïvement comiques qui soient au théâtre. Il n'est pas de la race antique de ces Daves qui, transplantés sur notre scène sous les noms de Crispin et de Frontin, y étalent une nature de convention, au lieu de la nature réelle qu'ils représentaient autrefois. Il est d'une lignée naturelle et toute française; il descend de ce Cliton du *Menteur*, le premier valet moderne qui ait remplacé dans la comédie les esclaves anciens. Le caractère propre des valets formés sur ce modèle est un gros bon sens qui est continuellement révolté des vices et des ridicules de leurs maîtres, mais que l'amour de l'argent ou la crainte des mauvais traitements empêche le plus souvent d'éclater. C'est ce conflit entre la raison et leur intérêt, c'est cette alternative de hardiesse et de timidité, d'humeur chagrine et de complaisance forcée, qui leur donne une physionomie si vraie et si plaisante : cette physionomie est celle de Cliton avec le menteur Dorante, de Sancho avec l'extravagant Don Quichotte, enfin de Sganarelle avec le scélérat Don Juan. (AUGER.)

2. Dans l'œuvre de Tirso de Molina, *El Burlador de Sevilla y Convidado*

DON JUAN.

Et pourquoi craindre? ne l'ai-je pas bien tué [1]?

SGANARELLE.

Fort bien, le mieux du monde, et il auroit tort de se plaindre.

DON JUAN.

J'ai eu ma grâce de cette affaire.

SGANARELLE.

Oui; mais cette grâce n'éteint pas peut-être le ressentiment des parents et des amis ; et...

DON JUAN.

Ah! n'allons point songer au mal qui nous peut arriver, et songeons seulement à ce qui nous peut donner du plaisir. La personne dont je te parle est une jeune fiancée, la plus agréable du monde, qui a été conduite ici par celui même qu'elle y vient épouser, et le hasard me fit voir ce couple d'amants trois ou quatre jours avant leur voyage. Jamais je n'ai vu deux personnes être si contents l'un de l'autre, et faire éclater plus d'amour. La tendresse visible de leurs mutuelles ardeurs me donna de l'émotion; j'en fus frappé au cœur, et mon amour commença par la jalousie. Oui, je ne pus souffrir d'abord de les voir si bien

---

de piedra, le meurtre du commandeur Don Gonzalo d'Ulloa a lieu sur le théâtre, et même lorsque le drame est déjà fort avancé, à la scène treizième de la deuxième *journée*. Il en est de même dans l'imitation italienne et dans les tragi-comédies de Dorimond et de Villiers. Molière a voulu éviter qu'un homme, qu'on voyait vivant dans les premiers actes, eût, dans les derniers, son monument funéraire construit et sa statue érigée, ce qui supposait en effet un intervalle d'au moins six mois.

Rosimond a suivi en ceci l'exemple de Molière. Le librettiste de Mozart, Lorenzo da Ponte, est revenu à l'ancienne tradition, et l'on sait que *Il Dissoluto punito* s'ouvre violemment par le meurtre du commandeur.

1. *Ne l'ai-je pas bien tué!* signifie : ne l'ai-je pas tué en homme d'honneur, dans les règles? Mais je ne serais pas surpris que Sganarelle entendit par là : n'est-il pas bien mort? as-tu peur qu'il n'en revienne? (AUGER.)

ensemble; le dépit alarma mes désirs[1],[*] et je me figurai un plaisir extrême à pouvoir troubler leur intelligence, et rompre cet attachement, dont la délicatesse de mon cœur se tenoit offensée; mais jusques ici tous mes efforts ont été inutiles, et j'ai recours au dernier remède. Cet époux prétendu doit aujourd'hui régaler sa maîtresse d'une promenade sur mer. Sans t'en avoir rien dit, toutes choses sont préparées pour satisfaire mon amour, et j'ai une petite barque et des gens, avec quoi fort facilement je prétends enlever la belle[2].

SGANARELLE.

Ah! monsieur.....

DON JUAN.

Hen?

SGANARELLE.

C'est fort bien fait à vous, et vous le prenez comme il faut. Il n'est rien tel en ce monde que de se contenter.

DON JUAN.

Prépare-toi donc à venir avec moi, et prends soin toi-même d'apporter toutes mes armes, afin que... (Apercevant Done Elvire.) Ah! rencontre fâcheuse. Traître! tu ne m'avois pas dit qu'elle étoit ici elle-même.

SGANARELLE.

Monsieur, vous ne me l'avez pas demandé.

[*] Var. *Alluma mes désirs* (1694).

1. Donna l'alarme, l'éveil à mes désirs, les mit sur le qui-vive.

2. Ce qu'il y a de profondément vicié et de réellement farouche dans l'âme de Don Juan apparait à son tour. Dès les premières scènes, ce personnage nous est présenté sous tous ses mobiles aspects. Molière ne se propose pas de nous faire aimer Don Juan, comme aurait voulu un poète moderne :

> Pas un d'eux ne t'aimait, Don Juan; et moi, je t'aime
> Comme le vieux Blondel aimait son pauvre roi.
> (ALFRED DE MUSSET.)

Et Molière est dans le vrai.

DON JUAN.

Est-elle folle, de n'avoir pas changé d'habit, et de venir en ce lieu-ci avec son équipage de campagne[1]?

SCÈNE III.

DONE ELVIRE, DON JUAN, SGANARELLE.

DONE ELVIRE.

Me ferez-vous la grâce, Don Juan, de vouloir bien me reconnoître? Et puis-je au moins espérer que vous daigniez tourner le visage de ce côté?

DON JUAN.

Madame, je vous avoue que je suis surpris, et que je ne vous attendois pas ici.

DONE ELVIRE.

Oui, je vois bien que vous ne m'y attendiez pas; et vous êtes surpris, à la vérité, mais tout autrement que je ne l'espérois; et la manière dont vous le paroissez me persuade pleinement ce que je refusois de croire. J'admire ma simplicité et la foiblesse de mon cœur, à douter d'une trahison que tant d'apparences me confirmoient. J'ai été assez bonne, je le confesse, ou plutôt assez sotte, pour me vouloir tromper moi-même, et travailler à démentir mes yeux et mon jugement. J'ai cherché des raisons pour excuser à ma tendresse le relâchement d'amitié qu'elle voyoit en vous; et je me suis forgé exprès cent sujets légitimes d'un départ si précipité, pour vous justifier du

---

1. La première réflexion de Don Juan à la vue d'une femme qu'il a abandonnée, et dont la seule présence devrait être pour lui un reproche accablant, est de trouver ridicule qu'elle n'ait pas changé d'habit et qu'elle se présente en équipage de campagne. La sécheresse, la dureté d'âme ne peut se mettre plus à découvert. (AUGER.)

crime dont ma raison vous accusoit. Mes justes soupçons chaque jour avoient beau me parler, j'en rejetois la voix qui vous rendoit criminel à mes yeux, et j'écoutois avec plaisir mille chimères ridicules qui vous peignoient innocent à mon cœur ; mais enfin cet abord ne me permet plus de douter, et le coup d'œil qui m'a reçue m'apprend bien plus de choses que je ne voudrois en savoir. Je serois bien aise pourtant d'ouïr de votre bouche les raisons de votre départ. Parlez, Don Juan, je vous prie, et voyons de quel air vous saurez vous justifier.

DON JUAN.

Madame, voilà Sganarelle qui sait pourquoi je suis parti.

SGANARELLE, bas, à Don Juan.

Moi, monsieur, je n'en sais rien, s'il vous plaît.

DONE ELVIRE.

Hé bien! Sganarelle, parlez. Il n'importe de quelle bouche j'entende ces raisons.

DON JUAN, faisant signe à Sganarelle d'approcher.

Allons, parle donc à madame.

SGANARELLE, bas, à Don Juan.

Que voulez-vous que je dise?

DONE ELVIRE.

Approchez, puisqu'on le veut ainsi, et me dites un peu les causes d'un départ si prompt.

DON JUAN.

Tu ne répondras pas?

SGANARELLE, bas, à Don Juan.

Je n'ai rien à répondre. Vous vous moquez de votre serviteur.

DON JUAN.

Veux-tu répondre, te dis-je?

SGANARELLE.

Madame...

DONE ELVIRE.

Quoi ?

SGANARELLE, *se retournant vers son maître.*

Monsieur...

DON JUAN, *en le menaçant.*

Si...

SGANARELLE.

Madame, les conquérants, Alexandre et les autres mondes, sont cause de notre départ. Voilà, monsieur, tout ce que je puis dire [1].

DONE ELVIRE.

Vous plaît-il, Don Juan, nous éclaircir ces beaux mystères?

DON JUAN.

Madame, à vous dire la vérité...

DONE ELVIRE.

Ah! que vous savez mal vous défendre pour un homme de cour, et qui doit être accoutumé à ces sortes de choses! J'ai pitié de vous voir la confusion que vous avez.* Que ne vous armez-vous le front d'une noble effronterie? Que ne me jurez-vous que vous êtes toujours dans les mêmes sentiments pour moi, que vous m'aimez toujours avec une ardeur sans égale, et que rien n'est capable de vous détacher de moi que la mort? Que ne me dites-vous que des affaires de la dernière conséquence vous ont obligé à partir sans m'en donner avis; qu'il faut que, malgré vous,

* VAR. *J'ai pitié de voir la confusion que vous avez* (1694).

1. On trouvera une imitation de cette scène dans *le Chevalier à la mode* de Dancourt, acte III, scène IV.

ACTE I, SCÈNE III.

vous demeuriez ici quelque temps, et que je n'ai qu'à m'en retourner d'où je viens, assurée que vous suivrez mes pas le plus tôt qu'il vous sera possible ; qu'il est certain que vous brûlez de me rejoindre, et qu'éloigné de moi vous souffrez ce que souffre un corps qui est séparé de son âme? Voilà comme il faut vous défendre, et non pas être interdit comme vous êtes[1].

DON JUAN.

Je vous avoue, madame, que je n'ai point le talent de dissimuler, et que je porte un cœur sincère. Je ne vous dirai point que je suis toujours dans les mêmes sentiments pour vous, et que je brûle de vous rejoindre, puisque enfin il est assuré que je ne suis parti que pour vous fuir, non point pour les raisons que vous pouvez vous figurer, mais par un pur motif de conscience, et pour ne croire pas qu'avec vous davantage je puisse vivre sans péché. Il m'est venu des scrupules, madame, et j'ai ouvert les yeux de l'âme sur ce que je faisois. J'ai fait réflexion que, pour vous épouser, je vous ai dérobée à la clôture d'un couvent, que vous avez rompu des vœux qui vous engageoient autre part, et que le ciel est fort jaloux de ces sortes de choses. Le repentir m'a pris, et j'ai craint le courroux céleste. J'ai cru que notre mariage n'étoit qu'un adultère déguisé, qu'il nous attireroit quelque disgrâce

---

1. Elvire a la simplicité de croire que Don Juan est interdit, qu'il ne sait que répondre; et elle se croit bien habile en imaginant ce qu'il aurait dû dire pour sa justification. Elle ne le connait pas encore, et il en sait un peu plus qu'elle : il va le lui prouver. Au lieu de ces faussetés banales dont, suivant elle, il devait la payer, il va forger un mensonge, je ne dis pas plus adroit, mais cent fois plus odieux, un mensonge où sera réuni tout ce qu'il peut y avoir de plus offensant pour Elvire et de plus injurieux pour la Divinité. Il ne veut point tromper ici; il ne veut qu'outrager, se moquer de Dieu et des hommes.

d'en haut, et qu'enfin je devois tâcher de vous oublier, et vous donner moyen de retourner à vos premières chaînes. Voudriez-vous, madame, vous opposer à une si sainte pensée, et que j'allasse, en vous retenant, me mettre le ciel sur les bras? que par...

DONE ELVIRE.

Ah! scélérat, c'est maintenant que je te connois tout entier; et, pour mon malheur, je te connois lorsqu'il n'en est plus temps, et qu'une telle connoissance ne peut plus me servir qu'à me désespérer; mais sache que ton crime ne demeurera pas impuni, et que le même ciel dont tu te joues me saura venger de ta perfidie.

DON JUAN.

Sganarelle, le ciel!

SGANARELLE.

Vraiment oui, nous nous moquons bien de cela, nous autres.*

DON JUAN.

Madame...

DONE ELVIRE.

Il suffit. Je n'en veux pas ouïr davantage, et je m'accuse même d'en avoir trop entendu. C'est une lâcheté que de se faire expliquer trop sa honte; et, sur de tels sujets, un noble cœur, au premier mot, doit prendre son parti. N'attends pas que j'éclate ici en reproches et en injures; non, non, je n'ai point un courroux à exhaler en paroles vaines, et toute sa chaleur se réserve pour sa vengeance.** Je te le dis encore, le ciel te punira, perfide, de l'outrage que tu me fais; et si le ciel n'a rien que tu puisses

---

* Dans l'édition cartonnée de 1682, l'interpellation faite par Don Juan à Sganarelle et la réponse de celui-ci sont omises.

** VAR. *Pour ma vengeance* (1694).

appréhender, appréhende du moins la colère d'une femme offensée[1].

SCÈNE IV.

DON JUAN, SGANARELLE.

SGANARELLE, à part.

Si le remords le pouvoit prendre !

DON JUAN, après une petite réflexion.

Allons songer à l'exécution de notre entreprise amoureuse.

SGANARELLE, seul.

Ah ! quel abominable maître me vois-je obligé de servir !

---

1. On remarquera que Molière n'a point pour objet d'attirer l'intérêt sur l'aventure de Done Elvire. Il s'attache uniquement à mettre en relief le type de Don Juan. Tout concourt à ce but, soit directement, soit par opposition. C'est pourquoi il n'est pas vrai de dire que la pièce est décousue; elle offre au contraire la plus forte unité; et l'attention du spectateur, malgré les changements de lieu, malgré la variété des incidents, n'est pas un seul instant divertie du sujet principal.

ACTE DEUXIÈME.

Le théâtre représente une campagne, au bord de la mer.

SCÈNE PREMIÈRE[1].

CHARLOTTE, PIERROT.

CHARLOTTE.

Notre dinse[2] ! Piarrot, tu t'es trouvé là bien à point.

PIERROT.

Parquienne ! il ne s'en est pas fallu l'époisseur d'une éplinque qu'ils ne se sayant nayés tous deux.

CHARLOTTE.

C'est donc le coup de vent d'à matin qui les avoit ranvarsés dans la mar ?

PIERROT.

Aga[3], guien, Charlotte, je m'en vas te conter tout fin drait comme cela est venu : car, comme dit l'autre, je les ai le premier avisés, avisés le premier je les ai[4]. Enfin

---

1. L'orthographe de ces scènes patoises est ici reproduite exactement d'après l'édition de 1682. Il y a dans cette orthographe un peu d'arbitraire ; mais nous ne voyons aucune raison de la soumettre à des conventions plus modernes, ou de lui imposer plus de régularité que n'en offre la leçon originale.

2. *Notre dinse* est très probablement la forme patoise de *Notre Dame*.

3. *Aga* est une interjection d'admiration encore usitée dans quelques pays de France. On peut croire, avec La Monnoye, qu'elle vient du vieux verbe français *agarder*, pour *regarder*.

4. Tournure de phrase populaire, que nous retrouverons dans *le Bourgeois gentilhomme*. « Vraiment, dit Mme Jourdain, nous avons fort envie de rire, fort envie de rire nous avons. »

« Pourtant, je paraissy un sot basquié (bâté), un sot basquié je paraissy. » (*Le Pédant joué*, de Cyrano de Bergerac, acte II, scène II.)

donc j'étions sur le bord de la mar, moi et le gros Lucas, et je nous amusions à batifoler avec des mottes de tarre que je nous jesquions à la tête ; car, comme tu sais bian, le gros Lucas aime à batifoler, et moi, par fouas, je batifole itou. En batifolant donc, pisque batifoler y a, j'ai apparçu de tout loin queuque chose qui grouilloit dans gliau, et qui venoit comme envars nous par secousse. Je voyois cela fixiblement,* et pis tout d'un coup je voyois que je ne voyois plus rien. « Hé! Lucas, ç'ai-je fait, je pense que vlà des hommes qui nageant là-bas. — Voire, ce m'a-t-il fait, t'as été au trépassement d'un chat, t'as la vue trouble[1]. — Palsanquenne! ç'ai-je fait, je n'ai point la vue trouble, ce sont des hommes. — Point du tout, ce m'a-t-il fait, t'as la barlue. — Veux-tu gager, ç'ai-je fait, que je n'ai point la barlue, ç'ai-je fait, et que sont deux hommes, ç'ai-je fait, qui nagant droit ici, ç'ai-je fait ? — Morquenne! ce m'a-t-il fait, je gage que non. — Oh! çà, ç'ai-je fait, veux-tu gager dix sols que si ? — Je le veux bian, ce m'a-t-il fait ; et, pour te montrer, vlà argent su jeu, » ce m'a-t-il fait. Moi, je n'ai point été ni fou, ni étourdi ; j'ai bravement bouté à tarre quatre pièces tapées, et cinq sols en doubles, jerniguenne! aussi hardiment que si j'avois avalé un varre de vin ; car je sis hasardeux, moi, et je vas à la débandade. Je savois bian ce que je faisois pourtant. Queuque gniais ! Enfin donc, je n'avons pas putôt eu gagé que j'avons vu les deux hommes tout à plain, qui nous faisiant signe de les aller querir ; et moi de tirer auparavant les enjeux. « Allons,

* Var. *Je voyois ça fixiblement* (1694).

1. Ce dicton se trouve dans *la Comédie des Proverbes*, d'Adrien de Montluc : « Tu as la berlue ; je crois que tu as été au trépassement d'un chat, tu vois trouble. » (ANCIEN THÉATRE FRANÇOIS, collection Jannet, tome IX, page 58.)

Lucas, ç'ai-je dit, tu vois bian qu'ils nous appelont ; allons vite à leu secours. — Non, ce m'a-t-il dit, ils m'ont fait pardre. » Oh ! donc, tanquia qu'à la parfin, pour le faire court, je l'ai tant sarmonné, que je nous sommes boutés dans une barque, et pis j'avons tant fait cahin caha que je les avons tirés de gliau, et pis je les avons menés cheux nous auprès du feu, et pis ils se sant dépouillés tout nus pour se sécher, et pis il y en est venu encore deux de la même bande qui s'équiant sauvés tout seuls, et pis Mathurine est arrivée là, à qui l'en a fait les doux yeux. Vlà justement, Charlotte, comme tout ça s'est fait.

CHARLOTTE.

Ne m'as-tu pas dit, Piarrot, qu'il y en a un qu'est bien pu mieux fait que les autres ?

PIERROT.

Oui, c'est le maître. Il faut que ce soit queuque gros, gros monsieur, car il a du dor à son habit tout depis le haut jusqu'en bas ; et ceux qui le servont sont des monsieux eux-mêmes ; et stapandant, tout gros monsieur qu'il est, il seroit, par ma fique, nayé, si je n'aviomme été là.

CHARLOTTE.

Ardez[1] un peu !

PIERROT.

Oh ! parquenne ! sans nous, il en avoit pour sa maine de fèves [2] ?

CHARLOTTE.

Est-il encore cheux toi tout nu, Piarrot[3] ?

1. *Ardez*, abréviation de *regardez*.
2. Une *mine*, que Pierrot prononce *maine*, est une mesure de capacité contenant la moitié d'un setier. L'expression proverbiale « en avoir pour sa mine de fèves » a le même sens que « en avoir pour son argent, avoir son compte ».
3. Ce serait par trop mal penser d'elle que d'imaginer qu'elle désire le

PIERROT.

Nannain, ils l'avont r'habillé tout devant nous. Mon Quieu ! je n'en avois jamais vu s'habiller. Que d'histoires et d'engigorniaux[1] boutont ces messieus-là les courtisans ! Je me pardrois là-dedans, pour moi, et j'étois tout ébobi de voir ça. Quien, Charlotte, ils avont des cheveux qui ne tenont point à leu tête ; et ils boutont ça, après tout, comme un gros bonnet de filasse. Ils ant des chemises qui ant des manches où j'entrerions tout brandis[2], toi et moi. En glieu d'haut-de-chausse, ils portont un garde-robe[3] aussi large que d'ici à Pâques ; en glieu de pourpoint, de petites brassières, qui ne leu venont pas jusqu'au brichet[4] ; et, en glieu de rabats, un grand mouchoir de cou à réziau, aveuc quatre grosses houpes de linge qui leu pendont sur l'estomaque. Ils avont itou d'autres petits rabats au bout des bras, et de grands entonnois de passement aux jambes[5] ; et, parmi tout ça, tant de rubans, tant de rubans, que c'est une vraie piquié. Ignia pas jusqu'aux souliers qui n'en soyont farcis tout depis un bout jusqu'à l'autre ; et ils sont faits d'eune façon que je me romprois le cou aveuc.

voir dans l'état dont elle parle. Elle veut, au contraire, savoir s'il est habillé, pour aller jouir du plaisir de contempler sa bonne mine et ses beaux vêtements. Je ne puis dissimuler que la plupart des actrices qui jouent ce rôle entendent le mot d'une manière moins décente. En le disant, elles se retournent brusquement, comme prêtes à courir pour aller voir un homme tout nu, et le parterre ne manque jamais de rire à ce lazzi. (AUGER.)

1. *Engigorniaux*, petits engins, fanfreluches, affiquets.

2. Tout comme nous sommes. « Son estomac apte naturellement à moulins à vent tout brandifs digérer. » (RABEL. IV, XVII.)

3. On appelait garde-robes (au masculin) les larges tabliers que les villageoises portaient par-dessus leur jupon pour le conserver.

3. Le bréchet, la fourchette de l'estomac. Ce mot dérive de l'allemand *brechen*, rompre, couper. (MÉNAGE.)

5. Les *entonnois de passement aux jambes* sont les canons, qui avaient en effet la forme d'un entonnoir renversé.

CHARLOTTE.

Par ma fi! Piarrot, il faut que j'aille voir un peu ça.

PIERROT.

Oh! acoute un peu auparavant, Charlotte. J'ai queuque autre chose à te dire, moi.

CHARLOTTE.

Hé bian! dis, qu'est-ce que c'est?

PIERROT.

Vois-tu, Charlotte, il faut, comme dit l'autre, que je débonde mon cœur. Je t'aime, tu le sais bian, et je sommes pour être mariés ensemble; mais, marquenne! je ne suis point satisfait de toi.

CHARLOTTE

Quement? qu'est-ce que c'est donc qu'iglia?

PIERROT.

Iglia que tu me chagraignes l'esprit, franchement.

CHARLOTTE.

Et quement donc?

PIERROT.

Testiguienne! tu ne m'aimes point.

CHARLOTTE.

Ah! ah! n'est-ce que ça?

PIERROT.

Oui, ce n'est que ça, et c'est bian assez.

CHARLOTTE.

Mon Quieu! Piarrot, tu me viens toujou dire la même chose.

PIERROT.

Je te dis toujou la même chose, parce que c'est toujou la même chose; et, si ce n'étoit pas toujou la même chose, je ne te dirois pas toujou la même chose.

ACTE II, SCÈNE I.

CHARLOTTE.

Mais qu'est-ce qu'il te faut? que veux-tu?

PIERROT.

Jerniquenne! je veux que tu m'aimes.

CHARLOTTE.

Est-ce que je ne t'aime pas?

PIERROT.

Non, tu ne m'aimes pas, et si, je fais tout ce que je pis pour ça. Je t'achète, sans reproche, des rubans à tous les marciers qui passent; je me romps le cou à t'aller dénicher des marles; je fais jouer pour toi les vielleux quand ce vient ta fête; et tout ça comme si je me frappois la tête contre un mur. Vois-tu, ça n'est ni biau ni honnête de n'aimer pas les gens qui nous aimont.

CHARLOTTE.

Mais, mon Guieu! je t'aime aussi.

PIERROT.

Oui, tu m'aimes d'une belle dégaine!

CHARLOTTE.

Quement veux-tu donc qu'on fasse?

PIERROT.

Je veux que l'en fasse comme l'en fait quand l'en aime comme il faut.

CHARLOTTE.

Ne t'aimé-je pas aussi comme il faut?

PIERROT.

Non. Quand ça est, ça se voit, et l'en fait mille petites singeries aux personnes quand on les aime du bon du cœur. Regarde la grosse Thomasse, comme alle est assottée du jeune Robain; alle est toujou autour de li à l'agacer, et ne le laisse jamais en repos. Toujou al li fait queuque niche, ou li baille queuque taloche en passant; et l'autre jour qu'il étoit assis sur un escabiau, al fut le tirer de dessous li, et le fit cheoir tout de son long par tarre. Jarni! vlà où l'en voit les gens qui aimont; mais toi, tu ne me dis jamais mot, t'es toujou là comme eune vraie souche de bois; et je passerois vingt fois devant toi que tu ne te grouillerois pas pour me bailler le moindre coup, ou me dire la moindre chose. Ventrequenne! ça n'est pas bian, après tout; et t'es trop froide pour les gens.

CHARLOTTE.

Que veux-tu que j'y fasse? C'est mon himeur, et je ne me pis refondre.

PIERROT.

Ignia himeur qui quienne. Quand en a de l'amiquié pour les personnes, l'en en baille toujou queuque petite signifiance.

CHARLOTTE.

Enfin, je t'aime tout autant que je pis; et si tu n'es pas content de ça, tu n'as qu'à en aimer queuque autre.

PIERROT.

Hé bien! vlà pas mon compte? Testigué! si tu m'aimois, me dirois-tu ça?

CHARLOTTE.

Pourquoi me viens-tu aussi tarabuster l'esprit?

PIERROT.

Morqué! queu mal te fais-je? Je ne te demande qu'un peu d'amiquié.

CHARLOTTE.

Hé bien! laisse faire aussi, et ne me presse point tant. Peut-être que ça viendra tout d'un coup sans y songer.

PIERROT.

Touche donc là, Charlotte.

CHARLOTTE, *donnant sa main.*

Hé bien! quien.

PIERROT.

Promets-moi donc que tu tâcheras de m'aimer davantage.

CHARLOTTE.

J'y ferai tout ce que je pourrai; mais il faut que ça vienne de lui-même. Pierrot, est-ce là ce monsieur?

PIERROT.

Oui, le vlà.

CHARLOTTE.

Ah! mon Quieu! qu'il est genti, et que ç'auroit été dommage qu'il eût été nayé!

PIERROT.

Je revians tout à l'heure; je m'en vas boire chopaine, pour me rebouter tant soit peu de la fatigue que j'ais eue[1].

SCÈNE II.

DON JUAN, SGANARELLE; CHARLOTTE
dans le fond du théâtre.

DON JUAN.

Nous avons manqué notre coup, Sganarelle, et cette bourrasque imprévue a renversé avec notre barque le projet que nous avions fait; mais, à te dire vrai, la paysanne que je viens de quitter répare ce malheur, et je lui ai trouvé des charmes qui effacent de mon esprit tout le chagrin que me donnoit le mauvais succès de notre entre-

---

1. Au mérite de l'exécution, cette jolie scène joignait du temps de Molière le mérite de la nouveauté. Il y avait encore eu fort peu d'exemples de paysans s'exprimant à la scène dans leur langage : on ne peut guère citer que le paysan Mathieu Gareau du *Pédant joué* de Cyrano de Bergerac, et encore il n'est pas sûr que la pièce de Cyrano ait été représentée.

prise. Il ne faut pas que ce cœur m'échappe, et j'y ai déjà jeté des dispositions à ne pas me souffrir longtemps de pousser des soupirs.

SGANARELLE.

Monsieur, j'avoue que vous m'étonnez. A peine sommes-nous échappés d'un péril de mort qu'au lieu de rendre grâce au ciel de la pitié qu'il a daigné prendre de nous, vous travaillez tout de nouveau à attirer sa colère par vos fantaisies accoutumées, et vos amours cr... (Don Juan prend un air menaçant.) Paix, coquin que vous êtes, vous ne savez ce que vous dites, et monsieur sait ce qu'il fait. Allons.

DON JUAN, apercevant Charlotte.

Ah! ah! d'où sort cette autre paysanne, Sganarelle? As-tu rien vu de plus joli? et ne trouves-tu pas, dis-moi, que celle-ci vaut bien l'autre?

SGANARELLE.

Assurément. (A part.) Autre pièce nouvelle.

DON JUAN, à Charlotte.

D'où me vient, la belle, une rencontre si agréable? Quoi! dans ces lieux champêtres, parmi ces arbres et ces rochers, on trouve des personnes faites comme vous êtes?

CHARLOTTE.

Vous voyez, monsieur.

DON JUAN.

Êtes-vous de ce village?

CHARLOTTE.

Oui, monsieur.

DON JUAN.

Et vous y demeurez?

CHARLOTTE.

Oui, monsieur.

DON JUAN.
Vous vous appelez?
CHARLOTTE.
Charlotte, pour vous servir.
DON JUAN.
Ah! la belle personne, et que ses yeux sont pénétrants!
CHARLOTTE.
Monsieur, vous me rendez toute honteuse.
DON JUAN.
Ah! n'ayez point de honte d'entendre dire vos vérités. Sganarelle, qu'en dis-tu? Peut-on rien voir de plus agréable? Tournez-vous un peu, s'il vous plaît. Ah! que cette taille est jolie! Haussez un peu la tête, de grâce. Ah! que ce visage est mignon! Ouvrez vos yeux entièrement. Ah! qu'ils sont beaux! Que je voie un peu vos dents, je vous prie. Ah! qu'elles sont amoureuses, et ces lèvres appétissantes! Pour moi, je suis ravi, et je n'ai jamais vu une si charmante personne.
CHARLOTTE.
Monsieur, cela vous plaît à dire, et je ne sais pas si c'est pour vous railler de moi.
DON JUAN.
Moi, me railler de vous! Dieu m'en garde! Je vous aime trop pour cela, et c'est du fond du cœur que je vous parle.
CHARLOTTE.
Je vous suis bien obligée, si ça est.
DON JUAN.
Point du tout, vous ne m'êtes point obligée de tout ce que je dis; et ce n'est qu'à votre beauté que vous en êtes redevable.

CHARLOTTE.

Monsieur, tout ça est trop bien dit pour moi, et je n'ai pas d'esprit pour vous répondre.

DON JUAN.

Sganarelle, regarde un peu ses mains.

CHARLOTTE.

Fi! monsieur! elles sont noires comme je ne sais quoi.

DON JUAN.

Ah! que dites-vous là? Elles sont les plus belles du monde; souffrez que je les baise, je vous prie.

CHARLOTTE.

Monsieur, c'est trop d'honneur que vous me faites; et si j'avois su ça tantôt, je n'aurois pas manqué de les laver avec du son.

DON JUAN.

Et dites-moi un peu, belle Charlotte, vous n'êtes pas mariée, sans doute?

CHARLOTTE.

Non, monsieur; mais je dois bientôt l'être avec Piarrot, le fils de la voisine Simonette.

DON JUAN.

Quoi! une personne comme vous seroit la femme d'un simple paysan! Non, non, c'est profaner tant de beautés, et vous n'êtes pas née pour demeurer dans un village. Vous méritez, sans doute, une meilleure fortune, et le ciel, qui le connoît bien, m'a conduit ici tout exprès pour empêcher ce mariage, et rendre justice à vos charmes : car enfin, belle Charlotte, je vous aime de tout mon cœur, et il ne tiendra qu'à vous que je ne vous arrache de ce misérable lieu, et ne vous mette dans l'état où vous méritez d'être. Cet amour est bien prompt, sans doute; mais quoi! c'est un effet, Charlotte, de votre grande beauté; et l'on vous aime autant en un quart d'heure qu'on feroit une autre en six mois.

CHARLOTTE.

Aussi vrai, monsieur, je ne sais comment faire quand vous parlez. Ce que vous dites me fait aise, et j'aurois toutes les envies du monde de vous croire ; mais on m'a toujou dit qu'il ne faut jamais croire les monsieux, et que vous autres courtisans êtes des enjoleux, qui ne songez qu'à abuser les filles[1].

DON JUAN.

Je ne suis pas de ces gens-là.

SGANARELLE, à part.

Il n'a garde.

CHARLOTTE.

Voyez-vous, monsieur, il n'y a pas plaisir à se laisser abuser. Je suis une pauvre paysanne ; mais j'ai l'honneur en recommandation, et j'aimerois mieux me voir morte que de me voir déshonorée.

DON JUAN.

Moi, j'aurois l'âme assez méchante pour abuser une personne comme vous ? je serois assez lâche pour vous déshonorer ? Non, non, j'ai trop de conscience pour cela. Je vous aime, Charlotte, en tout bien et en tout honneur ; et, pour vous montrer que je vous dis vrai, sachez que je

---

1. Voici un fragment du dialogue qui, dans l'œuvre de Tirso de Molina, s'engage entre Don Juan et la pêcheuse Tisbea :

« TISBEA. Ma condition n'est pas égale à la tienne.

« DON JUAN. L'amour est un roi qui égalise, par une juste loi, la soie et la bure.

« TISBEA. J'incline à te croire, mais vous autres hommes vous êtes des trompeurs.

« DON JUAN. Est-il possible, mon bien, que tu ignores ma manière de procéder en amour ? D'aujourd'hui mon âme est à toi. »

n'ai point d'autre dessein que de vous épouser. En voulez-vous un plus grand témoignage? M'y voilà prêt, quand vous voudrez; et je prends à témoin l'homme que voilà, de la parole que je vous donne.

SGANARELLE.

Non, non, ne craignez point. Il se mariera avec vous tant que vous voudrez.

DON JUAN.

Ah! Charlotte, je vois bien que vous ne me connoissez pas encore. Vous me faites grand tort de juger de moi par les autres; et, s'il y a des fourbes dans le monde, des gens qui ne cherchent qu'à abuser des filles, vous devez me tirer du nombre, et ne pas mettre en doute la sincérité de ma foi; et puis votre beauté vous assure de tout. Quand on est faite comme vous, on doit être à couvert de toutes ces sortes de crainte : vous n'avez point l'air, croyez-moi, d'une personne qu'on abuse; et, pour moi, je vous l'avoue, je me percerois le cœur de mille coups si j'avois eu la moindre pensée de vous trahir.

CHARLOTTE.

Mon Dieu! je ne sais si vous dites vrai ou non; mais vous faites que l'on vous croit.

DON JUAN.

Lorsque vous me croirez, vous me rendrez justice assurément, et je vous réitère encore la promesse que je vous ai faite. Ne l'acceptez-vous pas? et ne voulez-vous pas consentir à être ma femme?

CHARLOTTE.

Oui, pourvu que ma tante le veuille.

DON JUAN.

Touchez donc là, Charlotte, puisque vous le voulez bien de votre part.

CHARLOTTE.

Mais au moins, monsieur, ne m'allez pas tromper, je vous prie! Il y auroit de la conscience à vous, et vous voyez comme j'y vais à la bonne foi.

DON JUAN.

Comment! il semble que vous doutiez encore de ma sincérité! Voulez-vous que je fasse des serments épouvantables? Que le ciel...

CHARLOTTE.

Mon Dieu! ne jurez point! je vous crois.

DON JUAN.

Donnez-moi donc un petit baiser pour gage de votre parole.

CHARLOTTE.

Oh! monsieur, attendez que je soyons mariés, je vous prie. Après ça, je vous baiserai tant que vous voudrez.

DON JUAN.

Hé bien! belle Charlotte, je veux tout ce que vous voulez; abandonnez-moi seulement votre main, et souffrez que, par mille baisers, je lui exprime le ravissement où je suis...

SCÈNE III.

DON JUAN, SGANARELLE, PIERROT, CHARLOTTE.

PIERROT, se mettant entre deux et poussant Don Juan.

Tout doucement, monsieur; tenez-vous, s'il vous plaît. Vous vous échauffez trop, et vous pourriez gagner la purésie.

DON JUAN, repoussant rudement Pierrot.

Qui m'amène cet impertinent?

PIERROT, se mettant entre Don Juan et Charlotte.

Je vous dis qu'ous vous tegniez, et qu'ous ne caressiais point nos accordées.

DON JUAN continue de repousser Pierrot.

Ah! que de bruit!

PIERROT.

Jerniquenne! ce n'est pas comme ça qu'il faut pousser les gens.

CHARLOTTE, prenant Pierrot par le bras.

Et laisse-le faire aussi, Piarrot.

PIERROT.

Quement! que je le laisse faire? Je ne veux pas, moi.

DON JUAN.

Ah!

PIERROT.

Testiguenne! parce qu'ous êtes monsieur, ous viendrez caresser nos femmes à note barbe? Allez-v's-en caresser les vôtres.

DON JUAN.

Heu?

PIERROT.

Heu. (Don Juan lui donne un soufflet.) Testigué! ne me frappez pas. (Autre soufflet.) Oh! jernigué! (Autre soufflet.) Ventrequé! (Autre soufflet.) Palsanqué! Morquenne! ça n'est pas bian de battre les gens, et ce n'est pas là la récompense de v's avoir sauvé d'être nayé.

CHARLOTTE.

Piarrot, ne te fâche point.

PIERROT.

Je me veux fâcher : et t'es une vilaine, toi, d'endurer qu'on te cajole.

CHARLOTTE.

Oh! Piarrot, ce n'est pas ce que tu penses. Ce monsieur veut m'épouser, et tu ne dois pas te bouter en colère.

PIERROT.

Quement? jerni! tu m'es promise.

CHARLOTTE.

Ça n'y fait rien, Piarrot. Si tu m'aimes, ne dois-tu pas être bien aise que je devienne madame?

PIERROT.

Jerniqué! non. J'aime mieux te voir crevée que de te voir à un autre.

CHARLOTTE.

Va, va, Piarrot, ne te mets point en peine. Si je sis madame, je te ferai gagner queuque chose, et tu apporteras du beurre et du fromage cheux nous.

PIERROT.

Ventrequenne! je gni en porterai jamais, quand tu m'en poyrois deux fois autant. Est-ce donc comme ça que t'écoutes ce qu'il te dit? Morquenne! si j'avois su ça tantôt, je me serois bian gardé de le tirer de gliau, et je gli aurois baillé un bon coup d'aviron sur la tête.

DON JUAN, s'approchant de Pierrot pour le frapper.

Qu'est-ce que vous dites?

PIERROT, s'éloignant derrière Charlotte.

Jerniquenne! je ne crains parsonne.

DON JUAN passe du côté où est Pierrot.

Attendez-moi un peu.

PIERROT repasse de l'autre côté de Charlotte.

Je me moque de tout, moi.

DON JUAN court après Pierrot.

Voyons cela.

PIERROT *se sauve encore derrière Charlotte.*

J'en avons bien vu d'autres.

DON JUAN.

Ouais.

SGANARELLE.

Hé! monsieur, laissez là ce pauvre misérable. C'est conscience de le battre. (A Pierrot, en se mettant entre lui et Don Juan.) Écoute, mon pauvre garçon, retire-toi, et ne lui dis rien.

PIERROT *passe devant Sganarelle, et regarde fièrement Don Juan.*

Je veux lui dire, moi.

DON JUAN *lève la main pour donner un soufflet à Pierrot.*

Ah! je vous apprendrai. (Pierrot baisse la tête, et Sganarelle reçoit le soufflet.)

SGANARELLE, *regardant Pierrot.*

Peste soit du maroufle!

DON JUAN, *à Sganarelle.*

Te voilà payé de ta charité.

PIERROT.

Jarni! je vas dire à sa tante tout ce ménage-ci.

SCÈNE IV.

DON JUAN, CHARLOTTE, SGANARELLE.

DON JUAN, *à Charlotte.*

Enfin, je m'en vais être le plus heureux de tous les hommes, et je ne changerois pas mon bonheur à toutes les choses du monde. Que de plaisirs quand vous serez ma femme, et que...

SCÈNE V.

DON JUAN, MATHURINE, CHARLOTTE SGANARELLE.

SGANARELLE, apercevant Mathurine.

Ah! ah!

MATHURINE, à Don Juan.

Monsieur, que faites-vous donc là avec Charlotte? Est-ce que vous lui parlez d'amour aussi?

DON JUAN, bas, à Mathurine.

Non. Au contraire, c'est elle qui me témoignoit une envie d'être ma femme, et je lui répondois que j'étois engagé à vous.

CHARLOTTE, à Don Juan.

Qu'est-ce que c'est donc que vous veut Mathurine?

DON JUAN, bas, à Charlotte.

Elle est jalouse de me voir vous parler, et voudroit bien que je l'épousasse; mais je lui dis que c'est vous que je veux.

MATHURINE.

Quoi! Charlotte...

DON JUAN, bas, à Mathurine.

Tout ce que vous lui direz sera inutile; elle s'est mis cela dans la tête.

CHARLOTTE.

Quement donc! Mathurine...

DON JUAN, bas, à Charlotte.

C'est en vain que vous lui parlerez; vous ne lui ôterez point cette fantaisie.

MATHURINE.

Est-ce que?...

DON JUAN, bas, à Mathurine.

Il n'y a pas moyen de lui faire entendre raison.

CHARLOTTE.

Je voudrois...

DON JUAN, bas, à Charlotte.

Elle est obstinée comme tous les diables.

MATHURINE.

Vrament...

DON JUAN, bas, à Mathurine.

Ne lui dites rien, c'est une folle.

CHARLOTTE.

Je pense...

DON JUAN, bas, à Charlotte.

Laissez-la là, c'est une extravagante.

MATHURINE.

Non, non, il faut que je lui parle.

CHARLOTTE.

Je veux voir un peu ses raisons.

MATHURINE.

Quoi!...

DON JUAN, bas, à Mathurine.

Je gage qu'elle va vous dire que je lui ai promis de l'épouser.

CHARLOTTE.

Je...

DON JUAN, bas, à Charlotte.

Gageons qu'elle vous soutiendra que je lui ai donné parole de la prendre pour femme.

MATHURINE.

Holà! Charlotte, ça n'est pas bien de courir sur le marché des autres.

CHARLOTTE.

Ça n'est pas honnête, Mathurine, d'être jalouse que monsieur me parle.

MATHURINE.

C'est moi que monsieur a vue la première.

CHARLOTTE.

S'il vous a vue la première, il m'a vue la seconde, et m'a promis de m'épouser.

DON JUAN, bas, à Mathurine.

Hé bien! que vous ai-je dit?

MATHURINE, à Charlotte.

Je vous baise les mains; c'est moi, et non pas vous, qu'il a promis d'épouser.

DON JUAN, bas, à Charlotte.

N'ai-je pas deviné?

CHARLOTTE.

A d'autres, je vous prie; c'est moi, vous dis-je.

MATHURINE.

Vous vous moquez des gens; c'est moi, encore un coup.

CHARLOTTE.

Le v'là qui est pour le dire, si je n'ai pas raison.

MATHURINE.

Le v'là qui est pour me démentir, si je ne dis pas vrai.

CHARLOTTE.

Est-ce, monsieur, que vous lui avez promis de l'épouser?

DON JUAN, bas, à Charlotte.

Vous vous raillez de moi.

MATHURINE.

Est-il vrai, monsieur, que vous lui avez donné parole d'être son mari?

DON JUAN, bas, à Mathurine.

Pouvez-vous avoir cette pensée?

CHARLOTTE.

Vous voyez qu'al le soutient.

DON JUAN, bas, à Charlotte.

Laissez-la faire.

MATHURINE.

Vous êtes témoin comme al l'assure.

DON JUAN, bas, à Mathurine.

Laissez-la dire.

CHARLOTTE.

Non, non, il faut savoir la vérité.

MATHURINE.

Il est question de juger ça.

CHARLOTTE.

Oui, Mathurine, je veux que monsieur vous montre votre bec jaune[1].

MATHURINE.

Oui, Charlotte, je veux que monsieur vous rende un peu camuse[2].

CHARLOTTE.

Monsieur, videz la querelle, s'il vous plaît.

MATHURINE.

Mettez-nous d'accord, monsieur.

CHARLOTTE, à Mathurine.

Vous allez voir.

MATHURINE, à Charlotte.

Vous allez voir vous-même.

---

1. Locution alors familière qui tirait son origine du langage de la fauconnerie : un oiseau qui a encore le bec jaune est un jeune oiseau qui n'est pas sorti de son nid. On appelait *béjaunes* les nouveaux écoliers sans expérience. On a dit par la suite *montrer son béjaune* ou *son bec jaune* à quelqu'un dans le sens de montrer qu'il est dupe, qu'il se trompe niaisement.

2. *Rendre camus*, métaphoriquement *casser le nez*, rendre confus. On remarquera que l'on emploie à rendre la même pensée deux images contraires, *être camus,* et *avoir un pied de nez.* (F. Génin.)

ACTE II, SCÈNE V. 345

CHARLOTTE, à Don Juan.

Dites.

MATHURINE, à Don Juan.

Parlez.

DON JUAN, embarrassé, leur dit à toutes deux :

Que voulez-vous que je dise? Vous soutenez également toutes deux que je vous ai promis de vous prendre pour femmes. Est-ce que chacune de vous ne sait pas ce qui en est, sans qu'il soit nécessaire que je m'explique davantage? Pourquoi m'obliger là-dessus à des redites? Celle à qui j'ai promis effectivement n'a-t-elle pas, en elle-même, de quoi se moquer des discours de l'autre? et doit-elle se mettre en peine, pourvu que j'accomplisse ma promesse? Tous les discours n'avancent point les choses. Il faut faire, et non pas dire; et les effets décident mieux que les paroles. Aussi, n'est-ce rien que par là que je vous veux mettre d'accord; et l'on verra, quand je me marierai, laquelle des deux a mon cœur. (Bas, à Mathurine.) Laissez-lui croire ce qu'elle voudra. (Bas, à Charlotte.) Laissez-la se flatter dans son imagination. (Bas, à Mathurine.) Je vous adore. (Bas, à Charlotte.) Je suis tout à vous. (Bas, à Mathurine.) Tous les visages sont laids auprès du vôtre. (Bas, à Charlotte.) On ne peut plus souffrir les autres quand on vous a vue. (Haut.) J'ai un petit ordre à donner, je viens vous retrouver dans un quart d'heure[1].

---

1. La lecture ne donne qu'une idée imparfaite de cette scène; elle est faite pour le théâtre, et elle a besoin de la rapidité du dialogue parlé. En la lisant, on la trouve invraisemblable; quand on la voit jouer, et qu'elle est menée vivement, elle n'a rien qui choque, et fait grand plaisir.

Dans la pièce espagnole, il y a bien aussi deux paysannes, Tisbea et Aminta, mais leurs aventures sont tout à fait distinctes; elles ne se rencontrent qu'au dénoûment, après la disparition de Don Juan, et pour demander justice au roi Alphonse. Elles diffèrent entre elles en ce que

SCÈNE VI.

CHARLOTTE, MATHURINE, SGANARELLE.

CHARLOTTE, à Mathurine.

Je suis celle qu'il aime, au moins.

MATHURINE, à Charlotte.

C'est moi qu'il épousera.

l'une, Aminta, est séduite par Don Juan au moment même où son mariage vient d'avoir lieu :

« Don Juan. Aminta, écoute, et tu sauras la vérité, car les femmes sont amies de la vérité. Je suis un noble cavalier, chef de l'antique famille des Tenorio, conquérants de Séville. Mon père est le premier après le roi, et à la cour, la vie et la mort tombent de ses lèvres. Courant le pays par hasard, je te vis, l'amour guide parfois les évènements, je te vis, je t'adorai, je m'enflammai si bien que je résolus de t'épouser. Et malgré les murmures du roi et son opposition, et les menaces de mon père, je serai ton mari. Qu'en dis-tu?

« Aminta. Je ne sais que dire, vos vérités sont enveloppées de si brillants mensonges. Mais si je suis mariée avec Patricio, comme cela est su de tout le monde, le mariage ne peut se défaire, quand même il y consentirait.

« Don Juan. N'étant pas consommé, par fraude ou par adresse on peut le faire annuler.

« Aminta. En Patricio, il n'y eut jamais rien que de simple et de vrai.

« Don Juan. Eh bien! donne-moi ta main et qu'elle confirme ta volonté.

« Aminta. Quoi? Non, vous me trompez.

« Don Juan. Je me tromperois moi-même.

« Aminta. Alors jurez que vous me tiendrez votre serment.

« Don Juan. Je jure sur cette main, enfer de neige glacée, d'accomplir ma promesse!

« Aminta. Jurez à Dieu, qui vous maudira si vous manquez à votre serment!

« Don Juan. Si, par hasard, je manquais à la foi que je t'ai donnée, je prie Dieu, pour punir ma trahison, de me faire donner la mort par la main d'un mort; par la main d'un vivant, que Dieu ne le permette pas!

« Aminta. Après ce serment, je suis votre épouse.

« Don Juan. Je te donne mon âme dans ce baiser.

« Aminta. Mon âme et ma vie sont à vous.

« Don Juan. Aminta de mes yeux! demain tu poseras tes jolis pieds sur l'argent poli, étoilé de clous d'or de Tibar; ton sein d'albâtre s'enfermera

SGANARELLE, arrêtant Charlotte et Mathurine.

Ah! pauvres filles que vous êtes, j'ai pitié de votre innocence, et je ne puis souffrir de vous voir courir à votre malheur. Croyez-moi l'une et l'autre : ne vous amusez point à tous les contes qu'on vous fait, et demeurez dans votre village.

SCÈNE VII.

DON JUAN, CHARLOTTE, MATHURINE, SGANARELLE.

DON JUAN, dans le fond du théâtre, à part.

Je voudrois bien savoir pourquoi Sganarelle ne me suit pas.

SGANARELLE.

Mon maître est un fourbe, il n'a dessein que de vous abuser, et en a bien abusé d'autres; c'est l'épouseur du genre humain, et... (Il aperçoit Don Juan.) Cela est faux; et quiconque vous dira cela, vous lui devez dire qu'il en a menti. Mon maître n'est point l'épouseur du genre humain, il n'est point un fourbe, il n'a pas dessein de vous tromper, et n'en a point abusé d'autres. Ah! tenez, le voilà; demandez-le plutôt à lui-même.

dans une prison de colliers, et tes doigts dans des bagues de perles transparentes.

« AMINTA. Dès ce moment, ô mon époux! ma volonté s'incline devant la vôtre, je vous appartiens!

« DON JUAN, à part. Que tu connais mal le trompeur de Séville! »

Il y a plus de coquetterie dans Mathurine et Charlotte. Il y a plus de naïveté et d'entraînement passionné dans les villageoises espagnoles. Il y a plus d'habileté et de rouerie, si l'on nous passe le mot, et par suite plus de sécheresse dans le Don Juan de Molière. Il y a plus de jeunesse et d'ardeur dans celui de Tirso de Molina. A l'un et à l'autre point de vue, Mozart est plus rapproché de l'auteur espagnol que de l'auteur français.

DON JUAN, regardant Sganarelle, et le soupçonnant d'avoir parlé.

Oui!

SGANARELLE.

Monsieur, comme le monde est plein de médisants, je vais au-devant des choses; et je leur disois que si quelqu'un leur venoit dire du mal de vous, elles se gardassent bien de le croire, et ne manquassent pas de lui dire qu'il en auroit menti.

DON JUAN.

Sganarelle!

SGANARELLE, à Charlotte et à Mathurine.

Oui, monsieur est homme d'honneur; je le garantis tel.

DON JUAN.

Hon!

SGANARELLE.

Ce sont des impertinents.

SCÈNE VIII.

DON JUAN, LA RAMÉE, CHARLOTTE, MATHURINE, SGANARELLE.

LA RAMÉE, bas, à Don Juan.

Monsieur, je viens vous avertir qu'il ne fait pas bon ici pour vous.

DON JUAN.

Comment?

LA RAMÉE.

Douze hommes à cheval vous cherchent, qui doivent arriver ici dans un moment : je ne sais pas par quel moyen ils peuvent vous avoir suivi ; mais j'ai appris cette nouvelle d'un paysan qu'ils ont interrogé, et auquel ils vous ont dépeint. L'affaire presse; et le plus tôt que vous pourrez sortir d'ici sera le meilleur.

SCÈNE IX.
DON JUAN, CHARLOTTE, MATHURINE, SGANARELLE.

DON JUAN, à Charlotte et à Mathurine.

Une affaire pressante m'oblige de partir d'ici; mais je vous prie de vous ressouvenir de la parole que je vous ai donnée, et de croire que vous aurez de mes nouvelles avant qu'il soit demain au soir.

SCÈNE X.
DON JUAN, SGANARELLE.

DON JUAN.

Comme la partie n'est pas égale, il faut user de stratagème, et éluder adroitement le malheur qui me cherche. Je veux que Sganarelle se revête de mes habits, et moi...

SGANARELLE.

Monsieur, vous vous moquez. M'exposer à être tué sous vos habits, et...

DON JUAN.

Allons vite, c'est trop d'honneur que je vous fais, et bien heureux est le valet qui peut avoir la gloire de mourir pour son maître[1].

---

1. Ce troc d'habits n'est pas dans l'œuvre espagnole, mais il se trouve dans la pièce italienne et dans les imitations de Dorimond et de Villiers. Il n'y est pas seulement en projet comme ici; il s'exécute sur le théâtre même : Don Juan s'évade, et son valet, tombé dans les mains des archers, est relâché par eux.

SGANARELLE.

Je vous remercie d'un tel honneur. (seul.) O ciel, puisqu'il s'agit de mort, fais-moi la grâce de n'être point pris pour un autre!

ACTE TROISIÈME.

Le théâtre représente une forêt.

SCÈNE PREMIÈRE.

DON JUAN, en habit de campagne; SGANARELLE, en médecin.

SGANARELLE.

Ma foi, monsieur, avouez que j'ai eu raison, et que nous voilà l'un et l'autre déguisés à merveille. Votre premier dessein n'étoit point du tout à propos, et ceci nous cache bien mieux que tout ce que vous vouliez faire.

DON JUAN.

Il est vrai que te voilà bien; et je ne sais où tu as été déterrer cet attirail ridicule.

SGANARELLE.

Oui? c'est l'habit d'un vieux médecin, qui a été laissé en gage au lieu où je l'ai pris, et il m'en a coûté de l'argent pour l'avoir. Mais savez-vous, monsieur, que cet habit me met déjà en considération, que je suis salué des gens que je rencontre, et que l'on me vient consulter ainsi qu'un habile homme?

DON JUAN.

Comment donc?

SGANARELLE.

Cinq ou six paysans et paysannes, en me voyant passer, me sont venus demander mon avis sur différentes maladies.

DON JUAN.

Tu leur as répondu que tu n'y entendois rien.

SGANARELLE.

Moi? Point du tout. J'ai voulu soutenir l'honneur de mon habit; j'ai raisonné sur le mal, et leur ai fait des ordonnances à chacun.*

DON JUAN.

Et quels remèdes encore leur as-tu ordonnés?

SGANARELLE.

Ma foi, monsieur, j'en ai pris par où j'en ai pu attraper; j'ai fait mes ordonnances à l'aventure; et ce seroit une chose plaisante si les malades guérissoient, et qu'on m'en vînt remercier.

DON JUAN.

Et pourquoi non? Par quelle raison n'aurois-tu pas les mêmes privilèges qu'ont tous les autres médecins? Ils n'ont pas plus de part que toi aux guérisons des malades, et tout leur art est pure grimace. Ils ne font rien que recevoir la gloire des heureux succès; et tu peux profiter, comme eux, du bonheur du malade, et voir attribuer à tes remèdes tout ce qui peut venir des faveurs du hasard et des forces de la nature[1].

---

* Var. *Et leur ai fait ordonnance à chacun* (1694).

1. Cette réflexion sur la médecine et les médecins, que Molière a reproduite dans *l'Amour médecin*, se trouve presque littéralement dans Mon-

ACTE III, SCÈNE I.

SGANARELLE.

Comment, monsieur, vous êtes aussi impie en médecine ?

DON JUAN.

C'est une des grandes erreurs qui soient parmi les hommes [1].

SGANARELLE.

Quoi! vous ne croyez pas au séné, ni à la casse, ni au vin émétique ?

DON JUAN.

Et pourquoi veux-tu que j'y croie ?

SGANARELLE.

Vous avez l'âme bien mécréante. Cependant vous voyez, depuis un temps, que le vin émétique fait bruire ses fuseaux[2]. Ses miracles ont converti les plus incrédules

---

taigne : « Ce que la fortune, ce que la nature, ou quelque aultre cause estrangière produict en nous de bon et de salutaire, c'est le privilège de la médecine de se l'attribuer; touts les heureux succez qui arrivent au patient qui est sous son régime, c'est d'elle qu'il les tient. »

1. Voilà le premier acte d'hostilité de Molière contre la médecine. Cette guerre, une fois commencée, va durer autant que sa vie, et nous le verrons mourir au champ d'honneur, les armes à la main. Comme la satire de la médecine est ici dans la bouche d'un homme qui fait profession de ne croire à rien, et d'insulter à tout ce qu'il y a de plus respectable, les médecins et le public purent se figurer d'abord que le sentiment du personnage n'était pas le sentiment particulier de l'auteur; mais il ne fut bientôt plus possible de s'y tromper : l'*Amour médecin*, qui suivit immédiatement le *Festin de Pierre*, était fait pour lever tous les doutes.

2. *Fait bruire ses fuseaux*, métaphoriquement fait grand tapage, occupe le public. La querelle à laquelle donna lieu la préparation d'antimoine qu'on appelait vin émétique fut en effet des plus animées et des plus bruyantes. Il se livra autour de ce médicament d'incroyables combats. Les ouvrages pour ou contre l'antimoine, les pamphlets, les satires, se succédèrent sans interruption pendant plus de vingt-cinq ans. A l'*Orthodoxe* du docteur Germain avaient répliqué l'*Antimoine justifié* et l'*Antimoine triomphant* d'Eusèbe Renaudot, contre lesquels s'était insurgé le *Rabat-Joie de l'Anti-*

esprits, et il n'y a pas trois semaines que j'en ai vu, moi qui vous parle, un effet merveilleux.

DON JUAN.

Et quel?

SGANARELLE.

Il y avoit un homme qui, depuis six jours, étoit à l'agonie, on ne savoit plus que lui ordonner, et tous les remèdes ne faisoient rien ; on s'avisa à la fin de lui donner de l'émétique.

DON JUAN.

Il réchappa, n'est-ce pas?

SGANARELLE.

Non, il mourut.

DON JUAN.

L'effet est admirable.

SGANARELLE.

Comment! il y avait six jours entiers qu'il ne pouvoit mourir, et cela le fit mourir tout d'un coup. Voulez-vous rien de plus efficace[1]?

---

moine, etc., etc. Un grave événement survenu en 1658 hâta la fin du conflit. Le roi, étant tombé malade à Calais, pendant la campagne qu'il fit cette année-là, fut guéri par le vin émétique que lui administra un praticien d'Abbeville nommé Dusaulehoy. Cette glorieuse cure mit ce remède à la mode. Ses adversaires ne purent continuer la lutte. Le Parlement consacra la victoire de l'antimoine le 29 mars 1666, par un arrêt qui l'admettait au nombre des médicaments dont les médecins de la Faculté étaient autorisés à faire usage, et cela sur l'avis de quatre-vingt-douze docteurs contre dix. Cet arrêt était rendu un an environ après les railleries de Sganarelle. M. Maurice Raynaud, dans le chapitre IV de son ouvrage *les Médecins au temps de Molière* (1863), a décrit toutes les vicissitudes de cette curieuse guerre médicale.

1. Le raisonnement de Sganarelle rappelle un trait cité fréquemment dans les *ana* plus modernes de la médecine. Un célèbre médecin, qui prétendait que toute maladie provenait d'une inflammation, faisait l'autopsie

DON JUAN.

Tu as raison.

SGANARELLE.

Mais laissons là la médecine, où vous ne croyez point, et parlons des autres choses : car cet habit me donne de l'esprit, et je me sens en humeur de disputer contre vous. Vous savez bien que vous me permettez les disputes, et que vous ne me défendez que les remontrances.

DON JUAN.

Hé bien?

SGANARELLE.

Je veux savoir un peu vos pensées à fond. Est-il possible que vous ne croyiez point du tout au ciel?

DON JUAN.

Laissons cela.

SGANARELLE.

C'est-à-dire que non. Et à l'enfer?

DON JUAN.

Eh?

SGANARELLE.

Tout de même. Et au diable, s'il vous plaît?

DON JUAN.

Oui, oui.

SGANARELLE.

Aussi peu. Ne croyez-vous point l'autre vie?

DON JUAN.

Ah! ah! ah!

SGANARELLE.

Voilà un homme que j'aurai bien de la peine à con-

---

d'un de ses malades défunts. Il ne trouvait aucune trace d'inflammation, il semblait que son système fût exposé à recevoir un public démenti : « Messieurs, dit-il à ses élèves, vous voyez que notre traitement était des plus efficaces; le sujet est mort, il est vrai; mais il est mort guéri. »

vertir. Et dites-moi un peu, [le Moine bourru[1], qu'en croyez-vous[2]? Eh!

DON JUAN.

La peste soit du fat!

SGANARELLE.

Et voilà ce que je ne puis souffrir : car il n'y a rien de plus vrai que le Moine bourru, et je me ferois pendre pour celui-là. Mais]* encore faut-il croire quelque chose [dans le monde]. Qu'est-ce [donc] que vous croyez?

DON JUAN.

Ce que je crois?

SGANARELLE.

Oui.

---

* Ce qui est placé entre crochets est, nous le rappelons, *ajouté* par les éditions hollandaises au texte même non cartonné de 1682. Il n'est pas douteux que ces passages n'appartinssent à l'œuvre telle que Molière l'avait écrite primitivement. On en a la preuve dans *les Observations du sieur de Rochemont*, où il est question du *moine bourru*. Rochemont donne même à supposer que Sganarelle s'exprimait ainsi : « Car pourvu que l'on croye le Moine bourru, tout va bien, le reste n'est que bagatelle. » Mais on ne sauroit décider si cette citation était textuelle ou si elle n'était pas plutôt une interprétation du dévot libelliste.

1. On appelait *moine bourru* un fantôme qui, disait-on, courait pendant la nuit les rues des villes et battait les passants attardés. Ce rapprochement entre les plus hautes croyances et la superstition populaire du *moine bourru* fut une des choses qui choquèrent davantage, et il est vraisemblable que Molière dut supprimer ce passage dès les premières représentations. On ne peut nier la témérité extrême du poète; mais les traits de cette controverse comique sont encore des traits d'observation : les esprits incultes s'attachent plus aux superstitions qu'aux vérités abstraites d'un ordre supérieur, et celles-ci même ne leur arrivent guère que par celles-là.

2. Ma, ditemi un poco, che cosa credete voi dello Spirito Folletto?

DON GIOVANNI.

Via, via, pezzo di pazzo.

SGANARELLO.

Cospetto di Baccho! io non la posso soffrire; perche non v'è cosa al mondo piu certa dello Spirito Folletto; e mi farei impiccare per sostener questa verità. (CASTELLI.)

DON JUAN.

Je crois que deux et deux sont quatre, Sganarelle, et que quatre et quatre sont huit[1].

SGANARELLE.

La belle croyance et les beaux articles de foi que voilà !* Votre religion, à ce que je vois, est donc l'arithmétique ? Il faut avouer qu'il se met d'étranges folies dans la tête des hommes, et que, pour avoir étudié, on en est bien moins sage le plus souvent. Pour moi, monsieur, je n'ai point étudié comme vous, Dieu merci ! et personne ne sauroit se vanter de m'avoir jamais rien appris ; mais avec mon petit sens, mon petit jugement,** je vois les choses mieux que tous les livres,*** et je comprends fort bien que ce monde que nous voyons n'est pas un champignon qui soit venu tout seul en une nuit. Je voudrois bien vous demander qui a fait ces arbres-là, ces rochers, cette terre, et ce ciel que voilà là-haut ; et si tout cela s'est bâti de lui-même. Vous voilà, vous, par exemple, vous êtes là : est-ce que vous vous êtes fait tout seul, et n'a-t-il pas fallu que votre père ait engrossé votre mère pour vous faire ? Pouvez-vous voir toutes les inventions dont la machine de l'homme est composée, sans admirer de quelle façon cela est agencé l'un dans l'autre ? ces nerfs, ces os, ces veines, ces artères, ces..., ce poumon, ce cœur, ce foie, et tous ces autres ingrédients qui sont

---

* Var. *Que voici !* (1694).

** Var. *Mais avec mon petit sens et mon petit jugement* (1694).

*** Var. *Que tous vos livres* (1694).

1. « On conte d'un prince d'Allemagne fort adonné aux mathématiques, dit Tallemant des Réaux, qu'interrogé à l'article de la mort s'il ne croyoit pas, etc. : « Nous autres mathématiciens, répondit-il, croyons que 2 et 2 « font 4, et 4 et 4 font 8. »

là, et qui... Oh! dame¹, interrompez-moi donc, si vous voulez. Je ne saurois disputer si l'on ne m'interrompt. Vous vous taisez exprès, et me laissez parler par belle malice.

DON JUAN.

J'attends que ton raisonnement soit fini.

SGANARELLE.

Mon raisonnement est qu'il y a quelque chose d'admirable dans l'homme, quoi que vous puissiez dire, que tous les savants ne sauroient expliquer. Cela n'est-il pas merveilleux que me voilà ici et que j'aie quelque chose dans la tête qui pense cent choses différentes en un moment, et fait de mon corps tout ce qu'elle veut?* Je veux frapper des mains, hausser le bras, lever les yeux au ciel, baisser la tête, remuer les pieds, aller à droit, à gauche, en avant, en arrière, tourner... (Il se laisse tomber en tournant.)

DON JUAN.

Bon! voilà ton raisonnement qui a le nez cassé.

SGANARELLE.

Morbleu! je suis bien sot de m'amuser à raisonner avec vous; croyez ce que vous voudrez : il m'importe bien que vous soyez damné!

DON JUAN.

Mais, tout en raisonnant, je crois que nous sommes

* Var. *Tout ce qu'il veut?* (1694).

1. *Dame* est la traduction primitive de *dominum*, par syncope *domnum*, et, par une prononciation altérée, *damne, dame, damp*. Ce mot s'appliquait au masculin :

Il est sire et dame du nostre.
(Barbazan, *Fabliaux*, III, p. 44.)

On disait *dame Dieu, damp abbé*.

Respond Roland : ne place dame Deu!...
(*Chanson de Roland.*)

Dam-Martin, Damp-Pierre, et autres noms propres, déposent encore du sens et de l'étymologie de *dame*.

Ainsi cette exclamation signifie simplement *Seigneur!* (F. Génin.)

égarés. Appelle un peu cet homme que voilà là-bas, pour lui demander le chemin.*

SGANARELLE.

Holà! ho! l'homme! ho! mon compère! ho! l'ami! un petit mot, s'il vous plaît.

SCÈNE II.

DON JUAN, SGANARELLE, UN PAUVRE[1].

SGANARELLE.

Enseignez-nous** un peu le chemin qui mène à la ville.

LE PAUVRE.

Vous n'avez qu'à suivre cette route, messieurs, et détourner à main droite*** quand vous serez au bout de la forêt; mais je vous donne avis que vous devez vous tenir sur vos gardes, et que, depuis quelque temps, il y a des voleurs ici autour.

---

* L'édition cartonnée de 1682 abrège cette scène comme il suit :

« SGANARELLE. Je veux savoir vos pensées à fond, et vous connoître un peu mieux que je ne fais. Çà, quand voulez-vous mettre fin à vos débauches, et mener la vie d'un honnête homme?

« DON JUAN lève la main pour lui donner un soufflet. Ah, maître sot! Vous allez d'abord aux remontrances.

« SGANARELLE, en se reculant. Morbleu! je suis bien sot en effet de vouloir m'amuser à raisonner avec vous; faites tout ce que vous voudrez, il m'importe bien que vous vous perdiez ou non, et que...

« DON JUAN, en colère. Tais-toi. Songeons à notre affaire. Ne serions-nous point égarés? Appelle cet homme que voilà là-bas, pour lui demander le chemin. »

** VAR. *Enseigne-nous* (1694).

*** VAR. *Et tourner à main droite* (1694).

1. L'édition de 1682 cartonnée donne partout à ce pauvre le nom de Francisque. Il semble qu'on n'ait eu recours à ce nom inutile que pour déguiser un peu plus cette scène, qui était restée fameuse sous le nom de *la scène du pauvre*. Il entre dans la méthode que nous nous sommes tracée de supprimer ce nom et de rendre au texte son aspect original.

DON JUAN.

Je te suis obligé, mon ami, et je te rends grâce de tout mon cœur.*

LE PAUVRE.

Si vous vouliez me secourir, monsieur, de quelque aumône?

DON JUAN.

Ah! ah! ton avis est intéressé, à ce que je vois.

LE PAUVRE.

Je suis un pauvre homme, monsieur, retiré tout seul dans ce bois depuis dix ans,** et je ne manquerai pas de prier le ciel qu'il vous donne toute sorte de biens.

DON JUAN.

Eh! prie-le qu'il te donne un habit,*** sans te mettre en peine des affaires des autres.

SGANARELLE.

Vous ne connoissez pas monsieur, bon homme; il ne croit qu'en deux et deux sont quatre, et en quatre et quatre sont huit.

DON JUAN.

Quelle est ton occupation parmi ces arbres?

---

* Dans l'édition cartonnée de Paris, 1682, la scène du pauvre est remplacée par ce qui suit :

« Don Juan. Je te suis bien obligé, mon ami, et je te rends grâce de tout mon cœur de ton bon avis.

« SCÈNE III.

« DON JUAN, SGANARELLE.

« Sganarelle. Ah! monsieur, quel bruit! quel cliquetis!

« Don Juan, regardant dans la forêt. Que vois-je là? un homme attaqué par trois autres, la partie est trop inégale; et je ne dois pas souffrir cette lâcheté. (Il met l'épée à la main, et court au lieu du combat.) »

** Var. *Depuis plus de dix ans* (1694).

*** Var. *Eh! prie le ciel qu'il te donne un habit* (1694).

ACTE III, SCÈNE II.

LE PAUVRE.

De prier le ciel tout le jour pour la prospérité des gens de bien qui me donnent quelque chose.

DON JUAN.

Il ne se peut donc pas que tu ne sois bien à ton aise?

LE PAUVRE.

Hélas! monsieur, je suis dans la plus grande nécessité du monde.

DON JUAN.

Tu te moques : un homme qui prie le ciel tout le jour ne peut pas manquer d'être bien dans ses affaires.

LE PAUVRE.

Je vous assure, monsieur, que le plus souvent je n'ai pas un morceau de pain à mettre sous les dents.*

---

* L'édition non cartonnée de 1682 finit la scène en cet endroit. Après ces mots du pauvre : *Je n'ai pas un morceau de pain à mettre sous les dents,* Don Juan ajoute seulement : *Je te veux donner un louis d'or, et je te le donne pour l'amour de l'humanité.* Il n'exige pas du pauvre qu'il jure pour gagner ce louis d'or. Il est certain pourtant que cette circonstance faisait partie de la scène à la première représentation, car nous verrons que le sieur de Rochemont parle « d'un pauvre à qui l'on donne l'aumône à condition de renier Dieu ». C'est une nouvelle preuve que La Grange et Vinot, avant que l'on exigeât d'eux des corrections plus nombreuses, avaient une première fois opéré quelques suppressions, celles-là mêmes, très probablement, qui avaient été imposées tout d'abord à Molière pour que sa pièce pût continuer à être jouée.

Cette fin de scène est dans la traduction de Castelli (1698) :

DON GIOVANNI.

« Tu mi dici una cosa ben strana a credersi. Tu sei molto mal ricompensato della tua pietà. Ahi, ahi! ecco qui una doppia; guardala bene : io te la voglio donar subito, purche tu vogli bestemmiare un pochettino.

IL POVERO.

« Ah! signor mio! vuol V. S. ch'io commetta un si grave peccato?

DON GIOVANNI.

« Guarda bene, se tu voi guadagnar una doppia, ò non. Eccone qui una, tò : pigliala; mà bisogna che tu bestemmi.

IL POVERO.

« Signore...

DON JUAN.

[Voilà qui est étrange, et tu es bien mal reconnu de tes soins. Ah! ah! je m'en vais te donner un louis d'or tout à l'heure, pourvu que tu veuilles jurer.

LE PAUVRE.

Ah! monsieur, voudriez-vous que je commisse un tel péché?

DON JUAN.

Tu n'as qu'à voir si tu veux gagner un louis d'or, ou non; en voici un que je te donne, si tu jures. Tiens. Il faut jurer.

LE PAUVRE.

Monsieur...

DON JUAN.

A moins de cela, tu ne l'auras pas.

SGANARELLE.

Va, va, jure un peu; il n'y a pas de mal.

DON JUAN.

Prends, le voilà, prends, te dis-je; mais jure donc.

LE PAUVRE.

Non, monsieur, j'aime mieux mourir de faim.

DON GIOVANNI.
« Se tu non giuri, non l'haverai in alcuna maniera.
SGANARELLO.
« Via, via; giura un tantino : il mal non è tanto grande quanto tu t'imagini.
DON GIOVANNI.
« Sù, presto, pigliala, ti dico; mà bisogna che tu bestemmi.
IL POVERO.
« Signor mio, io voglio più tosto crepar di fame che bestemmiare.
DON GIOVANNI.
« Tò, tò io; te la dono per amor dell' humanità; per amor dico della miseria nella qual ti vedo, e non per altro rispetto. »
Il faut remarquer cette interprétation de la dernière phrase.

ACTE III, SCÈNE II. 363

DON JUAN.

Va, va,] je te le donne pour l'amour de l'humanité[1].
(Regardant dans la forêt.) Mais que vois-je là? un homme atta-

1. Cette scène parut scandaleuse, et Molière fut obligé de la supprimer immédiatement. « A la première représentation du *Festin de Pierre*, dit Voltaire, il y avait une scène entre Don Juan et un pauvre. Don Juan demandait à ce pauvre à quoi il passait sa vie dans la forêt. — A prier Dieu, répondait le pauvre, pour les honnêtes gens qui me donnent l'aumône. — Tu passes ta vie à prier Dieu? disait Don Juan; si cela est, tu dois donc être fort à ton aise. — Hélas! monsieur, je n'ai pas souvent de quoi manger. — Cela ne se peut, répliquait Don Juan, Dieu ne saurait laisser mourir de faim ceux qui le prient du soir au matin. Tiens, voilà un louis d'or; mais je te le donne pour l'amour de l'humanité. » Ainsi Voltaire ne connaissait lui-même que la scène tronquée, telle qu'elle est dans l'édition non cartonnée de 1682, c'est-à-dire manquant de son élément essentiel, de la résistance du pauvre à l'impiété que Don Juan veut lui faire commettre. « Cette scène, conclut Voltaire, convenable au caractère impie de Don Juan, mais dont les esprits faibles pouvaient faire un mauvais usage, fut supprimée à la seconde représentation. »

Auger, dont le jugement porte sur l'ensemble de la scène, en apprécie autrement la portée morale. « Ce refus du pauvre, dit-il, qui résiste aux instances de Don Juan, aux conseils de Sganarelle et à la séduction encore plus puissante de l'or, et qui aime mieux mourir de faim que de proférer un jurement, ce refus me paraît touchant et d'un bon exemple : j'y vois une victoire difficile remportée sur le vice opulent, et aussi sur la faiblesse intéressée, par la vertu nécessiteuse. Du reste, rien n'est plus conforme au caractère établi de Don Juan que cette fantaisie cruelle et impie de placer un malheureux entre son besoin et son devoir, de vouloir lui faire acheter un léger bienfait par un acte qui blesse sa conscience. »

La scène du pauvre offrait à coup sûr moins d'inconvénients et de danger dans son intégrité première qu'après le retranchement que la censure y fit d'abord opérer.

On a été frappé surtout par ce mot *humanité*, *amour de l'humanité*, qui n'est pas de la langue habituelle de cette époque, et qui semble prévoir des sentiments et des théories beaucoup plus modernes. Les mots *humain*, *humaniser*, *humanité*, sont d'un emploi très fréquent chez Molière; il s'est servi plus d'une fois notamment du mot *humanité*, non dans le sens où il avait cours ordinairement, celui de la vertu d'*humanité*, mais pour exprimer la nature, la forme humaine :

Doncques, si de parler le pouvoir m'est ôté,
Pour moi, j'aime autant perdre aussi l'humanité.
(*Dépit amoureux*, acte II, scène VII.)

C'est aussi avec cette acception qu'il est employé ici; Don Juan entend

qué par trois autres! La partie est trop inégale, et je ne dois pas souffrir cette lâcheté. (Il met l'épée à la main, et court au lieu du combat.)

SCÈNE III.

SGANARELLE, seul.

Mon maître est un vrai enragé d'aller se présenter à un péril qui ne le cherche pas. Mais, ma foi, le secours a servi, et les deux ont fait fuir les trois.

SCÈNE IV.

DON JUAN, DON CARLOS; SGANARELLE,
au fond du théâtre.

DON CARLOS, l'épée à la main.

On voit, par la fuite de ces voleurs, de quel secours est votre bras. Souffrez, monsieur, que je vous rende grâces d'une action si généreuse, et que...

DON JUAN, revenant l'épée à la main.

Je n'ai rien fait, monsieur, que vous n'eussiez fait en ma place. Notre propre honneur est intéressé dans de pareilles aventures; et l'action de ces coquins étoit si lâche que c'eût été y prendre part que de ne s'y pas op-

---

la leçon que le pauvre lui donne, et il rend un involontaire hommage à la nature humaine; il exprime moins familièrement un sentiment que Molière avait fait lui-même éclater dans une circonstance à peu près pareille en s'écriant : « Où diable la vertu va-t-elle se nicher? » Et l'on remarquera que c'est en ce moment même que Don Juan accomplit la seule action louable qu'il fasse de toute la pièce, et vole au secours d'un de ses semblables en péril.

Entendre ce mot comme l'entend M. Génin, et comme on est aujourd'hui généralement enclin à l'entendre : « l'ensemble du genre humain, considéré philosophiquement comme une seule famille, » est une interprétation spécieuse, mais, à notre avis, inexacte.

poser. Mais par quelle rencontre vous êtes-vous trouvé entre leurs mains?

DON CARLOS.

Je m'étois, par hasard, égaré d'un frère* et de tous ceux de notre suite; et comme je cherchois à les rejoindre, j'ai fait rencontre de ces voleurs, qui d'abord ont tué mon cheval, et qui, sans votre valeur, en auroient fait autant de moi.

DON JUAN.

Votre dessein est-il d'aller du côté de la ville?

DON CARLOS.

Oui, mais sans y vouloir entrer; et nous nous voyons obligés, mon frère et moi, à tenir la campagne pour une de ces fâcheuses affaires qui réduisent les gentilshommes à se sacrifier, eux et leur famille, à la sévérité de leur honneur, puisque enfin le plus doux succès en est toujours funeste, et que, si l'on ne quitte pas la vie, on est contraint de quitter le royaume; et c'est en quoi je trouve la condition d'un gentilhomme malheureuse, de ne pouvoir point s'assurer sur toute la prudence et toute l'honnêteté de sa conduite, d'être asservi par les lois de l'honneur au dérèglement de la conduite d'autrui, et de voir sa vie, son repos et ses biens, dépendre de la fantaisie du premier téméraire qui s'avisera de lui faire une de ces injures pour qui un honnête homme doit périr.

DON JUAN.

On a cet avantage qu'on fait courir le même risque et passer mal aussi le temps à ceux qui prennent fantaisie de nous venir faire une offense de gaieté de cœur. Mais ne seroit-ce point une indiscrétion que de vous demander quelle peut être votre affaire?

* VAR. *Je m'étois par hasard écarté d'un frère* (1694).

DON CARLOS.

La chose en est aux termes de n'en plus faire de secret ; et lorsque l'injure a une fois éclaté, notre honneur ne va point à vouloir cacher notre honte, mais à faire éclater notre vengeance, et à publier même le dessein que nous en avons. Ainsi, monsieur, je ne feindrai point[1] de vous dire que l'offense que nous cherchons à venger est une sœur séduite et enlevée d'un couvent, et que l'auteur de cette offense est un Don Juan Tenorio, fils de Don Louis Tenorio. Nous le cherchons depuis quelques jours, et nous l'avons suivi ce matin sur le rapport d'un valet qui nous a dit qu'il sortoit à cheval, accompagné de quatre ou cinq, et qu'il avoit pris le long de cette côte ; mais tous nos soins ont été inutiles, et nous n'avons pu découvrir ce qu'il est devenu.

DON JUAN.

Le connoissez-vous, monsieur, ce Don Juan dont vous parlez ?

DON CARLOS.

Non, quant à moi. Je ne l'ai jamais vu, et je l'ai seulement ouï dépeindre à mon frère ; mais la renommée n'en dit pas force bien, et c'est un homme dont la vie...

DON JUAN.

Arrêtez, monsieur, s'il vous plaît. Il est un peu de mes amis, et ce seroit à moi une espèce de lâcheté que d'en ouïr dire du mal.

DON CARLOS.

Pour l'amour de vous, monsieur, je n'en dirai rien du tout, et c'est bien la moindre chose que je vous doive, après m'avoir sauvé la vie, que de me taire devant vous

---

1. C'est-à-dire : « Je n'hésiterai pas », comme on l'a vu déjà plusieurs fois.

ACTE III, SCÈNE IV.

d'une personne que vous connoissez, lorsque je ne puis en parler sans en dire du mal; mais, quelque ami que vous lui soyez, j'ose espérer que vous n'approuverez pas son action, et ne trouverez pas étrange que nous cherchions d'en prendre la vengeance.

DON JUAN.

Au contraire, je vous y veux servir, et vous épargner des soins inutiles. Je suis ami de Don Juan, je ne puis pas m'en empêcher; mais il n'est pas raisonnable qu'il offense impunément des gentilshommes, et je m'engage à vous faire faire raison par lui.

DON CARLOS.

Et quelle raison peut-on faire à ces sortes d'injures?

DON JUAN.

Toute celle que votre honneur peut souhaiter; et, sans vous donner la peine de chercher Don Juan davantage, je m'oblige de le faire trouver au lieu que vous voudrez, et quand il vous plaira.

DON CARLOS.

Cet espoir est bien doux, monsieur, à des cœurs offensés; mais, après ce que je vous dois, ce me seroit une trop sensible douleur que vous fussiez de la partie.

DON JUAN.

Je suis si attaché à Don Juan qu'il ne sauroit se battre que je ne me batte aussi; mais enfin j'en réponds comme de moi-même, et vous n'avez qu'à dire quand vous voulez qu'il paroisse et vous donne satisfaction.

DON CARLOS.

Que ma destinée est cruelle! Faut-il que je vous doive la vie et que Don Juan soit de vos amis[1]?

---

1. Don Juan, après avoir fait preuve de bravoure, montre dans cette scène les qualités d'un gentilhomme. Il ne fallait pas que Molière avilît son

SCÈNE V.

DON ALONSE et trois suivants, DON CARLOS, DON JUAN, SGANARELLE.

DON ALONSE, parlant à ceux de sa suite, sans voir Don Carlos ni Don Juan.

Faites boire là mes chevaux, et qu'on les amène après nous; je veux un peu marcher à pied. (Les apercevant tous deux.) O ciel! que vois-je ici? Quoi! mon frère, vous voilà avec notre ennemi mortel!

DON CARLOS.

Notre ennemi mortel?

DON JUAN, se reculant trois pas et mettant fièrement la main sur la garde de son épée.

Oui, je suis Don Juan moi-même, et l'avantage du nombre ne m'obligera pas à vouloir déguiser mon nom.

DON ALONSE, mettant l'épée à la main.

Ah! traître, il faut que tu périsses; et...

(Sganarelle court se cacher.)

DON CARLOS.

Ah! mon frère, arrêtez. Je lui suis redevable de la vie; et, sans le secours de son bras, j'aurois été tué par des voleurs que j'ai trouvés.

DON ALONSE.

Et voulez-vous que cette considération empêche notre vengeance? Tous les services que nous rend une main ennemie ne sont d'aucun mérite pour engager notre âme;

personnage, sinon la leçon aurait été nulle : on n'aurait eu sous les yeux qu'un scélérat vulgaire. Le vernis brillant de l'éducation, le courage des races féodales, aussi bien que les privilèges de la naissance et de la fortune, contribuent essentiellement à former ce type, qui, sans tous ces prestiges, n'aurait rien de redoutable. La valeur de cette conception et sa vérité historique viennent précisément de cette supériorité, qui fait presque admirer Don Juan, alors même qu'on sent combien il est à craindre.

et, s'il faut mesurer l'obligation à l'injure, votre reconnoissance, mon frère, est ici ridicule ; et comme l'honneur est infiniment plus précieux que la vie, c'est ne devoir rien proprement que d'être redevable de la vie à qui nous a ôté l'honneur.

DON CARLOS.

Je sais la différence, mon frère, qu'un gentilhomme doit toujours mettre entre l'un et l'autre ; et la reconnoissance de l'obligation n'efface point en moi le ressentiment de l'injure ; mais souffrez que je lui rende ici ce qu'il m'a prêté, que je m'acquitte sur-le-champ de la vie que je lui dois, par un délai de notre vengeance, et lui laisse la liberté de jouir, durant quelques jours, du fruit de son bienfait.

DON ALONSE.

Non, non, c'est hasarder notre vengeance que de la reculer, et l'occasion de la prendre peut ne plus revenir. Le ciel nous l'offre ici, c'est à nous d'en profiter. Lorsque l'honneur est blessé mortellement, on ne doit point songer à garder aucunes mesures ; et, si vous répugnez à prêter votre bras à cette action, vous n'avez qu'à vous retirer, et laisser à ma main la gloire d'un tel sacrifice.

DON CARLOS.

De grâce, mon frère...

DON ALONSE.

Tous ces discours sont superflus : il faut qu'il meure.

DON CARLOS.

Arrêtez-vous, dis-je, mon frère. Je ne souffrirai point du tout qu'on attaque ses jours ; et je jure le ciel que je le défendrai ici contre qui que ce soit, et je saurai lui faire un rempart de cette même vie qu'il a sauvée ; et, pour adresser vos coups, il faudra que vous me perciez.

DON ALONSE.

Quoi! vous prenez le parti de notre ennemi contre moi ; et, loin d'être saisi à son aspect des mêmes transports que je sens, vous faites voir pour lui des sentiments pleins de douceur!

DON CARLOS.

Mon frère, montrons de la modération dans une action légitime ; et ne vengeons point notre honneur avec cet emportement que vous témoignez. Ayons du cœur dont nous soyons les maîtres, une valeur qui n'ait rien de farouche, et qui se porte aux choses par une pure délibération de notre raison, et non point par le mouvement d'une aveugle colère. Je ne veux point, mon frère, demeurer redevable à mon ennemi ; je lui ai une obligation dont il faut que je m'acquitte avant toute chose. Notre vengeance, pour être différée, n'en sera pas moins éclatante ; au contraire, elle en tirera de l'avantage ; et cette occasion de l'avoir pu prendre la fera paroître plus juste aux yeux de tout le monde.

DON ALONSE.

O l'étrange foiblesse, et l'aveuglement effroyable de hasarder ainsi les intérêts de son honneur pour la ridicule pensée d'une obligation chimérique!

DON CARLOS.

Non, mon frère, ne vous mettez pas en peine. Si je fais une faute, je saurai bien la réparer, et je me charge de tout le soin de notre honneur ; je sais à quoi il nous oblige, et cette suspension d'un jour, que ma reconnoissance lui demande, ne fera qu'augmenter l'ardeur que j'ai de le satisfaire. Don Juan, vous voyez que j'ai soin de vous rendre le bien que j'ai reçu de vous, et vous devez par là juger du reste, croire que je m'acquitte avec la

ACTE III, SCÈNE V.

même chaleur de ce que je dois, et que je ne serai pas moins exact à vous payer l'injure que le bienfait. Je ne veux point vous obliger ici à expliquer vos sentiments, et je vous donne la liberté de penser à loisir aux résolutions que vous avez à prendre. Vous connoissez assez la grandeur de l'offense que vous nous avez faite, et je vous fais juge vous-même des réparations qu'elle demande. Il est des moyens doux pour nous satisfaire, il en est de violents et de sanglants; mais enfin, quelque choix que vous fassiez, vous m'avez donné parole de me faire faire raison par Don Juan. Songez à me la faire, je vous prie, et vous ressouvenez que, hors d'ici, je ne dois plus qu'à mon honneur.

DON JUAN.

Je n'ai rien exigé de vous, et vous tiendrai ce que j'ai promis.

DON CARLOS.

Allons, mon frère; un moment de douceur ne fait aucune injure à la sévérité de notre devoir[1].

---

1. C'est une situation des plus dramatiques que celle de Don Carlos devant la vie à celui dont il a juré la mort, lui rendant ce qu'il a reçu de lui en le sauvant à son tour, songeant à ce que l'honneur exige après que la reconnaissance est satisfaite, et attaquant comme son ennemi l'homme qu'il vient de défendre comme son libérateur. Cette situation, qu'on doit à la noble et riche imagination des Espagnols, est le sujet d'un des plus beaux ouvrages de leur théâtre, que trois de nos auteurs ont imité, Scarron, sous le titre de l'*Écolier de Salamanque*, Boisrobert et Thomas Corneille, sous celui des *Généreux* ou des *Illustres Ennemis*. Molière ensuite, réduisant en deux scènes ce qu'ils avaient développé dans une pièce entière, en a fait un épisode de son *Festin de Pierre*. Le Sage, à son tour, en a fait une des histoires dont son *Diable boiteux* est enrichi : c'est celle qui est intitulée *Amours du comte de Belflor et de Léonor de Cespèdes*. Enfin Beaumarchais l'a emprunté à Le Sage, pour en faire un des incidents de son drame d'*Eugénie*.

Dans les deux *Festin de Pierre* antérieurs à celui de Molière, il y a une situation qui a quelque rapport avec la rencontre de Don Juan et de Don Carlos. Don Juan, se sentant poursuivi, a forcé un pèlerin à lui donner son habit (c'est la seconde fois qu'il use de ce moyen). Il est abordé, mais non point reconnu, par Don Philippe, l'amant de celle qu'il a voulu déshonorer

SCÈNE VI.

DON JUAN, SGANARELLE.

DON JUAN.

Holà! hé! Sganarelle?

SGANARELLE, sortant de l'endroit où il étoit caché.

Plaît-il?

DON JUAN.

Comment! coquin, tu fuis quand on m'attaque?

SGANARELLE.

Pardonnez-moi, monsieur, je viens seulement d'ici près. Je crois que cet habit est purgatif, et que c'est prendre médecine que de le porter [1].

DON JUAN.

Peste soit l'insolent! Couvre au moins ta poltronnerie d'un voile plus honnête. Sais-tu bien qui est celui à qui j'ai sauvé la vie?

SGANARELLE.

Moi? non.

DON JUAN.

C'est un frère d'Elvire.

---

et dont il a tué le père. Comme il est sans armes, il imagine, afin de prévenir tout danger ultérieur, d'engager Don Philippe à se mettre en prière pour obtenir du ciel qu'il lui livre le meurtrier de Don Pierre, et il lui conseille, comme chose plus décente, de déposer auparavant son épée. A peine Don Philippe l'a-t-il quittée qu'il s'en empare, se fait connaître à son ennemi, l'insulte, et, suivant l'un des auteurs (Villiers), lui ôte la vie, que, suivant l'autre (Dorimond), il dédaigne de lui ôter. Il y a sans contredit beaucoup plus de vraisemblance, de noblesse et d'intérêt, dans l'épisode emprunté par Molière au théâtre espagnol. (AUGER.)

1. Crispin, du *Légataire universel*, n'a point dédaigné d'emprunter à Sganarelle cette plaisanterie :

>Je ne sais si la peur est un peu laxative,
>Ou si cet habit est de vertu purgative...

SGANARELLE.

Un...

DON JUAN.

Il est assez honnête homme, il en a bien usé, et j'ai regret d'avoir démêlé avec lui.

SGANARELLE.

Il vous seroit aisé de pacifier toutes choses.

DON JUAN.

Oui ; mais ma passion est usée pour Done Elvire, et l'engagement ne compatit point avec mon humeur. J'aime la liberté en amour, tu le sais, et je ne saurois me résoudre à renfermer mon cœur entre quatre murailles. Je te l'ai dit vingt fois, j'ai une pente naturelle à me laisser aller à tout ce qui m'attire. Mon cœur est à toutes les belles, et c'est à elles à le prendre tour à tour, et à le garder tant qu'elles le pourront. Mais quel est le superbe édifice que je vois entre ces arbres?

SGANARELLE.

Vous ne le savez pas?

DON JUAN.

Non, vraiment.

SGANARELLE.

Bon ; c'est le tombeau que le commandeur faisoit faire lorsque vous le tuâtes.

DON JUAN.

Ah! tu as raison. Je ne savois pas que c'étoit de ce côté-ci qu'il étoit. Tout le monde m'a dit des merveilles de cet ouvrage, aussi bien que de la statue du commandeur; et j'ai envie de l'aller voir.

SGANARELLE.

Monsieur, n'allez point là.

DON JUAN.

Pourquoi?

SGANARELLE.

Cela n'est pas civil, d'aller voir un homme que vous avez tué.

DON JUAN.

Au contraire, c'est une visite dont je lui veux faire civilité, et qu'il doit recevoir de bonne grâce s'il est galant homme. Allons, entrons dedans.

(Le tombeau s'ouvre, où l'on voit un superbe mausolée et la statue du commandeur.)

SGANARELLE.

Ah! que cela est beau! les belles statues! le beau marbre! les beaux piliers! Ah! que cela est beau! Qu'en dites-vous, monsieur?

DON JUAN.

Qu'on ne peut voir aller plus loin l'ambition d'un homme mort; et ce que je trouve admirable, c'est qu'un homme qui s'est passé durant sa vie d'une assez simple demeure, en veuille avoir une si magnifique pour quand il n'en a plus que faire.

SGANARELLE.

Voici la statue du commandeur.

DON JUAN.

Parbleu! le voilà bon, avec son habit d'empereur romain!

SGANARELLE.

Ma foi, monsieur, voilà qui est bien fait. Il semble qu'il est en vie, et qu'il s'en va parler. Il jette des regards sur nous qui me feroient peur si j'étois tout seul, et je pense qu'il ne prend pas plaisir de nous voir.

ACTE III, SCÈNE VI.

DON JUAN.

Il auroit tort; et ce seroit mal recevoir l'honneur que je lui fais. Demande-lui s'il veut venir souper avec moi.

SGANARELLE.

C'est une chose dont il n'a pas besoin, je crois.

DON JUAN.

Demande-lui, te dis-je.

SGANARELLE.

Vous moquez-vous? ce seroit être fou que d'aller parler à une statue.

DON JUAN.

Fais ce que je te dis.

SGANARELLE.

Quelle bizarrerie! Seigneur commandeur... (A part.) Je ris de ma sottise; mais c'est mon maître qui me la fait faire. (Haut.) Seigneur commandeur, mon maître Don Juan vous demande si vous voulez lui faire l'honneur de venir souper avec lui. (La statue baisse la tête.) Ah!

DON JUAN.

Qu'est-ce? qu'as-tu? Dis donc. Veux-tu parler?

SGANARELLE fait le même signe que lui a fait la statue, et baisse la tête.

La statue...

DON JUAN.

Hé bien! que veux-tu dire, traître?

SGANARELLE.

Je vous dis que la statue...

DON JUAN.

Hé bien! la statue? Je t'assomme si tu ne parles.

SGANARELLE.

La statue m'a fait signe.

DON JUAN.

La peste le coquin!

SGANARELLE.

Elle m'a fait signe, vous dis-je ; il n'est rien de plus vrai. Allez-vous-en lui parler vous-même pour voir. Peut-être...

DON JUAN.

Viens, maraud, viens. Je te veux bien faire toucher au doigt ta poltronnerie. Prends garde. Le seigneur commandeur voudroit-il venir souper avec moi ?

(La statue baisse encore la tête.)

SGANARELLE.

Je ne voudrois pas en tenir dix pistoles[1]. Hé bien ! monsieur ?

DON JUAN.

Allons ! sortons d'ici[2].

SGANARELLE, seul.

Voilà de mes esprits forts, qui ne veulent rien croire !

---

1. « Non vorrei haver guadagnate dieci doppie, » dit Castelli, « je ne voudrais pas avoir gagné dix doublons, et que cela ne fût point arrivé ».

2. Ces trois mots, *Allons, sortons d'ici,* trahissent la brusque colère d'un incrédule luttant sous le poids de la conviction qui l'écrase, et empressé de changer de lieu, comme s'il pouvait échapper à la terrible vérité qui le poursuit. (AUGER.)

ACTE QUATRIÈME.

Le théâtre représente l'appartement de don Juan.

SCÈNE PREMIÈRE.

DON JUAN, SGANARELLE, RAGOTIN.

DON JUAN, à Sganarelle.

Quoi qu'il en soit, laissons cela : c'est une bagatelle, et nous pouvons avoir été trompés par un faux jour, ou surpris de quelque vapeur qui nous ait troublé la vue.

SGANARELLE.

Hé! monsieur, ne cherchez point à démentir ce que nous avons vu des yeux que voilà. Il n'est rien de plus véritable que ce signe de tête ; et je ne doute point que le ciel, scandalisé de votre vie, n'ait produit ce miracle pour vous convaincre, et pour vous retirer de...

DON JUAN.

Écoute. Si tu m'importunes davantage de tes sottes moralités, si tu me dis encore le moindre mot là-dessus, je vais appeler quelqu'un, demander un nerf de bœuf, te faire tenir par trois ou quatre, et te rouer de mille coups. M'entends-tu bien[1]?

---

1. Don Juan n'a pas encore fait à Sganarelle des menaces si sérieuses et si positives. Pourquoi? c'est qu'en ce moment il est, quoi qu'il dise, troublé, bourrelé du souvenir de ce qu'il a vu, et que toute contrariété doit exciter sa fureur.

SGANARELLE.

Fort bien, monsieur, le mieux du monde. Vous vous expliquez clairement ; c'est ce qu'il y a de bon en vous, que vous n'allez point chercher de détours : vous dites les choses avec une netteté admirable[1].

DON JUAN.

Allons, qu'on me fasse souper le plus tôt que l'on pourra. Une chaise, petit garçon.

SCÈNE II.

DON JUAN, SGANARELLE, LA VIOLETTE, RAGOTIN.

LA VIOLETTE.

Monsieur, voilà votre marchand, monsieur Dimanche, qui demande à vous parler.

SGANARELLE.

Bon. Voilà ce qu'il nous faut, qu'un compliment de créancier! De quoi s'avise-t-il de nous venir demander de l'argent; et que ne lui disois-tu que monsieur n'y est pas?

LA VIOLETTE.

Il y a trois quarts d'heure que je le lui dis; mais il

---

1. Imitation de *l'Andrienne*, de Térence, acte I, scène II.

Verberibus cæsum te, Dave, in pistrinum dedam usque ad necem
Ea lege atque omine ut, si te inde exemerim, ego pro te molam.
Quid? Hoc intellextin? an nondum etiam ne hoc quidem?
DAVUS.
Immo callide;
Ita aperte ipsam rem modo locutus; nihil circuitione usus es.

« ... Je te ferois rouer de coups, mon ami Dave, et conduire au moulin à perpétuité, et à la condition expresse que, si jamais je t'en retire, je tournerai la meule à ta place. Eh bien, as-tu compris? N'est-ce pas assez clair?
DAVE.
« J'ai parfaitement saisi : c'est ce qui s'appelle parler nettement. Vous n'avez pas usé de circonlocutions. »

ne veut pas le croire, et s'est assis là-dedans pour attendre.

SGANARELLE.

Qu'il attende tant qu'il voudra.

DON JUAN.

Non, au contraire, faites-le entrer. C'est une fort mauvaise politique que de se faire celer aux créanciers. Il est bon de les payer de quelque chose ; et j'ai le secret de les renvoyer satisfaits sans leur donner un double.

SCÈNE III.

DON JUAN, MONSIEUR DIMANCHE, SGANARELLE, LA VIOLETTE, RAGOTIN.

DON JUAN, faisant de grandes civilités.

Ah! monsieur Dimanche, approchez. Que je suis ravi de vous voir, et que je veux de mal à mes gens de ne vous pas faire entrer d'abord! J'avois donné ordre qu'on ne me fît parler personne ;* mais cet ordre n'est pas pour vous, et vous êtes en droit de ne trouver jamais de porte fermée chez moi.

MONSIEUR DIMANCHE.

Monsieur, je vous suis fort obligé.

DON JUAN, parlant à ses laquais.

Parbleu! coquins, je vous apprendrai à laisser monsieur Dimanche dans une antichambre, et je vous ferai connoître les gens.

MONSIEUR DIMANCHE.

Monsieur, cela n'est rien.

* Var. *Parler à personne* (1694).

DON JUAN, à monsieur Dimanche.

Comment! vous dire que je n'y suis pas, à monsieur Dimanche, au meilleur de mes amis!

MONSIEUR DIMANCHE.

Monsieur, je suis votre serviteur. J'étois venu...

DON JUAN.

Allons, vite, un siège pour monsieur Dimanche.

MONSIEUR DIMANCHE.

Monsieur, je suis bien comme cela.

DON JUAN.

Point, point, je veux que vous soyez assis contre moi.*

MONSIEUR DIMANCHE.

Cela n'est point nécessaire.

DON JUAN.

Otez ce pliant, et apportez un fauteuil.

MONSIEUR DIMANCHE.

Monsieur, vous vous moquez; et...

DON JUAN.

Non, non, je sais ce que je vous dois; et je ne veux point qu'on mette de différence entre nous deux.

MONSIEUR DIMANCHE.

Monsieur...

DON JUAN.

Allons, asseyez-vous.

MONSIEUR DIMANCHE.

Il n'est pas besoin, monsieur, et je n'ai qu'un mot à vous dire. J'étois...

DON JUAN.

Mettez-vous là, vous dis-je.

---

* VAR. *Je veux que vous soyez assis comme moi* (1694).

ACTE IV, SCÈNE III.

MONSIEUR DIMANCHE.

Non, monsieur, je suis bien. Je viens pour...

DON JUAN.

Non, je ne vous écoute point si vous n'êtes assis.

MONSIEUR DIMANCHE.

Monsieur, je fais ce que vous voulez. Je...

DON JUAN.

Parbleu! monsieur Dimanche, vous vous portez bien.

MONSIEUR DIMANCHE.

Oui, monsieur, pour vous rendre service. Je suis venu...

DON JUAN.

Vous avez un fonds de santé admirable, des lèvres fraîches, un teint vermeil, et des yeux vifs.

MONSIEUR DIMANCHE.

Je voudrois bien...

DON JUAN.

Comment se porte madame Dimanche, votre épouse?

MONSIEUR DIMANCHE.

Fort bien, monsieur, Dieu merci.

DON JUAN.

C'est une brave femme.

MONSIEUR DIMANCHE.

Elle est votre servante, monsieur. Je venois...

DON JUAN.

Et votre petite fille Claudine, comment se porte-t-elle?

MONSIEUR DIMANCHE.

Le mieux du monde.

DON JUAN.

La jolie petite fille que c'est! je l'aime de tout mon cœur.

MONSIEUR DIMANCHE.

C'est trop d'honneur que vous lui faites, monsieur. Je vous...

DON JUAN.

Et le petit Colin, fait-il toujours bien du bruit avec son tambour?

MONSIEUR DIMANCHE.

Toujours de même, monsieur. Je...

DON JUAN.

Et votre petit chien Brusquet, gronde-t-il toujours aussi fort, et mord-il toujours bien aux jambes les gens qui vont chez vous?

MONSIEUR DIMANCHE.

Plus que jamais, monsieur, et nous ne saurions en chevir[1].

DON JUAN.

Ne vous étonnez pas si je m'informe des nouvelles de toute la famille, car j'y prends beaucoup d'intérêt.

MONSIEUR DIMANCHE.

Nous vous sommes, monsieur, infiniment obligés. Je...

DON JUAN, lui tendant la main.

Touchez donc là, monsieur Dimanche. Êtes-vous bien de mes amis?

MONSIEUR DIMANCHE.

Monsieur, je suis votre serviteur.

DON JUAN.

Parbleu! je suis à vous de tout mon cœur.

MONSIEUR DIMANCHE.

Vous m'honorez trop. Je...

---

1. *Chevir* est un mot déjà un peu suranné au temps de Molière, qui signifiait : venir à *chef,* venir à bout.

ACTE IV, SCÈNE III.

DON JUAN.

Il n'y a rien que je ne fisse pour vous.

MONSIEUR DIMANCHE.

Monsieur, vous avez trop de bonté pour moi.

DON JUAN.

Et cela sans intérêt, je vous prie de le croire.

MONSIEUR DIMANCHE.

Je n'ai point mérité cette grâce, assurément. Mais, monsieur...

DON JUAN.

Oh çà, monsieur Dimanche, sans façon, voulez-vous souper avec moi?

MONSIEUR DIMANCHE.

Non, monsieur; il faut que je m'en retourne tout à l'heure. Je...

DON JUAN, se levant.

Allons, vite un flambeau, pour conduire monsieur Dimanche, et que quatre ou cinq de mes gens prennent des mousquetons pour l'escorter.

MONSIEUR DIMANCHE, se levant aussi.

Monsieur, il n'est pas nécessaire, et je m'en irai bien tout seul. Mais...

(Sganarelle ôte les sièges promptement.)

DON JUAN.

Comment? Je veux qu'on vous escorte, et je m'intéresse trop à votre personne. Je suis votre serviteur, et, de plus, votre débiteur.

MONSIEUR DIMANCHE.

Ah! monsieur...

DON JUAN.

C'est une chose que je ne cache pas, et je le dis à tout le monde.

MONSIEUR DIMANCHE.

Si...

DON JUAN.

Voulez-vous que je vous reconduise?

MONSIEUR DIMANCHE.

Ah! monsieur, vous vous moquez! Monsieur...

DON JUAN.

Embrassez-moi donc, s'il vous plaît. Je vous prie encore une fois d'être persuadé que je suis tout à vous, et qu'il n'y a rien au monde que je ne fisse pour votre service[1]. (Il sort.)

SCÈNE IV.

MONSIEUR DIMANCHE, SGANARELLE.

SGANARELLE.

Il faut avouer que vous avez en monsieur un homme qui vous aime bien.

MONSIEUR DIMANCHE.

Il est vrai; il me fait tant de civilités et tant de compliments que je ne saurois jamais lui demander de l'argent.

SGANARELLE.

Je vous assure que toute sa maison périroit pour vous, et je voudrois qu'il vous arrivât quelque chose, que quel-

---

1. Cette scène, si admirablement faite, montre Don Juan vis-à-vis d'une classe particulière de la société, le marchand, le créancier. C'est un chef-d'œuvre comique, qu'on a depuis Molière mille fois imité. M. Dimanche vit et vivra jusqu'à la fin des siècles. Il avait suffi qu'il parût sur la scène pour que cette immortalité lui fût assurée. La Fontaine, se servant de ce nom devenu aussitôt proverbial, disait dans son conte de *la Coupe enchantée* :

Avez-vous sur les bras quelque monsieur Dimanche;
Mille bourses vous sont ouvertes à la fois.

ACTE IV, SCÈNE IV.

qu'un s'avisât de vous donner des coups de bâton, vous verriez de quelle manière...

MONSIEUR DIMANCHE.

Je le crois ; mais, Sganarelle, je vous prie de lui dire un petit mot de mon argent.

SGANARELLE.

Oh ! ne vous mettez pas en peine, il vous payera le mieux du monde.

MONSIEUR DIMANCHE.

Mais vous, Sganarelle, vous me devez quelque chose en votre particulier.

SGANARELLE.

Fi ! ne me parlez pas de cela.

MONSIEUR DIMANCHE.

Comment? Je...

SGANARELLE.

Ne sais-je pas bien que je vous dois?

MONSIEUR DIMANCHE.

Oui. Mais...

SGANARELLE.

Allons, monsieur Dimanche, je vais vous éclairer.

MONSIEUR DIMANCHE.

Mais, mon argent?

SGANARELLE, prenant monsieur Dimanche par le bras.

Vous moquez-vous?

MONSIEUR DIMANCHE.

Je veux...

SGANARELLE, le tirant.

Hé !

MONSIEUR DIMANCHE.

J'entends...

SGANARELLE, le poussant vers la porte.

Bagatelles.

MONSIEUR DIMANCHE.

Mais...

SGANARELLE, le poussant.

Fi!

MONSIEUR DIMANCHE.

Je...

SGANARELLE, le poussant tout à fait hors du théâtre.

Fi! vous dis-je[1].

SCÈNE V.

DON JUAN, SGANARELLE, LA VIOLETTE.

LA VIOLETTE, à Don Juan.

Monsieur, voilà monsieur votre père.

DON JUAN.

Ah! me voici bien! Il me falloit cette visite pour me faire enrager.

---

1. Molière place Sganarelle dans une situation semblable à celle de son maître; mais il l'en tire par des moyens différents, et tout à fait conformes à l'état du personnage et à son éducation. J'ai vu un Sganarelle de province faire rire le parterre aux éclats en demandant, à son tour, des nouvelles de madame Dimanche, de ses enfants, du petit chien Brusquet, etc. (Aimé Martin.)

Il ne faut pas que le valet, qui répète les actions et les discours de son maître, le fasse avec une intention de singerie bouffonne, ni que l'imitation dégénère en une caricature grotesque : tout doit être vrai dans cette répétition, et le motif et le mode. Sganarelle, qui n'a pas plus que son maître d'argent à donner à M. Dimanche, et qui n'a pas les mêmes moyens pour lui imposer et le flatter, lui coupe la parole par des rebuffades, au lieu de lui fermer la bouche par des compliments, et emploie ses bras, à défaut de civilités, pour le mettre à la porte. Chacun doit agir et parler comme il convient à son personnage. (Auger.)

SCÈNE VI.

DON LOUIS, DON JUAN, SGANARELLE.

DON LOUIS.

Je vois bien que je vous embarrasse, et que vous vous passeriez fort aisément de ma venue. A dire vrai, nous nous incommodons étrangement l'un et l'autre ; et si vous êtes las de me voir, je suis bien las aussi de vos déportements. Hélas! que nous savons peu ce que nous faisons, quand nous ne laissons pas au ciel le soin des choses qu'il nous faut, quand nous voulons être plus avisés que lui, et que nous venons à l'importuner par nos souhaits aveugles et nos demandes inconsidérées! J'ai souhaité un fils avec des ardeurs non pareilles, je l'ai demandé sans relâche avec des transports incroyables, et ce fils, que j'obtiens en fatiguant le ciel de vœux, est le chagrin et le supplice de cette vie même dont je croyois qu'il devoit être la joie et la consolation. De quel œil, à votre avis, pensez-vous que je puisse voir cet amas d'actions indignes, dont on a peine, aux yeux du monde, d'adoucir le mauvais visage[1] ; cette suite continuelle de méchantes affaires, qui nous réduisent à toute heure à lasser les bontés du souverain, et qui ont épuisé auprès de lui le mérite de mes services et le crédit de mes amis? Ah! quelle bassesse est la vôtre! Ne rougissez-vous point de mériter si peu votre naissance! Êtes-vous en droit, dites-moi, d'en tirer quelque vanité? Et qu'avez-vous fait dans le monde pour être gentilhomme? Croyez-vous qu'il suffise d'en porter le nom et les armes,

---

1. *Visage*, pour *aspect, apparence*. L'emploi de ce mot en ce sens était alors autorisé.

et que ce nous soit une gloire d'être sortis d'un sang noble, lorsque nous vivons en infâmes? Non, non, la naissance n'est rien où la vertu n'est pas[1]. Aussi nous n'avons part à la gloire de nos ancêtres qu'autant que nous nous efforçons de leur ressembler, et cet éclat de leurs actions qu'ils répandent sur nous nous impose un engagement de leur faire le même honneur, de suivre les pas qu'ils nous tracent, et de ne point dégénérer de leurs vertus, si nous voulons être estimés leurs véritables descendants. Ainsi vous descendez en vain des aïeux dont vous êtes né; ils vous désavouent pour leur sang, et tout ce qu'ils ont fait d'illustre ne vous donne aucun avantage; au contraire, l'éclat n'en rejaillit sur vous qu'à votre déshonneur, et leur gloire est un flambeau qui éclaire aux yeux d'un chacun la honte de vos actions. Apprenez enfin qu'un gentilhomme qui vit mal est un monstre dans la nature; que la vertu est le premier titre de noblesse; que je regarde bien moins au nom qu'on signe qu'aux actions qu'on fait, et que je

---

1. Il est très sensible que tout ce discours est rythmé :

>> Ah! quelle bassesse est la vôtre!
>> Ne rougissez-vous point
>> De mériter si peu votre naissance?
>> Êtes-vous en droit, dites-moi,
>> D'en tirer quelque vanité?
>> Et qu'avez-vous fait dans le monde
>>> Pour être gentilhomme?
>>> Croyez-vous qu'il suffise
>> D'en porter le nom et les armes?
>> Et que ce nous soit une gloire
>>> D'être sortis d'un sang noble
>> Lorsque nous vivons en infâmes?
>>> Non, non,
> La naissance n'est rien où la vertu n'est pas...
>> Ainsi, vous descendez en vain
>>> Des aïeux dont vous êtes né;
>> Ils vous désavouent pour leur sang,
>> Et tout ce qu'ils ont fait d'illustre
>>> Ne vous donne aucun avantage;
> Au contraire, l'éclat n'en rejaillit sur vous
>>> Qu'à votre déshonneur...

ferois plus d'état du fils d'un crocheteur, qui seroit honnête homme, que du fils d'un monarque, qui vivroit comme vous[1].

DON JUAN.

Monsieur, si vous étiez assis, vous en seriez mieux pour parler.

DON LOUIS.

Non, insolent, je ne veux point m'asseoir, ni parler davantage, et je vois bien que toutes mes paroles ne font rien sur ton âme; mais sache, fils indigne, que la tendresse paternelle est poussée à bout par tes actions; que

---

1. On retrouverait ces idées dans un grand nombre de poètes de l'antiquité et de poètes du moyen âge.

> Qui n'a noble vie,
> Je vous certifie
> Que noble n'est pas,

disait l'auteur des *Contredits de Songecreux* au commencement du XVIᵉ siècle. Il faut que les aristocraties soient tout à fait épuisées et perdues, pour que ce lieu commun puisse être, comme au temps de Beaumarchais, considéré comme une vérité pernicieuse et une dangereuse hardiesse. Avant Molière, Corneille avait fait entendre sur la scène les mêmes maximes dans la scène de Géronte et de Dorante, au cinquième acte du *Menteur* :

> Croyez-vous qu'il suffit d'être sorti de moi?...
> Et ne savez-vous point, avec toute la France,
> D'où ce titre d'honneur a tiré sa naissance,
> Et que la vertu seule a mis en ce haut rang
> Ceux qui l'ont jusqu'à moi fait passer dans leur sang?...
> Où le sang a manqué, si la vertu l'acquiert,
> Où le sang l'a donné, le vice aussi le perd;
> Ce qui naît d'un moyen périt par son contraire;
> Tout ce que l'un a fait, l'autre le peut défaire,
> Et, dans la lâcheté du vice où je te voi,
> Tu n'es plus gentilhomme, étant sorti de moi.

Ces deux scènes, celles de Corneille dans *le Menteur* et de Molière dans *le Festin de Pierre*, ont toujours appelé la citation des vers d'Horace, dans *l'Épître aux Pisons* :

> *Interdum tamen et vocem comœdia tollit*
> *Iratusque Chremes tumido delitigat ore.*

« La comédie aussi par moments élève la voix, et Chrémès irrité parle un langage imposant. »

390 LE FESTIN DE PIERRE.

je saurai, plus tôt que tu ne penses, mettre une borne à tes déréglements, prévenir sur toi le courroux du ciel, et laver, par ta punition, la honte de t'avoir fait naître. (Il sort.)

SCÈNE VII.

DON JUAN, SGANARELLE.

DON JUAN, adressant encore la parole à son père, quoiqu'il soit sorti.

Hé! mourez le plus tôt que vous pourrez, c'est le mieux que vous puissiez faire. Il faut que chacun ait son tour, et j'enrage de voir des pères qui vivent autant que leurs fils[1]. (Il se met dans un fauteuil.)

SGANARELLE.

Ah! monsieur, vous avez tort.

DON JUAN, se levant.

J'ai tort!

SGANARELLE, tremblant.

Monsieur...

DON JUAN.

J'ai tort[2]!

SGANARELLE.

Oui, monsieur, vous avez tort d'avoir souffert ce qu'il vous a dit, et vous le deviez mettre dehors par les épaules.

1. L'auteur espagnol Tirso de Molina a tracé la scène entre Don Diego Tenorio et Don Juan son fils, mais sans lui donner de développements. Dans les imitations françaises antérieures à Molière, Don Juan s'emporte à des injures, et, dans la pièce de Villiers, il va jusqu'à frapper son père du poing. Une insolence ironique, un vœu impie, suffisent ici à montrer le fils dénaturé, et conservent au personnage son caractère et son rang, comme sa dignité au théâtre. Qu'aurait dit le sieur de Rochemont, si Molière avait suivi l'exemple de ses prédécesseurs!

2. Ce *j'ai tort!* répété deux fois par Don Juan, est le cri d'une mauvaise conscience : le reproche de son valet n'exciterait pas tant sa fureur s'il ne sentait lui-même à quel point il le mérite. (AUGER.)

ACTE IV, SCÈNE IX.

A-t-on jamais rien vu de plus impertinent? un père venir faire des remontrances à son fils, et lui dire de corriger ses actions, de se ressouvenir de sa naissance, de mener une vie d'honnête homme, et cent autres sottises de pareille nature! Cela se peut-il souffrir à un homme comme vous, qui savez comme il faut vivre? J'admire votre patience, et, si j'avois été en votre place, je l'aurois envoyé promener. (Bas, à part.) O complaisance maudite! à quoi me réduis-tu!

DON JUAN.

Me fera-t-on souper bientôt?

SCÈNE VIII.

DON JUAN, SGANARELLE, RAGOTIN.

RAGOTIN.

Monsieur, voici une dame voilée qui vient vous parler.

DON JUAN.

Que pourroit-ce être?

SGANARELLE.

Il faut voir.

SCÈNE IX.

DONE ELVIRE, voilée; DON JUAN, SGANARELLE.

DONE ELVIRE.

Ne soyez point surpris, Don Juan, de me voir à cette heure et dans cet équipage. C'est un motif pressant qui m'oblige à cette visite; et ce que j'ai à vous dire ne veut point du tout de retardement. Je ne viens point ici pleine de ce courroux que j'ai tantôt fait éclater; et vous me voyez bien changée de ce que j'étois ce matin. Ce n'est plus cette Done Elvire qui faisoit des vœux contre vous, et dont l'âme irritée ne jetoit que menaces et ne respiroit que vengeance. Le ciel a banni de mon âme toutes ces indignes ardeurs que je sentois pour vous, tous ces transports tumultueux d'un attachement criminel, tous ces honteux emportements d'un amour terrestre et grossier; et il n'a laissé dans mon cœur pour vous qu'une flamme épurée de tout le commerce des sens, une tendresse toute sainte, un amour détaché de tout, qui n'agit point pour soi, et ne se met en peine que de votre intérêt.

DON JUAN, bas, à Sganarelle.

Tu pleures, je pense?

SGANARELLE.

Pardonnez-moi.

DONE ELVIRE.

C'est ce parfait et pur amour qui me conduit ici pour votre bien, pour vous faire part d'un avis du ciel, et tâcher de vous retirer du précipice où vous courez. Oui, Don Juan, je sais tous les dérèglements de votre vie; et ce même ciel, qui m'a touché le cœur et fait jeter les yeux sur les égarements de ma conduite, m'a inspiré de vous venir trouver, et de vous dire de sa part que vos offenses ont épuisé sa miséricorde, que sa colère redoutable est prête de tomber sur vous, qu'il est en vous de l'éviter par un prompt repentir, et que peut-être vous n'avez pas encore un jour à vous pouvoir soustraire au plus grand de tous les malheurs. Pour moi, je ne tiens plus à vous par aucun attachement du monde. Je suis revenue, grâce au ciel, de toutes mes folles pensées; ma retraite est résolue, et je ne demande qu'assez de vie pour pouvoir expier la faute que j'ai faite, et mériter, par une austère pénitence, le pardon de l'aveuglement où m'ont plongée les transports d'une passion condamnable. Mais, dans cette retraite, j'aurois une douleur extrême qu'une personne que j'ai chérie tendrement devînt un exemple funeste de la justice du ciel[1]; et ce me sera une joie incroyable, si je puis vous porter à détourner de dessus votre tête l'épouvantable coup qui vous menace. De grâce, Don Juan, accordez-moi, pour dernière faveur, cette douce consolation; ne me refusez point votre salut, que je vous demande avec larmes, et, si vous n'êtes point touché de votre intérêt, soyez-le au moins de mes prières, et m'épargnez le cruel déplaisir de vous voir condamner à des supplices éternels.

SGANARELLE, à part.

Pauvre femme !

DONE ELVIRE.

Je vous ai aimé avec une tendresse extrême, rien au

---

1. Quelques commentateurs, en voyant ce mot *ciel* si fréquemment répété, ont émis l'opinion que Molière avait été obligé de substituer ce mot au mot *Dieu* chaque fois qu'il avait employé celui-ci, et que c'était là sans doute une des premières corrections qu'on eût exigées de lui. Cette supposition est fort peu admissible, puisque les éditions hollandaises, qui n'offrent aucune trace de tels scrupules, donnent le texte que nous reproduisons. C'était déjà beaucoup pour Molière que de se tenir à la première expression. Ses contemporains, Dorimond, Villiers, Rosimond, se servent tous du pluriel *les dieux*, qui, reportant les esprits vers le temps du paganisme, effarouchait moins les consciences, quoique ce terme fût placé souvent sur les lèvres de moines, de religieuses, etc. L'auteur italien avait soin de mettre en tête du *Convitato di pietra, opera regia ed esemplare*, cet avertissement qui écartait toute objection :

« *Cortese lettore, si protesta l'autore, che servendosi delle voci* fato, fortuna, cielo, deita, *e simili, non intende siano prese in senso di verità, ma solo come mere espressioni poetiche; stante che egli vive sottoposto al retto giudizio della cattolica Chiesa. Vivi felice.* »

« Courtois lecteurs, l'auteur proteste qu'en se servant des mots *destin, fortune, ciel, divinité*, et autres semblables, il n'a pas l'intention qu'ils soient pris dans leur vrai sens, mais seulement comme de pures expressions poétiques; et il est soumis du reste à l'autorité de l'Église catholique. Vivez heureux. »

monde ne m'a été aussi cher que vous; j'ai oublié mon devoir pour vous, j'ai fait toutes choses pour vous; et toute la récompense que je vous en demande, c'est de corriger votre vie, et de prévenir votre perte. Sauvez-vous, je vous prie, ou pour l'amour de vous, ou pour l'amour de moi. Encore une fois, Don Juan, je vous le demande avec larmes; et, si ce n'est assez des larmes d'une personne que vous avez aimée, je vous en conjure par tout ce qui est le plus capable de vous toucher.

SGANARELLE, à part, regardant Don Juan.

Cœur de tigre!

DONE ELVIRE.

Je m'en vais après ce discours; et voilà tout ce que j'avois à vous dire.

DON JUAN.

Madame, il est tard, demeurez ici. On vous y logera le mieux qu'on pourra.

DONE ELVIRE.

Non, Don Juan, ne me retenez pas davantage.

DON JUAN.

Madame, vous me ferez plaisir de demeurer, je vous assure.

DONE ELVIRE.

Non, vous dis-je; ne perdons point de temps en discours superflus. Laissez-moi vite aller, ne faites aucune instance pour me conduire, et songez seulement à profiter de mon avis[1].

---

1. Il n'y a rien de plus touchant que le langage d'Elvire : l'austérité des idées religieuses y est tempérée, adoucie par les témoignages de ce tendre intérêt qu'une femme ne cesse de porter à l'homme qu'elle a véritablement aimé.

SCÈNE X.

DON JUAN, SGANARELLE.

DON JUAN.

Sais-tu bien que j'ai encore senti quelque peu d'émotion pour elle, que j'ai trouvé de l'agrément dans cette nouveauté bizarre, et que son habit négligé, son air languissant et ses larmes, ont réveillé en moi quelques petits restes d'un feu éteint?

SGANARELLE.

C'est-à-dire que ses paroles n'ont fait aucun effet sur vous.

DON JUAN.

Vite à souper.

SGANARELLE.

Fort bien.

SCÈNE XI.

DON JUAN, SGANARELLE, LA VIOLETTE, RAGOTIN.

DON JUAN, se mettant à table.

Sganarelle, il faut songer à s'amender, pourtant.

SGANARELLE.

Oui-da.

DON JUAN.

Oui, ma foi, il faut s'amender. Encore vingt ou trente ans de cette vie-ci, et puis nous songerons à nous.

SGANARELLE.

Oh!

DON JUAN.

Qu'en dis-tu?

SGANARELLE.

Rien. Voilà le souper. (Il prend un morceau d'un des plats qu'on apporte, et le met dans sa bouche.)

DON JUAN.

Il me semble que tu as la joue enflée : qu'est-ce que c'est? Parle donc. Qu'as-tu là?

SGANARELLE.

Rien.

DON JUAN.

Montre un peu. Parbleu! c'est une fluxion qui lui est tombée sur la joue. Vite une lancette pour percer cela! le pauvre garçon n'en peut plus, et cet abcès le pourroit étouffer. Attends : voyez comme il étoit mûr! Ah! coquin que vous êtes [1]!

SGANARELLE.

Ma foi, monsieur, je vouloir savoir si votre cuisinier n'avoit point mis trop de sel ou trop de poivre.

DON JUAN.

Allons, mets-toi là et mange. J'ai affaire de toi, quand j'aurai soupé. Tu as faim, à ce que je vois.

SGANARELLE, se mettant à table.

Je le crois bien, monsieur, je n'ai point mangé depuis ce matin. Tâtez de cela, voilà qui est le meilleur du monde. (Un laquais ôte les assiettes de Sganarelle d'abord qu'il y a dessus à manger.) Mon assiette, mon assiette! Tout doux, s'il vous plaît. Vertubleu! petit compère, que vous êtes habile à donner des assiettes nettes! Et vous, petit la Violette, que vous savez présenter à boire à propos!

(Pendant qu'un laquais donne à boire à Sganarelle, l'autre laquais ôte encore son assiette.)

---

1. Ce petit jeu de théâtre n'était qu'un faible souvenir des innombrables lazzi d'Arlequin.

DON JUAN.

Qui peut frapper de cette sorte?

SGANARELLE.

Qui diable nous vient troubler dans notre repas?

DON JUAN.

Je veux souper en repos, au moins, et qu'on ne laisse entrer personne.

SGANARELLE.

Laissez-moi faire, je m'y en vais moi-même.

DON JUAN, voyant venir Sganarelle effrayé.

Qu'est-ce donc? qu'y a-t-il?

SGANARELLE, baissant la tête comme a fait la statue.

Le... qui est là.

DON JUAN.

Allons voir, et montrons que rien ne me sauroit ébranler.

SGANARELLE.

Ah! pauvre Sganarelle, où te cacheras-tu?

SCÈNE XII.

DON JUAN, LA STATUE DU COMMANDEUR, SGANARELLE, LA VIOLETTE, RAGOTIN.

DON JUAN, à ses gens.

Une chaise et un couvert. Vite donc. (Don Juan et la statue se mettent à table.) — (A Sganarelle.) Allons, mets-toi à table.

SGANARELLE.

Monsieur, je n'ai plus faim.

DON JUAN.

Mets-toi là, te dis-je. A boire. A la santé du commandeur! Je te la porte, Sganarelle! Qu'on lui donne du vin.

SGANARELLE.

Monsieur, je n'ai pas soif.

DON JUAN.

Bois et chante ta chanson, pour régaler le commandeur.

SGANARELLE.

Je suis enrhumé, monsieur.

DON JUAN.

Il n'importe. Allons. Vous autres (A ses gens.), venez, accompagnez sa voix.

LA STATUE.

Don Juan, c'est assez. Je vous invite à venir demain souper avec moi. En aurez-vous le courage?

DON JUAN.

Oui, j'irai accompagné du seul Sganarelle.

SGANARELLE.

Je vous rends grâce, il est demain jeûne pour moi.

DON JUAN, à Sganarelle.

Prends ce flambeau.

LA STATUE.

On n'a pas besoin de lumière quand on est conduit par le ciel[1].

---

1. La fin de cette pièce incline nécessairement vers le drame, et vers le drame le plus sombre. Molière cherche à se maintenir le plus longtemps possible sur le terrain de la comédie. Il a placé la scène de M. Dimanche avant les deux scènes sérieuses de Don Louis et de Done Elvire, et il a fait suivre celles-ci des parades du souper, qui, à la représentation, peuvent se prolonger plus ou moins. Il faut remarquer ces combinaisons du poète, lors même qu'on trouverait que le résultat n'en est pas à l'abri de la critique.

ACTE CINQUIÈME.

Le théâtre représente une campagne.

SCÈNE PREMIÈRE.
DON LOUIS, DON JUAN, SGANARELLE.

DON LOUIS.

Quoi! mon fils, seroit-il possible que la bonté du ciel eût exaucé mes vœux? Ce que vous me dites est-il bien vrai? Ne m'abusez-vous point d'un faux espoir, et puis-je prendre quelque assurance sur la nouveauté surprenante d'une telle conversion?

DON JUAN, faisant l'hypocrite [1].

Oui, vous me voyez revenu de toutes mes erreurs, je

---

1. Don Juan s'est montré jusqu'à ce jour tel qu'il est, autant ennemi du ciel que de la terre, n'ayant de loi que son caprice, et de maximes que celles du plaisir et de la débauche; mais la haine universelle est prête à l'accabler, mais le déshonneur de celles qu'il a trompées suscite contre lui le courroux de puissantes familles, mais l'aversion publique lui enlève tous ses amis, et le livre à un isolement qui l'inquiète et qui le fatigue, mais les dettes qui le pressent gênent toutes ses dépenses depuis que la méfiance lui a fermé toutes les bourses; insolvable et poursuivi, il est maudit et déshérité par son père. C'est peu de tant de périls : on feint que l'ombre d'un homme tué de sa main s'attache à ses traces pour l'effrayer, image ingénieuse du remords secret qui contriste les plus scélérats. C'est alors que la force des choses le réduit à songer aux ressources du mensonge et de l'imposture. Sa volonté de tout railler et de tout braver cède à ses nouvelles réflexions : il change alors, non de caractère, mais de langage et de maintien. (N. LEMERCIER.)

ne suis plus le même d'hier au soir, et le ciel tout d'un coup a fait en moi un changement qui va surprendre tout le monde. Il a touché mon âme et dessillé mes yeux; et je regarde avec horreur le long aveuglement où j'ai été, et les désordres criminels de la vie que j'ai menée. J'en repasse dans mon esprit toutes les abominations, et m'étonne comme le ciel les a pu souffrir si longtemps, et n'a pas vingt fois sur ma tête laissé tomber les coups de sa justice redoutable. Je vois les grâces que sa bonté m'a faites en ne me punissant point de mes crimes, et je prétends en profiter comme je dois, faire éclater aux yeux du monde un soudain changement de vie, réparer par là le scandale de mes actions passées, et m'efforcer d'en obtenir du ciel une pleine rémission. C'est à quoi je vais travailler; et je vous prie, monsieur, de vouloir bien contribuer à ce dessein, et de m'aider vous-même à faire choix d'une personne qui me serve de guide, et sous la conduite de qui je puisse marcher sûrement dans le chemin où je m'en vais entrer.

DON LOUIS.

Ah! mon fils, que la tendresse d'un père est aisément rappelée, et que les offenses d'un fils s'évanouissent vite au moindre mot de repentir! Je ne me souviens plus déjà de tous les déplaisirs que vous m'avez donnés, et tout est effacé par les paroles que vous venez de me faire entendre. Je ne me sens pas, je l'avoue; je jette des larmes de joie; tous mes vœux sont satisfaits, et je n'ai plus rien désormais à demander au ciel. Embrassez-moi, mon fils, et persistez, je vous conjure, dans cette louable pensée. Pour moi, j'en vais, tout de ce pas, porter l'heureuse nouvelle à votre mère, partager avec elle les doux transports du ravissement où je suis, et rendre grâces au ciel des saintes résolutions qu'il a daigné vous inspirer[1].

SCÈNE II.

DON JUAN, SGANARELLE.

SGANARELLE.

Ah! monsieur, que j'ai de joie de vous voir converti! Il y a longtemps que j'attendois cela; et voilà, grâces au ciel, tous mes souhaits accomplis.

DON JUAN.

La peste le benêt!

SGANARELLE.

Comment, le benêt?

DON JUAN.

Quoi! tu prends pour de bon argent ce que je viens de dire, et tu crois que ma bouche étoit d'accord avec mon cœur?

SGANARELLE.

Quoi! ce n'est pas... Vous ne... Votre... (A part.) Oh! quel homme! quel homme! quel homme!

DON JUAN.

Non, non, je ne suis point changé, et mes sentiments sont toujours les mêmes.

SGANARELLE.

Vous ne vous rendez pas à la surprenante merveille de cette statue mouvante et parlante?

---

[1]. Cette grande péripétie appartient à Molière. Don Juan finit par rejoindre Tartuffe : il semble que Molière ait par là voulu marquer la connexité des deux œuvres. Il est du moins indubitable que c'est en vue du *Tartuffe* qu'il a surtout développé ces scènes, et pour infliger aux adversaires de la pièce prohibée la vigoureuse réplique qu'on lira plus loin.

DON JUAN.

Il y a bien quelque chose là dedans que je ne comprends pas ; mais, quoi que ce puisse être, cela n'est pas capable, ni de convaincre mon esprit, ni d'ébranler mon âme ; et, si j'ai dit que je voulois corriger ma conduite, et me jeter dans un train de vie exemplaire, c'est un dessein que j'ai formé par pure politique, un stratagème utile, une grimace nécessaire où je veux me contraindre, pour ménager un père dont j'ai besoin, et me mettre à couvert, du côté des hommes, de cent fâcheuses aventures qui pourroient m'arriver. Je veux bien, Sganarelle, t'en faire confidence, et je suis bien aise d'avoir un témoin du fond de mon âme, et des véritables motifs qui m'obligent à faire les choses[1].

SGANARELLE.

Quoi ! vous ne croyez rien du tout, et vous voulez cependant* vous ériger en homme de bien ?

---

* VAR. *Quoi ! toujours libertin et débauché, vous voulez cependant* (1682).

1. Quelque impudent qu'on soit, on ne confie à personne sans nécessité un projet aussi odieux et surtout aussi vil que celui de couvrir ses vices du dehors des vertus, en un mot, de se faire hypocrite ; et Molière pensait ainsi, car il s'est bien gardé de donner un confident à Tartuffe. Cependant Don Juan, qui pourrait faire de Sganarelle sa première dupe, va lui révéler son lâche dessein, et lui en développer les avantages avec une profondeur d'idées qui doit passer la portée d'un esprit aussi simple. Il est évident que c'est pour le spectateur, et non point pour Sganarelle, que Don Juan va étaler si complaisamment son détestable système. C'est une petite faute contre les convenances dramatiques, que Molière a sentie le premier, car il fait dire à Don Juan : « Je veux bien, Sganarelle, t'en faire confidence, et je suis bien aise d'avoir un témoin du fond de mon âme. » Il est à remarquer que cette précaution de l'auteur devient un nouveau trait de caractère dans la bouche du personnage. Ce que Don Juan redoute par-dessus tout, c'est que, passé le temps où il lui semblera nécessaire de dissimuler, on croie qu'il a éprouvé un repentir sincère ; et il veut que quelqu'un puisse témoigner au besoin que, s'il a pris un moment le masque de la vertu, c'est uniquement pour être vicieux avec impunité. (AUGER.)

ACTE V, SCÈNE II. 403

DON JUAN.

Et pourquoi non? il y en a tant d'autres comme moi, qui se mêlent de ce métier, et qui se servent du même masque, pour abuser le monde!

SGANARELLE.

Ah! quel homme! quel homme!

DON JUAN.

Il n'y a plus de honte maintenant à cela; l'hypocrisie est un vice à la mode, et tous les vices à la mode passent pour vertus. Le personnage d'homme de bien est le meilleur de tous les personnages qu'on puisse jouer aujourd'hui,* et la profession d'hypocrite a de merveilleux avantages.** C'est un art de qui l'imposture est toujours respectée; et, quoiqu'on la découvre, on n'ose rien dire contre elle. Tous les autres vices des hommes sont exposés à la censure, et chacun a la liberté de les attaquer hautement; mais l'hypocrisie est un vice privilégié qui, de sa main, ferme la bouche à tout le monde, et jouit en repos d'une impunité souveraine. On lie, à force de grimaces, une société étroite avec tous les gens du parti. Qui en choque un se les attire tous sur les bras;*** et ceux que l'on sait même agir de bonne foi là-dessus, et que chacun connoît pour être véritablement touchés, ceux-là, dis-je, sont toujours les dupes des autres;**** ils donnent bonnement***** dans le panneau des grimaciers, et appuient aveuglément les singes de leurs

---

* Cette phrase, « le personnage d'homme de bien, etc., » est omise dans l'édition cartonnée de 1682.

** VAR. *Aujourd'hui, la profession d'hypocrite a de merveilleux avantages* (1694).

*** VAR. *Se les jette tous sur les bras* (édition de 1682 non cartonnée, et 1694).

**** VAR. *Ceux-là, dis-je, sont le plus souvent les dupes des autres* (1682).

***** VAR. *Ils donnent hautement* (édition de 1682 non cartonnée, et 1694).

actions. Combien crois-tu que j'en connoisse, qui, par ce stratagème, ont rhabillé adroitement les désordres de leur jeunesse, qui se font un bouclier du manteau de la religion,* et, sous cet habit respecté,** ont la permission d'être les plus méchants hommes du monde? On a beau savoir leurs intrigues, et les connoître pour ce qu'ils sont, ils ne laissent pas pour cela d'être en crédit parmi les gens; et quelque baissement de tête, un soupir mortifié, et deux roulements d'yeux, rajustent dans le monde tout ce qu'ils peuvent faire. C'est sous cet abri favorable que je veux me sauver, et mettre en sûreté mes affaires.*** Je ne quitterai point mes douces habitudes; mais j'aurai soin de me cacher, et me divertirai à petit bruit. Que si je viens à être découvert, je verrai, sans me remuer, prendre mes intérêts à toute la cabale[1],****, et je serai défendu par

* Le membre de phrase, « qui se font un bouclier du manteau de la religion, » est omis dans l'édition cartonnée de 1682.

** VAR. *Et, sous un dehors respecté* (édition cartonnée de 1682).

*** VAR. *C'est sous cet abri favorable que je veux mettre en sûreté mes affaires* (édition cartonnée de 1682).

**** VAR. *A toute ma cabale* (édition cartonnée de 1682).

1. Ce mot *la cabale*, qui, vers l'époque où Molière arrivait de province à Paris, s'entendait encore de la société des Précieuses, avait pris depuis lors un autre sens et désignait un parti organisé au nom de la dévotion, et qui, porté par le courant du siècle, faisait des progrès rapides : « Molière, dit Geoffroy, n'était pas de ceux qui attaquent la religion au moment où l'impiété devient à la mode. Mais, quand la piété était le plus en honneur et exerçait une influence croissante, il s'est élevé contre l'hypocrisie qui en prend le masque. Rien n'égale, pour la vigueur de la touche et l'éclat du coloris, le tableau que Don Juan trace des avantages de l'hypocrisie. »

L'appréciation de Geoffroy reste plus juste que la critique de ceux qui, confondant la religion avec la secte janséniste, prétendent que la religion, à cette époque, était persécutée. On ne parviendra jamais à faire croire que Louis XIV, malgré ses dérèglements personnels, ait été, à aucun instant de son règne, un persécuteur de la religion. Il suffirait du reste, pour réfuter ces assertions tout à fait contraires à la vérité historique, de lire les pamphlets dirigés contre Molière, à l'occasion du *Tartuffe* et du *Festin de Pierre*, par le curé de Saint-Barthélemy et par le sieur de Rochemont.

elle envers et contre tous. Enfin, c'est là le vrai moyen de faire impunément tout ce que je voudrai. Je m'érigerai en censeur des actions d'autrui, jugerai mal de tout le monde, et n'aurai bonne opinion que de moi. Dès qu'une fois on m'aura choqué tant soit peu, je ne pardonnerai jamais, et garderai tout doucement une haine irréconciliable. Je ferai le vengeur des intérêts du ciel;* et, sous ce prétexte commode, je pousserai mes ennemis, je les accuserai d'impiété, et saurai déchaîner contre eux des zélés indiscrets qui, sans connoissance de cause, crieront en public contre eux,** qui les accableront d'injures, et les damneront hautement de leur autorité privée[1]. C'est ainsi qu'il faut profiter des foiblesses des hommes, et qu'un sage esprit s'accommode aux vices de son siècle[2].

SGANARELLE.

O ciel! qu'entends-je ici? il ne vous manquoit plus que d'être hypocrite, pour vous achever de tout point, et voilà le comble des abominations. Monsieur, cette dernière-ci m'emporte, et je ne puis m'empêcher de parler. Faites-moi tout ce qu'il vous plaira; battez-moi, assommez-moi de coups, tuez-moi, si vous voulez; il faut que je décharge mon cœur, et qu'en valet fidèle je vous dise ce que je

---

* VAR. *Je ferai le vengeur de la vertu opprimée* (édition cartonnée de 1682).

** VAR. *Après eux* (1694).

1. Molière a emprunté cette pensée de la satire de Boileau à M. l'abbé Le Vayer :

> Un bigot orgueilleux qui, dans sa vanité,
> Croit duper jusqu'à Dieu par son zèle affecté,
> Couvrant tous ses défauts d'une sainte apparence,
> Damne tous les humains de sa pleine puissance.

Cette satire avait été imprimée en 1664.

2. Cette tirade est surtout une protestation vigoureuse contre les dénonciateurs et les proscripteurs du *Tartuffe*.

dois. Sachez, monsieur, que tant va la cruche à l'eau qu'enfin elle se brise ; et, comme dit fort bien cet auteur que je ne connois pas, l'homme est en ce monde ainsi que l'oiseau sur la branche ; la branche est attachée à l'arbre ; qui s'attache à l'arbre suit de bons préceptes ; les bons préceptes valent mieux que les belles paroles ; les belles paroles se trouvent à la cour ; à la cour sont les courtisans ; les courtisans suivent la mode ; la mode vient de la fantaisie ; la fantaisie est une faculté de l'âme ; l'âme est ce qui nous donne la vie ; la vie finit par la mort ;* la mort nous fait penser au ciel ; le ciel est au-dessus de la terre ; la terre n'est point la mer ; la mer est sujette aux orages ; les orages tourmentent les vaisseaux ; les vaisseaux ont besoin d'un bon pilote ; un bon pilote a de la prudence ; la prudence n'est pas dans les jeunes gens ; les jeunes gens doivent obéissance aux vieux ; les vieux aiment les richesses ; les richesses font les riches ; les riches ne sont pas pauvres ; les pauvres ont de la nécessité ; nécessité n'a point de loi ; qui n'a pas de loi vit en bête brute ; et, par conséquent, vous serez damné à tous les diables[1].

DON JUAN.

O beau raisonnement !

SGANARELLE.

Après cela, si vous ne vous rendez, tant pis pour vous.

* L'édition cartonnée de 1682 interrompt ici le raisonnement de Sganarelle et achève la tirade par ces mots : *Hé!... songez à ce que vous deviendrez.*

1. Les crimes de Don Juan n'ont pu jusqu'ici faire braver à Sganarelle la peur des mauvais traitements. Cette fois, en voyant son maître prêt à devenir hypocrite, il s'emporte et laisse éclater son indignation ; mais à mesure qu'il parle la réflexion lui vient, et, après le premier mouvement, il se trouve embarrassé de continuer sa harangue et tombe dans le triple galimatias d'où il ne sort que par un effort d'énergie extraordinaire.

SCÈNE III.

DON CARLOS, DON JUAN, SGANARELLE.

DON CARLOS.

Don Juan, je vous trouve à propos, et suis bien aise de vous parler ici plutôt que chez vous, pour vous demander vos résolutions. Vous savez que ce soin me regarde, et que je me suis, en votre présence, chargé de cette affaire. Pour moi, je ne le cèle point, je souhaite fort que les choses aillent dans la douceur; et il n'y a rien que je ne fasse pour porter votre esprit à vouloir prendre cette voie, et pour vous voir publiquement confirmer à ma sœur le nom de votre femme.

DON JUAN, d'un ton hypocrite.

Hélas! je voudrois bien de tout mon cœur vous donner la satisfaction que vous souhaitez; mais le ciel s'y oppose directement; il a inspiré à mon âme le dessein de changer de vie, et je n'ai point d'autres pensées maintenant que de quitter entièrement tous les attachements du monde, de me dépouiller au plus tôt de toutes sortes de vanités, et de corriger désormais par une austère conduite tous les dérèglements criminels où m'a porté le feu d'une aveugle jeunesse.

DON CARLOS.

Ce dessein, Don Juan, ne choque point ce que je dis; et la compagnie d'une femme légitime peut bien s'accommoder avec les louables pensées que le ciel vous inspire.*

DON JUAN.

Hélas! point du tout. C'est un dessein que votre sœur

---

* VAR. *Que le ciel vous imprime* (1694).

elle-même a pris ; elle a résolu sa retraite, et nous avons été touchés tous deux en même temps.

DON CARLOS.

Sa retraite ne peut nous satisfaire, pouvant être imputée au mépris que vous feriez d'elle et de notre famille; et notre honneur demande qu'elle vive avec vous.

DON JUAN.

Je vous assure que cela ne se peut. J'en avois, pour moi, toutes les envies du monde; et je me suis, même encore aujourd'hui, conseillé au ciel pour cela; mais lorsque je l'ai consulté, j'ai entendu une voix qui m'a dit que je ne devois point songer à votre sœur, et qu'avec elle, assurément, je ne ferois point mon salut.

DON CARLOS.

Croyez-vous, Don Juan, nous éblouir par ces belles excuses?

DON JUAN.

J'obéis à la voix du ciel.

DON CARLOS.

Quoi! vous voulez que je me paye d'un semblable discours?

DON JUAN.

C'est le ciel qui le veut ainsi.

DON CARLOS.

Vous aurez fait sortir ma sœur d'un couvent pour la laisser ensuite?

DON JUAN.

Le ciel l'ordonne de la sorte.

DON CARLOS.

Nous souffrirons cette tache en notre famille?

DON JUAN.

Prenez-vous-en au ciel.

DON CARLOS.

Hé quoi! toujours le ciel!

DON JUAN.

Le ciel le souhaite comme cela.

DON CARLOS.

Il suffit, Don Juan, je vous entends. Ce n'est pas ici que je veux vous prendre, et le lieu ne le souffre pas; mais, avant qu'il soit peu, je saurai vous trouver.

DON JUAN.

Vous ferez ce que vous voudrez. Vous savez que je ne manque point de cœur, et que je sais me servir de mon épée quand il le faut. Je m'en vais passer tout à l'heure dans cette petite rue écartée qui mène au grand couvent; mais je vous déclare, pour moi, que ce n'est point moi qui me veux battre; le ciel m'en défend la pensée; et si vous m'attaquez, nous verrons ce qui en arrivera.

DON CARLOS.

Nous verrons, de vrai, nous verrons[1].

SCÈNE IV.

DON JUAN, SGANARELLE.

SGANARELLE.

Monsieur, quel diable de style prenez-vous là? Ceci est bien pis que le reste, et je vous aimerois bien mieux encore comme vous étiez auparavant. J'espérois toujours de votre salut; mais c'est maintenant que j'en désespère; et je crois que le ciel, qui vous a souffert jusques-ici, ne pourra souffrir du tout cette dernière horreur.

---

1. Dans la scène précédente, Don Juan a exposé la théorie de l'hypocrisie. Dans celle-ci, il la met en pratique.

DON JUAN.

Va, va, le ciel n'est pas si exact que tu penses; et si toutes les fois que les hommes...

SCÈNE V.

DON JUAN, SGANARELLE, UN SPECTRE
en femme voilée.

SGANARELLE, apercevant le spectre.

Ah! monsieur, c'est le ciel qui vous parle, et c'est un avis qu'il vous donne.

DON JUAN.

Si le ciel me donne un avis, il faut qu'il parle un peu plus clairement s'il veut que je l'entende.

LE SPECTRE.

Don Juan n'a plus qu'un moment à pouvoir profiter de la miséricorde du ciel, et s'il ne se repent ici, sa perte est résolue.

SGANARELLE.

Entendez-vous, monsieur?

DON JUAN.

Qui ose tenir ces paroles? Je crois connoître cette voix.

SGANARELLE.

Ah! monsieur, c'est un spectre, je le reconnois au marcher.

DON JUAN.

Spectre, fantôme, ou diable, je veux voir ce que c'est.
(Le spectre change de figure, et représente le Temps, avec sa faux à la main.)

SGANARELLE.

O ciel! voyez-vous, monsieur, ce changement de figure?

DON JUAN.

Non, non, rien n'est capable de m'imprimer de la terreur; et je veux éprouver, avec mon épée, si c'est un corps ou un esprit.

(Le spectre s'envole, dans le temps que Don Juan le veut frapper.)

SGANARELLE.

Ah! monsieur, rendez-vous à tant de preuves, et jetez-vous vite dans le repentir.

DON JUAN.

Non, non, il ne sera pas dit, quoi qu'il arrive, que je sois capable de me repentir. Allons, suis-moi[1].

SCÈNE VI.

LA STATUE DU COMMANDEUR, DON JUAN, SGANARELLE.

LA STATUE.

Arrêtez, Don Juan. Vous m'avez hier donné parole de venir manger avec moi.

DON JUAN.

Oui. Où faut-il aller?

LA STATUE.

Donnez-moi la main.

DON JUAN.

La voilà.

LA STATUE.

Don Juan, l'endurcissement au péché traîne une mort

---

[1]. On s'est demandé pourquoi Molière, au lieu de se contenter du merveilleux donné par le sujet, y a ajouté une scène de son invention. C'est que Molière, déterminé à exécuter la scène du dénoûment avec la rapidité que l'on va voir, devait préparer par un peu de surnaturel le prodige qui est sur le point d'éclater. La loi de la gradation des idées l'obligeait de ménager quelques prestiges, avant-coureurs de la catastrophe finale.

funeste; et les grâces du ciel que l'on renvoie ouvrent un chemin à sa foudre.

DON JUAN.

O ciel! que sens-je? un feu invisible me brûle, je n'en puis plus, et tout mon corps devient un brasier ardent. Ah[1]!

(Le tonnerre tombe avec un grand bruit et de grands éclairs sur Don Juan. La terre s'ouvre et l'abîme; et il sort de grands feux de l'endroit où il est tombé.)

1. Cette scène a un tout autre développement dans la comédie espagnole. A une époque où le merveilleux de la légende n'avait rien qui pût choquer les esprits, où il produisait sur eux au contraire une grande impression, cette scène était ce qu'il y avait de plus important dans la pièce, et Tirso de Molina ne pouvait trop y insister. Pour Molière, il n'y avait plus là qu'une allégorie, et sans renoncer à faire usage d'un de ces moyens de dénoûment que l'art antique admettait sans difficulté, il devait abréger une fantasmagorie à laquelle il sentait bien que les spectateurs de son temps étaient peu crédules.

La pièce de Molière était toutefois tellement prise dans la réalité des choses qu'il a paru à beaucoup de critiques qu'on n'aurait pas dû en sortir, même au dénoûment, et qu'il n'aurait pas fallu recourir à une péripétie surhumaine pour la punition de Don Juan. On a rappelé à ce sujet le dénoûment du roman de *Clarisse Harlowe* de Richardson. « Lovelace, dit Geoffroy, est puni dans ce roman par ses propres crimes; il est en quelque sorte battu de ses propres armes. Cet homme, si fier de son adresse, si vain de ses exploits, rencontre enfin un adversaire qui, sans être aussi conquérant que lui en amour, est encore plus adroit au combat, plus intrépide et plus ferme. Lovelace périt victime de ses intrigues et dévoré de remords. Je ne sais quelle terreur s'empare de l'esprit du lecteur au récit de ce duel vraiment tragique, où l'infortunée Clarisse trouve un vengeur et le scélérat Lovelace le juste châtiment de ses forfaits. Les ombres et les revenants ne seraient pas aussi terribles. » On pourra juger de cette opinion littéraire. Il nous semble toutefois que la critique moderne, plus compréhensive, pourrait bien trouver quelques arguments à opposer à Geoffroy, se montrer moins blessée du dénoûment de Molière, et même regretter que le poète n'y ait pas eu un peu plus de confiance, ou peut-être qu'il ait cru à la satiété du public. Il y a là matière à discussion. Ce qui est incontestable, c'est que l'œuvre est très grande et très haute, qu'on l'apprécie aujourd'hui mieux qu'on n'a jamais fait, et qu'elle produit à la représentation un effet considérable.

SCÈNE VII.

SGANARELLE, seul.

[Ah! mes gages! mes gages!] Voilà, par sa mort, un chacun satisfait. Ciel offensé, lois violées, filles séduites, familles déshonorées, parents outragés, femmes mises à mal, maris poussés à bout, tout le monde est content; il n'y a que moi seul de malheureux[1].* [Mes gages, mes gages, mes gages!]

---

* L'exclamation de Sganarelle : « Mes gages! mes gages! » ne se trouve que dans les éditions hollandaises. L'édition de 1682, cartonnée et non cartonnée, après le mot *malheureux*, ajoute cette fin de phrase : *qui, après tant d'années de service, n'ai point d'autre récompense que de voir à mes yeux l'impiété de mon maître punie par le plus épouvantable châtiment du monde.*

Dans la traduction de Castelli, le cri : « Ah! il mio salario! il mio salario! il mio salario! » est répété trois fois au commencement et trois fois à la fin.

1. L'exclamation de Sganarelle fut une des choses qui causèrent le plus de scandale; on y vit le mot d'un impie qui, loin d'être frappé d'une religieuse terreur à l'aspect d'un prodige si terrible, le contemple de sang-froid, et en fait presque un objet de dérision. Molière fut, dès la seconde représentation, obligé de changer le passage. Pourtant, si l'on s'en rapporte au canevas de la farce italienne, Arlequin eut la liberté de faire entendre le même cri, dans la même situation, sans que personne songeât à s'en indigner. Quatre ans après Molière, le comédien auteur Rosimond prouva qu'il est permis à la médiocrité de tout dire en faisant répéter au valet Carille ce mot qui, dans la bouche de Sganarelle, sonnait si mal aux oreilles de la censure :

> CARILLE, à genoux.
> Madame l'Ombre, hélas! faites payer mes gages.
> Voilà quelle est la fin de ces grands personnages!
> Libertins comme lui qui n'appréhendez rien,
> Après un tel exemple, hélas! pensez-y bien.

En lisant cette parodie édifiante d'un mot célèbre, on se souvient que le comédien Rosimond composa, sous le nom de J.-B. du Mesnil, un livre de dévotion intitulé *Vies des Saints pour tous les jours de l'année*, et imprimé en 1680.

FIN DU FESTIN DE PIERRE.

POLÉMIQUE

RELATIVE

AU FESTIN DE PIERRE

POLÉMIQUE

RELATIVE AU FESTIN DE PIERRE

I.

OBSERVATIONS SUR UNE COMÉDIE DE MOLIÈRE

INTITULÉE

LE FESTIN DE PIERRE[1].

Il faut avouer qu'il est bien difficile de plaire à tout le monde, et qu'un homme qui s'expose en public est sujet à de fâcheuses rencontres : il peut compter autant de juges et de censeurs qu'il a d'auditeurs et de témoins de ses actions; et parmi cette foule de juges il y en a si peu d'équitables et de bien sensés qu'il est souvent nécessaire de se rendre justice à soi-

---

1. On connaît de cette pièce plusieurs éditions; celle qu'on regarde comme la première porte le titre suivant : « *Observations sur une comédie de Molière* intitulée *le Festin de Pierre,* par B. A. Sr D. R., advocat en parlement à Paris, chez N. Pepingué, à l'entrée de la rue de la Huchette. Et en sa boutique au premier pilier de la grande salle du Palais, vis-à-vis les consultations, *au Soleil d'or,* 1665. Avec permission. »

A la fin, page 48, on lit : « Permission de Monsieur le baillif du Palais : Il est permis à Nicolas Pepingué, marchand libraire au Palais, d'imprimer, faire imprimer, vendre et débiter les *Observations,* etc. Fait à Paris, ce 18 avril 1665. » Signé : « Hourlier. »

Une autre édition porte au titre le nom de l'auteur en toutes lettres : le sieur de Rochemont, et à la fin, page 43 et dernière : « Permis d'imprimer les *Observations,* etc. Fait ce 10 may 1665. » Signé : « D'Aubray. »

Nous donnons le texte d'une troisième ou quatrième édition qui a été très légèrement retouchée, ainsi qu'on pourra voir par les variantes de la première édition, que nous relevons au bas des pages.

même et de travailler plutôt à se satisfaire qu'à contenter les autres. Il faut prendre garde néanmoins de ne pas tomber en deux défauts également blâmables : car s'il n'est pas à propos de déférer à toutes sortes de jugements, il n'est pas raisonnable aussi de rejeter toutes sortes d'avis ; et principalement, quand ils partent d'un bon principe et qu'ils sont appuyés du sentiment des sages, qui sont seuls capables de distribuer dans le monde la véritable gloire. C'est ce qui fait espérer que Molière recevra ces observations d'autant plus volontiers que la passion et l'intérêt n'y ont point de part : ce n'est pas un dessein formé de lui nuire, mais un désir de le servir ; on n'en veut pas à sa personne, mais à son athée ; l'on ne porte point envie à son gain ni à sa réputation : ce n'est pas un sentiment particulier, c'est celui de tous les gens de bien, et il ne doit pas trouver mauvais que l'on défende publiquement les intérêts de Dieu, qu'il attaque ouvertement, et qu'un chrétien témoigne de la douleur en voyant le théâtre révolté contre l'autel, la farce aux prises avec l'Évangile, un comédien qui se joue des mystères, et qui tourne en ridicule ce qu'il y a* de plus saint et de plus sacré dans la religion.

Il est vrai qu'il y a quelque chose de galant dans les ouvrages de Molière, et je serois bien fâché de lui ravir l'estime qu'il s'est acquise. Il faut tomber d'accord que s'il réussit mal à la comédie, il a quelque talent pour la farce ; et quoiqu'il n'ait ni les rencontres de Gautier-Garguille, ni les impromptus de Turlupin, ni la bravoure du Capitan, ni la naïveté de Jodelet, ni la panse de Gros-Guillaume, ni la science du Docteur, il ne laisse pas de plaire quelquefois et de divertir en son genre. Il parle passablement françois. Il traduit assez bien l'italien, et ne copie pas mal les auteurs, car il ne se pique pas d'avoir le don d'invention ni le beau génie de la poésie, et ses amis avouent librement que ses pièces sont « des jeux de théâtre où le comédien a plus de part que le poète, et dont la beauté consiste presque toute dans l'action[1] ». Ce qui fait rire en sa bouche fait souvent pitié sur le papier, et l'on peut dire que ses comédies ressemblent à ces

---

* Var. *Et qui fait raillerie de ce qu'il y a...*

1. Dans les explications du *Cocu imaginaire*. (Note de l'auteur.)

femmes qui font peur en déshabillé et qui ne laissent pas de plaire quand elles sont ajustées, ou à ces petites tailles qui, ayant quitté leurs patins, ne sont plus qu'une partie d'elles-mêmes. Je laisse là ces critiques qui trouvent à redire à sa voix et à ses gestes, et qui disent qu'il n'y a rien de naturel en lui, que ses postures sont contraintes, et qu'à force d'étudier ses grimaces il fait toujours la même chose, car il faut avoir plus d'indulgence pour des gens qui prennent peine à divertir le public, et c'est une espèce d'injustice d'exiger d'un homme plus qu'il ne peut, et de lui demander des agréments que la nature ne lui a pas accordés; outre qu'il y a des choses qui ne veulent pas être vues souvent, et il est nécessaire que le temps en fasse perdre la mémoire, afin qu'elles puissent plaire une seconde fois. Mais quand cela seroit vrai, l'on ne pourroit dénier que Molière n'eût bien de l'audace ou du bonheur de débiter avec tant de succès sa fausse monnoie et de duper tout Paris avec de mauvaises pièces.

Voilà en peu de mots ce que l'on peut dire de plus obligeant et de plus avantageux pour Molière; et certes, s'il n'eût joué que les Précieuses et s'il n'en eût voulu qu'aux petits pourpoints et aux grands canons, il ne mériteroit pas une censure publique et ne se seroit pas attiré l'indignation de toutes les personnes de piété. Mais qui peut supporter la hardiesse d'un farceur qui fait plaisanterie de la religion, qui tient école du libertinage [1], et qui rend la majesté de Dieu le jouet d'un maître et d'un valet de théâtre, d'un athée qui s'en rit, et d'un valet, plus impie que son maître, qui en fait rire les autres?

Cette pièce a fait tant de bruit dans Paris, elle a causé un scandale si public, et tous les gens de bien en ont ressenti une si juste douleur, que c'est trahir visiblement la cause de Dieu, de se taire dans une occasion où sa gloire est ouvertement attaquée; où la foi est exposée aux insultes d'un bouffon qui fait commerce de ses mystères et qui en prostitue la sainteté; où un athée, foudroyé en apparence, foudroie en effet et renverse tous les fondements de la religion, à la face du Louvre, dans la maison d'un prince chrétien, à la vue de tant de sages magistrats et si

---

1. Il ne faut pas oublier le sens de ce mot au XVIIe siècle : *libertin* avait le même sens qu'esprit fort, et *libertinage* signifiait incrédulité.

zélés pour les intérêts de Dieu, en dérision de tant de bons pasteurs que l'on fait passer pour des tartuffes, et dont l'on décrie artificieusement la conduite, mais principalement sous le règne du plus grand et du plus religieux monarque du monde. Cependant que ce généreux prince occupe tous ses soins à maintenir la religion, Molière travaille à la détruire; le roi abat les temples de l'hérésie, et Molière élève des autels à l'impiété; et autant que la vertu du prince s'efforce d'établir dans le cœur de ses sujets le culte du vrai Dieu par l'exemple de ses actions, autant l'humeur libertine de Molière tâche d'en ruiner la créance dans leurs esprits par la licence de ses ouvrages.

Certes, il faut avouer que Molière est lui-même un tartuffe achevé et un véritable hypocrite, et qu'il ressemble à ces comédiens dont parle Sénèque, qui corrompoient de son temps les mœurs sous prétexte de les réformer, et qui, sous couleur de reprendre le vice, l'insinuoient adroitement dans les esprits; et ce philosophe appelle ces sortes de gens des pestes d'État, et les condamne au bannissement et aux supplices. Si le dessein de la comédie est de corriger les hommes en les divertissant, le dessein de Molière est de les perdre en les faisant rire; de même que ce serpent* dont les piqûres mortelles répandent une fausse joie sur le visage de ceux qui en sont atteints. La naïveté malicieuse de son Agnès a plus corrompu de vierges que les écrits les plus licencieux; son *Cocu imaginaire* est une invention pour en faire de véritables, et plus de femmes se sont débauchées à son *École* qu'il n'y en eut autrefois de perdues à l'école de ce philosophe qui fut chassé d'Athènes et qui se vantoit que personne ne sortoit chaste de sa leçon. Ceux qui ont la conduite des âmes savent les désordres que ces pièces causent dans les consciences, et faut-il s'étonner s'ils animent leur zèle et s'ils attaquent publiquement celui qui en est l'auteur, après l'expérience de tant de funestes chutes?

Toute la France a l'obligation à feu Monsieur le cardinal de Richelieu d'avoir purifié la comédie et d'en avoir retranché ce qui pouvoit choquer la pudeur et blesser la chasteté des oreilles: il a réformé jusques aux habits et aux gestes de cette courti-

---

* VAR. *Ces serpents.*

sane, et peu s'en est fallu qu'il ne l'ait rendue scrupuleuse ; les vierges et les martyrs ont paru sur le théâtre, et l'on faisoit couler insensiblement dans l'âme la pudeur et la foi avec le plaisir et la joie. Mais Molière a ruiné tout ce que ce sage politique avoit ordonné en faveur de la comédie, et d'une fille vertueuse il en a fait une hypocrite. Tout ce qu'elle avoit de mauvais avant ce grand cardinal, c'est qu'elle étoit coquette et libertine ; elle écoutoit tout indifféremment et disoit de même tout ce qui lui venoit à la bouche ; son air lascif et ses gestes dissolus rebutoient tous les gens d'honneur, et l'on n'eût pas vu en tout un siècle une honnête femme lui rendre visite. Molière a fait pis : il a déguisé cette coquette, et sous le voile de l'hypocrisie il a caché ses *obscénités* et ses malices. Tantôt il l'habille en religieuse et la fait sortir d'un couvent, ce n'est pas pour garder plus étroitement ses vœux ; tantôt il la fait paroître en paysanne qui fait bonnement la révérence quand on lui parle d'amour ; quelquefois c'est une innocente qui tourne par des équivoques étudiés[1] l'esprit à de sales pensées ; et Molière, le fidèle interprète de sa naïveté, tâche de faire comprendre par ses postures ce que cette pauvre niaise n'ose exprimer par ses paroles. Sa *Critique* est un commentaire pire que le texte et un supplément de malice à l'ingénuité de son Agnès ; et, confondant enfin l'hypocrisie avec l'impiété, il a levé le masque à sa fausse dévote et l'a rendue publiquement impie et sacrilège.

Je sais que l'on ne tombe pas tout d'un coup dans l'athéisme. On ne descend que par degrés dans cet abîme. On n'y va que par une longue suite de vices et que par un enchaînement de mauvaises actions qui mènent de l'une à l'autre. L'impiété, qui craint le feu et qui est condamnée par toutes les lois, n'a garde d'abord de se rebeller contre Dieu, ni de lui déclarer la guerre : elle a sa prudence et sa politique, ses tours et ses détours, ses commencements et ses progrès. Tertullien dit que la chasteté et la foi ont une alliance très étroite, que le démon attaque ordinairement la pudeur des vierges avant que de combattre leur foi, et qu'elles n'abandonnent l'une qu'après la perte de l'autre. L'impie, qui est l'organe du démon, tient les mêmes maximes :

---

1. Il y a d'autres exemples de ce mot employé au masculin au XVIIe siècle.

il insinue d'abord quelque proposition libertine; il corrompt les mœurs et se raille ensuite des mystères; il tourne en ridicule le paradis et l'enfer; il décrie la dévotion sous le nom d'hypocrisie; il prend Dieu à parti, et fait gloire de son impiété à la vue de tout un peuple.

C'est par ces degrés que Molière a fait monter l'athéisme sur le théâtre; et, après avoir répandu dans les âmes ces poisons funestes qui étouffent la pudeur et la honte, après avoir pris soin de former [1] des coquettes et de donner aux filles des instructions dangereuses, après des écoles fameuses d'impureté, il en a tenu d'autres pour le libertinage, et il marque visiblement dans toutes ses pièces le caractère de son esprit. Il se moque également du paradis et de l'enfer, et croit justifier suffisamment ses railleries en les faisant sortir de la bouche d'un étourdi : « Ces paroles d'enfer et de chaudières bouillantes sont assez justifiées par l'extravagance d'Arnolphe et par l'innocence de celle à qui il parle [2]. » Et voyant qu'il choquoit toute la religion et que tous les gens de bien lui seroient contraires, il a composé son *Tartuffe* et a voulu rendre les dévots des ridicules ou des hypocrites. Il a cru qu'il ne pouvoit défendre ses maximes qu'en faisant la satire de ceux qui le pouvoient condamner*. Certes, c'est bien à faire à Molière de parler de la dévotion, avec laquelle il a si peu de commerce; qu'il n'a peut-être jamais connue** ni par pratique ni par théorie. L'hypocrite et le dévot ont une même apparence; ce n'est qu'une même chose dans le public; il n'y a que l'intérieur qui les distingue; et afin « de ne point laisser d'équivoque et d'ôter tout ce qui peut confondre le bien et le mal [3] », il devoit faire voir ce que le dévot fait en secret, aussi bien que l'hypocrite. Le dévot jeûne pendant que l'hypocrite fait bonne chère; il se donne la discipline et mortifie ses sens pendant que l'autre s'abandonne aux plaisirs et se plonge dans le vice et la débauche à la faveur des ténèbres;

---

* VAR. *Qui les pouvoient condamner.*
** VAR. *Et qu'il n'a jamais connue.*

1. Il y a *reformer* dans notre texte, mais la leçon est certainement fautive.
2. Dans sa *Critique.* (Renvoi de l'auteur.)
3. Ces paroles sont extraites du premier placet présenté par Molière au roi pour obtenir l'autorisation de représenter *le Tartuffe.*

l'homme de bien soutient la chasteté chancelante, et la relève lorsqu'elle est tombée, au lieu que l'autre, dans l'occasion, tâche à la séduire ou à profiter de sa chute. Et, comme d'un côté Molière enseigne à corrompre la pudeur, il travaille de l'autre à lui ôter tous les secours qu'elle peut recevoir d'une véritable et solide piété.

Son avarice ne contribue pas peu à échauffer sa veine contre la religion. « Je connois son humeur, il ne se soucie pas qu'on fronde ses pièces, pourvu qu'il y vienne du monde[1]. » Il sait que les choses défendues irritent le désir, et il sacrifie hautement à ses intérêts tous les devoirs de la piété. C'est ce qui lui fait porter avec audace la main au sanctuaire; et il n'est point honteux de lasser tous les jours la patience d'une grande reine qui est continuellement en peine de faire réformer ou supprimer ses ouvrages. Il est vrai que la foule est grande à ses pièces et que la curiosité y attire du monde de toutes parts. Mais les gens de bien les regardent comme des prodiges : ils s'y arrêtent de même qu'aux éclipses et aux comètes; parce que c'est une chose inouïe en France de jouer la religion sur un théâtre. Et Molière a très mauvaise raison de dire qu'il n'a fait que traduire cette pièce de l'italien et la mettre en françois, car je lui pourrois repartir que ce n'est point là notre coutume ni celle de l'Église de France. L'Italie a des libertés* que la France ignore; et ce royaume très chrétien a cet avantage sur tous les autres qu'il s'est maintenu dans la pureté de la foi et dans un respect inviolable de ses mystères. Nos rois, qui surpassent en grandeur et en piété tous les princes de la terre, se sont montrés très sévères en ces rencontres; et ils ont armé leur justice et leur zèle autant de fois qu'il s'est agi de soutenir l'honneur des autels et d'en venger la profanation. Où en serions-nous, si Molière vouloit faire des versions de tous les mauvais livres italiens, et s'il introduisoit dans Paris toutes les pernicieuses coutumes des pays étrangers? Et de même qu'un homme qui se noie se prend à tout, il ne se soucie pas de mettre en compromis l'honneur de l'Église pour se sauver, et il semble, à l'entendre

---

* Var. *L'Italie a des vices et des libertés.*

1. Dans sa *Critique*. (Renvoi de l'auteur.)

parler, qu'il ait un bref particulier pour jouer des pièces ridicules, et que monsieur le légat ne soit venu en France que pour leur donner son approbation[1].

Je n'ai pu m'empêcher de voir cette pièce (*le Festin de Pierre*) aussi bien que les autres, et je m'y suis laissé entraîner par la foule, d'autant plus librement que Molière se plaint qu'on le condamne sans le connoître, et que l'on censure ses pièces sans les avoir vues. Mais je trouve que sa plainte est aussi injuste que sa comédie est pernicieuse ; que sa farce, après l'avoir bien considérée, « est vraiment diabolique, et vraiment diabolique est son cerveau[2] », et que rien n'a jamais paru de plus impie, même dans le paganisme. Auguste fit mourir un bouffon qui avoit fait raillerie de Jupiter et défendit aux femmes d'assister à des comédies plus modestes que celle de Molière. Théodose condamna aux bêtes des Farceurs qui tournoient en dérision nos cérémonies ; et néanmoins cela n'approche point de l'emportement qui paroît en cette pièce*; et il seroit difficile d'ajouter quelque chose à tant de crimes dont elle est remplie**. C'est là que l'on peut dire que l'impiété et le libertinage se présentent à tous moments à l'imagination : une religieuse débauchée, et dont l'on publie la prostitution ; un pauvre à qui l'on donne l'aumône à condition de renier Dieu[3]; un libertin qui séduit autant de filles qu'il en rencontre ; un enfant qui se moque de son père et qui souhaite sa mort ; un impie qui raille le ciel et qui se rit de ses foudres ; un athée qui réduit toute la foi à « deux et deux sont quatre, et quatre et quatre sont huit » ; un extravagant qui raisonne grotesquement de Dieu, et qui, par une chute affectée, « casse le nez à ses arguments » ; un valet infâme, fait au badinage de son maître, dont toute la créance aboutit au Moine bourru, « car pourvu que l'on croie le Moine bourru, tout va bien, le reste n'est que bagatelle[4] » ; un démon qui se mêle dans

---

* VAR. *De l'emportement de Molière.*
** VAR. *Dont sa pièce est remplie.*

1. En sa requête, il dit que monsieur le légat a approuvé son *Tartuffe*. (Note de l'auteur.)
2. Molière dans sa requête. (Note de l'auteur.)
3. En la première représentation. (Note de l'auteur.)
4. Voyez acte III, scène 1; mais le texte de Molière paraît avoir été altéré en cet endroit par Rochemont.

toutes les scènes et qui répand [sur le théâtre les plus noires fumées de l'enfer ; et enfin un Molière, pire que tout cela, habillé en Squanarelle[1], qui se moque de Dieu et du diable, qui joue le ciel et l'enfer, qui souffle le chaud et le froid, qui confond la vertu et le vice, qui croit et ne croit pas, qui pleure et qui rit, qui reprend et qui approuve, qui est censeur et athée, qui est hypocrite et libertin, qui est homme et démon tout ensemble : « un diable incarné », comme lui-même se définit[2]. Et cet homme de bien appelle cela corriger les mœurs des hommes en les divertissant, donner des exemples de vertu à la jeunesse, réprimer galamment les vices de son siècle, traiter sérieusement les choses saintes ; et couvre cette belle morale d'un feu de carte et d'un foudre imaginaire, et aussi ridicule que celui de Jupiter dont Tertullien raille si agréablement, et qui, bien loin de donner de la crainte aux hommes, ne pouvoit pas chasser une mouche ni faire peur à une souris. En effet, ce prétendu foudre apprête un nouveau sujet de risée aux spectateurs, et n'est qu'une occasion à Molière pour braver en dernier ressort la justice du ciel, avec une âme de valet intéressée, en criant : « Mes gages ! mes gages ! » Car voilà le dénoûment de la farce ; ce sont ces beaux et généreux mouvements qui mettent fin à cette galante pièce, et je ne vois pas en tout cela où est l'esprit, puisqu'il avoue lui-même « qu'il n'est rien plus facile que de se guinder sur des grands sentiments, de dire des injures aux dieux », et de cracher contre le ciel.

Il y a quatre sortes d'impies qui combattent la Divinité : les uns déclarés, qui attaquent ouvertement la majesté de Dieu, avec le blasphème dans la bouche ; les autres cachés, qui l'adorent en apparence et qui le nient dans le fond du cœur ; il y en a qui croient en Dieu par manière d'acquit, et qui, le faisant ou aveugle ou impuissant, ne le craignent pas ; les derniers enfin, plus dangereux que tous les autres, ne défendent la religion que pour la détruire ou en affoiblissant malicieusement ses preuves ou en ravalant adroitement la dignité de ses mystères. Ce sont ces quatre sortes d'impiété que Molière a étalées dans sa pièce et qu'il

---

1. L'auteur a partout écrit *Sganarelle*.
2. Dans sa requête. (Note de l'auteur.) — C'est-à-dire dans le premier placet, voyez p. 57.

a partagées entre le maître et le valet. Le maître est athée et hypocrite, et le valet est libertin et malicieux. L'athée se met au-dessus de toutes choses et ne croit point de Dieu : l'hypocrite garde les apparences, et au fond il ne croit rien ; le libertin a quelque sentiment de Dieu, mais il n'a point de respect pour ses ordres ni de crainte pour ses foudres ; et le malicieux raisonne foiblement et traite avec bassesse et en ridicule les choses saintes. Voilà ce qui compose la pièce de Molière. Le maître et le valet jouent la Divinité différemment : le maître attaque avec audace, et le valet défend avec foiblesse ; le maître se moque du ciel, et le valet se rit du foudre qui le rend redoutable ; le maître porte son insolence jusqu'au trône de Dieu, et le valet « donne du nez en terre » et devient camus avec son raisonnement ; le maître ne croit rien, et le valet ne croit que le Moine bourru. Et Molière ne peut parer au juste reproche qu'on lui peut faire d'avoir mis la défense de la religion dans la bouche d'un valet impudent, d'avoir exposé la foi à la risée publique et donné à tous ses auditeurs des idées du libertinage et de l'athéisme, sans avoir eu soin d'en effacer les impressions. Et où a-t-il trouvé qu'il fût permis de mêler les choses saintes avec les profanes, de confondre la créance des mystères avec celle du Moine bourru, de parler de Dieu en bouffonnant et de faire une farce de la religion ? Il devoit pour le moins susciter quelque acteur pour soutenir la cause de Dieu et défendre sérieusement ses intérêts. Il falloit réprimer l'insolence du maître et du valet et réparer l'outrage qu'ils faisoient à la majesté divine. Il falloit établir par de solides raisons les vérités qu'il décrédite par des railleries, il falloit étouffer les mouvements d'impiété que son athée fait naître dans les esprits. « Mais le foudre. » Mais le foudre est un foudre en peinture, qui n'offense point le maître, et qui fait rire le valet ; et je ne crois pas qu'il fût à propos, pour l'édification de l'auditeur, de se gausser du châtiment de tant de crimes, ni qu'il y eût sujet à Squanarelle de railler en voyant son maître foudroyé, puisqu'il étoit complice de ses crimes et le ministre de ses infâmes plaisirs.

Molière devroit rentrer en lui-même et considérer qu'il est très dangereux de se jouer à Dieu, que l'impiété ne demeure jamais impunie, et que si elle échappe quelquefois aux feux de la terre, elle ne peut éviter ceux du ciel; qu'un abîme attire un autre abîme; et que les foudres de la justice divine ne ressemblent pas à ceux du théâtre : ou pour le moins, s'il a perdu tout respect pour le ciel (ce que pieusement je ne veux pas croire), il ne doit pas abuser de la bonté d'un grand prince ni de la piété d'une reine si religieuse, à qui il est à charge et dont il fait gloire de choquer les sentiments. L'on sait qu'il se vante hautement qu'il fera paroître son *Tartuffe* d'une façon ou d'autre; et le déplaisir que cette grande reine en a témoigné n'a pu faire impression sur son esprit ni mettre des bornes à son insolence. Mais s'il lui restoit encore quelque ombre de pudeur, ne lui seroit-il pas fâcheux d'être en butte à tous les gens de bien, de passer pour un libertin dans l'esprit de tous les prédicateurs, et d'entendre toutes les langues que le Saint-Esprit anime déclamer contre lui dans les chaires et condamner * ses nouveaux blasphèmes? Et que peut-on espérer d'un homme qui ne peut être ramené à son devoir, ni par la considération d'une princesse si vertueuse et si puissante, ni par les intérêts de l'honneur, ni par les motifs de son propre salut?

Certes Molière n'est-il pas digne de pitié ou de risée, et n'y a-t-il pas sujet de plaindre son aveuglement ou de rire de sa folie, lorsqu'il dit « qu'il lui est très fâcheux d'être exposé aux reproches des gens de bien; que cela est capable de lui faire tort dans le monde, et qu'il a intérêt de conserver sa réputation », puisque la vraie gloire consiste dans la vertu, et qu'il n'y a point d'honnête homme que celui qui craint Dieu et qui édifie le prochain? C'est à tort qu'il se glorifie d'une vaine réputation, et qu'il se flatte d'une fausse estime que les coupables ont pour leurs compagnons et leurs complices. Le « brouhaha » du parterre n'est pas toujours une marque de l'approbation des spectateurs. L'on rit plutôt d'une sottise que d'une bonne chose; et, s'il pouvoit pénétrer dans le sentiment de tous ceux qui font la foule à ses pièces, il connoîtroit que l'on n'approuve pas toujours ce qui divertit et ce qui fait rire. Je ne vis personne qui eût mine d'honnête homme sortir satisfait de sa comédie. La joie s'étoit changée en horreur et en confusion, à la réserve de quelques jeunes

---

* VAR. *Condamner publiquement.*

étourdis qui crioient tout haut que Molière avoit raison, que la vie des pères étoit trop longue pour le bien des enfants, que ces bonnes gens étoient effroyablement importuns avec leurs remontrances, et que l'endroit du Fauteuil [1] étoit merveilleux. Les étrangers mêmes en ont été très scandalisés, jusque-là qu'un ambassadeur ne put s'empêcher de dire qu'il y avoit bien de l'impiété dans cette pièce. Un marquis, après avoir embrassé Molière et l'avoir appelé cent fois l'Inimitable, se tournant vers l'un de ses amis, lui dit qu'il n'avoit jamais vu un plus mauvais bouffon ni une farce plus pitoyable; et je connus par là que le Marquis jouoit quelquefois Molière, de même que Molière joue quelquefois* le Marquis. Il me fâche de ne pouvoir exprimer l'action d'une dame qui étoit priée par Molière de lui dire son sentiment : « Votre Figure, lui dit-elle, baisse la tête, et moi je la secoue, » voulant dire que ce n'étoit rien qui vaille. Et enfin, sans m'ériger en casuiste, je ne crois pas faire un jugement téméraire d'avancer qu'il n'y a point d'homme si peu éclairé des lumières de la foi qui, ayant vu cette pièce, ou qui, sachant ce qu'elle contient, puisse soutenir que Molière, dans le dessein de la jouer, soit capable de la participation des sacrements, qu'il puisse être reçu à pénitence sans une réparation publique, ni même qu'il soit digne de l'entrée de l'église, après les anathèmes que les conciles ont fulminés contre les auteurs des spectacles impudiques ou sacrilèges, que les Pères nomment les naufrages de l'innocence et des attentats contre la souveraineté de Dieu.

Nous avons l'obligation aux soins de notre glorieux et invincible monarque, d'avoir nettoyé ce royaume de la plupart des vices qui ont corrompu les mœurs des siècles passés, et qui ont livré de si rudes assauts à la vertu de nos pères. Sa Majesté ne s'est pas contentée de donner la paix à la France; elle a voulu songer à son salut et réformer son intérieur; elle l'a délivrée de ces monstres qu'elle nourrissoit dans son sein, et de ces ennemis domestiques qui troubloient sa conscience et son repos : elle en a désarmé une partie; elle a étouffé l'autre, et les a mis tous hors

---

* VAR. *Raille quelquefois.*

1. L'invitation de s'asseoir que Don Juan fait à son père, et les paroles qu'il prononce, assis dans le même fauteuil qu'il lui a offert, acte IV, scènes VI et VII.

d'état de nous nuire. L'hérésie qui a fait tant de ravages dans cet État n'a plus de mouvement ni de force ; et, si elle respire encore, s'il lui reste quelque marque de vie, l'on peut dire avec assurance qu'elle est aux abois et qu'elle tire continuellement à sa fin. La fureur du duel, qui ôtoit à la France son principal appui et qui l'affoiblissoit tous les jours par des saignées mortelles et dangereuses, a été tout d'un coup arrêtée par la rigueur des édits. Cet art de jurer de bonne grâce, qui passoit pour un agrément du discours dans la bouche d'une jeunesse étourdie, n'est plus en usage et ne trouve plus ni de maîtres qui l'enseignent, ni de disciples qui la veuillent pratiquer. Mais le zèle de ce grand roi n'a point donné de relâche ni de trêve à l'impiété : il l'a poursuivie partout où il l'a pu découvrir, et ne lui a laissé en son royaume aucun lieu de retraite; il l'a chassée des églises, où elle alloit morguer insolemment la majesté de Dieu jusque sur les autels, il l'a bannie de la cour, où elle entretenoit sourdement des pratiques; il a châtié ses partisans ; il a ruiné ses écoles ; il a dissipé ses assemblées ; il a condamné hautement ses maximes ; il l'a reléguée dans les enfers, où elle a pris son origine.

Et néanmoins, malgré tous les soins de ce grand prince, elle retourne aujourd'hui comme en triomphe dans la ville capitale de ce royaume; elle monte avec impudence sur le théâtre ; elle enseigne publiquement ses détestables maximes, et répand partout l'horreur du sacrilège et du blasphème. Mais nous avons tout sujet d'espérer que ce même bras, qui est l'appui de la religion, abattra tout à fait ce monstre et confondra à jamais son insolence. L'injure qui est faite à Dieu rejaillit sur la face des rois, qui sont ses lieutenants et ses images ; et le trône des rois n'est affermi que par celui de Dieu. Il ne faut qu'un homme de bien, quand il a la puissance, pour sauver un royaume, et il ne faut qu'un athée, quand il a la malice, pour le ruiner et pour le perdre. Les déluges, la peste et la famine, sont les suites que traîne après soi l'athéisme ; et quand il est question de le punir, le ciel ramasse tous les fléaux de sa colère pour en rendre le châtiment plus exemplaire. La sagesse du roi détournera ces malheurs que l'impiété veut attirer dessus nos têtes ; elle affermira les autels que l'on s'efforce d'abattre ; et l'on verra partout la religion triompher de ses ennemis sous le règne de ce pieux et de cet invincible monarque, la gloire de son siècle, l'ornement de son État, l'amour de ses sujets, la terreur des impies, les délices de tout le genre humain. *Vivat rex, vivat in œternum!* Que le roi vive, mais qu'il vive éternellement pour le bien de l'Église, pour le repos de l'État, et pour la félicité de tous les peuples[1]!

---

1. Nicolas Pepingué avait obtenu un privilège pour les *Observations* du sieur de Rochemont. Gabriel Quinet, en violation de ce privilège, en fit une réimpression pour laquelle il fut poursuivi par le premier éditeur. Il y eut entre eux un arrangement amiable, ainsi qu'il résulte de l'acte suivant, publié par M. Campardon, *Nouvelles Pièces sur Molière*, 1876 :

« Entre Nicolas Pepingué, imprimeur et marchand libraire à Paris, demandeur aux fins de la requête par lui présentée à la cour le 10 juin 1665, tendant à ce que défenses soient faites au défendeur ci-après nommé, et à tous autres libraires et imprimeurs, de vendre et débiter au public le petit livre intitulé *Observations sur une comédie de Molière intitulée le Festin de Pierre*, d'autres que ceux du demandeur; que ceux que ledit défendeur a fait imprimer demeureront supprimés et confisqués au profit des pauvres de la communauté des marchands libraires de cette ville de Paris, et pour les contraventions par lui faites aux statuts et règlements et de la cour, le condamner en cinq cents livres de dommages et intérêts envers le demandeur, et telle amende qu'il plaira à la cour ordonner, même de faire saisir les exemplaires contrefaits en tous les lieux qu'ils pourront être trouvés, d'une part;

« Et Gabriel Quinet[1], marchand libraire au Palais, défendeur, d'autre ;

« Après que Gastier pour le demandeur, et Lucas pour le défendeur, ont dit qu'en communiquant de la cause au parquet des gens du roi, ils sont par leur avis demeurés d'accord de l'appointement signé d'eux et paraphé de Talon pour le procureur général,

« La cour ordonne que l'appointement sera reçu, et conformément à icelui renvoie les parties pardevant Sebastien Cramoisy et Antoine Vitré, anciens syndics de la communauté des marchands libraires, et ce que sera par eux ordonné sur icelle requête exécuté nonobstant opposition ou appellations quelconques.

« Du 30 juin 1665. »

1. Ce fut Gabriel Quinet qui publia les deux opuscules qui suivent.

II.

LETTRE

SUR LES OBSERVATIONS D'UNE COMÉDIE DU SIEUR MOLIÈRE
INTITULÉE « LE FESTIN DE PIERRE[1] ».

Puisque vous souhaitez qu'en vous envoyant les Observations sur le *Festin de Pierre,* je vous écrive ce que j'en pense, je vous dirai mon sentiment en peu de paroles, pour ne pas imiter l'auteur de ces remarques, qui les a remplies de beaucoup de choses dont il auroit pu se dispenser, puisqu'elles ne sont point de son sujet et qu'elles font voir que la passion y a beaucoup de part, bien qu'il s'efforce de persuader le contraire.

Encore que l'envie soit généralement condamnée, elle ne laisse pas quelquefois de servir ceux à qui elle s'attache le plus obstinément, puisqu'elle fait connoître leur mérite, et que c'est elle, pour ainsi dire, qui y met la dernière main. Celui de monsieur de Molière étant depuis longtemps reconnu, elle n'épargne

---

[1]. A Paris, chez Gabriel Quinet, au Palais, dans la galerie des Prisonniers, *à l'Ange Gabriel*, 1665. Avec permission. — Cette lettre est annoncée au public par Robinet, dans sa lettre du 9 août 1665 :

> Partisans du *Festin de Pierre*,
> Indignés de l'injuste guerre
> Qu'un atrabilaire docteur
> A faite à son célèbre auteur,
> Je vous avertis qu'une plume,
> Artisanne de maint volume,
> L'a défendu, mais du bel air,
> En un style énergique et clair,
> Et tout à fait avec méthode,
> Sans citer Digeste ni Code.

rien pour empêcher que l'on en perde la mémoire, et pour l'élever davantage. Elle fait tout ce qu'elle peut pour l'accabler; mais comme il est inouï de dire que l'on attaque une personne à cause qu'elle a du mérite, et que l'on cherche toujours des prétextes spécieux pour tâcher de l'affoiblir, voyons de quoi s'est servi l'auteur de ces Observations.

Je ne doute point que vous n'admiriez d'abord son adresse, lorsque vous verrez qu'il couvre du manteau de la religion tout ce qu'il dit à Molière. Ce prétexte est grand, il est spécieux, il impose beaucoup, il permet de tout dire impunément; et quand celui qui s'en sert n'auroit pas raison, il semble qu'il y ait une espèce de crime à le combattre. Quelques injures que l'on puisse dire à un innocent, on craint de le défendre lorsque la religion y est mêlée. L'imposteur est toujours à couvert sous ce voile, l'innocent toujours opprimé, et la vérité toujours cachée. L'on n'ose la mettre au jour, de crainte d'être regardé comme le défenseur de ce que la religion condamne, encore qu'elle n'y prenne point de part, et qu'il soit aisé de juger qu'elle parleroit autrement si elle pouvoit parler elle-même : ce qui m'oblige à vous dire mon sentiment; ce que je ne ferois toutefois pas sans scrupule, si l'auteur de ces Observations avoit parlé avec moins de passion.

Je vous avoue que si ces remarques partoient d'un esprit que la passion fît moins parler et que si elles étoient aussi justes qu'elles sont bien écrites, il seroit difficile de trouver un livre plus achevé. Mais vous connoîtrez d'abord que la charité ne fait point parler cet auteur, et qu'il n'a point dessein de servir Molière, encore qu'il le mette au commencement de son livre. On ne publie point les fautes d'un homme pour les corriger; et les avis ne sont point charitables lorsqu'on les donne en public, et qu'il ne les peut savoir qu'avec tout un peuple, et quelquefois même un peu plus tard. La charité veut que l'on ne reprenne son prochain qu'en particulier, et que l'on travaille à cacher ses fautes à tout le monde, au moment que l'on tâche à les lui faire connoître.

La première chose où l'auteur de ces Observations fait connoître sa passion est que, par une affectation qui marque que sa bile est un peu trop échauffée, il ne traite Molière que de farcœur; et ne lui donnant du talent que pour la farce, il lui ôte en même temps les rencontres de Gautier-Garguille, les impromptus de Turlupin, la bravoure du Capitan, la naïveté de Jodelet, la panse de Gros-Guillaume et la science du Docteur. Mais il ne considère pas que sa passion l'aveugle, et qu'il a tort de lui donner du talent pour la farce et de ne vouloir pas qu'il ait rien du farceur. C'est justement dire qu'il l'est, sans en donner de preuve, et soutenir en même temps, par des raisons convaincantes, qu'il ne l'est pas. Je ne connois point cet auteur; mais il faut avouer qu'il aime bien la farce, puisqu'il en parle si pertinemment que l'on peut croire qu'il s'y connoît mieux qu'à la belle comédie.

Après ce beau galimatias qui ne conclut rien, ce charitable donneur d'avis veut, par un grand discours fort utile à la religion et fort nécessaire à son sujet, prouver que les pièces de Molière ne valent rien, pour ce qu'elles sont trop bien jouées, et qu'il sait leur donner de la grâce et en faire remarquer toutes les beautés. Mais il ne prend pas garde qu'il augmente sa gloire en même temps qu'il croit la diminuer, puisqu'il avoue qu'il est bon comédien, et que cette qualité n'est pas suffisante pour prouver, comme il le prétend, qu'il est méchant auteur.

Toutes ces choses n'ont aucun rapport avec les avis charitables qu'il veut donner à Molière. Son jeu ne doit point avoir de démêlé avec la religion; et la charité qui fait parler l'auteur des Observations n'exigeoit point de lui cette satire. Il fait plus toutefois : il condamne son geste et sa voix; et, par un pur zèle de chrétien et qui part d'un cœur vraiment dévot, il dit que la nature lui a dénié des agréments qu'il ne lui faut pas demander; comme si, quand il manqueroit quelque chose à Molière de ce côté-là, ce qui se dément assez soi-même, il devroit être criminel pour n'être pas bien fait. Si cela avoit lieu, les borgnes, les bossus, les boiteux, et généralement toutes les personnes difformes, seroient bien misérables, puisque leurs corps ne pourroient pas loger une belle âme.

Vous me direz peut-être, monsieur, que toutes ces observations ne font rien au sujet : j'en demeure d'accord avec vous; mais je n'en suis pas l'auteur, et si celui de ces remarques est sorti de sa matière, vous ne le devez pas blâmer : comme il soutient le parti de la religion, il a cru que l'on n'examineroit pas s'il disoit des choses qui ne la regardoient point; et que, pourvu qu'elles eussent toutes un même prétexte, elles seroient bien reçues. Il n'a pas pris garde que sa passion l'a emporté, que son zèle est devenu indiscret, et que la prudence se rencontre rarement dans les ouvrages qui sont écrits avec tant de chaleur. Cependant je m'étonne que, dans le dessein qu'il avoit de paroître, il n'ait pas examiné de plus près ce qu'il a mis au jour, afin que l'on ne lui pût rien reprocher; et qu'il pût voir par là son ambition satisfaite : car vous n'ignorez pas que c'est le partage de ceux qui font profession ouverte de dévotion.

A quoi songiez-vous, Molière, quand vous fîtes dessein de jouer les tartufles[1] ? Si vous n'aviez jamais eu cette pensée, votre *Festin de Pierre* ne seroit pas si criminel. Comme on ne chercheroit point à vous nuire, l'esprit de vengeance ne feroit point trouver dans vos ouvrages des choses qui n'y sont pas; et vos ennemis, par une adresse malicieuse, ne feroient point passer des ombres pour des choses réelles, et ne s'attacheroient pas à l'apparence du mal plus fortement que la véritable dévotion ne voudroit que l'on fît au mal même.

Je n'oserois vous découvrir mes sentiments touchant les louanges que cet Observateur donne au roi. La matière est trop délicate; et tous ces beaux raisonnements ne tendent qu'à faire voir que le roi a eu tort de ne pas défendre *le Festin de Pierre*, après avoir fait tant de choses pour la religion. Vous voyez par là que je ne dois pas seulement défendre la pièce de Molière, mais encore le plus grand, le plus estimé et le plus religieux monarque du monde. Mais comme sa piété le justifie assez, je serois téméraire de l'entreprendre. Je pourrois dire toutefois qu'il savoit bien ce qu'il faisoit en laissant jouer *le Festin de Pierre* : qu'il ne vouloit pas que les tartufles eussent plus d'autorité que lui dans son royaume, et qu'il ne croyoit pas qu'ils pussent être juges équitables, puisqu'ils étoient intéressés. Il craignoit encore d'autoriser l'hypocrisie, et de blesser par là sa gloire et son devoir; et n'ignoroit pas que si Molière n'eût point fait *Tartufle*,

---

1. L'auteur de cette lettre écrit toujours *Tartufle* au lieu de *Tartuffe*. Nous conservons cette orthographe erronée, parce qu'elle semble être le fait de l'écrivain, et non de l'imprimeur.

on eût moins fait de plaintes contre lui. Je pourrois ajouter que ce grand monarque savoit bien que *le Festin de Pierre* est souffert dans toute l'Europe; que l'Inquisition, quoique très rigoureuse, le permet en Italie et en Espagne; que depuis plusieurs années on le joue à Paris sur le théâtre Italien et François, et même dans toutes les provinces, sans que l'on s'en soit plaint; et qu'on ne se seroit pas encore soulevé contre cette pièce si le mérite de son auteur ne lui eût suscité des envieux.

Je vous laisse à juger si un homme sans passion et poussé par un véritable esprit de charité parleroit de la sorte : « Certes, c'est bien à faire à Molière de parler de la dévotion, avec laquelle il a si peu de commerce, et qu'il n'a jamais connue ni par pratique ni par théorie[1]. » Je crois que votre surprise est grande, et que vous ne pensiez pas qu'un homme qui veut passer pour charitable pût s'emporter à des choses tellement contraires à la charité. Est-ce comme un chrétien doit parler de son frère? Sait-il le fond de sa conscience? Le connoît-il assez pour cela? A-t-il toujours été avec lui? Est-il enfin un homme qui puisse parler de la conscience d'un autre par conjecture, et qui puisse assurer que son prochain ne vaut rien, et même qu'il n'a jamais rien valu? Les termes sont significatifs : la pensée n'est point enveloppée, et le *jamais* y est dans toute l'étendue que l'on lui peut donner. Peut-être me direz-vous qu'il étoit mieux instruit que je ne pense, et qu'il peut avoir appris la vie de Molière par une confession générale? Si cela est, je n'ai rien à vous répondre, sinon qu'il est encore plus criminel. Mais enfin, soit qu'il sache la vie de Molière, soit qu'il croie la deviner, soit qu'il s'attache à de fausses apparences, ses avis ne partent pas d'un frère en Dieu, qui doit cacher les fautes de son prochain à tout le monde et ne les découvrir qu'au pécheur.

Ce donneur d'avis devroit se souvenir de celui que saint Paul donne à tous ceux qui se mêlent de juger leurs frères, lorsqu'il dit : *Quis es tu qui judicas fratrem tuum? Nonne stabimus omnes ante tribunal Dei?* et ne s'émanciper pas si aisément, et au préjudice de la charité, de juger même du fond des âmes et

---

1. L'auteur des *Observations,* reconnaissant sans doute la justesse de la critique, adoucit un peu, comme on l'a vu dans notre texte, ce passage. Voyez page 422.

des consciences, qui ne sont connues qu'à Dieu, puisque le même apôtre dit qu'il n'y a que lui qui soit le « scrutateur des cœurs ».

Je vous avoue que cela doit toucher sensiblement; qu'il y a des injures qui sont moins choquantes, qui n'ont point de conséquences, qui ne signifient souvent rien et ne font que marquer l'emportement de ceux qui les disent. Mais ce qui regarde la religion perçant jusques à l'âme, il n'est pas permis d'en parler, ni d'accuser si publiquement son prochain. Molière doit toutefois se consoler, puisque l'Observateur avance des choses qu'il ne peut savoir, et qu'en péchant contre la vérité il se fait tort à lui-même et ne peut nuire à personne.

Cet Observateur, qui ne manque pas d'adresse et qui a cru que ce lui devoit être un moyen infaillible pour terrasser son ennemi, après s'être servi du prétexte de la religion, continue comme il a commencé, et par un détour aussi délicat que le premier, fait parler la reine mère; mais l'on fait souvent parler les gens sans qu'ils y aient pensé. La dévotion de cette grande et vertueuse princesse est trop solide pour s'attacher à des bagatelles qui ne sont de conséquence que pour les tartufles. Il y a plus longtemps qu'elle connoît *le Festin de Pierre* que ceux qui en parlent. Elle sait que l'histoire dont le sujet est tiré est arrivée en Espagne, et que l'on l'y regarde comme une chose qui peut être utile à la religion et faire convertir les libertins.

« Où en serions-nous, continue l'auteur de ces remarques, si Molière vouloit faire des versions de tous les livres italiens; et s'il introduisoit dans Paris toutes les pernicieuses coutumes des pays étrangers? » Il semble, à l'entendre, que les méchants livres soient permis en Italie; et, pour venir à bout de ce qu'il souhaite, il blâme le reste de la terre afin d'élever la France. Je n'en dirai pas davantage sur ce sujet, croyant y avoir assez répondu quand j'ai fait voir que *le Festin de Pierre* avoit été permis partout où on l'avoit joué, et qu'on l'avoit joué partout.

Ce critique, après avoir fait le procès à l'Italie et à tous les pays étrangers, veut aussi faire celui de monsieur le légat; et comme il n'ignore pas qu'il a ouï lire *le Tartufle* et qu'il ne l'a point regardé d'un œil de faux dévot, il se venge et l'attaque en faisant semblant de ne parler qu'à Molière. Il dit (par une adresse aussi malicieuse qu'elle est injurieuse et à la qualité et au carac-

tère de monsieur le légat) « qu'il semble qu'il ne soit venu en
France que pour approuver les pièces de Molière ». L'on ne peut
en vérité rien dire de plus adroit, cette pensée est bien tournée
et bien délicate ; mais l'on n'en sauroit remarquer tout l'esprit
que l'on ne reconnoisse en même temps la malice de l'auteur.
Son adresse n'est pas moindre à faire le dénombrement de tous
les vices du libertin ; mais je ne crois pas avoir beaucoup de
choses à y répondre quand j'aurai dit, après le plus grand monarque du monde, « qu'il n'est pas récompensé ».

Entre les crimes qu'il impute à Don Juan, il l'accuse d'inconstance. Je ne sais pas comment on peut lire cet endroit sans
s'empêcher de rire. Mais je sais bien que l'on n'a jamais repris
les inconstants avec tant d'aigreur ; et qu'une maîtresse abandonnée ne s'emporteroit pas davantage que cet Observateur, qui
prend avec tant de feu le parti des belles. S'il vouloit blâmer les
inconstants, il falloit qu'il fît la satire de tout ce qu'il y a jamais
eu de comédies ; mais comme cet ouvrage eût été trop long, je
crois qu'il a voulu faire payer Don Juan pour tous les autres.

Pour ce qui regarde l'athéisme, je ne crois pas que son raisonnement[1] puisse faire impression sur les esprits, puisqu'il n'en
fait aucun. Il n'en dit pas deux mots de suite ; il ne veut pas que
l'on lui en parle ; et si l'auteur lui a fait dire que « deux et deux
sont quatre et que quatre et quatre sont huit », ce n'étoit que
pour faire reconnoître qu'il étoit athée, parce qu'il étoit nécessaire qu'on le sût, à cause du châtiment. Mais, à parler de bonne
foi, est-ce un raisonnement que « deux et deux sont quatre et
quatre et quatre sont huit » ? Ces paroles prouvent-elles quelque
chose, et en peut-on rien inférer, sinon que Don Juan est athée ?
Il devoit du moins attirer le foudre par ce peu de paroles ; c'étoit
une nécessité absolue, et la moitié de Paris a douté qu'il le méritât. Ce n'est point un conte : c'est une vérité manifeste et connue
de bien des gens. Ce n'est pas que je veuille prendre le parti de
ceux qui sont dans ce doute : il suffit, pour mériter le foudre
qu'il fasse voir par un signe de tête qu'il est athée ; et, pour
moi, je trouve avec bien d'autres que ce qui fait blâmer Molière
lui devroit attirer des louanges et faire remarquer son adresse et

---

1. Le raisonnement de Don Juan.

son esprit. Il étoit difficile de faire paroître un athée sur le théâtre et de faire connoître qu'il l'étoit, sans le faire parler. Cependant, comme il ne pouvoit rien dire qui ne fût blâmé, l'auteur du *Festin de Pierre,* par un trait de prudence admirable, a trouvé le moyen de le faire connoître pour ce qu'il est, sans le faire raisonner. Je sais que les ignorants m'objecteront toujours « deux et deux sont quatre et quatre et quatre sont huit ». Et je leur répondrai que leur esprit est aussi fort que ce raisonnement est persuasif. Il faut avoir de grandes lumières pour s'en défendre : il dit beaucoup et prouve encore davantage; et comme cet argument est convaincant, il doit, avec justice, faire douter de la véritable religion. Il faut avouer que les ignorants et les malicieux donnent bien de la peine aux autres. Quoi! vouloir que les choses qui doivent justifier un homme servent à faire son procès! Don Juan n'a dit « deux et deux sont quatre et quatre et quatre sont huit » que pour s'empêcher de raisonner sur les choses que l'on lui demandoit; cependant, l'on veut que cela soit capable de perdre tout le monde, et que ce qui ne marque que sa croyance soit un raisonnement très pernicieux.

On ne se contente pas de faire le procès au maître, on condamne aussi le valet, pour ce qu'il n'est pas habile homme et qu'il ne s'explique pas comme un docteur de Sorbonne. L'Observateur veut que tout le monde ait également de l'esprit; et il n'examine point quel est le personnage. Cependant il devroit être satisfait de voir que Sganarelle a le fond de la conscience bon; et que s'il ne s'explique pas tout à fait bien, les gens de sa sorte peuvent rarement faire davantage.

« Il devoit pour le moins, continue ce dévot à contre-temps en parlant de l'auteur du *Festin de Pierre,* susciter quelque acteur pour soutenir la cause de Dieu et défendre sérieusement ses intérêts. » Il falloit donc pour cela que l'on tînt une conférence sur le théâtre; que chacun prît parti, et que l'athée déduisît les raisons qu'il avoit de ne croire point de Dieu. La matière eût été belle. Molière n'auroit point été repris, et l'on auroit écouté Don Juan avec patience et sans l'interrompre! Est-il possible que cela ait pu entrer dans la pensée d'un homme d'esprit! L'auteur de cette comédie n'eût eu pour se perdre qu'à suivre ces beaux avis. Il a eu bien plus de prudence; et, comme la matière étoit délicate, il n'a pas jugé à propos de faire entrer Don Juan en raisonnement; les gens qui ne sont point préoccupés ne l'en blâmeront jamais, et les véritables dévots n'y trouveront rien à redire.

Ce scrupuleux censeur ne veut pas que des actions en peinture soient punies par un foudre en peinture, et que le châtiment soit proportionné avec le crime : « Mais le foudre, dit-il, n'est qu'un foudre en peinture! » Mais le crime l'est aussi; mais la peinture de ce crime peut frapper l'esprit; mais la peinture de ce foudre peut également frapper le corps : on ne sauroit détruire l'un sans détruire l'autre, ni parler pour l'un que l'on ne parle pour tous les deux. Mais pourquoi ne veut-on pas que le foudre en peinture fasse croire que Don Juan est puni? Nous voyons tous les jours que la feinte mort d'un acteur fait pleurer à une tragédie, encore qu'il ne meure qu'en peinture. Mais je vois bien ce que c'est : l'on veut nuire à Molière, et, par une injustice incroyable, on ne veut pas qu'il ait les mêmes privilèges que les autres. Enfin Molière est un impie, cet Observateur l'a dit; il faut bien le croire, puisqu'il a vu une femme qui secouoit la tête; et sa pièce ne doit rien valoir, puisqu'il l'a connu dans le cœur de tous ceux qui avoient mine d'honnêtes gens. Toutes ces preuves sont fortes et aussi véritables qu'il est vrai qu'il n'y a point d'honnêtes gens qui n'aient bonne mine. Cette pièce comi-tragique finit presque par ces belles remarques, après avoir commencé par la farce et par les noms de ceux qui ont réussi en ce genre d'écrire et de ceux qui ont bien représenté ces ouvrages. Je ne parle point des louanges du roi, par où elle finit, puisqu'elles ne veulent dire que la même chose que celles qui sont au commencement du livre.

Je crois, monsieur, que ces contre-observations ne feront pas grand bruit. Peut-être que si j'attaquois aussi bien que je défends, qu'elles seroient plus divertissantes, puisque la satire fournit des plaisanteries que l'on rencontre rarement lorsque l'on défend aussi sérieusement que je viens de faire. Je puis encore ajouter que l'Observateur remportera toute la gloire; son zèle fera sans doute considérer son livre; il passera pour un homme de conscience; les tartufes publieront ses louanges, et, le regardant comme leur vengeur, tâcheront de nous faire condamner, Molière et moi, sans nous entendre. Pour vous, monsieur, vous en croirez ce qu'il vous plaira, sans que cela m'empêche de croire ce que je dois.

APOSTILLE. Je crois vous devoir mander, avant que fermer ma lettre, ce que je viens d'apprendre. Vous connoîtrez par là que j'ai perdu ma cause, et que l'Observateur du *Festin de Pierre* vient de gagner son procès. Le roi, qui fait tant de choses avantageuses pour la religion, comme il (l'Observateur) l'avoue lui-même, ce monarque qui occupe tous ses soins pour la maintenir, ce prince sous qui l'on peut dire avec assurance que l'hérésie est aux abois et qu'elle tire continuellement à la fin, ce grand roi qui n'a point donné de relâche ni de trêve à l'impiété, qui l'a poursuivie partout et ne lui a laissé aucun lieu de retraite[1], vient enfin de connoître que Molière est vraiment diabolique, que diabolique est son cerveau, et que c'est un diable incarné ; et pour le punir comme il le mérite, il vient d'ajouter une nouvelle pension à celle qu'il lui faisoit l'honneur de lui donner comme auteur, lui ayant donné cette seconde, et à toute sa troupe, comme à ses comédiens. C'est un titre qu'il leur a commandé de prendre ; et c'est par là qu'il a voulu faire connoître qu'il ne se laisse pas surprendre aux tartufles, et qu'il connoît le mérite de ceux que l'on veut opprimer dans son esprit, comme il connoît souvent les vices de ceux que l'on lui veut faire estimer. Je crois qu'après cela notre Observateur avouera qu'il a eu tort d'accuser Molière, et qu'il doit confesser que la passion l'a fait écrire. Il ne peut dire le contraire sans démentir ses propres ouvrages ; et, après avoir dit que le roi fait tant de choses pour la religion (comme je vous l'ai marqué par les endroits tirés de son livre et qui serviront à le condamner), il ne peut plus dire que Molière est un athée, puisque le roi, qui ne donne ni relâche ni trêve à l'impiété, a reconnu son innocence. Il faut bien, en effet, qu'il ne soit pas coupable, puisqu'on lui permet de jouer sa pièce à la face du Louvre, dans la maison d'un prince chrétien, et à la vue de tous nos sages magistrats, si zélés pour les intérêts de Dieu, et sous le règne du plus religieux monarque du monde. Certes, les amis de Molière devroient après cela trembler pour lui, s'il

---

1. Ce sont les paroles du sieur de Rochemont qui sont ici répétées.

n'étoit pas innocent : ces magistrats, si zélés pour les intérêts de Dieu, et ce religieux monarque le perdroient sans ressource ou l'anéantiroient bientôt, s'il est permis de parler ainsi. Bon Dieu! que seroit Molière contre tant de puissances? Et qui pourroit lui servir de refuge, s'il n'en trouvoit, comme il fait, dans son innocence?

Je ne sais pas, monsieur, si je m'en tiendrai là, et si, après avoir mis la main à la plume, je pourrai m'empêcher de combattre quelques endroits dont je crois ne vous avoir pas assez parlé dans ma lettre. Vous prendrez, si vous voulez, ceci pour une seconde ou pour une continuation de la première : cela m'embarrasse peu et ne m'empêche point de poursuivre.

L'Observateur de la pièce dont je vous entretiens dit qu'avant que feu monsieur le cardinal de Richelieu eût purgé le théâtre, la comédie étoit coquette et libertine, et que Molière a fait pis, puisque sous le voile de l'hypocrisie il a caché ses « obscénités » et ses malices. Quand cela seroit, bien que je n'en demeure pas d'accord avec lui, comme vous verrez par la suite, Molière n'en doit pas être blâmé. Si la comédie, comme il dit, étoit libertine, si elle écoutoit tout indifféremment et disoit de même tout ce qui lui venoit à la bouche, si son air étoit lascif et ses gestes dissolus, Molière n'a pas fait pis, puisqu'il a caché ses obscénités et ses malices; et notre critique s'abuse grossièrement ou ne dit pas ce qu'il veut dire, lorsqu'il fait passer le bien pour le mal.

L'on est, en vérité, bien embarrassé, lorsque l'on veut répondre à des gens qui se mêlent de parler de choses qu'ils ne connoissent point. Comme ils ne savent pas eux-mêmes ce qu'ils veulent dire, on a de la peine à le deviner, et plus encore à y répondre, puisqu'on ne peut que difficilement repartir à des choses confuses et qui ne signifient rien, n'étant pas dites dans les formes. L'on devroit, avant que répondre à ces gens-là, leur enseigner ce que c'est que les ouvrages qu'ils veulent reprendre; et l'on devroit par cette même raison apprendre à l'auteur de ces Observations ce que c'est que le théâtre, avant que lui faire aucune réplique. A l'entendre parler de *Don Juan,* presque à chaque page de son livre il voudroit que l'on ne vît que des vertueux sur le théâtre. Il fait voir, en parlant ainsi, qu'il ignore qu'une des principales règles de la comédie est de récompenser la vertu et de punir le vice, pour en faire concevoir de l'horreur, et que c'est ce qui rend la comédie profitable. On peut voir par là que les plus sévères souffrent les vices, puisqu'ils ordonnent de les punir, et que Don Juan doit être plutôt souffert qu'un autre, puisque son crime est puni avec plus de rigueur, et que son exemple peut jeter beaucoup de crainte dans l'esprit de ses semblables. Notre critique ne nie toutefois pas que l'on doit punir le vice; mais il veut qu'il n'y en ait point. Pour moi, je ne vois pas où doit tomber le châtiment : je prie Dieu que ce ne soit point sur les hypocrites!

L'auteur des Observations de la comédie que je défends a cru sans doute qu'il suffiroit, pour nuire à Molière, de dire beaucoup de choses contre lui, et qu'il devoit indifféremment attaquer tous les acteurs de sa pièce. C'est dans cette pensée qu'il l'accuse d'habiller la comédie en religieuse. Mais qui considérera bien tout ce que dit à Don Juan cette amante délaissée ne pourra s'empêcher de louer Molière. Elle se repent de sa faute; elle fait tout ce qu'elle peut pour obliger Don Juan à se convertir; elle ne paroît point sur le théâtre en pécheresse, mais en Madeleine pénitente. C'est pourquoi l'on ne peut la blâmer sans montrer trop d'animosité et faire voir que, de dessein prémédité, l'on reprend dans le *Festin de Pierre* ce que l'on y doit approuver. Cet Observateur ne se contente pas d'attaquer le vice, bien qu'on le permette à la comédie pourvu qu'il soit puni; il attaque encore la vertu. Tout le choque, tout lui déplaît, tout est criminel auprès de lui. Je crois bien que cette pauvre amante n'a pas été exempte du péché; mais qui en a été exempt? Tous les hommes ne retombent-ils pas tous les jours dans la plupart de leurs fautes? Tout cela n'adoucit point la sévérité de notre censeur. Comme il attaque Molière dans tous les personnages de sa pièce, il ne veut pardonner à aucun; il leur demande des choses impossibles, et voudroit que cette pauvre fille fût aussi innocente que le jour qu'elle vint au monde. Je crois, toutefois, qu'il y trouveroit encore quelque chose à redire, puisqu'il condamne la paysanne. Il ne peut pas même souffrir ses révérences. Cependant cette paysanne, pour être simple et civile, ne se laisse point surprendre. Elle se défend fortement et dit à Don Juan « qu'il faut se défier des beaux monsieux ». On l'accuse néanmoins, bien qu'elle soit innocente, pour ce que c'est Molière qui l'a fait paroître sur la scène; et l'on n'en a pas autrefois condamné d'autres qui dans le même *Festin de Pierre*[1] ont, ou de force ou de gré, perdu si visiblement leur honneur qu'il est impossible à l'auditeur d'en douter. Jugez après cela si la passion ne fait point parler contre Molière, et si on l'attaque par un véritable esprit de charité ou pour ce qu'il a fait *le Tartufle*.

Ce critique, peut-être trop intéressé, et dont l'esprit va droit au mal, puisqu'il en trouve dans des choses où il n'y en a point de formel, ajoute que la comédie « est quelquefois, chez Molière, une innocente qui tourne, par des équivoques étudiés, l'esprit à de sales pensées ». C'est une chose dont on ne peut demeurer d'accord, à moins que d'avoir été dans la tête de l'auteur du *Festin de Pierre,* lorsqu'il a composé les endroits que notre censeur condamne; car autrement personne ne peut assurer que Molière ait eu cette pensée. Quoi qu'il en soit, on ne le peut accuser que d'avoir pensé, ce qui n'est aucunement permis, et ce qu'on ne peut sans injustice, puisque c'est assurer une chose que l'on ne sait pas. Si ce commentateur voyoit que l'endroit dont il parle pût tourner l'esprit à de sales pensées, il le devoit passer sous silence et n'en devoit point avertir tout le monde, pour n'y pas faire songer ceux qui n'y pensoient point. Ce zèle est indiscret et ce commentaire est plus méchant que la comédie, puisque le mal est dedans et qu'il n'est pas dans la pièce.

Après avoir parlé de la paysanne, des équivoques qui tournent l'esprit à de sales pensées et d'autres choses de cette nature, le défenseur des tartufles tâche à prouver par tout cela que Molière est un athée. Voyez un peu quel heureux raisonnement! quel zèle et quelle profondeur d'esprit! Ah! que cet Observateur sait bien marquer les endroits qui font connoître les athées! Il n'est rien de plus juste que ce qu'il avance. Quoi! Molière formera des coquettes! Quoi! il mettra des équivoques qui tourneront l'esprit à de sales pensées, et l'on ne l'appellera pas athée? Il faudroit bien avoir perdu le jugement pour ne lui pas donner ce nom, puisque c'est là justement ce qui fait un athée! J'avoue, sans être tartufle, que ce raisonnement me fait trembler pour mon

---

1. Les pièces de Dorimond, de Villiers.

prochain; et je crois que, s'il avoit lieu, l'on pourroit compter autant d'athées qu'il y a d'hommes sur la terre. Nous ne devons pas laisser de louer ce critique : il réussit bien dans ce qu'il entreprend, et soutient parfaitement le caractère des faux dévots dont il défend la cause. Ils sont accoutumés à crier et à faire du bruit. Ils grossissent hardiment les choses qui sont de peu de conséquence, et forgent des monstres, afin de faire peur et d'empêcher que l'on n'entreprenne de les combattre.

Savez-vous bien, monsieur, où tout ce beau raisonnement sur l'athéisme aboutit? à une satire de *Tartufle*. L'Observateur n'avoit garde d'y manquer, puisque ses remarques ne sont faites qu'à ce dessein. Comme il sait que tout le monde est désabusé, il a appréhendé que l'on ne le jouât, et c'est ce qui lui a fait mettre la main à la plume. Puisqu'il m'a donné occasion de parler de *Tartufle,* vous ne serez peut-être pas fâché que je dise deux mots en sa défense, et que je combatte tout ce que les faux dévots ont dit contre cette pièce; ils ont parlé sans savoir ce qu'ils disoient; ils ont crié sans savoir contre quoi ils crioient; ils se sont étourdis eux-mêmes du bruit qu'ils ont fait, et ils ont eu tant de peur de se voir joués qu'ils ont publié que l'on attaquoit les vrais dévots, encore que l'on n'en voulût qu'aux tartufles. Je veux que ce qu'ils publient soit véritable, et que le faux et le véritable dévot n'aient qu'une même apparence. Mais Molière, dont la prudence égale l'esprit, ne dit pas dans toute sa pièce deux vers contre les hypocrites qu'il n'y en ait ensuite quatre à l'avantage des vrais dévots, et qu'il n'en fasse voir la différence. C'est ce qui a fait approuver *le Tartufle* par tant de gens de mérite, depuis que les hypocrites l'ont voulu perdre. Dans toutes les lectures que son auteur a faites aux véritables dévots, cette comédie a toujours triomphé à la honte des hypocrites; et ceux qui n'auroient pas dû la souffrir à cause de leur profession l'ont admirée : ce qui fait voir qu'on ne la pouvoit condamner, à moins d'être surpris par les originaux dont Tartufle n'est qu'une copie. Ils n'ont point démenti leur caractère pour en venir à bout : leur jeu a toujours été couvert, leur prétexte spécieux, leur intrigue secrète. Ils ont cabalé avant que la pièce fût à moitié faite, de peur qu'on ne la permît, voyant qu'il n'y avoit point de mal. Ils ont fait enfin tout ce que des gens comme eux ont de coutume, et se sont servis de la véritable dévotion pour empêcher de jouer la fausse. Je n'en dois pas demeurer là, et j'ai trop de choses à dire à l'avantage de *Tartufle* pour finir sitôt sa justification, puisque je prétends prouver qu'il est impossible de jouer un véritable dévot, quand même on en auroit dessein et que l'on y travailleroit de tout son pouvoir. Par exemple, si on eût fait paroître sur le théâtre un homme à qui on n'eût donné que le nom de dévot, et que l'on lui eût fait en même temps entreprendre tout ce que fait Tartufle, tout le monde auroit crié : Ce n'est point là un véritable dévot, c'est un hypocrite qui tâche à nous tromper sous ce nom. Puisqu'il est ainsi, comme on n'en peut douter, puisque, dis-je, on connoît l'hypocrite par ses méchantes actions lorsqu'il prend le nom et l'extérieur d'un dévot, pourquoi veut-on, pour nuire à Molière, qu'un homme qui a non-seulement le nom d'hypocrite, mais encore qui en fait les actions, soit pris pour un véritable dévot? Cela est inouï. Il faudroit que l'ordre de toutes choses fût renversé. Cependant c'est ce que les hypocrites, qui craignent d'être joués, reprennent dans la pièce de Molière. Pour moi, je ne sais pas par où l'on pourroit jouer un vrai dévot : pour jouer les personnes, il faut représenter naturellement ce qu'elles sont; si l'on représente ce que fait un véritable dévot, l'on ne fera voir que de bonnes actions; si l'on ne fait voir que de bonnes actions, le véritable dévot ne sera point joué. L'on me dira peut-être qu'au lieu de lui faire faire de bonnes actions on lui en fait faire de méchantes : si l'on lui fait faire de méchantes actions, ce n'est plus un dévot, c'est un hypocrite; et l'hypocrite, par conséquent, est seul joué, et non pas le vrai dévot. Je sais bien que si les vrais et faux dévots paroissoient ensemble, que s'ils avoient un même habit et un même collet, et qu'ils ne parlassent point, on auroit raison de dire qu'ils se ressemblent. C'est là justement où ils ont une même apparence. Mais l'on ne juge pas des hommes par leur habit ni même par leurs discours; il faut voir leurs actions; et ces deux personnes auront à peine commencé d'agir que l'on dira d'abord : Voilà un véritable dévot! voilà un hypocrite! Il est impossible de s'y tromper; et si je ne craignois d'être trop long et de vous ennuyer par des raisons que vous devez mieux savoir que moi, je parlerois encore longtemps sur cette matière. Je vous dirai pourtant, avant que de la quitter, que les véritables dévots ne sont point composés, que leurs manières ne sont point affectées, que leurs grimaces et leurs démarches ne sont point étudiées, que leur voix n'est point contrefaite, et que, ne voulant point tromper, ils n'affectent point de faire paroître que leurs mortifications les ont abattus. Comme leur conscience est nette, ils en ont une joie intérieure qui se répand jusque sur leur visage. S'ils font des austérités, ils ne les publient pas; ils ne chantent point des injures à leur prochain pour le convertir; ils ne le reprennent qu'avec douceur, et ne le perdent point dans l'esprit de tout le monde. C'est une manière d'agir dont les tartufes ne se peuvent défaire et qui passe pour un des plus grands crimes que l'on puisse commettre, puisqu'il est malaisé de rendre la réputation à ceux à qui on l'a une fois fait perdre, encore que ce soit injustement.

Comme la foule est grande aux pièces de monsieur de Molière, et que c'est un témoignage de leur mérite, l'Observateur, qui voit bien que cela suffit pour le faire condamner, et qui combat autant qu'il peut ce qui nuit à son dessein, dit que la curiosité y attire des gens de toutes parts, mais que les gens de bien les regardent comme des prodiges et s'y arrêtent comme aux éclipses et aux comètes. Ce raisonnement se détruit assez de soi-même, et l'on voit bien que c'est chercher de fausses couleurs pour déguiser la vériter. Molière n'a fait que deux pièces que les tartufes reprennent, dont l'une n'a pas été jouée. Cependant, nous avons également vu du monde à douze ou treize de ses pièces. Il faut bien que le mérite l'y attire, et l'on doit être persuadé que toute la France a plus de lumières que l'auteur des Observations du *Festin de Pierre*. Si l'on regardoit ses pièces comme des éclipses et des comètes, on n'iroit pas si souvent; il y a longtemps que l'on ne court plus aux éclipses; on se lasse même des comètes quand elles paroissent trop souvent. L'expérience en fait foi : nous en avons depuis peu vu deux de suite à Paris; et, bien que la dernière fût plus considérable que l'autre, elle n'a trouvé, parmi la grande foule du peuple, que fort peu de gens qui se soient voulu donner la peine de la regarder. Il n'en est pas arrivé de même des pièces de Molière, puisque l'on les a toutes été voir avec le même empressement.

J'oubliois qu'il rapporte quelques exemples des anciens comédiens; mais il n'étale pas leurs ouvrages comme il fait ceux de Molière. Sa malice est affectée, et il semble, à l'entendre dire, qu'il n'aient été condamnés que pour des bagatelles. Cependant, s'il faisoit une peinture de leurs crimes, vous verriez que les empereurs les ont punis de même que le roi a récompensé Molière selon son mérite. Il parle encore d'un philosophe qui se vantoit que personne ne sortoit chaste de sa leçon : jugez de son crime par son insolence à le publier, et si nous ne punirions pas plus rigoureusement que ceux qu'il nous cite un coupable qui se vanteroit d'un tel crime. Ces exemples sont bons pour surprendre les ignorants, mais ils ne servent qu'à justifier Molière dans l'esprit des personnes raisonnables.

Je dois, monsieur, vous avertir, en finissant, de songer sérieusement à vous. La pièce de Molière va causer des désordres épouvantables; et le zélé réformateur des ouvrages de théâtre, le bras droit des tartufles, l'Observateur enfin qui a écrit contre lui, parle à la fin de son ouvrage comme un désespéré qui se prend à tout. Il menace les trônes des rois; il nous menace de déluge, de peste, de famine; et, si ce prophète dit vrai, je crois que l'on verra bientôt finir le monde. Si j'ose toutefois vous dire ma pensée, je crois que Dieu doit bien punir d'autres crimes avant que nous faire payer la peine de ceux qui se sont glissés dans les comédies, en cas qu'il y en ait. C'est une vengeance que les hypocrites et ceux qui accusent leur prochain ne verront jamais, puisque, leurs crimes étant infiniment plus grands que ceux-là, ils doivent les premiers sentir les effets de la colère d'un Dieu vengeur.

III.

RÉPONSE

AUX OBSERVATIONS TOUCHANT « LE FESTIN DE PIERRE »
DE MONSIEUR DE MOLIÈRE[1].

Ces anciens philosophes qui nous ont soutenu que la vertu avoit d'elle-même assez de charmes pour n'avoir pas besoin de partisans qui découvrissent sa beauté par une éloquence étudiée, changeroient sans doute de sentiment s'ils pouvoient voir combien les hommes d'aujourd'hui l'ont défigurée sous prétexte de l'embellir. Ils se sont imaginé qu'elle paroîtroit bien plus aimable s'ils en rendoient l'acquisition plus difficile et plus épineuse; et ce pernicieux dessein leur a réussi si heureusement qu'on ne sauroit plus passer pour vertueux que l'on ne se prive de tous les plaisirs qui n'ont pas la vertu pour leur unique objet. Et comme ils se sont aperçus que la comédie en étoit un, puisqu'elle mortifie moins les sens qu'elle ne les divertit, ils l'ont dépeinte comme l'ennemie et la rivale de la vertu; ils prétendent qu'elle soit incompatible avec les plaisirs les plus innocents; et ainsi, de

---

[1]. A Paris, chez Gabriel Quinet, dans la galerie des Prisonniers, à *l'Ange Gabriel*, 1665. Avec permission. — Cette réponse parut quelques jours avant la *lettre* que nous venons de donner, vers la fin de juillet 1665. — Robinet, dans sa lettre du 9 août déjà citée, page 431, en note, dit que cette défense

> D'un auteur armé non à cru,
> Qui, carabinant et peu ferme,
> Effleure à peine l'épiderme,

a paru depuis dix jours.

cette familière déesse qui s'accommode avec les gens de tous métiers et de tous âges, ils en ont fait la plus austère et la plus jalouse de toutes les divinités.

L'auteur à qui je réponds est un de ces sages réformateurs; mais, comme il est encore apprentif dans le métier, il n'ose pas condamner ouvertement ce que nos prédécesseurs ont toujours permis. Il s'est contenté de nous faire la guerre en renard; et, lorsqu'il a voulu nous montrer que la comédie en général étoit un divertissement que les gens de bien n'approuvoient point, il en a pris une en particulier où son adresse a supposé mille impiétés, pour couvrir le dessein qu'il a de détruire toutes les autres. On a beau lui dire que, puisqu'il ne doit pas répondre de la candeur publique, il devroit laisser à nos évêques et à nos prélats le soin de sanctifier nos mœurs, il soutient que c'est le devoir d'un chrétien de corriger tous ceux qui manquent; et sans considérer qu'il n'est pas plus blâmable de souffrir les impiétés qu'on pourroit empêcher que d'ambitionner à passer pour le réformateur de la vie humaine, il vient de composer un livre où il se déclare le plus ferme appui et le meilleur soutien de la vertu. Mais n'avouera-t-on point qu'il s'y prend bien mal pour nous persuader que la véritable dévotion le fait agir, lorsqu'il traite monsieur de Molière de démon incarné, parce qu'il a fait des pièces galantes et qu'il n'emploie pas ce beau talent que la nature lui a donné à traduire la Vie des saints Pères?

Il s'est si bien imaginé que c'est une charité des plus chrétiennes, de diffamer un homme pour l'obliger à vivre saintement, que, si cette manière de corriger les gens pouvoit avoir un jour l'approbation des docteurs et qu'il fût permis de juger de la bonté d'une âme par le nombre des auteurs que sa plume auroit décriés, je réponds, de l'humeur dont je le connois, qu'on n'attendroit point après sa mort pour le canoniser. Ce n'étoit pourtant pas assez qu'il aimât la satire pour vomir contre monsieur de Molière comme il a fait; il lui falloit encore quelque vieille animosité ou quelque haine secrète pour tous les beaux esprits : car quelle apparence y a-t-il qu'il paroisse à ses yeux un diable vêtu de chair humaine, parce qu'il a fait une pièce intitulée *le Festin de Pierre*? Elle est, dit-il, tout à fait scandaleuse et diabolique; on y voit un enfant mal élevé, qui réplique à son père;

une religieuse qui sort de son couvent; et à la fin ce n'est qu'une raillerie que le foudre qui tombe sur ce débauché.

C'est le bien prendre, en effet. Vous avez tort, monsieur de Molière : il falloit que le père fût absolu, qu'il parlât toujours sans que le fils osât lui dire mot; que la religieuse, bien loin de paroître sur un théâtre, fît dans son couvent une pénitence perpétuelle de ses péchés; et cet athée supposé n'en devoit point échapper; ses abominations, toutes feintes qu'elles étoient, méritoient bien pour leur mauvais exemple une punition effective. L'intrigue de cette comédie auroit été bien mieux conduite, s'il n'y avoit eu pour tous personnages qu'un père qui eût fait des leçons à son fils et qui eût invoqué la colère de Dieu pour l'exterminer, lorsqu'il le trouvoit sourd aux bonnes inspirations.

Notre auteur trouve que la morale en auroit été bien plus belle et les sentiments plus chrétiens, si ce jeune éventé se fût retiré de ses débauches et qu'il eût été touché de ce que Dieu lui disoit par la bouche de son père; et, si on lui montre qu'il est de l'essence de la pièce que le foudre écrase quelqu'un, et que par conséquent il nous faut supposer un homme d'une vie déréglée et qui soit toujours insensible aux bons mouvements, lui (l'auteur des Observations), dont les soins ne buttent qu'à la conversion universelle, nous répliquera sans doute que l'exemple n'en auroit été que plus touchant, si, malgré cet amendement de vie, il n'auroit pas laissé de recevoir le châtiment de ses anciennes impudicités,!

Hélas! où en serions-nous, si les contritions et les pénitences ne pouvoient désarmer la main de Dieu, et que ce fût pour nous une nécessité indispensable d'en venir à la punition au sortir de l'offense? Mais pourquoi Dieu nous auroit-il fait une loi de pardonner à nos ennemis, s'il n'avoit voulu lui-même la suivre? Et puisqu'il nous a dit qu'il voudroit que tout le monde fût heureux, ne se contrarieroit-il point en nous laissant une pente si naturelle pour le mal, s'il ne nous réservoit une miséricorde plus grande que notre esprit n'est foible et léger? Nous devons croire qu'il est juste, et non pas vindicatif; il punit une âme égarée qui persévère dans ses emportements, mais il oublie le passé quand elle s'est remise dans le bon chemin. Tombez donc d'accord que monsieur de Molière ne vous a point donné de mauvais exemples lorsqu'il a fait paroître un jeune homme qui avoit tant d'antipathie pour les bonnes actions. Le desscin qu'il a eu est celui que doivent avoir tous ceux de sa profession, de corriger les hommes en les divertissant : il a fait l'un et l'autre, ou du moins il a tâché de montrer aux méchants la nécessité qu'il y a de ne le point être ; et le foudre qu'on entend sur le théâtre nous assure de la bonté de son avertissement.

Je prévois que vous m'allez dire ce que j'ai lu dans votre critique : que ses termes sont trop hardis, et qu'il semble se moquer quand il parle de Dieu. Mais quoi ! ignorez-vous encore qu'un comédien n'est point un prédicateur et que ce n'est que dans les chaires des églises où l'on montre, les larmes aux yeux, l'horreur que nous devons avoir pour le péché ? Je sais qu'il n'est jamais hors de saison d'avoir de la vénération pour les choses sacrées, et qu'elles doivent être en tous lieux ce qu'elles sont sur les autels ; mais changent-elles de nature ou de condition lorsque l'on change de termes ou de ton pour en parler ?

Je ne prétends point ici vous prouver que les vers de monsieur de Molière sont pour les jeunes gens des instructions paternelles à la vertu ; mais je veux vous montrer clairement que les esprits les plus mal tournés n'y sauroient trouver la moindre apparence de vice ; et, puisque chacun sait que le théâtre n'a point été destiné pour expliquer la sainteté de nos mystères et l'importance de notre salut, ces sages réformateurs, si fort zélés pour notre foi, n'ont-il pas mauvaise grâce de blâmer la comédie, parce que les méchants la peuvent voir sans changer d'inclination ? et ne devroient-ils point se contenter que les vertueux n'y prennent point des mœurs pernicieuses et qu'ils en sortent toujours les mêmes ?

Je le pardonne pourtant à ces consciencieux qui reprennent pour un véritable motif de dévotion ; et quoique les vers[1] de monsieur de Molière n'aient rien d'approchant de l'impiété, je ne saurois m'emporter contre eux, puisqu'ils n'en veulent qu'à ses écrits. Mais lorsque je vois le livre de cet inconnu qui, sans se soucier du tort qu'il fait à son prochain, ne songe qu'à s'usur-

---

1. Ce faible défenseur de Molière semble croire que *le Festin de Pierre* est écrit en vers. Il faut supposer qu'il a en vue l'ensemble des comédies du poète.

per une réputation d'homme de bien, je vous avoue que je ne saurois m'empêcher d'éclater ; et quoique je n'ignore pas que l'innocence se défende assez d'elle-même, je ne puis que je ne blâme une insulte si condamnable et si mal fondée.

Il prétend que monsieur de Molière est un scélérat achevé, parce qu'il a feint des impiétés. N'est-ce pas là une preuve bien convaincante ? Et, quoiqu'il sache bien que, de quelque nature que soient les crimes que nous avons commis, nous devons toujours avoir de la confiance à la miséricorde de Dieu, et par conséquent ne désespérer jamais de notre salut, il soutient qu'il n'entrera jamais dans le paradis, parce qu'il a supposé des sacrilèges et des abominations dans son *Festin de Pierre*.

Vous pouvez voir par ce raisonnement si sa critique, comme il dit, étoit nécessaire pour le salut public, et si la moralité et le bon sens sont tout entiers dans son discours, puisqu'il nous donne lieu de conclure qu'il vaut mieux être méchant en effet qu'en apparence et qu'on a plutôt le pardon d'une impiété réelle que d'une feinte.

Cher écrivain, de peur qu'en travaillant à vous attirer cette réputation d'homme de bien, vous ne perdiez celle que vous avez d'être fort habile homme et plein d'esprit, je vous conseille en ami de changer de sentiment. Puisque Dieu lit dans le fond de l'âme, vous devez savoir qu'il ne se fie jamais aux apparences, et que, par conséquent, il faut être coupable en effet pour le paroître devant lui. Ou bien, si vous avez tant d'aversion à vous dédire de ce que vous avez soutenu, ne faites point de scrupule de nous avouer que votre livre n'est point votre ouvrage et que c'est l'envie et la haine qui l'ont composé.

Nous savons bien que monsieur de Molière a trop d'esprit pour n'avoir pas des envieux. Nos intérêts nous sont toujours plus chers que ceux d'autrui ; et je suis si fort persuadé qu'il est fort peu de gens, dans le siècle où nous sommes, qui n'aidassent au débris de leurs plus proches voisins, s'il leur devenoit utile ou profitable, que les coups les plus injustes et les plus inhumains ne me surprennent plus. Puisque vous appréhendez que les productions de votre génie, tout sublime qu'il est, ne perdissent beaucoup de leur prix par l'éclat de celles de monsieur de Molière, si vous les abandonniez à la rigueur d'un jugement public, n'est-il pas juste que vous ayez quelque ressentiment du tort qu'elles vous font ; et, quoique ces vers ne soient remplis que de pensées aussi honnêtes qu'elles sont fines et nouvelles, doit-on s'étonner si vous avez tâché de montrer à notre illustre monarque que ses ouvrages causoient un scandale public dans tout son royaume, puisque vous savez qu'il est si sensible du côté de la piété et de la religion ! Il est vrai que votre passion vous aveugloit beaucoup : car, puisque ce grand prince si chrétien et si religieux ne s'éclaire que par lui-même, vous deviez considérer que les matières les plus embrouillées étoient fort intelligibles pour lui, et que, par conséquent, vos accusations ne serviroient que pour vous convaincre d'une malice d'autant plus noire que le voile que vous lui donniez étoit trompeur et criminel.

Mais aussi, s'il m'est permis de reprendre mes maîtres, je vous ferai remarquer que vous laissâtes glisser dans votre critique quelques mots qui tenoient plutôt de l'animosité que de la véritable dévotion.* Car me soutiendrez-vous que c'est par charité que vous l'accusez de piller ses meilleures pensées, de n'avoir point l'esprit inventif, et de faire des postures et des contorsions qui sentent plutôt le possédé que l'agréable bouffon ? Il me semble que vous pouviez souffrir de semblables défauts sans appréhender que votre conscience en fût chargée ; ou bien Dieu vous a fait des commandements qui ne sont pas comme les nôtres. Il falloit pour vous couvrir plus adroitement, exagérer, s'il se pouvoit, par un beau discours, la délicatesse et la grandeur de son esprit, le faire passer pour l'acteur le plus achevé qui eût jamais paru ; et comme cet éloge nous auroit persuadé que vous preniez plaisir de découvrir à tout le monde ses perfections et ses qualités, nous aurions eu plus de disposition à vous croire lorsque vous auriez dit qu'il étoit impie et libertin, et que ce n'étoit que par contrainte et pour décharger votre conscience que vous le repreniez de ses défauts.

Je vous aurois même conseillé de le blâmer fort d'avoir fait crier : « Mes gages ! mes gages ! » à ce valet. On auroit inféré de là que vous aviez l'âme si tendre que vous n'aviez pu souffrir sans compassion que son maître, qu'on traînoit je ne sais où, fût

---

* Var. *Quelques mots qui montroient clairement l'effet de votre passion*

chargé, outre tant d'abominations, d'une dette qui pouvoit elle seule le priver de la présence béatifique jusques à ce que ses héritiers l'en eussent délivré. Ce sentiment étoit d'un homme de bien. Vous en auriez été tout à fait loué ; et, pour édifier encore mieux vos lecteurs, vous pouviez faire une invective contre ce valet, en lui montrant quelle étoit son inhumanité, de regretter plutôt son argent que son maître.

Vous auriez bien eu meilleure grâce de blâmer un sentiment criminel et de lâches transports que vos oreilles avoient entendus [1], que l'impiété de ce fils que vous connoissiez pour imaginaire et pour chimérique.

Voilà l'endroit de la pièce où vous pouviez vous étendre le plus : car vous m'avouerez, quelque scrupuleux que vous soyez, que vous ne trouvez rien à reprendre dans la réception que l'on fait à monsieur Dimanche : il n'est pas plutôt entré dans la maison qu'on lui donne le plus beau fauteuil de la salle ; et, quand il est près de s'en aller, jamais homme ne fut prié de meilleure grâce à souper dans le logis. Je me souviens pourtant encore d'un nouveau sujet que ce valet vous donne de vous plaindre de lui : n'est-il pas vrai que vous souffrez furieusement de le voir à table, tête à tête avec son maître, manger si brutalement à la vue de tant de beau monde? En cela, je suis pour vous; je ne me mets jamais si fort dans l'intérêt de mes amis que je ne me laisse plutôt guider par la justice que par la passion de les servir. Comme je vois qu'on ne sauroit tâcher de mettre à couvert monsieur de Molière d'un reproche si bien fondé qu'on ne se déclare l'ennemi de la raison et le protecteur d'un coupable, j'abandonne sans regret son parti, puisqu'il n'est plus bon, et confesse avec vous que ce valet est un malpropre et qu'il ne mange point comme il faut.

Mais, puisque vous me voyez si sincère, à mon exemple ne voulez-vous point le devenir? Soutiendrez-vous toujours que monsieur de Molière est impie, parce que ses ouvrages sont galants, et qu'il a su trouver le moyen de plaire?

On se seroit bien passé, dites-vous, des postures qu'il fait

---

1. Les propos de ces jeunes étourdis que l'auteur des *Observations* dit avoir entendus approuver la scène du Fauteuil.

dans la représentation de son *École des Femmes*. Mais puisque vous savez qu'il a toujours mieux réussi dans le comique que dans le sérieux, devez-vous le blâmer de s'être fait un personnage qu'il a cru le plus propre pour lui? Ne nous dites point qu'il tâche d'expliquer par ses grimaces ce que son Agnès n'oseroit avoir dit par sa bouche : nous sommes dans un siècle où les hommes se portent assez d'eux-mêmes au mal, sans avoir besoin qu'on leur explique nettement ce qui peut en avoir quelque apparence.

Monsieur de Molière, qui connoît le foible des gens, a prévu fort favorablement qu'on tourneroit toutes ces équivoques du mauvais sens; et, pour prévenir une censure aussi injuste que nuisible, il fit voir l'innocence et la pureté de ses sentiments par un discours le mieux poli et le plus coulant du monde. Mais il ne s'est jamais défié qu'on dût faire le même tort à son *Festin de Pierre*; et il s'est si bien imaginé qu'il étoit assez fort de lui-même pour ne point appréhender ses envieux qu'il n'a jamais voulu lui donner[1] de nouvelles armes en travaillant pour sa défense; et comme j'ai connu par là qu'il n'avoit pas besoin d'un grand secours, j'ai cru que ma plume, tout ignorante et toute stérile qu'elle est, pouvoit suffire pour montrer l'injustice de ses ennemis.

Lorsqu'on veut montrer la bonté d'une cause, qui fournit elle seule toutes les raisons qu'il faut pour la soutenir, il me semble qu'il est plus à propos d'en laisser le soin au plus jeune avocat du barreau qu'au plus célèbre et au plus éloquent; et, par la même raison qu'on croit plutôt un paysan qu'un homme de cour, les ignorants persuadent beaucoup mieux que les plus habiles orateurs. Il est si fort ordinaire à ces messieurs les beaux esprits de prendre le méchant parti pour exercer la facilité qu'ils ont de prouver ce qui paroît le plus faux, qu'ils ont cru que cette réputation feroit un tort considérable à l'ouvrage de monsieur de Molière s'ils écrivoient pour en montrer l'innocence et l'honnêteté; et, d'ailleurs, comme ils ont vu qu'il n'y avoit point de gloire à remporter, quelque fort que fût le raisonnement qu'ils

---

1. Donner à sa pièce de nouvelles armes. L'expression laisse certainement à désirer, mais l'auteur avoue que sa plume est ignorante.

produiroient, ils en ont laissé le soin aux plumes moins intéressées que les leurs.

J'ai donc cru que cela me regardoit; et, comme je n'avois encore rien mis au jour, je me suis imaginé que c'étoit commencer bien glorieusement que de soutenir une cause où le bon droit étoit tout entier. Dans toute autre matière que celle dont j'ai traité, j'aurois eu lieu d'appréhender que, comme le sentiment des ignorants est toujours différent de celui des gens d'esprit, on eût cru que monsieur de Molière n'avoit point eu l'approbation de ceux-ci, puisque je lui donnois la mienne; mais comme *le Festin de Pierre* a si peu de conformité avec toutes les autres comédies, que les raisons qu'on peut apporter pour montrer que la pièce n'est point honnête sont aussi bien imaginaires et chimériques que l'impiété de son athée foudroyé, jugez par là, monsieur de Molière, s'il ne m'a pas été bien aisé de prouver que vous n'êtes rien moins que ce que cet inconnu a voulu que vous fussiez. Mais, comme il ne démordra jamais de la mauvaise opinion qu'il veut donner de vous à ceux qui ne vous connoissent point, il y a lieu d'appréhender encore quelque chose de bien fâcheux : il ne se sera pas plus tôt aperçu que les gens bien sensés ne sont point de son sentiment, lorsqu'il prétend que vous soyez impie, qu'il va vous prendre par un endroit où je vous trouve bien foible : il vous fera passer pour le plus grand goinfre et le plus malpropre de tous les hommes. Il vous reconnut fort bien à table sous cet habit de valet, et, par conséquent, il aura autant de témoins de votre avidité pour les ragoûts que vous eûtes d'admirateurs de ce chef-d'œuvre. Il faut pourtant s'en consoler : on a toujours mauvaise grâce de s'opposer au devoir d'un chrétien.

Il vous laisseroit sans doute en repos, si ce n'est qu'il falloit publier les défauts des gens pour les en corriger. Je trouve cette maxime bien conçue et fort spirituelle; et, de plus, le succès m'en paroît infaillible : quand on compose un livre qui diffame quelqu'un, tant de différentes personnes sont curieuses de le voir qu'il est bien malaisé que, parmi ce grand nombre de lecteurs, il ne se rencontre quelque homme de bien qui ait du pouvoir sur l'esprit du décrié, et c'est par là que l'on le tire peu à peu de son aveuglement. Il a cru vous devoir la même charité;

mais si, par hasard, il arrive que ceux qui liront ce qu'il a fait contre vous connoissent qu'il s'est mépris et qu'ils ne viennent point vous faire de leçons, ne laissez pas de lui savoir bon gré de son zèle; et, puisqu'il vous en coûte si peu, servez-lui sans murmurer de moyen pour gagner le paradis : ce sera là où nous ferons tous notre paix.

FIN DE LA POLÉMIQUE RELATIVE AU FESTIN DE PIERRE.

LES

FRAGMENTS DE MOLIÈRE

COMÉDIE

[PAR CHAMPMESLÉ]¹

1. Paris, Jean Ribou, 1682, in-12.

LES
FRAGMENTS DE MOLIÈRE

COMÉDIE

PERSONNAGES.

LIGNON.
JOURDAIN.
PIERROT.
CHARLOTE.
GUSMAN.
LE JUGE.
SILVESTRE.
DON JUAN.
M. DIMANCHE.

ACTE PREMIER.

SCÈNE PREMIÈRE.

JOURDAIN, LIGNON.

LIGNON.

O Amour, que tu agites mon esprit de diverses inquiétudes !

JOURDAIN.

Charlote, belle Charlote ?

LIGNON.

Pourquoi, cruel Amour...

JOURDAIN.

Si l'ardeur de la flamme...

LIGNON.

Faut-il que tu mettes la joie...

JOURDAIN.

Que de tes beaux yeux par leurs lumières...

LIGNON.

A tourmenter les cœurs...

JOURDAIN.

Ont jeté dans mon âme...

LIGNON.

Que tu soumets à ton empire?...

JOURDAIN.

Peut être assez heureuse...

LIGNON.

Si...

JOURDAIN.

Pour...

LIGNON.

Si tu veux montrer ton pouvoir...

JOURDAIN.

Pour obtenir de tes bontés...

LIGNON

En nous forçant d'aimer...

JOURDAIN.

Le bonheur où j'aspire...

LIGNON.

Pourquoi ne fais-tu pas...

JOURDAIN.

Les plus heureuses destinées...

LIGNON.

Qu'on aime avec plaisir...

JOURDAIN.

N'égaleront point ma fortune...

LIGNON.

Et par quelle...

JOURDAIN.

Mais si toute...

LIGNON.

Et par quelle raison, dis-moi...

ACTE I, SCÈNE I.

JOURDAIN.

Mais si toute mon ardeur.

LIGNON.

Veux-tu que tes moindres plaisirs...

JOURDAIN.

Tous mes soins et tous mes respects...

LIGNON.

Soient achetés de tant de peine?...

JOURDAIN.

Ne peuvent te fléchir...

LIGNON.

Que les douc...

JOURDAIN.

Ote-toi de là, ne vois-tu pas bien que tu m'interromps?

LIGNON.

Je vois que tu m'interromps de même.

JOURDAIN.

Oui; mais je suis un amant qui ai besoin de cette place pour soupirer.

LIGNON.

Je suis aussi un amant qui ai affaire de ce lieu-ci pour rêver à mon amour.

JOURDAIN.

Vous êtes amant?

LIGNON.

Oui.

JOURDAIN.

Peut-on vous demander, pasteur, qui est la bergère que vous aimez?

LIGNON.

Hélas! pasteur, la personne la plus aimable qui soit en ce pays?

JOURDAIN.

Vous l'appelez?

LIGNON.

La nymphe Charlote.

JOURDAIN.

Eh?

LIGNON.

Comment?

JOURDAIN.

Vous vous moquez.

LIGNON.

Moi?

JOURDAIN.

Oui.

LIGNON.

Plût au ciel que je me moquasse, et que cela ne fût point vrai!

JOURDAIN.

Vous aimez la nymphe Charlote, fille du notaire du village?

LIGNON.

Fille du juge du village.

JOURDAIN.

Promise au marinier Pierrot?

LIGNON.

Au marinier Pierrot.

JOURDAIN.

Ah!

LIGNON.

Quoi?

JOURDAIN.

Je l'aime aussi.

LIGNON.

Vous l'aimez aussi, pasteur?

JOURDAIN.

Oui, pasteur; mais puis-je savoir le nom de mon rival?

LIGNON.

Je m'appelle Lignon.

JOURDAIN.

Et moi, pasteur, je m'appelle Jourdain.

LIGNON.

Hélas! faut-il que deux fleuves soient réduits à se couper la gorge ensemble?

JOURDAIN.

Et pourquoi cela?

LIGNON.
Pour voir qui de nous deux demeurera son amant.
JOURDAIN.
Il y a des remèdes plus humains que cela, si nous voulons nous en servir.
LIGNON.
Et quels?
JOURDAIN.
Oui, avez-vous déclaré votre amour?
LIGNON.
Non.
JOURDAIN.
Allons chercher ce rare objet, pour le prier de choisir de nous deux ; et celui qui sera refusé pourra se pendre après, s'il le veut.
LIGNON.
Je consens à cela. Mais la voici.

SCÈNE II.

LIGNON, JOURDAIN, CHARLOTE.

JOURDAIN.
Belle nymphe, vous voyez ici deux fleuves, tous deux amoureux de vous.
LIGNON.
Oui, nous sommes deux pauvres amants nécessiteux, qui viennent à votre porte vous demander l'aumône de vos bonnes grâces.
JOURDAIN.
Nous venons mettre entre vos mains notre différend amoureux.
LIGNON.
Vous pouvez regarder, bergère, qui de moi ou de lui vous voulez accepter.
CHARLOTE.
N'avez-vous point vu Pierrot? Je ne sais où il est depuis ce matin qu'il s'est mis en mer avec la chaloupe.

JOURDAIN.

Ah! trois et quatre fois belle et trop belle beauté, nous n'avons rien vu ici que le mérite des perfections de vos avantages.

LIGNON.

Cela est vrai, belle nymphe.

CHARLOTE.

Pierre ne veut point que j'entende tout cela, et il m'a dit qu'il battra tous ceux qui m'en parleront.

JOURDAIN.

Cela seroit bien cruel, belle nymphe, que nous fussions battus pour vos beaux yeux.

LIGNON.

Cela est vrai, belle nymphe.

JOURDAIN.

Pasteur, pour ne point faire de jalousie entre nous, baisons-lui chacun une main.

CHARLOTE.

Pour ne point faire de jalousie entre vous, voilà chacun un soufflet.

LIGNON.

Ah! bergère, le ciel vous a-t-il faite si charmante pour être si cruelle?

JOURDAIN.

Ah! mon pauvre Lignon!

LIGNON.

Ah! mon pauvre Jourdain!

JOURDAIN.

Pauvres fleuves méprisés!

LIGNON.

Il se faut pendre après cela.

JOURDAIN.

Tu as raison, mon pauvre fleuve; viens que je te pende le premier, et tu me pendras après.

LIGNON.

Non, ne nous pendons point. Je trouve que pour notre disgrâce ce n'est pas assez de se pendre.

JOURDAIN.

Ah! voici notre rival; retirons-nous, pasteur, de peur de quelques démêlés.

LIGNON.

Cela est vrai, pasteur.

SCÈNE III.

CHARLOTE, PIERROT.

CHARLOTE.

Pargué, Pierrot, tu t'es donc trouvé là bien à point?

PIERROT.

Parguenne, il ne s'en est pas fallu l'époisseur d'une épingle qu'ils ne se sayent nayés tous deux.

CHARLOTE.

C'est donc le coup de vent damatin qui les a renvarsés dans la mar.

PIERROT.

Aga quien, Charlote, je m'en vas te conter tout fin droit comme cela est venu. Car, comme dit l'autre, je les ai le premier avisés, avisés le premier je les ai. Enfin j'esquions sur le bord de la mar, moi et le gros Lucas, et je nous amusions à batifoler avec des motes de tarre que je nous jequions à la tête : car comme tu sais bian, le gros Lucas aime à batifoler, et moi par fouas je batifole itou ; en batifolant donc, pisque batifoler y a, j'ai aparçu de tout loin queuque chose qui grouilloit dans liau, et qui venoit comme envars nous par secousse. Je voyois ça fixiblement, et pis tout d'un coup je voyois que je ne voyois plus rian. « Ah! Lucas, çai-je fait, je pense que vla des hommes qui nageant là bas. — Voire, ce m'a-t-il fait, t'as été au trépassement d'un chat, t'as la vue trouble. — Pasanguenne, çai-je fait, je n'ai point la vue trouble ; ce sont des hommes. — Point du tout, ce m'a-t-il fait, t'as la barlue. — Veux-tu gager, çai-je fait, que je n'ai point la barlue, çai-je fait, et que ce sont deux hommes, çai-je fait, qui nageant droit ici, çai-je fait. — Morguenne, ce m'a-t-il fait, je gage que non. — O ça, çai-je fait, veux-tu gager dix sols que si. — Je le veux bian, ce m'a-t-il fait; et pour te montrer, vela argent sur jeu, ce m'a t'il fait. » Moi, je n'ai été ni fou ni étourdi; j'ai bravement bouté à tarre quatre pièces tapées, et cinq sols en doubles, jarniguenne, aussi hardiment que si j'avois avalé un varre de vin : car je sis hazardeux, moi, et je vas à la débandade; je savas bien ce que je faisois pourtant, queuque gniais. Enfin donc je n'avons pas pû tôt eu gagé que j'avons vu les deux hommes tout à plein qui nous faisians signe de les aller querir, et moi de tirer auparavant les enjeux. « Allons, Lucas, çai-je dit, tu vois bien qu'ils nous appellons; allons vite à leur secours. — Non, ce m'a-t-il dit, ils m'ont fait pardre. » Adonc tant y a qu'à la parfin, pour faire court, je l'ai tant sarmonné que je nous sommes bouté dans une barque, et pis j'avons tant fait cahin caha que je les avons tiré de liau, et pis je les avons mené cheu nous auprès du feu, et pis ils se sont dépouillés tout nus pour se sécher, et pis il en est venu encore deux de la même bande qui s'étians sauvés tout seuls. Vela justement, Charlote, comme tout ça s'est fait.

CHARLOTE.

Il y en a donc un, Pierrot, mieux fait que les autres.

PIERROT.

Oui, c'est le maître. Il faut que ce soit queuque gros monsieur, car il a du dor à son habit, tout depis le haut jusqu'en bas, et ceux qui le servons sont des monsieux eux-mêmes, et stanpandant tout gros monsieu qu'il est, il se seroit, ma figue, nayé si je n'avieme été là.

CHARLOTE.

Ardez un peu!

PIERROT.

Oh! parguenne, sans nous il en avoit pour sa mene de feuves.

CHARLOTE.

Est-ce qu'il est encore tout nu, Pierrot?

PIERROT.

Nanain, ils l'avon r'habillé devant nous. Mon Dieu, je n'en avois jamais vu s'habiller; que d'histoire et d'angingorniaux ils boutons, ces messieus-là! Je me pardrois là-dedans, pour moi, et j'étois tout ébaubi de voir ça. Tien, Charlote, ils avons des cheveux qui ne tenans point à leurs têtes, et ils boutons ça après tout, comme un gros bonnet de filasse. Ils ant des che-

ACTE I, SCÈNE III.

mises qui ant des mauches où j'entrerien tout brandi toi et moi. En lieu d'audechausse ils portons un garde-robe aussi large que d'ici à Pâques. En lieu de pourpoint, de petites brassières qui ne leur venons pas jusqu'au brichet; et en lieu de rabat, un grand mouchoir de cou à risiau, avec quatre grosses houpes de linge qui leur pendon sur l'estomac. Ils avon itou d'autres petits rabats au bout des bras, et parmi tout ça tant de riban que c'est grande piquié. Il n'y a pas jusqu'aux souliers qui n'en soiont tout farcis, tout depuis un bout jusqu'à l'autre; et ils sont faits d'une façon que je me romprois le cou aveuc.

CHARLOTE.

Il faut que j'aille voir un peu ça.

PIERROT.

Oh! écoute un peu auparavant, Charlote; j'ai queuque chose à te dire, moi.

CHARLOTE.

Qu'est-ce que c'est?

PIERROT.

Vois-tu, Charlote, il faut, comme dit l'autre, que je débonde mon cœur. Je t'aime, tu le sais bian, et je somme pour être mariés ensemble; mais, mordienne, je ne suis point satisfait de toi.

CHARLOTE.

Qu'est-ce donc qu'il y a?

PIERROT.

Il y a que tu me chagrines l'esprit, franchement.

CHARLOTE.

Comment donc?

PIERROT.

Testedienne, tu ne m'aimes point.

CHARLOTE.

N'est-ce que ça?

PIERROT.

Oui, ce n'est que ça, et c'est bian assez.

CHARLOTE.

Mais tu me dis toujours la même chose.

PIERROT.

Je te dis toujours la même chose, parce que c'est toujours la même chose, et si ce n'étoit pas toujours la même chose, je ne te dirois pas toujours la même chose.

CHARLOTE.

Que veux-tu ?

PIERROT.

Jernidienne, je veux que tu m'aimes.

CHARLOTE.

Est-ce que je ne t'aime pas?

PIERROT.

Non, tu ne m'aimes pas, et si je fais tout ce que je pis pour ça. Je t'achette, sans reproche, des ribans à tous les maciez qui passon. Je me romps le cou à t'aller dénicher des marles. Je fais jouer pour toi les vielleux quand se vient ta fête, et tout ça comme si je me frappois la tête contre un mur. Vois-tu, ça n'est ni bian ni honnête de n'aimer pas les gens qui nous aimon.

CHARLOTE.

Mais je t'aime aussi.

PIERROT.

Oui, tu m'aimes d'une belle dégaine.

CHARLOTE.

Qu'est-ce que tu veux qu'on fasse?

PIERROT.

Je veux que l'on fasse comme on fait quand on aime comme il faut.

CHARLOTE.

Mais je t'aime comme il faut.

PIERROT.

Non; quand ça est, ça se voit, et l'an fait mille petites singeries, quand on les aime du bon cœur. Regarde la grosse Thomase, comme alle est assotée du jeune Robain; alle est toujours entour de lui à l'agacer, et ne le laisse jamais en repos, toujours alle lui fait queuque niche, ou li baille quelque taloche en passant; et l'autre jour qu'il étoit assis sur un escabeau alle fut le tirer de dessous li, et le fit choir de tout son long par tarre. Jarny, vela où on voit les gens qui aimon; mais toi, tu ne me dis jamais mot; t'es toujours là comme une vrai souche de bois, et je passerois vingt fois devant toi que tu ne te grouillerois pas pour me bailler le moindre coup, ou me dire la moindre chose.

Ventredienne, ça n'est pas bian après tout, et t'es trop froide pour les gens.

CHARLOTE.

Dame, c'est mon himeur, on ne peut pas me refondre.

PIERROT.

Il n'y a himeur qui tienne; quand l'an a de l'amitié pour les parsonnes, on en donne toujours queuque petite signifiance.

CHARLOTE.

Hé bien, laisse-moi en repos, et vas en chercher quelque autre.

PIERROT.

Hé bian, vela pas mon compte; testigué, si tu m'aimois me dirois-tu ça?

CHARLOTE.

Qu'est-ce que tu viens aussi me tarabuster l'esprit?

PIERROT.

Morgué, queu mal te fais-je? Je ne te demande qu'un peu plus d'amiquié.

CHARLOTE.

Hé bien, bien, va, ça viendra sans y songer.

PIERROT.

Touche donc là, Charlote.

CHARLOTE.

Eh bien! tiens.

PIERROT.

Promets-moi que tu tâcheras de m'aimer davantage.

CHARLOTE.

Hé! Pierrot, est-ce là ce monsieu?

PIERROT.

Oui, le vela.

CHARLOTE.

Hélas! c'eût été dommage qu'il eût été noyé.

PIERROT.

Je revian tout à l'heure, je m'en vai boire chopine pour me rebouter tant soit peu de la fatigue que j'ai eue.

SCÈNE IV.

DON JUAN, GUSMAN, CHARLOTE.

GUSMAN.

Par ma foi, il semble que nous n'ayons jamais bu que du vin, et nous voilà aussi bien remis que si de rien n'avoit été ; mais, monsieur, dites-moi un peu, s'il vous plaît, tous ces vœux que nous avons faits avec tant d'ardeur dans le péril sur la mer, seront-ils exécutés avec la même ?

DON JUAN.

Tais-toi. Ah! la jolie personne, Gusman !

GUSMAN.

La peste, le joli tendron !

DON JUAN.

Il faut l'aborder. Comment, ma belle, un lieu si sauvage produire une personne comme vous ? Ah ! vous n'êtes point pour habiter les déserts. Regarde, Gusman, qu'elle est bien prise !

GUSMAN.

Et vous aussi.

DON JUAN.

Est-ce que vous voudriez, ma belle, demeurer toute votre vie dans un lieu pauvre et inhabité comme celui-ci ?

CHARLOTE.

Oh ! monsieur, il y a bien des filles et des garçons dans notre hameau.

DON JUAN.

Il faut que vous quittiez une si triste demeure.

CHARLOTE.

Oh ! monsieur, mon père me vouloit marier au gros Lucas, mais ma mère n'a pas voulu, à cause qu'il me falloit aller demeurer à trois lieues d'ici avec lui.

DON JUAN.

Sa simplicité me charme. Et qui est-il, votre père ?

CHARLOTE.

Il est juge d'ici.

DON JUAN

Vous êtes fille assurément à votre âge ?

CHARLOTE.

On me va marier.

ACTE I, SCÈNE IV.

DON JUAN.

Et à qui, ma belle?

CHARLOTE.

A Pierrot, qui demeure auprès de cheux nous.

DON JUAN.

Quoi! Pierrot aura ce bonheur-là, Pierrot possèdera ce trésor! Non, non; vous n'êtes point destinée pour Pierrot, un rustique, un vilain; il vous faut un homme comme moi qui vous fasse brave, qui... Comment vous appelez-vous?

CHARLOTE.

Charlote, monsieur.

DON JUAN.

Fi! il faut qu'on ne parle à vous qu'avec respect, et qu'on vous appelle madame; n'aimeriez-vous pas mieux être avec moi? car, belle Charlote, je vous aime passionnément.

CHARLOTE.

Oh! monsieur, vous ne voudriez pas aimer une petite fille comme moi.

GUSMAN.

Si fait, si fait, je vous en réponds.

CHARLOTE.

Mais, monsieur, il faut demander à ma mère.

GUSMAN.

Il est homme d'ordre, et fera les choses dans les formes.

CHARLOTE.

Et si il ne faut pas que Pierrot le sache, car il se fâcheroit.

GUSMAN.

Mon maître est secret.

DON JUAN.

Pour moi, je suis enchanté. Quelle taille! tournez-vous un peu : elle est charmante.

CHARLOTE.

Oh! monsieur, quand j'ai mes habits des dimanches...

DON JUAN.

Ah! les belles dents; montrez-les-moi encore, de grâce. Quel rang de perles! quelles mains! elles sont faites au tour; quelle blancheur!

CHARLOTE.

Oh! monsieur, si j'avois su ça, je les aurois lavées ce matin avec du son; elles seroient bien plus blanches.

DON JUAN.

Ma belle enfant, souffrez qu'un baiser...

CHARLOTE.

Oh! monsieur, ma mère m'a dit qu'il ne falloit pas baiser les hommes; je ne baise pas seulement Pierrot.

DON JUAN.

Tant mieux, ma belle, tant mieux; abandonnez-moi seulement votre main; je ne me sens pas de joie, et rien n'égale le ravissement où je suis.

SCÈNE V.

DON JUAN, GUSMAN, PIERROT, CHARLOTE.

PIERROT.

Tout doucement, monsieur, tenez-vous, s'il vous plaît; vous vous échauffez trop, et vous pourriais gagner la purésie.

DON JUAN.

Qui m'amène ici cet impertinent?

PIERROT.

Je vous dis qu'ou vous teniais, et que vous ne caressiais pas nos accordées.

DON JUAN.

Ah! que de bruit!

PIERROT.

Jernidienne, ce n'est pas comme ça qu'il faut pousser les gens.

CHARLOTE.

Laisse-le faire aussi, Pierrot.

PIERROT.

Comment, que je le laisse faire? Je ne veux pas, moi.

DON JUAN.

Ah!...

PIERROT.

Testedienne, parce que vous êtes monsieu, vous viendrez

caresser nos femmes à notte barbe; allez-vous-en caresser les vôtres.

DON JUAN.

Hen!

PIERROT.

Hen? Tastigué, ne me frappez pas. Oh, jarnigué, ventregué, palsangué, mordienne, ça n'est pas bien de battre les gens; et ce n'est pas là la récompense de vous avoir sauvé d'être noyé.

CHARLOTE.

Pierrot, ne te fâche point.

PIERROT.

Je me veux fâcher, et t'es une vilaine, toi, d'endurer qu'on te cajole.

CHARLOTE.

Il n'y a pas de quoi te bouter en colère.

PIERROT.

Quement? jarny, tu m'es promise.

CHARLOTE.

Est-ce que tu es fâché, Pierrot, que je devienne madame?

PIERROT.

Jarnigué, oui; j'aime mieux te voir crever que de te voir à un autre.

CHARLOTE.

Va, va, Pierrot, tu porteras des fromages cheux nous.

PIERROT.

Ventredienne, je n'y en porterai jamais, quand tu m'en poirois deux fois autant qu'un autre. Est-ce donc comme ça que t'écoutes ce qu'il te dit? Morguienne, si j'avois su ça tantôt, je me serois bien gardé de le tirer de liau, et je lui aurois baillé un bon coup d'aviron sur la tête.

DON JUAN.

Qu'est-ce que vous dites?

PIERROT.

Jarniguenne, je ne crains parsonne.

DON JUAN.

Attendez-moi un peu.

PIERROT.

Je me moque de tout, moi.

DON JUAN.

Voyons cela.

PIERROT.

J'en avons bian vu d'autres.

GUSMAN.

Eh! laisse-le faire, mon pauvre garçon, et ne lui dis rien.

PIERROT, lui donnant un soufflet.

Je veux lui dire, moi.

DON JUAN.

Te voilà payé de ta charité.

PIERROT.

Jarni, je vas dire à ton père tout ce ménage-ci.

DON JUAN.

Ah! Gusman, je suis épris de cette aimable enfant; mais que je crains qu'elle ne reçoive quelque rude réprimande pour moi!

GUSMAN.

Tout de bon, vous tient-elle au cœur?

DON JUAN.

Oui, Gusman, et je craindrois plus que la mort qu'elle fût querellée de son père.

GUSMAN.

Écoutez, pour servir votre passion vous savez que j'ai accoutumé d'entreprendre bien des choses; laissez-moi faire, j'ai déjà bu avec son père, et ce sont de ces bonnes gens qui font connoissance en deux verres de vin. J'imagine une pièce assez plaisante pour l'intimider et l'empêcher de quereller sa fille. Reposez-vous sur moi; je lui vais mettre mon camarade en tête, et de la façon dont je conduirai la chose, je vous promets de servir votre amour. Allons seulement faire un doigt de collation.

ACTE SECOND.

SCÈNE PREMIÈRE.
LE JUGE, CHARLOTE.

CHARLOTE.
Mon père, pourquoi me tourmentez-vous? Est-ce ma faute si j'aime mieux ce monsieur que ce gros vilain Pierrot, que vous me voulez donner.

LE JUGE.
Allons, petite babouine, allons, vous aimez donc les monsieurs; oh! je vous apprendrai que les monsieurs ne sont pas pour vous, et que vous n'êtes pas pour eux. Rentrez au logis, et qu'il ne vous arrive plus de songer à d'autres qu'à Pierrot; c'est lui qui sera mon gendre, il a bon métier, et vous ne sauriez mourir de faim avec lui. Adieu, qu'on ne m'en souffle pas seulement un petit mot. Voyez-vous, il leur faut des godeluriaux, de ces petits muguets bâtis comme des poupées, avec leurs grands cheveux et leurs petites épées; non sera, non sera, votre monsieur; le monsieur ne sera pas pour vous, ma fille. Ah! voici son valet de chambre; c'est le plus honnête de tous, celui-là, car dès le matin nous avons bu ensemble.

SCÈNE II.
GUSMAN, LE JUGE.

LE JUGE.
Monsieur Gusman, je suis le vôtre; comment vous va?
GUSMAN.
Fort bien, monsieur; je vous cherchois.

LE JUGE.

Qu'y a-t-il pour votre service? Vous êtes un brave homme, vous? et de toute votre bande vous êtes celui que j'aime le mieux.

GUSMAN.

Monsieur, je vous suis bien obligé, et aussi en récompense je vous viens avertir de quelque petite chose qui vous touche.

LE JUGE.

Moi?

GUSMAN.

Vous-même.

LE JUGE.

Et qu'est-ce que ce seroit?

GUSMAN.

Et ce n'est qu'une bagatelle; mais il est toujours bon d'y prendre garde.

LE JUGE.

Dites-moi donc, je vous prie, ce que c'est?

GUSMAN.

C'est que l'on vous veut tuer.

LE JUGE.

Me tuer!

GUSMAN.

Oui; mais cela ne sera rien : c'est un drôle qui prend avec un peu trop de chaleur les intérêts de mon maître contre vous, touchant votre fille; mais je lui ai bien dit son fait. Ce n'est pas qu'il est méchant comme un diable, et quand il a résolu quelque chose, il faut que cela soit; mais je lui ai bien juré que s'il mésarrivoit de votre personne, je saurois bien vous en venger tôt ou tard; c'est pourquoi vous n'avez que faire de craindre.

LE JUGE.

Et oui-da; mais s'il m'alloit tuer sans vous avertir, je ne laisserois pas que d'être mort.

SCÈNE III.
LE JUGE, SILVESTRE, GUSMAN.

GUSMAN.

Chut! ne faites point semblant de rien, et vous tenez un peu à l'écart; le voici : vous allez entendre comme je lui vais parler.

SILVESTRE.

Gusman, fais-moi connoître un peu le juge de ce lieu, qui est le père de cette jolie Charlote.

GUSMAN.

Pourquoi, monsieur ?

SILVESTRE.

Je viens d'apprendre qu'il veut empêcher que mon maître l'épouse, et qu'il se vante de le poursuivre par justice.

GUSMAN.

Il est vrai qu'il ne veut pas consentir à ce mariage, parce que sa parole est engagée à un autre.

SILVESTRE.

Par la mort, par la tête, par le ventre, si je le trouve je le veux échigner, dussé-je être roué vif.

GUSMAN.

Hé, monsieur, c'est un honnête homme; peut-être ne vous craindra-t-il point.

SILVESTRE.

Lui, lui? Par le sang, par la tête, s'il étoit là, je lui donnerois de l'épée dans le ventre. Qui est cet homme-là?

GUSMAN.

Ah! monsieur, ce n'est pas lui.

SILVESTRE.

N'est-ce point quelqu'un de ses amis ?

GUSMAN.

Au contraire, c'est son ennemi capital.

SILVESTRE.

Son ennemi capital ?

GUSMAN.

Oui.

SILVESTRE.

Ah! parbleu, j'en suis ravi. Vous êtes ennemi, monsieur, de ce faquin de juge. Eh ?

GUSMAN.

Oui, oui, je vous en réponds.

SILVESTRE.

Touchez là, touchez ; je vous donne ma parole, et vous jure

sur mon honneur, par l'épée que je porte, par tous les serments que je sais faire, qu'avant la fin du jour je vous déferai de ce maraud fieffé, de ce faquin de juge; reposez-vous sur moi.

GUSMAN.

Monsieur, ces sortes de choses ne sont guère souffertes, et il y a bonne justice en cas.....

SILVESTRE.

Je me moque de tout, et je n'ai rien à perdre.

GUSMAN.

Monsieur, ce n'est pas un homme sans amis, et il pourroit trouver quelque appui contre votre ressentiment.

SILVESTRE.

C'est ce que je demande, morbleu; c'est ce que je demande. Ah! tête; ah! ventre; que ne le trouvai-je à cette heure, avec tout son secours; que ne paroît-il ici à mes yeux au milieu de trente personnes; que ne le vois-je fondre sur moi les armes à la main? Comment, marauds, vous avez la hardiesse de vous attaquer à moi? (Il met l'épée à la main, et pousse des bottes de tous côtés, et devant les yeux du juge.) Allons, morbleu; tue, point de quartier; donnons ferme; poussons; bon pied, bon œil. Ah! canaille, vous en voulez par là, je vous en ferai tâter votre saoul. Soutenez, marauds, soutenez. Allons, à cette botte, à cette autre, à celle-ci, à celle-là; comment, vous reculez? Pied ferme, morbleu, pied ferme!

GUSMAN.

Nous n'en sommes pas.

SILVESTRE.

Voilà qui vous apprendra à vous oser jouer à moi.

GUSMAN.

Voilà bien du sang répandu pour une bagatelle. Eh bien, monsieur, vous voyez quel diable d'homme c'est là.

LE JUGE, bas.

Oui; oh! je me moque de toutes ses menaces.

SILVESTRE.

Ah! ventre, jarny, que ne le puis-je trouver?

LE JUGE.

N'y est-il plus?

GUSMAN.

Non, non, il est parti tout à fait; ne craignez plus rien.

ACTE II, SCÈNE IV.

LE JUGE.

Qui, moi? Oh! en bien faisant on ne craint rien; et on lui montrera bien les dents quand il le faudra.

GUSMAN.

Oh! je n'en doute pas; on voit bien que vous êtes un homme ferme.

LE JUGE.

Je m'en vais un peu consulter ce que j'ai à faire, et si on ne me conseille rien de bon là-dessus, j'irai assembler le village, et on sonnera le tocsin sur votre maître et sur vous.

GUSMAN.

La peste soit le vieux fou! il nous va attirer ici quelque défluxion sur les épaules.

SCÈNE IV.

DON JUAN, GUSMAN.

DON JUAN.

Eh bien, Gusman, qu'as-tu fait?

GUSMAN.

Ma foi, monsieur, rien qui vaille; notre vieillard s'est mutiné, il nous menace du tocsin, et cela ne sent rien de bon. Si tous ces diables de mariniers se mettoient une fois sur nous, gare les coups d'aviron. Si vous m'en croyez, monsieur, évitons ce désordre : nous ne serions pas les plus forts ici; rengainez vos amours pour quelque temps; et à la première occasion d'une barque qui partira, nous enlèverons votre jeune Charlote sous un habit d'homme, ou quelque autre déguisement. Franchement il n'y a point de jeu avec ces canailles-ci, ils seront toujours les plus forts; et quelque grandeur que vous ayez au-dessus d'eux, la quantité l'emportera sur la qualité. Laissez-moi raccommoder tout ceci, et vous retirez seulement; je vais tâcher de rejoindre notre vieux juge, et faire en sorte de le ramadouer un peu.

DON JUAN.

Va donc, j'abandonne tout à ta conduite; mais tu ne sais pas, Gusman, le malheur qui nous accompagne?

GUSMAN.

Et qu'y auroit-il de nouveau?

DON JUAN.

Une barque marchande vient de mouiller ici, et comme la curiosité m'a porté à voir quelles gens étoient dedans, le premier homme qui s'est présenté à mes yeux, devine qui c'est?

GUSMAN.

Ma foi, monsieur, je ne suis point sorcier.

DON JUAN.

Monsieur Dimanche.

GUSMAN.

Monsieur Dimanche? Quoi! ce persécuteur de chrétiens; ce maudit marchand qui ne sauroit laisser vivre en repos ceux qui lui doivent.

DON JUAN.

Lui-même.

GUSMAN.

Par ma foi, monsieur, il vaudroit presque autant nous être noyés que d'avoir encore retrouvé cet homme-là; et l'avez-vous accueilli à votre ordinaire, par de grands compliments et de belles paroles, que vous lui faites passer pour argent comptant?

DON JUAN.

Je ne l'ai point abordé, je n'ai pas voulu qu'il me parlât devant d'autres marchands qui étoient là avec lui; mais je ne crois pas être longtemps sans le voir; il m'a vu, et comme je m'esquivois, j'ai bien ouï qu'il s'est informé de moi, en me demandant par mon nom à quelques habitants d'ici.

GUSMAN.

Quel diable d'embarras! On dit bien vrai qu'un malheur ne vient jamais sans l'autre. Nous partons joyeux d'un pays où nous sommes endettés, pour aller employer notre crédit ailleurs; un maudit banc de sable nous fait faire naufrage; l'amourette vous prend pour une fille promise à un autre; on nous menace d'ameuter tout le village sur nous, et pour comble de maux nous trouvons monsieur Dimanche. Mais, ma foi, monsieur, bon pied, bon œil; le voici, je le reconnois, vous n'avez qu'à vous bien tenir.

DON JUAN.

Paix, paix, ne dis mot, écoute seulement; je vais payer d'une monnoie toute nouvelle.

SCÈNE V.

DON JUAN, GUSMAN, MONSIEUR DIMANCHE.

DON JUAN.

Ah! que vois-je? Monsieur Dimanche ici! quelle heureuse rencontre!

MONSIEUR DIMANCHE.

Monsieur...

DON JUAN.

Que je vous embrasse, monsieur Dimanche.

MONSIEUR DIMANCHE.

En vérité, c'est moi, monsieur, qui suis trop heureux de vous trouver ici, et j'ai bien de la joie que cela serve d'occasion à vider.....

DON JUAN.

Vraiment, j'ai bien du plaisir à vous voir.

MONSIEUR DIMANCHE.

Monsieur, c'est beaucoup d'honneur que vous me faites; mais si vous y vouliez joindre une grâce, je me trouve ici dans quelque besoin, et...

DON JUAN.

Comment se porte madame Dimanche, votre femme?

MONSIEUR DIMANCHE.

Fort à votre service, monsieur. Je voudrois donc vous prier...

DON JUAN.

Je suis son serviteur.

MONSIEUR DIMANCHE.

Monsieur, je disois donc que si vous aviez la commodité...

DON JUAN.

Et votre fille mademoiselle Marion?

MONSIEUR DIMANCHE.

Elle est en bonne santé aussi, monsieur; mais...

DON JUAN.

C'est une aimable enfant.

MONSIEUR DIMANCHE.

Elle est bien votre petite servante, monsieur; je...

DON JUAN.

Et qui est vraiment bien sage.

MONSIEUR DIMANCHE.

Oh, monsieur, vous vous moquez d'elle. J'ose prendre la liberté de vous dire, monsieur, qu'une certaine lettre de change que je dois acquitter dans peu m'oblige...

DON JUAN.

Et votre petit garçon, fait-il toujours bien du bruit avec son tambour?

MONSIEUR DIMANCHE.

Oh, monsieur, il est assez sémillant. Or ça, si vous vouliez que nous parlassions un peu...

DON JUAN.

Il vous ressemble comme deux gouttes d'eau.

MONSIEUR DIMANCHE.

Voyez-vous, monsieur, dans le négoce si nous ne payons à jour nommé, on proteste d'abord contre nous; c'est ce qui fait, monsieur, que nous importunons quelquefois nos débiteurs; et comme vous m'avez fait l'honneur de prendre...

DON JUAN.

A propos, votre petit chien est-il encore en vie?

GUSMAN.

Il s'intéresse pour toute la famille.

MONSIEUR DIMANCHE.

Monsieur, tout se porte bien.

DON JUAN.

En vérité, j'en suis fort joyeux, et je vous veux prier de les embrasser tous deux pour l'amour de moi, quand vous retournerez chez vous.

MONSIEUR DIMANCHE.

Monsieur, si auparavant vous trouvez bon que nous...

DON JUAN *repousse insensiblement monsieur Dimanche jusques à ce qu'il soit contre la porte, et puis s'en va.*

Adieu, monsieur Dimanche, que je vous embrasse.

MONSIEUR DIMANCHE.

Monsieur...

DON JUAN.

Je ne vous laisserai point là.

MONSIEUR DIMANCHE.

Mais, monsieur...

DON JUAN.

Je sais trop ce que je vous dois.

MONSIEUR DIMANCHE.

Et oui, monsieur, d'accord, mais le besoin.....

DON JUAN.

Allons, allons ; permettez-moi de vous conduire.

MONSIEUR DIMANCHE.

Monsieur, la nécessité de payer...

DON JUAN.

Je ne vous laisserai point là, vous dis-je.

MONSIEUR DIMANCHE.

Mais si.....

DON JUAN.

C'est perdre le temps.

MONSIEUR DIMANCHE.

Je...

DON JUAN.

Vous vous moquez.

MONSIEUR DIMANCHE.

Point du tout.

DON JUAN.

Holà, hé ? des flambeaux, et reconduisez monsieur Dimanche.

MONSIEUR DIMANCHE.

Quel diable d'homme est-ce ci ? Or çà, me payerez-vous de la même monnoie, vous, monsieur Gusman ?

GUSMAN.

Plaît-il, monsieur ?

MONSIEUR DIMANCHE.

Je vous demande s'il vous souvient bien que vous me devez en votre particulier pour quarante écus d'étoffe que je vous ai livrée.

GUSMAN.

Comment se porte madame Dimanche ?

MONSIEUR DIMANCHE.

Oh ! je n'entends pas raillerie, et...

GUSMAN.

Et votre petit chien ? Il vous ressemble comme deux gouttes d'eau. Allons donc, je ne vous laisserai point là. Je vous reconduirai, je sais trop mon devoir. Vous vous moquez. Sortez donc, s'il vous plaît, ou que le diable vous emporte. Bonsoir et bonne nuit. Belle manière de payer ses créanciers. On ne nous rapporte ni argent faux, ni pistoles légères. Mais voici mon vieux juge avec son gendre prétendu ; tâchons de détourner l'orage qu'ils nous apprêtent.

SCÈNE VI.

LE JUGE, PIERROT.

PIERROT.

Pour moi, je ne trouve rien de meilleur pour nos affaires que de crier haro sur ce diable de monsieur qui veut tuer les hommes et prendre les femmes. Palsangué, faites comme moi, je crierons l'alarme. (Le juge et Pierrot se mettent à crier alarme et au feu tous deux ensemble.)

SCÈNE VII.

LE JUGE, PIERROT, GUSMAN.

GUSMAN, leur parlant.

Et qu'y a-t-il, messieurs ? à quoi bon tout ce vacarme ? Vous inquiétez-vous ? J'ai tourné l'esprit de mon maître tout comme vous le souhaitez ; il ne s'oppose plus à votre mariage, au contraire il prétend être de la noce. Il en payera le festin, et même il se retient pour être le compère au premier enfant que vous aurez.

PIERROT.

Oh ! pargué, vela un honnête homme, cela. Oh bian ! vous li diré pour l'amour de cela que je sommes son sarviteur, et que j'allons décrier l'alarme et boire à sa santé. Venez payer cho- paine.

FIN DES FRAGMENTS DE MOLIÈRE.

TABLE

DU TOME SIXIÈME.

Le Tartuffe ou l'Imposteur, comédie en cinq actes, 12 mai 1664 . . 1
    Notice préliminaire. 3
    Préface 43
    Placets au roi sur la comédie du *Tartuffe*. Le libraire au lecteur. 53
        Premier placet 55
        Deuxième placet 59
        Troisième placet 63
    Le Tartuffe 65
    Addition à la Notice préliminaire 182
    Lettre sur la comédie de l'Imposteur. 183
    La Critique du *Tartuffe*, comédie. 227

Don Juan ou le Festin de Pierre, comédie en cinq actes. 15 février 1665. 261
    Notice préliminaire. 263
    Le Festin de Pierre. 301
    Polémique relative au *Festin de Pierre*. 415
        I. Observations sur une comédie de Molière intitulée *le Festin de Pierre* 417

II. Lettre sur les Observations d'une comédie du sieur Molière intitulée *le Festin de Pierre*. 431

III. Réponse aux Observations touchant *le Festin de Pierre* de monsieur de Molière. 448

Fragments de Molière, comédie par Champmeslé. 461

FIN DE LA TABLE DU TOME SIXIÈME.

CHEFS-D'ŒUVRE DE LA LITTÉRATURE FRANÇAISE

Format in-8° cavalier, imprimés avec luxe par M. J. Claye, sur très beau papier fabriqué spécialement pour cette collection, et ornés de gravures sur acier par les meilleurs artistes. 49 volumes sont en vente à 7 fr. 50 le volume. On tire, pour chacun des ouvrages de la collection, 150 exemplaires numérotés sur papier de Hollande, à 15 fr. le volume.

ŒUVRES COMPLÈTES DE MOLIÈRE
Avec un nouveau travail de critique et d'érudition, par M. Louis Moland. 7 volumes. (*Première édition épuisée.*)

ŒUVRES COMPLÈTES DE RACINE
Avec un travail nouveau par M. Saint-Marc Girardin, de l'Académie française, et M. Louis Moland; ouvrage complet en 8 volumes.

ŒUVRES COMPLÈTES DE LA FONTAINE
Avec un nouveau travail de critique et d'érudition, par M. Louis Moland; 7 volumes ornés de gravures sur acier d'après les dessins de Staal.

ŒUVRES COMPLÈTES DE MONTESQUIEU
Avec les variantes des premières éditions, un choix des meilleurs commentaires et des notes nouvelles, par M. Edouard Laboulaye, de l'Institut, avec un beau portrait de Montesquieu; 7 volumes.

ESSAIS DE MICHEL DE MONTAIGNE
Nouvelle édition, avec les notes de tous les commentateurs, choisies et complétées par M. J.-V. Le Clerc, précédée d'une nouvelle Étude sur Montaigne par M. Prévost-Paradol, de l'Académie française. 4 volumes, avec portrait.

ŒUVRES COMPLÈTES DE BOILEAU
Avec un travail nouveau, par M. Gidel, professeur de rhétorique au lycée Bonaparte; 4 volumes ornés de gravures sur acier d'après les dessins de Staal.

HISTOIRE DE GIL BLAS DE SANTILLANE
Par Le Sage, précédée d'une notice par Sainte-Beuve, de l'Académie française, les jugements et témoignages sur Le Sage et sur Gil Blas, suivie de *Turcaret* et de *Crispin rival de son maître*. 2 volumes illustrés de six belles gravures sur acier d'après les dessins de Staal.

ŒUVRES DE J.-B. ROUSSEAU
Avec une introduction sur sa vie et ses ouvrages et un nouveau commentaire par Antoine de La Tour. 1 volume avec portrait de l'auteur.

CHEFS-D'ŒUVRE LITTÉRAIRES DE BUFFON
Avec une Introduction par M. Flourens, membre de l'Académie française, 2 volumes. Un beau portrait de Buffon est joint au tome 1er.

ŒUVRES DE CLÉMENT MAROT
Annotées, revues sur les éditions originales et précédées de la vie de Clément Marot, par Charles d'Héricault. 1 volume orné du portrait de l'auteur d'après une peinture du temps.

L'IMITATION DE JÉSUS-CHRIST
Traduction nouvelle avec des réflexions à la fin de chaque chapitre par M. l'abbé F. de Lamennais; volume orné de 4 gravures sur acier.

ŒUVRES CHOISIES DE MASSILLON
Précédées d'une notice biographique et littéraire par M. Godefroy. 2 volumes, avec un beau portrait de Massillon.

ŒUVRES COMPLÈTES DE J. DE LA BRUYÈRE
Nouvelle édition avec une notice sur la vie et les écrits de La Bruyère, une bibliographie, des notes, une table analytique des matières et un lexique, par A. Chassang, inspecteur général de l'instruction publique, lauréat de l'Académie française. 2 volumes, avec un beau portrait de La Bruyère.

ŒUVRES CHOISIES DE RONSARD
Avec notice, notes et commentaires, par C.-A. Sainte-Beuve; nouvelle édition, revue et augmentée, par M. L. Moland. 1 vol. avec un beau portrait de Ronsard.

EN COURS D'EXÉCUTION

Œuvres complètes de P. Corneille.
Œuvres de La Rochefoucauld.
Œuvres d'André Chénier.

www.ingramcontent.com/pod-product-compliance
Lightning Source LLC
Chambersburg PA
CBHW071716230426
43670CB00008B/1023